Vincent Tietz

Aufgabenbasierte Komposition von User-Interface-Mashups

TUD*press*
2016

Bibliografische Information der Deutschen Nationalbibliothek
Die Deutsche Nationalbibliothek verzeichnet diese Publikation in der Deutschen Nationalbibliografie; detaillierte bibliografische Daten sind im Internet über http://dnb.d-nb.de abrufbar.

Bibliographic information published by the Deutsche Nationalbibliothek
The Deutsche Nationalbibliothek lists this publication in the Deutsche Nationalbibliografie; detailed bibliographic data are available in the Internet at http://dnb.d-nb.de.

ISBN 978-3-95908-052-1

Eckhard Richter & Co. OHG
Bergstr. 70 | D-01069 Dresden
Tel.: 0351/47 96 97 20 | Fax: 0351/47 96 08 19
http://www.tudpress.de

TUDpress ist ein Imprint von w. e. b.

Gesetzt vom Autor.
Printed in Germany.

Aufgabenbasierte Komposition von User-Interface-Mashups

Dissertation

zur Erlangung des akademischen Grades
Doktoringenieur (Dr.-Ing.)

vorgelegt an der
Technischen Universität Dresden
Fakultät Informatik

eingereicht von

Dipl.-Medieninf. Vincent Tietz
geboren am 5. Januar 1981 in Leningrad

Betreuender Hochschullehrer: Prof. Dr.-Ing. Klaus Meißner
Technische Universität Dresden

Zweitgutachter: Prof. Dr.-Ing. Peter Forbrig
Universität Rostock

Verteidigt am 11.05.2015
Dresden

Hinweise

- Internetquellen, die auf Produktseiten, technische Bibliotheken oder Standards verweisen, werden als Fußnote angegeben. Die Gültigkeit der Links wurde bei Einreichung der Dissertation überprüft. Alle anderen Internetquellen werden konventionell zitiert und im Literaturverzeichnis angegeben.
- Aus Gründen der besseren Lesbarkeit werden für Personenbezeichnungen nur männliche oder weibliche Formen verwendet. Dies schließt jedoch stets das jeweils andere Geschlecht mit ein.

Danksagung

Die vorliegende Arbeit wäre ohne die Unterstützung vieler Menschen nicht möglich gewesen. Deshalb möchte ich mich bei all denen Bedanken, die mich in den vergangenen Jahren begleitet und viel für das Gelingen der Dissertation beigetragen haben.

An erster Stelle möchte ich mich bei Herrn Prof. Meißner bedanken, der meine Arbeit von den ersten Ideen bis hin zur Vollendung begleitet und sie stets mit kritischen Fragen und Anregungen auch inhaltlich vorangebracht hat. Herrn Prof. Forbrig möchte ich herzlich für die Übernahme der Zweitbegutachtung danken. Auch möchte ich Herrn Prof. Aßmann danken, der mir als Fachreferent ebenfalls wertvolle Hinweise gab. Danken möchte ich Andreas Mönch und der Saxonia Systems AG, dem Europäischen Sozialfond sowie dem E-Science-Forschungsnetzwerk, die durch ihre finanzielle Unterstützung diese Arbeit möglich gemacht haben. Dr. Bernd Grams möchte ich für die fachliche Unterstützung und die Einblicke in die industrielle Praxis danken.

Für die fachliche und kollegiale Unterstützung möchte ich mich bei meinen Arbeitskollegen bedanken, welche mir bei der Betreuung studentischer Arbeiten, bei der Entstehung von Publikationen und mit ihrem fachlichen Rat zur Seite standen. Besonders hervorheben möchte ich Gregor Blichmann, Andreas Rümpel, Martin Voigt, Oliver Mroß, Dr.-Ing. Stefan Pietschmann und Dr.-Ing. Matthias Niederhausen. Aber auch allen anderen Mitarbeitern des Lehrstuhls möchte ich für die angenehme und freundschaftliche Atmosphäre danken. Bei Jana Bohl, Ramona Behling, Udo Wähner und Annette Richter möchte ich mich für die organisatorische und technische Unterstützung bedanken. Bei Dr.-Ing. Zoltán Fiala möchte ich mich bedanken, dass er mich in meiner Studienzeit an das wissenschaftliche Arbeiten herangeführt und mich dafür begeistert hat. Schließlich haben auch zahlreiche Studenten im Rahmen von Beleg- und Diplomarbeiten, Praktika und Nutzerstudien an der Entstehung dieser Arbeit mitgewirkt. Besonders möchte ich hier Gregor Blichmann, Philipp Siekmann und Thomas Gerhardt hervorheben.

Schließlich möchte ich mich bei den wichtigsten Menschen in meinem Leben, bei meiner Familie, bedanken. Meinen Eltern gilt der Dank, dass sie mich über viele Jahre hinweg bei meinem Vorhaben und darüber hinaus unterstützt haben. Meiner Frau und meinen Kindern möchte ich für die Aufmunterung und die Geduld danken, die sie bis zur Fertigstellung der Arbeit aufbringen mussten. Dank dieses Rückhalts ist es mir schließlich möglich gewesen, die vorliegende Arbeit zu beenden.

Inhaltsverzeichnis

Abbildungsverzeichnis

Tabellenverzeichnis

Algorithmenverzeichnis

Quelltextverzeichnis

Abkürzungsverzeichnis

A-OOH Adaptive Object Oriented Hypermedia Method
AGG Attributed Graph Grammar System
AIO Abstract Interaction Object
ARIS Architektur integrierter Informationssysteme
AUI Abstract User Interface

BOM Business Object Model
BPMN Business Process Model and Notation

CBSE Component-based Software-Engineering
CIM Computation Independent Model
CORBA Common Object Request Broker Architecture
CoRE Component Runtime Environment
CoRe Component Repository
CoSMoS Component Service Model with Semantics
CRUISe Composition of Rich User Interfaces
CTT ConcurTaskTrees
CTTE ConcurTaskTrees Environment
CUI Concrete User Interface

DaRe Data Repository
DCO W3C Delivery Context Ontology
DEMISA Development method for composite mashup applications
DI Dependency Injection
DISL Dialog and Interface Specification Language
DITA Darwin Information Typing Architecture
DSL Domain-specific Language
DTME DEMISA Task Model Editor

EJB Enterprise JavaBeans
EMF Eclipse Modeling Framework
EUD End-User Development
EPF Eclipse Process Framework
EPK Ereignisgesteuerte Prozesskette
ER Entity Relationship
ESM Exact Subgraph Matching

FUI Final User Interface

IAWB Information Architecture Workbench
IT Informationstechnik
i* Intentional strategic Actor Relationships Modelling
GOMS Goals, Operators, Methods, Selection rules
GTA GroupWare Task Analysis

HCI	Human Computer Interaction
HTA	Hierarchical Task Analysis
HTML	Hypertext Markup Language
LOD	Linked Open Data
MAD	Méthode Analytique de Description de tâches
MARIA	Model-based language for interactive applications
MARIAE	MARIA Environment
MBUID	Model-based User Interface Design
MDA	Model-driven Architecture
MDD4SOA	Model-Driven Development for Service-oriented Architectures
MDE	Model-driven Engineering
MDWE	Model-driven Web Engineering
MOF	Meta Object Facility
OMG	Object Management Group
OO-Method	Object-oriented Software Production Method
OO-H	Object-oriented Hypermedia Method
POM	Perspective Object Model
QVTO	Operational QVT
RE	Requirements Engineering
RIA	Rich Internet Application
RCP	Rich Client Platform
RRC	IBM Rational Requirements Composer
RSA	IBM Rational Software Architect
PIM	Platform Independent Model
PSM	Platform Specific Model
QVT	Query View Transformation
ROI	Return of Investment
SDM	Strategic Dependency Model
SE	Software Engineering
SeGSeC	Semantic Graph based Service Composition
ServFace	Service Annotations for User Interface Composition
SMCDL	Semantic Mashup Component Description Language
SOA	Serviceorientierte Architektur
SoC	Separation of Concerns
SOSE	Service-oriented Software Engineering
SPEM	Software & Systems Process Engineering Meta-Model
SRM	Strategic Rationale Model
SUS	System Usability Scale
SWS	Semantic Web Services
TaRe	Task Repository
TERESA	Transformation Environment for interactive Systems Representations
TKS	Task Knowledge Structure
RUP	Rational Unified Process
UCD	User Centred Design

UI	**U**ser **I**nterface
UIML	**U**ser **I**nterface **M**arkup **L**anguage
UML	**U**nified **M**odeling **L**anguage
UOM	**U**ser **O**bject **M**odel
URI	**U**niversal **R**esource **I**dentifier
useML	**Use**ware **M**arkup **L**anguage
usiXML	**U**ser **I**nterface e**x**tensible **M**arkup **L**anguage
UWE	UML-based **W**eb **E**ngineering
WebML	**Web** **M**odeling **L**anguage
WfMS	**W**ork**f**low **M**anagement **S**ystem
WSDL	**W**eb **S**ervices **D**escription **L**anguage
WSDM	**W**eb **S**ite **D**esign **M**ethod
WS-BPEL	**WS**-**B**usiness **P**rocess **E**xecution **L**anguage
WWW	**W**orld **W**ide **W**eb
XMI	XML **M**etadata **I**nterchange
XML	E**x**tensible **M**arkup **L**anguage
XPDL	XML **P**rocess **D**efinition **L**anguage
XSD	XML **S**chema **D**efinition
XSLT	**XSL** **T**ransformation

1 Einleitung

1.1 Motivation

Unternehmen sind heute in vielerlei Hinsicht motiviert, beim Aufbau ihrer IT-Infrastruktur dem dienstorientierten Paradigma zu folgen (Thomas u. a., 2010). Sie können damit u. a. Datensilos aufbrechen und Funktionen anwendungsübergreifend zu Verfügung stellen. Gleichzeitig bietet sich die Möglichkeit, damit Geschäftsprozesse abzubilden und durch die Orchestrierung von Diensten zu automatisieren. Mit der Einführung von ***S**erviceorientierten **A**rchitekturen (SOA)* ist die Hoffnung verbunden, IT-Lösungen effizienter umsetzen und flexibler auf neue Anforderungen der Fachabteilung reagieren zu können (Sousa, 2009). Allerdings liegt bisher der Fokus auf der Integration von Daten und Funktionen. Die technische Umsetzung basiert beispielsweise auf einer deklarativen Orchestrierungssprache wie ***WS-B**usiness **P**rocess **E**xecution **L**anguage (WS-BPEL)*, die Kontroll- und Datenfluss sowie Fehlerbehandlung für die Orchestrierung synchroner und asynchroner Webservices basierend auf ***W**eb **S**ervices **D**escription **L**anguage (WSDL)* definiert und von dedizierten Ausführungsumgebungen interpretiert wird (Jordan u. a., 2007). Auch wenn SOA den Anspruch besitzen, zwischen Organisation und IT zu vermitteln, können in dieser Form nur Experten und Programmierer profitieren. Nicht zuletzt ist die Umsetzung einer Benutzeroberfläche für die Interaktion mit einem Geschäftsprozess für die Mitarbeiter einer Fachabteilung damit nicht möglich (Daniel u. a., 2010), weshalb hierfür neue Ansätze erforderlich sind.

Im Gegensatz zu der datenzentrierten und vergleichsweise schwergewichtigen Unternehmensanwendungsintegration etablieren sich heute *Web-Mashups* als eine leichtgewichtige Form der Anwendungskomposition auf der Ebene der Benutzeroberfläche. Mashups wurden ursprünglich pragmatisch durch Programmierer entwickelt, um bestehende Web-Anwendungen und Dienste zu kombinieren. Mit den Konzepten der SOA hatten diese zunächst nur ansatzweise Gemeinsamkeiten. Ein prominentes Beispiel für ein Mashup ist *HousingMaps*[1], das erstmals im April 2005 erschien (Yee, 2008). Hier werden noch heute Daten aus *Google Maps*[2] und *Craigslist*[3] integriert. Angezeigt werden hier freie Wohnungen und Häuser auf einer Karte. Durch die steigende Anzahl von Diensten im »Web 2.0« stiegen auch die Möglichkeiten der Integration, der sich zunehmend auch

[1] http://www.housingmaps.com/
[2] http://maps.google.com/
[3] http://www.craigslist.org/

Nicht-Programmierer widmeten. Bald entstehen Mashup-Plattformen wie *Yahoo!Pipes*[4] und *IBM Mashup Center*[5], die es ihren Nutzern ermöglichten, anhand von vordefinierten Komponenten mit Hilfe von Drag-and-Drop und visueller Verdrahtung selbstdefinierte Anwendungen zu erstellen. Da Endnutzer in die Lage versetzt werden, Mashups nach eigenen Wünschen zu bauen, werden sie dem sogenannten »Long Tail« zugeordnet (Hoyer u. a., 2008). Dieser trifft beispielsweise auf Anwendungen zu, die aufgrund einer geringen Nutzerzahl nicht von der klassischen IT-Abteilungen umgesetzt werden. Deshalb schreiben auch Gartner (Phifer u. a., 2009) und Forrester (Young u. a., 2008) Mashups ein enormes Wachstumspotential zu.

Neben den kommerziellen Angeboten werden Mashups auch in wissenschaftlichen Arbeiten, z. B. von Daniel u. a. (2007) und Hoyer und Fischer (2008), im Kontext von SOA diskutiert. Im Fokus liegen insbesondere modellbasierte Lösungen für die Beschreibung und Integration von Mashup-Komponenten nach dem Vorbild von WS-BPEL und WSDL, wobei die Spezifika der Benutzeroberfläche und der nutzerzentrierten Komposition berücksichtigt werden. Schließlich wird von Pietschmann u. a. (2011) ein Ansatz vorgeschlagen, der die semantische Beschreibung von Mashup-Komponenten vorsieht und eine kontextsensitive Integration zur Laufzeit ermöglicht. Kaum betrachtet werden dagegen Ansätze zur Überführung betrieblicher Anforderungen in eine Mashup-Komposition. Quellen dieser Anforderungen können die Aufgaben eines Domänenexperten oder die Geschäftsprozesse eines Unternehmens sein, die aus der fachlichen Sicht in eine funktionierende Anwendung überführt werden müssen. Schließlich fokussieren bisherige Ansätze lediglich die Ad-Hoc-Komposition von Mashups. Da jedoch die Zahl der verfügbaren Komponenten stetig steigt und deren Suche sowie Integration aufwändiger wird, stellt die Komposition von Mashups eine immer größere Herausforderung dar.

Auf der einen Seite sehen sich Unternehmen in zunehmendem Maße gefordert, ihre IT zu flexibilisieren und zu dezentralisieren. Dennoch ist Unternehmenssoftware von komplexen und monolithischen ERP- und CRM-Systemen geprägt, die in aufwändigen Verfahren an die Unternehmensanforderungen angepasst werden müssen. Auf der anderen Seite drängen Endnutzer in den Bereich der Anwendungskomposition vor, die auf Eigeninitiative Anwendungen auf der Grundlage bestehender Bausteine integrieren, um individuelle Lösungen zu finden. Mashups können einen entscheidenden Beitrag leisten, um Domänenexperten in die Lage zu versetzen, geschäftsrelevante Kompositionen in Eigenregie durchzuführen. Dies entlastet die Unternehmens-IT und unterstützt das ***R**eturn **o**f **I**nvestment (ROI)* bei der Einführung von SOA. Die Vision dieser Arbeit besteht deshalb darin, Domänenexperten in den Entwicklungsprozess von geschäftsorientierten Mashups zu integrieren. Dies beinhaltet die Spezifikation von Anforderungen sowie die zielgerichtete Überführung dieser in eine Mashups-Komposition. In den folgenden Abschnitten werden die Teilprobleme, Thesen und Ziele dieser Arbeit genannt, um einen Beitrag zur Erreichung dieser Vision zu leisten.

1.2 Probleme, Thesen und Forschungsziele

Die Untersuchung bestehender Entwicklungsmethoden (vgl. Kapitel 3) zeigt, dass keine zielgerichtete Methode zur Entwicklung von Mashups existiert, die eine Komposition

[4]http://pipes.yahoo.com
[5]http://www.ibm.com/software/products/de/de/mashupcenter/

anhand formaler Nutzeranforderungen, z. B. von Domänenexperten (vgl. Abschnitt 2.2), ermöglicht. Sie sind deshalb mit einer Reihe von Problemen konfrontiert, wenn sie geschäftsorientierte Anforderungen in Mashups überführen möchten.

Problem 1: Die Erstellung einer Mashup-Komposition ist für Domänenexperten fehleranfällig und zeitaufwändig.
Mashup-Kompositionen werden meist erstellt, indem die Komponenten manuell ausgewählt und in Beziehung gesetzt werden. Die Suche und Komposition anhand formalisierter Anforderungen wird bisher nicht unterstützt. Auch gegebenenfalls vorhandene Anforderungen aus Geschäftsprozessmodellen müssen manuell überführt werden. Das unstrukturierte Vorgehen und die mangelnde Unterstützung von Kontrollflüssen und Navigationsbeziehungen machen die Mashup-Entwicklung fehleranfällig und zeitaufwändig. Als Ursache lassen sich die folgenden Teilprobleme feststellen.

Problem 2: Es ist aufwändig, bisherige Anforderungsmodelle in die Mashup-Entwicklung zu integrieren.
Bisher etablierte Anforderungsmodelle basieren auf Szenarienbeschreibungen, Anwendungsfällen und Aufgabenmodellen. Ihnen mangelt es häufig an semantischer Klarheit, da beispielsweise Anwendungsfälle durch Textvorlagen ergänzt werden, um Abläufe zu beschreiben. Weiterhin unterstützen traditionelle Entwicklungsmethoden nicht die Erzeugung von Mashup-Anwendungen auf der Grundlage ihrer Anforderungsmodelle. Schließlich sind auch Anforderungsmodelle in bestehenden Mashup-Entwicklungsumgebungen nicht vorgesehen. Gegebenenfalls vorhandene Anforderungen aus Geschäftsprozessen können nur indirekt berücksichtigt werden. So ist die Überführung von fachlichen Anforderungen in eine Mashup-Komposition mit erhöhtem Aufwand verbunden.

Problem 3: Bisherige Verfahren zur Komponentensuche sind für Domänenexperten nicht geeignet und deshalb nicht effizient.
Da nicht jedes Problem auf eine generische Komponente zurückgeführt werden kann, entstehen mit der Zeit neue und spezialisierte Mashup-Komponenten. Beispielsweise bietet http://programmableweb.com/ heute über 3.000 Schnittstellen an, die potentiell in Mashups integriert werden können. Die Suche nach geeigneten Schnittstellen erfolgt dort mit Hilfe von Stichworten und Kategorien. Auch in aktuellen Mashup-Entwicklungsumgebungen besteht das Problem, aus einer wachsenden Menge an Komponenten, diejenigen herauszusuchen, die am ehesten den fachlichen Anforderungen des Domänenexperten entsprechen. Da die Rolle des Domänenexperten kein Verständnis technischer Schnittstellenspezifikationen vorsieht, sind bisherige Verfahren zur Komponentensuche für Domänenexperten kaum geeignet.

Problem 4: Domänenexperten werden bisher nicht ausreichend bei der Formulierung ihrer Anforderungen an UI-Mashups unterstützt.
Bisher spielt die Anforderungsanalyse in Mashup-Entwicklungsumgebungen keine Rolle. Für ein zielgerichtetes Vorgehen ist es jedoch notwendig, Anforderungen so zu erheben, dass sie möglichst automatisiert verarbeitet und weiter verwendet werden können. Bestehende Werkzeuge zur Anforderungsmodellierung (z. B. UML oder Aufgabeneditoren) sind nicht geeignet, um formale Anforderungen an UI-Mashups zu beschreiben. Das liegt zum einen an den zugrunde liegenden Anforderungsmodellen, zum anderen aber auch an der Zielgruppe der Werkzeuge (z. B. Analysten und Experten).

Problem 5: Domänenexperten werden bei der Verwaltung und Weitergabe ihrer Anforderungen nicht unterstützt.
Domänenexperten können bisher nur mit Methoden und Werkzeugen Anforderungen sammeln und strukturieren, die kein integraler Bestandteil bestehender Mashup-Entwicklungsmethoden sind. Somit gibt es einen Bruch zwischen der Durchführung der Anforderungsanalyse und der Umsetzung. Falls der Domänenexperte keine passenden Komponenten findet, muss er entweder seine Anforderungen anpassen oder neue Komponenten in Auftrag geben. Auch hierbei wird er bisher nicht unterstützt.

Für diese Arbeit werden die folgenden Arbeitsthesen aufgestellt:

These 1: Eine strukturierte und modellgetriebene Entwicklungsmethode für komposite UI-Mashups erlaubt Domänenexperten eine effizientere Erstellung von Kompositionen. Dies beinhaltet Methoden zur Anforderungsmodellierung, Modelltransformationen und für Domänenexperten geeignete Werkzeuge. Das gezielte und computergestützte Vorgehen ist mit weniger Aufwand verbunden als mit bisher zu Verfügung stehenden Entwicklungsmethoden.

These 2: Ein semantisches Aufgabenmodell ist geeignet, die Anforderungen an ein Mashup formal zu beschreiben. Somit wird die Grundlage für eine modellgetriebene und zielgerichtete Überführung von Anforderungen in eine Mashup-Anwendung geschaffen. Das Aufgabenmodell beschreibt funktionale und fachliche Anforderungen, die von Domänenexperten verstanden werden und aus bestehenden Geschäftsprozessen stammen können. Somit wird es zu einem integralen Bestandteil des Entwicklungsprozesses und kann ebenfalls zur Beschreibung von Anforderungen an Komponenten dienen.

These 3: Mit Hilfe semantischer Technologien ist es möglich, bestehende Mashup-Komponenten anhand fachlicher Anforderungen zu bewerten und Vorschläge für geeignete Komponenten zu generieren. Darauf aufbauend ist die Generierung eines Kompositionsvorschlags möglich. Somit wird die Komponentensuche und die Komposition anhand von fachlichen Anforderungen von Domänenexperten ermöglicht.

These 4: Ein Autorenwerkzeug zur Erstellung des Anforderungsmodells unterstützt Domänenexperten dabei, Anforderungen an ein UI-Mashup auszudrücken. Dies beinhaltet eine graphische Notation und Interaktionskonzepte, um die Komplexität von Anforderungsmodellen beherrschbar zu machen und die Effizienz der Modellierung zu erhöhen. Somit können Domänenexperten ihre mentalen Anforderungen in eine formale Repräsentation übertragen, die im Entwicklungsprozess oder auch von anderen Beteiligten (z. B. Komponentenentwickler) genutzt werden kann.

Um die Thesen zu belegen, sind in dieser Arbeit die folgenden Teilziele zu erreichen:

Ziel 1: Entwicklungsprozess für komposite UI-Mashups
Ausgehend von den Defiziten bestehender Entwicklungsmethoden sowie den spezifischen Anforderungen des Anwendungstyps und der Zielgruppe ist ein Konzept für die strukturierte und zielgerichtete Entwicklung von kompositen UI-Mashups zu erarbeiten. Ein Entwicklungsprozess beschreibt Rollen, Aktivitäten und Schnittstellen, um ein UI-Mashup ausgehend von geschäftsorientierten Anforderungen zu entwickeln. Wenn es möglich ist, Aktivitäten des Entwicklungsprozesses zu automatisieren und damit Domänenexperten zu einer schnelleren Umsetzung des Szenarios (z. B. im Gegensatz zu bishe-

rigen Ansätzen) zu verhelfen, kann die These 1 verifiziert werden.

Ziel 2: Anforderungsmodell für UI-Mashups
Um eine zielgerichtete Entwicklung von UI-Mashups zu ermöglichen, ist die Formalisierung von Anforderungen notwendig. Es ist ein Anforderungsmodell zu konzipieren, das einerseits die fachlichen Anforderungen von Domänenexperten unterstützt als auch die Bewertung von Mashup-Komponenten ermöglicht. Die These 2 kann bewiesen werden, wenn für Geschäftsanwendungen typische Beispielszenarien mit Hilfe eines Anforderungsmodells vollständig beschrieben werden und daraus geeignete Mashup-Anwendungen generiert werden können.

Ziel 3: Anforderungsbasierte Mashup-Komposition
Es ist notwendig einen Mechanismus bereitzustellen, der Empfehlungen von Mashup-Komponenten auf der Basis des Anforderungsmodells liefert. Weiterhin ist ein Verfahren notwendig, welches ausgehend von den Anforderungen ein Kompositionsmodell erzeugt. Wenn eine Menge von Mashup-Komponenten anhand eines Anforderungsmodells so bewertet wird, dass potentiell geeignete Komponenten eine höhere Bewertung erzielen als andere und dabei eine, den Anforderungen entsprechende, Komposition entsteht, ist die These 3 bewiesen.

Ziel 4: Werkzeugunterstützung für Domänenexperten
Um den Domänenexperten im Entwicklungsprozess zu unterstützen, sind Werkzeuge notwendig. Hierzu zählt ein Werkzeug zur Anforderungsmodellierung, um die Komplexität eines semantischen Anforderungsmodells zu beherrschen. Zusätzlich sollen computergestützte Transformation den Kompositionsprozess unterstützen. Wenn es Domänenexperten mit dem Werkzeug leichter fällt, Anforderungsmodelle zu erstellen, kann schließlich auch die These 4 verifiziert werden.

1.3 Abgrenzung

Diese Arbeit widmet sich einem Entwicklungsprozess für Mashups ausgehend von einem Anforderungsmodell für Domänenexperten. Damit sind eine Reihe weiterer Forschungsthemen verbunden, auf die diese Arbeit aufbaut bzw. von der sich diese Arbeit abgrenzt.

End-User Development (EUD) Diese Arbeit betrachtet die Mashup-Entwicklung ausgehend von einem Anforderungsmodell und geht von Domänenexperten aus, die mit diesem Modell umgehen können und Experten ihrer Anwendungsdomäne sind. Mit der Ad-Hoc-Komposition von Mashups ohne Anforderungsmodell für Endnutzer beschäftigt sich das Projekt EDYRA[6].

Kompositionsmodell und Laufzeitumgebung Wesentliche Konzepte des Mashup-Kompositionsmodells sowie der damit verbundenen Laufzeitumgebung stammen aus Arbeiten, die mit dem CRUISe-Projekt verbunden sind (Pietschmann, 2010). Diese Arbeit bietet jedoch Erweiterungen, um die aufgabenbasierte Komposition von Mashups zu ermöglichen.

Semantische Komposition und Mediation Für die Komposition werden auch Konzepte benötigt, welche die automatische Mediation zwischen Komponenten ermöglichen

[6]http://www.mmt.inf.tu-dresden.de/Forschung/Projekte/EDYRA/

(Pietschmann u. a., 2011). Da bereits im Projekt CRUISe[7] eine Laufzeitumgebung mit Mediation existiert, wird diese in dieser Arbeit vorausgesetzt.

Nicht-funktionale Anforderungen Diese Arbeit widmet sich zwar der Formalisierung von Anforderungen und der anforderungsbasierten Komposition, doch werden nicht-funktionale Anforderungen nur ansatzweise betrachtet. Nicht-funktionale Eigenschaften in Mashups zu etablieren, wird in anderen Arbeiten verfolgt, z. B. von Cappiello u. a. (2009) sowie Rümpel und Meißner (2012).

Verteilung und Kollaboration Schließlich wird der Aspekt der Verteilung von sowie Kollaboration in Mashups nur ansatzweise betrachtet. Mit der Umsetzung in einem verteilten Kompositionsmodell sowie der Komponentenmigration befasst sich z. B. das Projekt DoCUMA[8].

1.4 Aufbau der Arbeit

Die vorliegende Arbeit gliedert sich in insgesamt neun Kapitel. Abb. 1.1 verdeutlicht den Aufbau durch eine schematische Darstellung. Den Rahmen der Arbeit bilden die Einleitung in Kapitel 1 und die Zusammenfassung in Kapitel 9. Ausgefüllt wird dieser durch drei Teilbereiche: die Grundlagen und die Analyse des Standes der Forschung und Technik in Kapitel 2 und 3, die Konzeption von Lösungsvorschlägen für die zuvor identifizierten Probleme in Kapitel 4 bis 7 und die Validierung der Ergebnisse in Kapitel 8.

Kapitel 2 widmet sich der Einordnung der Arbeit in den Forschungskontext anhand der hierfür notwendigen Grundlagen und der Anforderungsanalyse mit Hilfe eines Beispielsszenarios und der daraus identifizierten Herausforderungen. Zu den Grundlagen zählen u. a. Begriffsdefinitionen für Mashups, Komponentenorientierung und Entwicklungsmethoden als auch die Charakterisierung der Zielgruppe und des Anwendungstyps.

Kapitel 3 untersucht bestehende Entwicklungsmethoden hinsichtlich der zuvor definierten Anforderungen. Dabei werden traditionelle Entwicklungsmethoden und dienstbasierte Entwicklungsmethoden betrachtet und ihre Übertragbarkeit auf einen modellgetriebenen Entwicklungsprozess für komposite Mashup-Anwendungen bewertet.

In Kapitel 4 wird ein Entwicklungsprozess beschrieben, der Domänenexperten in die Lage versetzt, Mashups ausgehend von fachlichen Anforderungen effizient umzusetzen. Dieser gibt gleichzeitig einen Überblick über die in dieser Arbeit entwickelten Konzepte.

In Kapitel 5 wird gezeigt, dass sich ein Aufgabenmodell als Grundlage für die Anforderungsbeschreibung für Mashup-Kompositionen eignet. Dem schließen sich die Herleitung der semantischen Aufgabenbeschreibung und die Überführung von Anforderungen aus Geschäftsprozessen in das Aufgabenmodell an.

In Kapitel 6 wird beschrieben, wie anhand der Anforderungsspezifikation eine Mashup-Komposition erstellt werden kann. Dies beinhaltet die Beschreibung eines Mashup-Kompositionsmodells und die Überführung des aufgabenbasierten Anforderungsmodells in das Kompositionsmodell.

[7]http://www.mmt.inf.tu-dresden.de/Forschung/Projekte/CRUISe/index.xhtml
[8]http://www.mmt.inf.tu-dresden.de/Forschung/Projekte/DoCUMA/

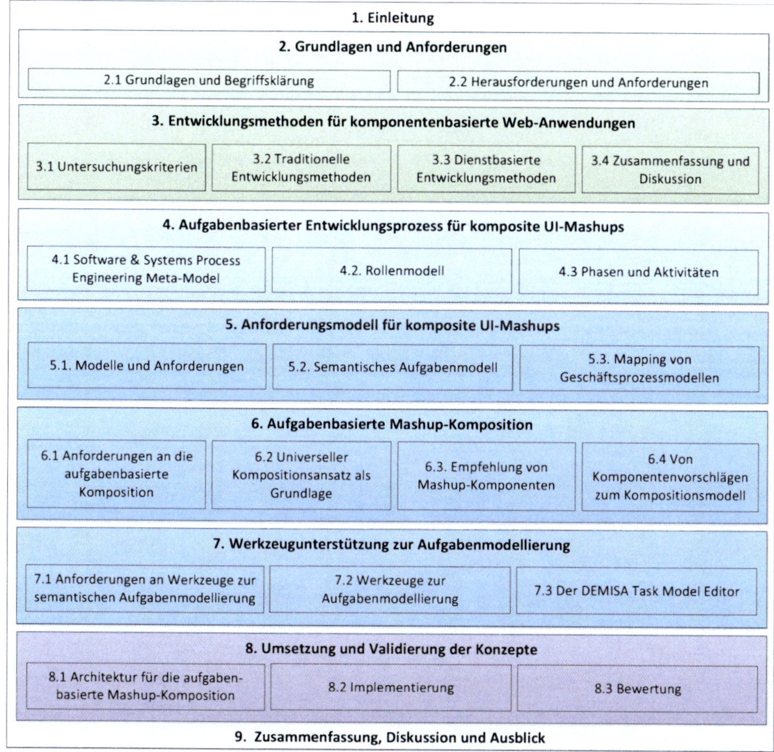

Abb. 1.1: Schematische Darstellung über den Aufbau der Arbeit

In Kapitel 7 wird ein Konzept für ein Werkzeug zur semantischen Aufgabenmodellierung vorgestellt, das den Domänenexperten die Strukturierung und Modellierung ihrer Anforderungen unterstützt.

In Kapitel 8 erfolgt die Evaluation des vorgestellten Ansatzes durch die Beschreibung und Bewertung der hierfür durchgeführten Implementierung. Hierfür wird ein Beispielszenario herangezogen und Teile des Konzeptes werden anhand einer Nutzerstudie evaluiert.

Kapitel 9 fasst die vorliegende Arbeit zusammen und diskutiert die in den einzelnen Kapiteln vorgestellten Lösungsansätze hinsichtlich ihrer wissenschaftlichen Beiträge. Im Anschluss daran werden die Forschungsergebnisse in Bezug auf die zu Beginn spezifizierten Forschungsziele bewertet. Abschließend werden Perspektiven zur Weiterentwicklung und Ansatzpunkte für zukünftige Arbeiten aufgezeigt.

2 Grundlagen und Anforderungen

Als Kernproblem wurde im vorherigen Kapitel der Mangel an einer strukturierten und anforderungsorientierten Entwicklungsmethode beschrieben. Die damit verbundenen Annahmen resultieren aus dem aktuellen Stand der Forschung und Technik, einem bestimmten Anwendungstyp sowie einer bestimmten Zielgruppe. In diesem Kapitel werden die Grundlagen dieser Annahmen beschrieben und die relevanten Begriffe definiert. Anhand dieser sowie eines Beispielszenarios werden schließlich die Anforderungen an eine Entwicklungsmethode für UI-Mashups identifiziert. Damit bildet dieses Kapitel den Ausgangspunkt für die Untersuchung des aktuellen Standes der Forschung und Technik sowie die konzeptionellen Lösungsansätze in den darauf folgenden Kapiteln.

2.1 Grundlagen und Begriffsklärung

Strukturierte Entwicklungsmethoden sind begründet in dem Anspruch eines ingenieursmäßigen Vorgehens an die Software-Entwicklung. In den folgenden Abschnitten werden die Grundlagen für methodische Vorgehen sowie die modellgetriebene und komponentenbasierte Anwendungsentwicklung vorgestellt, welche anerkannte Möglichkeiten zur systematischen und effizienten Anwendungsentwicklung bieten. Um den Typ der Zielanwendung zu definieren, werden dienst- und geschäftsorientierte Web-Anwendungen und darauf aufbauend UI-Mashups charakterisiert.

2.1.1 Software-, Web- und Mashup-Engineering

Unter anderem als Folge der »Softwarekrise« Mitte der 1960er Jahre wurde die Notwendigkeit der ingenieurmäßigen Planung und Durchführung zur Entwicklung komplexer Softwaresysteme in angemessener Qualität und Zeit erkannt. Seither wird der Begriff *Software **E**ngineering (SE)* geprägt, der das Planen von Softwaresystemen und eine frühzeitige Erkennung von Fehlern und damit eine effizientere Software-Entwicklung beschreibt (Balzert, 2000).

► **Software-Engineering.** Das *Software-Engineering* umfasst die »zielorientierte Bereitstellung und systematische Verwendung von Prinzipien, Methoden und Werkzeugen für die arbeitsteilige, ingenieurmäßige Entwicklung und Anwendung von umfangreichen Softwaresystemen« (Balzert, 2000, S. 36).

Mitte der 90er Jahre etabliert sich das Internet und das WWW als Kommunikations- und

Anwendungsplattform in dessen Folge neue Ansätze für die systematische Entwicklung von Web-Anwendungen erforderlich werden (Murugesan u. a., 2001; Kappel u. a., 2004). Web-Anwendungen sind durch Hypermedia-Dokumente charakterisiert, die mit Hilfe von Markup-Sprachen (z. B. HTML) und dem Web-Browser die Benutzerschnittstellen bilden. Netzwerk-Architekturen, das Client-Server-Paradigma, Benutzer- und Sitzungsverwaltung bilden neue Herausforderungen an die Entwicklungsmethoden. Mit der Übertragung und Anwendung systematischer Ansätze aus dem Software-Engineering auf Web-Anwendungen befasst sich das *Web-Engineering*.

► **Web-Engineering**. »Web-Engineering ist die Anwendung systematischer und quantifizierbarer Ansätze (Konzepte, Methoden, Techniken und Werkzeuge), um Anforderungsbeschreibung, Entwurf, Implementierung, Test, Betrieb und Wartung qualitativ hochwertiger Web-Anwendungen kosteneffektiv durchführen zu können.« (Kappel u. a., 2004).

Mashups stellen einen neuen Entwicklungsansatz für komponentenbasierte ***R**ich **I**nternet **A**pplications (RIAs)* dar (vgl. Abschnitt 2.1.6). Wie die Untersuchung des Standes der Forschung und Technik in Abschnitt 3.3.3 zeigt, ist die Entwicklung von Mashups bisher geprägt durch ein unstrukturiertes Vorgehen, wodurch die Entwicklung fehleranfällig und zeitintensiv ist. Somit ist die Anwendung des Software-Engineering auf den Bereich der Mashups in vielerlei Hinsicht notwendig. Ähnlich wie bei der Entstehung des Web-Engineering, besteht nun der Bedarf an einer spezialisierten Methode. Die Summe der Konzepte, Techniken und Werkzeuge zur systematischen und zielgerichteten Entwicklung von Mashups kann als *Mashup-Engineering* bezeichnet werden. Besondere Anforderungen an das Mashup-Engineering ergeben sich beispielsweise durch die Komponentenorientierung und der beteiligten Rollen, wie sie in den Abschnitten 2.1.3 und 2.1.6 beschrieben werden. Eine unmittelbare Anwendung bestehender Entwicklungsmethoden ist deshalb nicht möglich bzw. nicht effizient.

► **Mashup-Engineering**. Mashup-Engineering ist die Anwendung systematischer und quantifizierbarer Ansätze (Konzepte, Methoden, Techniken und Werkzeuge) zur systematischen und zielgerichteten Entwicklung von Mashups.

Das Software-Engineering basiert auf *Methoden*, die allgemein planmäßig, angewandte, begründete Vorgehensweisen zur Erreichung von festgelegten Zielen sind (Balzert, 2009, S. 53). Sie beruhen auf durchdachten Prinzipien, sind lehrbar, einfach und leicht verständlich. Eine Entwicklungsmethode orientiert sich stets an einem Paradigma (z. B. Objekt- und Dienstorientierung) und folgt einem Vorgehensmodell, das sich durch Phasen, Ergebnisse und Reihenfolge von Aktivitäten auszeichnet. Die *Entwicklungsmethode* besteht aus einem konkreten Verfahren, einschließlich der Darstellungsformen (z. B. Notationen). Um eine Aufgabe zu erledigen, folgt der Mensch einer Methode und nutzt dabei in der Regel ein *Werkzeug*, das hierfür angemessen und Teil der Methode ist (vgl. Abb. 2.1).

► **Software-Entwicklungsmethode**. Eine Software-Entwicklungsmethode ermöglicht die systematische Realisierung eines Softwareprodukts durch geeignete Darstellungsformen, Verfahren und Werkzeuge auf der Grundlage eines Entwicklungsprozesses (vgl. Balzert, 2009, S. 53 ff).

Der *Entwicklungsprozess* definiert die Aktivitäten und die Reihenfolge zur Herstellung eines qualitativ hochwertigen Produkts. Allgemein wird ein Produktzyklus durch die fol-

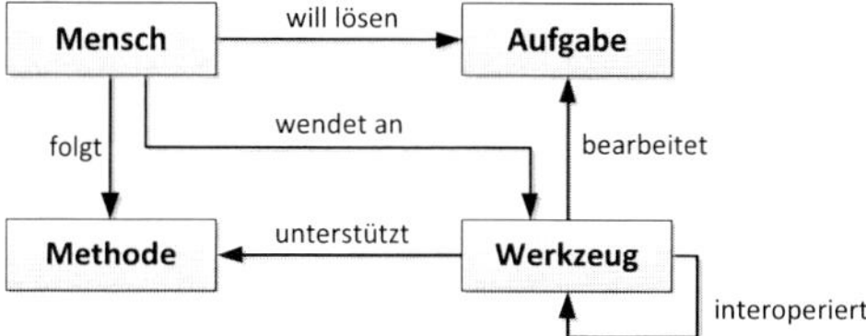

Abb. 2.1: Mensch, Aufgabe, Methode und Werkzeug Balzert (2009, S. 59)

genden Phasen bestimmt: Konzeption, Entwicklung, Produktion, Verwendung und Stilllegung (Crnkovic u. a., 2005). Bei der Entwicklung eines Softwareprodukts können die Entwicklungs- und Produktionsphasen zusammengefasst werden, da die (physische) Herstellung nur minimale Auswirkungen auf den Prozess hat. Da Änderungen an Software relativ leicht durchzuführen sind, können zur gleichen Zeit unterschiedliche Versionen des Produktes sich in unterschiedlichen Phasen des Zyklus befinden.

► **Entwicklungsprozess.** Ein Entwicklungsprozess (auch Vorgehensmodell) beschreibt ein strukturiertes Vorgehen, die Aktivitäten und deren Reihenfolge, um in möglichst effizienter Weise ein Softwareprodukt zu erzeugen (vgl. Balzert, 2009).

In einem Software-Entwicklungsprozess werden mindestens fünf Phasen durchlaufen: Anforderungsanalyse, Entwurf, Implementierung, Test und Laufzeit (Sommerville, 2007; Cockburn, 2008). Die Abhängigkeiten dieser Phasen werden in Abb. 2.2 dargestellt. Softwaresysteme werden erst entworfen, wenn Anforderungen bestehen und sie können erst entwickelt werden, wenn ein Entwurf existiert. Schließlich können sie nur getestet werden, wenn sie auch implementiert wurden.

Abb. 2.2: Phasen in der Softwareentwicklung nach Cockburn (2008)

Anforderungsanalyse In der Analysephase werden die Anforderungen an ein Produkt erfasst und ein bestehendes Problem in ein idealisiertes Modell überführt (Balzert, 2009, S. 434 ff). Die Phase beinhaltet alle Aktivitäten zum Aufnehmen, Dokumentieren, Überprüfen und Verwalten von Anforderungen. Die Anforderungen können funktionale und nicht-funktionale Eigenschaften, das Systems selbst, die Systemumgebung und die Durchführung (z. B. Meilensteine und Budget) beschreiben. Funktionale Anforderungen legen das Verhalten eines Systems fest. Nicht-funktionale Anforderungen beschreiben Eigenschaften, die ein System erfüllen muss, die nicht in direktem Zusammenhang mit seiner Funktionalität stehen (z. B. Anwenderfreundlichkeit und Wartbarkeit).

Entwurf In der Entwurfphase wird ein Konzept für die Umsetzung der Anforderungen in Bezug zu den Rahmenbedingungen erarbeitet. Allgemein werden hier die verschiedenen Aspekte des Systems (z. B. das Verhalten, die Präsentation und das Datenmodell) und die Architektur spezifiziert. Das Ergebnis können Modelle sein, die in der darauffolgende Phase idealerweise wiederverwendet werden können.

Umsetzung In dieser Phase wird der Entwurf des Produktes umgesetzt. Hier wird z. B. der Quelltext implementiert oder auf der Basis der Modelle aus den vorherigen

Phasen generiert. Auch können hier semi-automatische Verfahren oder Entwicklungswerkzeuge zum Einsatz kommen (vgl. Abschnitt 2.1.2).

Test In dieser Phase wird das Produkt eingesetzt und hinsichtlich der gestellten Anforderungen überprüft. Hierbei können Testfälle aus der Anforderungsanalyse herangezogen werden.

Laufzeit und Wartung In dieser Phase wird die Anwendung in die vorgesehene Zielinfrastruktur installiert und für die Nutzung freigegeben. Die Phase beinhaltet auch Aktivitäten zur Überwachung und Sicherstellung der Korrektheit und der Verfügbarkeit der Anwendung.

Mit dem Software-Engineering ist die Forderung verbunden, die Ergebnisse der einzelnen Phasen in den nachfolgenden Phasen aufzugreifen und zu verfeinern. Die modellgetriebenen Anwendungsentwicklung unterstützt dies durch Modellierung, Transformation und Generierung ausgehend von abstrakten Modellen bis hin zu ausführbarem Quelltext.

2.1.2 Model-driven Engineering

In den Entwicklungsphasen entstehen Artefakte (von der Anforderungsspezifikation bis zum Quelltext), die zu einer lauffähigen Anwendung führen sollten. Ein Artefakt kann als *Modell* verstanden werden, da es einen bestimmten Aspekt der Wirklichkeit so reduziert und abbildet, wie es für dessen Verständnis bzw. dessen Umsetzung unbedingt notwendig ist (Schwinger und Koch, 2004). Die Strukturierung und Automatisierung des Entwicklungsprozesses auf der Grundlage von Modellen ist das Ziel des ***M**odel-**d**riven **E**ngineering (MDE)* (Selic, 2003; Schmidt, 2006).

► **Modellgetriebene Softwareentwicklung**. Die modellgetriebene Softwareentwicklung *(**M**odel-**d**riven **E**ngineering, MDE)* ist ein Oberbegriff für Techniken, die aus formalen Modellen (semi-)automatisch lauffähige Software erzeugen (vgl. Selic, 2003).

Neben der Reduktion von realen Sachverhalten auf die wesentlichen Merkmale, ermöglichen entsprechend formalisierte Modelle die Überführung in andere Modelle sowie die Generierung ganzer Anwendungen. Die Portabilität, Interoperabilität und Wiederverwendbarkeit unterstützt die zielgerichtete und effiziente Anwendungsentwicklung, wie sie durch das Software-Engineering gefordert wird. Durch die Betrachtung von Teilaspekten in den Modellen wird eine Trennung der Verantwortlichkeiten *(**S**eparation **o**f **C**oncerns, SoC)* möglich.

► **Modell**. Ein Modell ist die Abstraktion eines Sachverhaltes auf die wesentlichen Merkmale zur Erleichterung des Verständnisses und der Verarbeitung in Computersystemen (Schwinger und Koch, 2004).

Modelle abstrahieren eine Anwendungsdomäne und beschreiben sie mit Hilfe einer domänenspezifischen Sprache *(**D**omain-**s**pecific **L**anguage, DSL)*, deren Syntax und Semantik spezifische Konzepte einer Domäne repräsentieren (Fowler und Parsons, 2010). Entsprechend der ***M**eta **O**bject **F**acility (MOF)*[1] bilden diese Sprachen die M2-Ebene der Meta-Modelle. *Meta-Modelle* beschreiben den Aufbau und die Struktur der Modelle der M1-Ebene, also der Instanzen der Meta-Modelle. Durch domänenspezifische Sprachen können Sachverhalte in der Sprache von Domänenexperten und somit ohne Programmier-

[1] http://www.omg.org/mof/

kenntnisse ausgedrückt werden. Die Spezifikation von Anforderungen, Problemen und Lösungen wird damit auf der Ebene der Anwendungsdomäne möglich, statt durch die Implementierung in Programmiersprachen.

Einen konzeptionellen Ansatz zur modellgetriebenen Entwicklung von Software bietet die ***M**odel-**d**riven **A**rchitecture (MDA)* (Kleppe u. a., 2003). MDA unterscheidet systemunabhängige, plattformunabhängige und plattformabhängige Modelle, also zwischen ***C**omputation **I**ndependent **M**odel (CIM)*, ***P**latform **I**ndependent **M**odel (PIM)* und ***P**latform **S**pecific **M**odel (PSM)*, die jeweils, wie in Abb. 2.3 dargestellt, schrittweise unterschiedliche Gesichtspunkte betrachten. Die Modelle werden in der Regel manuell und iterativ verfeinert und durch Transformationen möglichst automatisiert ineinander überführt. Ein Ziel besteht darin, Anwendungen möglichst voll automatisiert zu generieren. Die unterschiedlich abstrakten Modelle können dabei Artefakte in den einzelnen Phasen eines Entwicklungsprozesses repräsentieren.

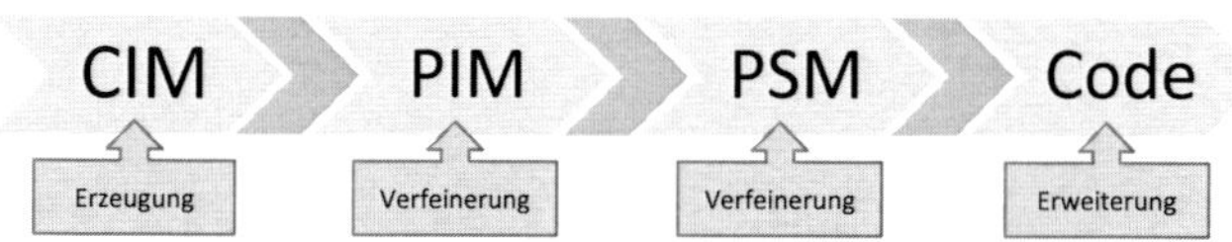

Abb. 2.3: MDA-Transformationsprozess (Reimann, 2009)

Es gibt bereits Arbeiten, die eine modellgetriebene Entwicklung von Mashups motivieren und umsetzen (Pietschmann u. a., 2010b). Somit stehen Meta-Modelle zu Verfügung, um Kompositionen und Komponenten zu beschreiben. Allerdings gibt es bisher kaum Ansätze, die auf der Grundlage eines CIM die Entwicklung von Mashups ermöglichen. Zur Unterstützung der modellgetriebenen Mashup-Entwicklung besteht die Herausforderung insbesondere darin, Modelle bzw. Notationen bereitzustellen, die von einer bestimmten Zielgruppe erstellt und in Mashup-Kompositionen überführt werden können. Während in klassischen Entwicklungsmethoden z. B. auf UML-Experten zurückgegriffen werden kann, sollen Mashups von Domänenexperten oder Endnutzern entwickelt werden.

2.1.3 Komponentenbasierte Software-Entwicklung

Neben dem Prinzip der Abstraktion ist das Prinzip der Modularisierung ein bedeutender Eckpfeiler effizienter Software-Entwicklung, auf dem insbesondere dienstbasierte Anwendungen und Mashups aufbauen. Allgemein ist ein *Modul* eine funktionale Einheit, die weitgehend kontextunabhängig, in sich abgeschlossen ist und über eine definierte Schnittstelle Bezüge nach außen herstellt (Balzert, 2009, S. 41 ff.). Ursprünglich wurde die Modularisierung z. B. über den Aufruf von Routinen und deren Konfiguration durch Parameter erreicht (McIlroy, 1968). Später ermöglichte die *Objektorientierung* zusätzlich die Definition von Klassen, die zur Laufzeit instanziiert werden. Allerdings sind Klassen häufig untereinander stark abhängig, z. B. durch Vererbungsrelationen. Die Einbindung erfolgt direkt im Quelltext einer bestimmten Sprache.

Während die objektorientierte Entwicklung Detailwissen über die Klassen und ihre Verwendung erfordert, ermöglicht die komponentenbasierte Software-Entwicklung die Integration vergleichsweise grobgranularer Komponenten. Die Merkmale komponentenorientierter Anwendungen lassen sich u. a. mit Hilfe der Systemtheorie (Luhmann, 1984) erklären. Darin werden Systeme durch die Begrenztheit, Dynamik und Kompositionalität charakterisiert. Systeme bilden einen abgegrenzten Bereich, der über Schnittstellen mit seiner Umwelt *(Environment)* in Wechselwirkung steht. Die Dynamik ergibt sich durch die Interaktion einer Funktionseinheit mit der Umgebung durch Eingänge und Ausgänge. Die Funktionseinheit ist für die Transformation von Eingabedaten *(Input)* zu Ausgabedaten *(Output)* zum Nutzen für die Umwelt verantwortlich. Schließlich besteht ein System aus mehreren Teilen, die sich wiederum gegenseitig beeinflussen können. Diese Zusammenhänge werden auch in Abb. 2.4 veranschaulicht.

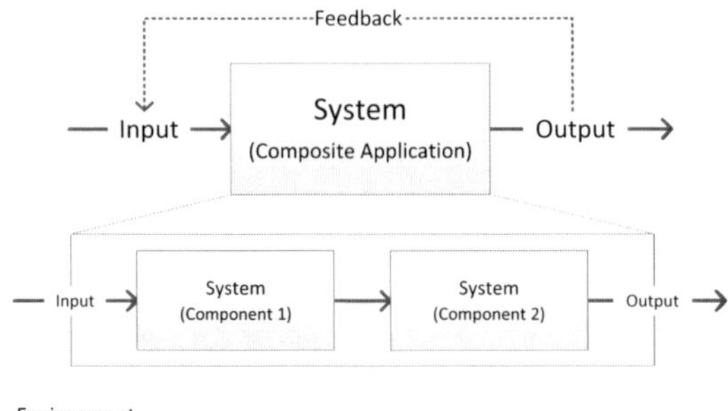

Abb. 2.4: Begrenztheit, Dynamik und Kompositionalität

Überträgt man die Konzepte der Systemtheorie auf komponentenbasierte Anwendungen, so bildet die Grenze der Anwendung die Laufzeitumgebung zum Nutzer oder anderen Anwendungen. Durch die Interaktion ist auch die Dynamik gegeben, weil sich die Zustände der Komponenten bzw. der Komposition mit der Zeit ändern. Die Komponenten selbst repräsentieren das *Black-Box-Prinzip*, da sie nur über vertraglich festgelegte Schnittstellen mit ihrer Umwelt interagieren. Ihre innere Struktur sowie ihre Zustände sind der Umgebung nicht bekannt. Dies hat auch Auswirkungen auf den Entwicklungsprozess. Der Entwickler einer komponentenbasierten Anwendung kann nur Anforderungen an die Schnittstellen definieren und sein Ziel durch die Komposition erreichen. In Anlehnung an die Definition von Szyperski (2002) und den Merkmalen der Systemtheorie wird die folgende Definition für eine Komponente vorgeschlagen.

► **Komponente**. Eine *Komponente* ist eine in sich abgeschlossene und unabhängige Einheit einer Komposition mit spezifizierten Schnittstellen und ausschließlich expliziten Kontextabhängigkeiten. Sie verbirgt ihre innere Struktur und reagiert auf Ereignisse in ihrer Umwelt.

Das *Component-**b**ased **S**oftware-**E**ngineering (CBSE)* widmet sich der Strukturierung und Systematisierung der Aktivitäten bei der komponentenbasierten Entwicklung (Heineman und Councill, 2001). Dies betrifft insbesondere die Komponentenerstellung, die Komponentensuche und deren Integration. Abb. 2.5 zeigt die spezifischen Aktivitäten, die in den Phasen des Entwurfs und der Umsetzung erforderlich sind. Nach der Anforderungsanalyse erfolgt zunächst die Suche nach Komponenten. Hierzu müssen die Komponenten mit Metainformationen ausgestattet, klassifiziert und in einem Repositorium abgelegt sein (Crnkovic u. a., 2005). Aus einer Teilmenge von Kandidaten werden Komponenten ausgewählt *(Komponentenauswahl)*, die validiert *(Komponentenvalidierung)* und schließlich zu einer Gesamtanwendung integriert werden *(Komponentenintegration)*. Daraufhin wird die gesamte Anwendung getestet *(Test)* und in Betrieb genommen *(Laufzeit und Wartung)*. Während die traditionelle Anwendungsentwicklung eine vollständige und exakte

Umsetzung der Anforderungen anstrebt, wird in der komponentenbasierten Entwicklung abgewogen, ob Komponenten neu entwickelt oder angepasst werden. Ist dies der Fall, so geschieht das in einem Prozess, der unabhängig von der eigentlichen Anwendungsentwicklung verläuft.

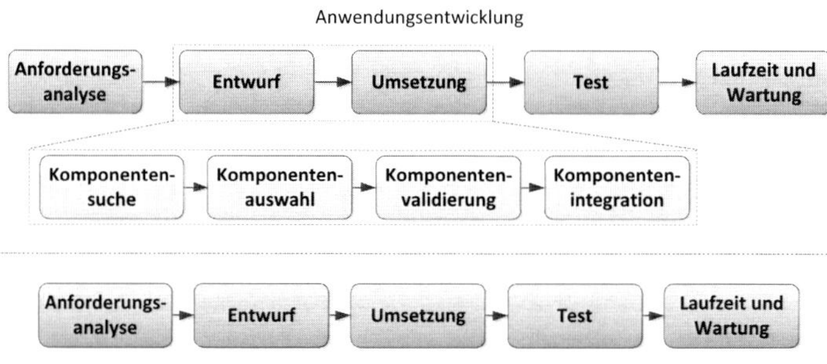

Abb. 2.5: Komponentenbasierter Entwicklungsprozess in Anlehnung an Crnkovic u. a. (2005) und Sommerville (2007, S. 451)

Komponenten können erst durch das Einbinden *(Deployment)* in eine Laufzeitumgebung *(Runtime Environment)* genutzt werden. Hierzu ist ein standardisiertes Komponentenmodell notwendig, das die strukturelle Anforderungen hinsichtlich Verknüpfungs- bzw. Kompositionsmöglichkeiten sowie verhaltensorientierte Anforderungen hinsichtlich Kollaborationsmöglichkeiten an alle zu verwendenden Komponenten stellt (Gruhn und Thiel, 2000, S. 293). Ein Komponentenmodell spezifiziert, neben der genauen Form und Eigenschaften der Komponenten, auch wie Komponenten miteinander interagieren *(Interaktionsstandard)* und miteinander verbunden werden können *(Kompositionsstandard)*. Beispiele für bekannte Komponentenmodelle sind COM+, *Common Object Request Broker Architecture (CORBA)* und ***E**nterprise **J**ava**B**eans (EJB)*.

► **Komponentenmodell.** Ein Komponentenmodell definiert die strukturellen und verhaltensorientierten Anforderungen an eine Komponente, damit sie in einer Laufzeitumgebung ausgeführt werden kann und mit anderen Komponenten interagieren kann.

Da der Zugriff auf die Komponenten allein über Schnittstellen erfolgt, müssen diese durch eine *Komponentenbeschreibung* spezifiziert sein. Beispielsweise beschreibt die *Komponentenbeschreibung* in CRUISe Attribute, Operationen und Ereignisse, über die Informationen über den Zustand einer Komponente abgerufen werden können und mit der Komponenten interagiert werden kann (siehe Abschnitt 6.2.1). Weiterhin kann die Komponentenbeschreibung auch Meta-Informationen enthalten, die für die Katalogisierung oder das Auffinden der Komponenten wichtig sind. Das können beispielsweise sowohl fachliche als auch nicht-funktionale Eigenschaften sein. Die Komponentenbeschreibung wird in einer *Komponentenbeschreibungssprache*, z. B. die SMCDL in CRUISe, formalisiert.

► **Komponentenbeschreibung.** »Eine Komponentenbeschreibung ist eine explizite Spezifikation der Schnittstellen und Kontextabhängigkeiten einer Komponente, die sowohl auf syntaktischer (technischer) als auch auf semantischer (fachlicher) Ebene formalisiert ist und darüber hinaus auch die Komposition von Komponenten dokumentiert.« (Teschke, 2003, S. 30).

Komponentenbasierte Architekturen verbessern Robustheit und Wartbarkeit von Anwendungen, da die Komponenten isoliert entwickelt und getestet werden können. Bei der Anwendungsentwicklung kann von der Komponentenorientierung am ehesten profitiert werden, wenn viele Komponenten zur Lösung von Teilproblemen zu Verfügung stehen. Somit steigt die Wahrscheinlichkeit, dass Anwendungsteile nicht neu implementiert werden müssen. Neben den Vorteilen bestehen aber auch die folgenden Herausforderungen. Beispielsweise müssen Komponenten so gestaltet werden, dass sie in verschiedenen Anwendungsszenarien eingesetzt werden können. Dies erfordert die Bereitstellung zahlreicher Konfigurationsmöglichkeiten, wodurch die Komplexität der Komponentenschnittstellen zunimmt. Zusätzlich ist die Auswahl von passenden Komponenten aus einer stetig steigenden Komponentenanzahl eine Herausforderung. Weiterhin müssen Komponenten durch sogenannten »Glue Code« zusammengefügt werden (Acker u. a., 2004). Dabei sind die Konvertierung von Daten, die Überprüfung der Parameterversorgung von Komponenten, die Fehlerbehandlung oder die Einbeziehung transaktionaler Aspekte notwendig.

2.1.4 Dienstbasierte Software-Entwicklung

Während die Komponentenorientierung die Integration plattformspezifischer Komponenten mit festgelegten Komponentenmodellen erfordert, ermöglicht das *dienstorientierte Paradigma* die plattformunabhängige und verteilte Anwendung des modularen Prinzips (Huhns und Singh, 2005). *Dienste* bieten autonome und geschäftsrelevante Funktionen grober Granularität an, während deren Implementierung hinter einer plattformunabhängigen Schnittstelle verborgen ist. Der Zugriff erfolgt über standardisierte Protokolle (z. B. mit HTTP und SOAP). Das Architekturmuster zur Strukturierung und Nutzung von Diensten wird als ***S**ervice**o**rientierte **A**rchitektur (SOA)* bezeichnet. Die Bereitstellung und Integration von Diensten folgen dem SOA-Interaktionsmuster. Dienstkonsumenten *(Consumer)* konsultieren spezielle Dienstverzeichnisse *(Registry)*, um geeignete Dienste zu finden. Dienstanbieter *(Provider)* beschreiben und publizieren sie in den Verzeichnissen, die so auch zur Laufzeit integriert werden können.

► **Dienst (Service).** Ein *Dienst* bzw. *Service* ist eine entfernte Funktionskomponente oder Anwendung, die in einem Computernetzwerk bereitgestellt und genutzt werden kann. Der Zugriff erfolgt über plattformunabhängige und standardisierte Protokolle.

► **Serviceorientierte Architektur.** Die ***S**ervice**o**rientierte **A**rchitektur (SOA)* beschreibt einen Ansatz für verteilte Anwendungen, dessen wesentlicher Bestandteil autonome, lose gekoppelte und plattformunabhängige Dienste sind, die beschrieben, veröffentlicht und zur Laufzeit integriert werden. Eine *serviceorientierte Anwendung* integriert Dienste.

Mit der systematischen Entwicklung von Anwendungen auf der Grundlage von Diensten befasst sich das ***S**ervice-**o**riented **S**oftware **E**ngineering (SOSE)* (Breivold und Larsson, 2007). Serviceorientierte Entwicklungsmethoden können als eine Weiterentwicklung von komponentenbasierten Ansätzen gesehen werden, da sie ebenfalls funktionale Bausteine integrieren. Dabei steht die Trennung von Schnittstelle, Implementierung und Geschäftsprozesslogik über Anwendungs- und Unternehmensgrenzen hinweg im Vordergrund sowie die Verfügbarkeit verschiedenster verteilter Implementierungen für eine Spezifikation. Abb. 2.6 stellt die spezifischen Aktivitäten der komponenten- und dienstorientierten Entwicklung dar. Während die komponentenbasierte Entwicklung den Fokus auf Entwurfsaktivitäten legt, besteht das Ziel der dienstorientierten Entwicklung darin, Dienste zur Laufzeit automatisch zu ermitteln und zu komponieren. Hierzu dienen die

Aktivitäten *Discovery, Ranking und Auswahl* sowie *Komposition*. Sollen diese automatisiert durchgeführt werden können, muss die Spezifikation formal korrekt, ausreichend detailliert und vollständig sein.

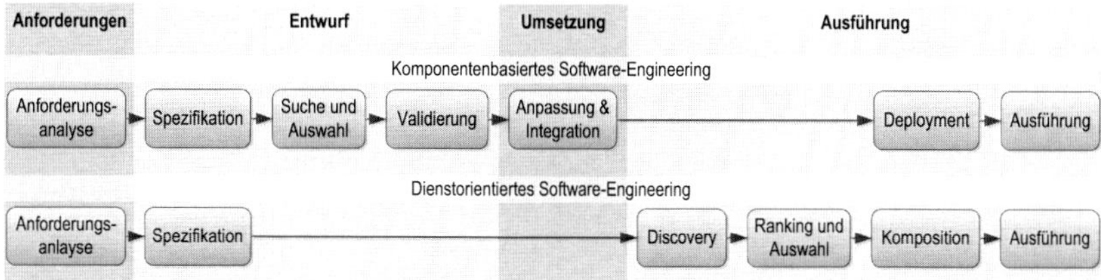

Abb. 2.6: Aktivitäten in komponentenbasierten und dienstorientierten Entwicklungsprozessen nach Breivold und Larsson (2007)

2.1.5 Geschäftsorientierte Software-Entwicklung

Da SOA die Trennung der Implementierung von der Geschäftsprozesslogik anstrebt, ist sie insbesondere für die Umsetzung von geschäftsorientierten Anwendungen interessant. Bestehende Implementierungen können von Diensten gekapselt und entlang von Geschäftsprozessen lose miteinander gekoppelt werden (Koch u. a., 2004; Brambilla u. a., 2006). Dieses Prinzip wird in Abb. 2.7 verdeutlicht. Jede Aktivität eines Geschäftsprozesses wird durch einen Dienst realisiert, der wiederum auf verschiedenen Implementierungen aufbaut. Das Ziel besteht darin, die Komposition von Diensten aus fachlicher Sicht zu spezifizieren und somit »Programming in the large« (DeRemer und Kron, 1975) bzw. »Business Process Oriented Programming« (Emig u. a., 2006) zu ermöglichen. Aufgrund der losen Kopplung der Dienste können Anpassungen in den Prozessen mit relativ geringem Aufwand auf die *Informationstechnik (IT)* abgebildet werden, dass somit ihre Ausrichtung an Geschäftsanforderungen unterstützt (Henderson und Venkatraman, 1993; Sousa, 2009).

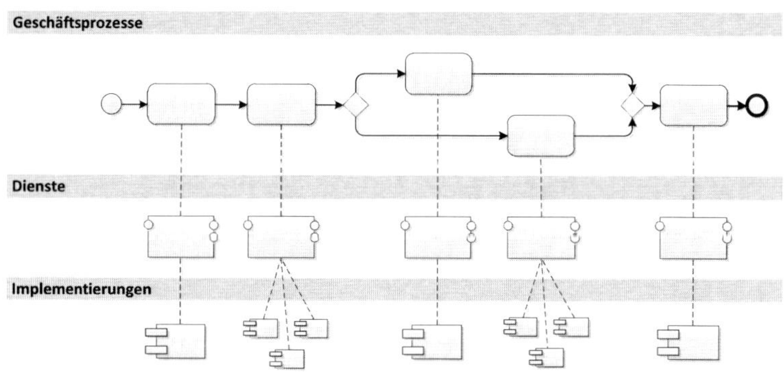

Abb. 2.7: Abstraktionsebenen einer SOA nach IBM Corporation (2005)

► **Geschäftsprozess.** Ein *Geschäftsprozess* beschreibt eine Folge von Aktivitäten, die schrittweise ausgeführt werden, um ein geschäftliches oder betriebliches Ziel zu erreichen (Mentzas u. a., 2001).

Geschäftsprozesse setzen sich aus Subprozessen und Aktivitäten zusammen, die manuell oder automatisiert ausgeführt werden sollen (Workflow Management Coalition, 1999). Die Geschäftsprozessspezifikation ist die Abstraktion eines Geschäftsprozesses und enthält Konzepte, die geeignet sind, Prozesse, Aktivitäten und Abhängigkeiten zwischen den Aufgaben und deren Anforderungen zu beschreiben. Dazu gehört die Abbildung des Kontrollflusses, des Datenflusses, der Fehlerbehandlung, der Aufgabendauer und der Prioritäten. Aktivitäten können in kleinere Einheiten, z. B. Sub-Prozesse unterteilt werden. Atomare Aktivitäten sind aus Prozesssicht nicht mehr weiter zerlegbar und bilden die kleinste Einheit, die genau von einem menschlichen oder einem maschinellen Akteur bearbeitet wird (Kristiansen und Trætteberg, 2007). Zur Laufzeit werden Instanzen der Prozessdefinitionen und der einzelnen Aktivitäten erzeugt, die in einem ***W**orkflow **M**anagement **S**ystem (WfMS)* verwaltet werden. Die Voraussetzung hierfür ist eine ausführbare Prozessspezifikation, die als *Workflow* bezeichnet wird (Jablonski u. a., 1997; Mentzas u. a., 2001).

► **Workflow.** Ein *Workflow* ist eine automatisiert ausführbare Definition eines Geschäftsprozesses, in der Daten und Aufgaben von einem Teilnehmer zu einem anderen weiteregereicht werden (Workflow Management Coalition, 1999).

Die Modellierung von Geschäftsprozessen ist, neben der Prozessoptimierung und der Prozessimplementierung, ein Teil des Prozessmanagements und umfasst Methoden zur Erfassung und Beschreibung von Prozessen mit entsprechenden Modellen (Mentzas u. a., 2001). Damit verfolgen Unternehmen das Ziel, Geschäftsprozesse zu optimieren und automatisiert ausführen zu lassen (Weske u. a., 2006). Für einen optimierten Entwicklungsprozess ist, neben der Integration von Diensten, die Einbettung in die Prozesslandschaft der Unternehmen erforderlich, z. B. auch um Prozessanpassungen leichter auf die Anwendungen übertragen zu können (Aversano u. a., 2005; Sousa, 2009). Zur Spezifikation von Geschäftsprozessen können sowohl die natürliche Sprache als auch visuelle (z. B. BPMN) und nicht-visuelle Notationen (z. B. WS-BPEL) herangezogen werden. Für einen modellgetriebenen Entwicklungsprozess sowie für die maschinelle Verarbeitung ist eine formale Modellierungssprache für Geschäftsprozesse eine Voraussetzung. Weiterhin können diese in Kombination mit Service-Beschreibungssprachen (z. B. WSDL) die automatisierte Ausführung der zuvor genannten, dienstbasierten Aktivitäten ermöglichen.

2.1.6 Web-Mashups

Während für die Integration von verteilten Komponenten und Diensten auf der funktionalen und datenzentrierten Ebene fortgeschrittene Lösungsansätze (z. B. mit WS-BPEL) verfügbar sind, wurde der Integration auf der Ebene der Benutzeroberfläche zunächst wenig Beachtung geschenkt (Daniel u. a., 2007). Durch im Web verfügbare Dienste (z. B. RSS-Feeds) und Komponenten (z. B. Google Maps) im Web, wurden zunächst von Web-Entwicklern neue Anwendungen auf deren Grundlage zusammengesetzt (z. B. die Anzeige von freien Wohnungen auf einer Karte bei HousingMaps[2]). Für diese Art der Web-Komposition wurde aus der Musikwelt die Bezeichnung *Mashup* übernommen, da sie Dienste und Komponenten von verschiedenen Anbietern integrieren. Im Vergleich zu Portalen (z. B. nach JSR-286[3]) oder Eclipse ***R**ich **C**lient **P**latform (RCP)* können Mashups als eine leichtgewichtige Mischform der komponenten- und dienstorientierten Integration ange-

[2]http://www.housingmaps.com/
[3]http://jcp.org/en/jsr/detail?id=286

sehen werden, da sie visuelle Komponenten und Web-Services, nicht nur serverseitig, sondern in der Regel clientseitig, miteinander kombinieren.

► **Web-Mashup**. Ein *Web-Mashup* bzw. *Mashup* ist eine Web-Anwendung, die Daten, Funktionen und Präsentationselemente aus verschiedenen Quellen kombiniert. Benutzer interagieren mit ihr, um eine bestimmte Aufgabe zu erledigen.

Die Architektur von Mashups lässt sich in die drei Schichten Ressourcen, Widgets und Mashup untergliedern, die jeweils die technischen Details der darunterliegenden Schichten abstrahieren (Hoyer und Fischer, 2008; López u. a., 2009). Dieser Zusammenhang wird in Abb. 2.8 schematisch dargestellt. Die untere Ebene der Ressourcen abstrahiert den Zugriff auf Inhalte, Daten und Funktionen in der Regel über standardisierte Schnittstellen, z. B. mit REST im Rahmen einer dienstorientierten Architektur. Die Verknüpfung der Ressourcen wird als *Piping* bezeichnet. Darauf aufbauend folgt die Schicht der Widgets, die eine bestimmte Funktionalität der Anwendungsdomänen bereitstellen und wiederum über eine Schnittstelle die Komplexität sowie den Zugriff auf die Ressourcen verbergen. Sie sind auch für die Bereitstellung grafischer und effizienter Nutzerinteraktionsmechanismen verantwortlich. Durch Verknüpfung einer Auswahl an Widgets, dem *Wiring*, kann das Verhalten der Anwendung entsprechend individuellen Anforderungen definiert werden. Ein auf diese Weise entstandenes Mashup repräsentiert die oberste Schicht des Referenzmodells und bildet die sichtbare Benutzeroberfläche.

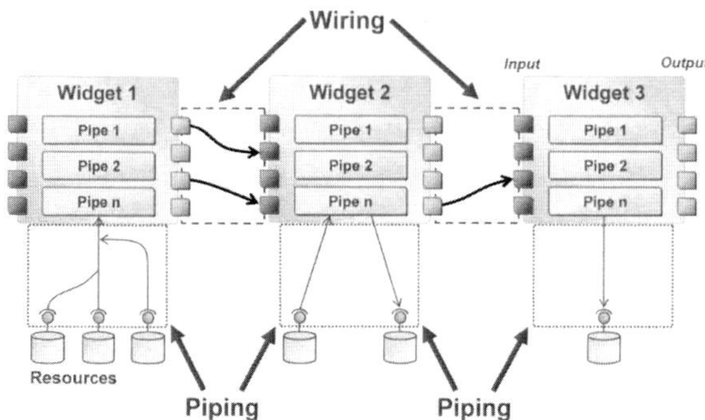

Abb. 2.8: Wiring und Piping in Mashups (Hoyer u. a., 2008)

Mashups können auf verschiedene Arten realisiert werden, z. B. programmatisch mittels HTML und JavaScript, einer dedizierten Skriptsprache oder mit Hilfe von Modellen. Letztere ermöglichen die modellgetriebene und plattformunabhänge Komposition sowie Adaption (Pietschmann, 2010). Aus diesem Grund bilden diese auch die Grundlage für diese Arbeit. Von *kompositen Mashups* wird gesprochen, wenn sie den Paradigmen der zuvor beschriebenen modellgetriebenen, dienstbasierten und komponentenorientierten Entwicklung folgen. Dies beinhaltet ein Komponentenmodell, eine Beschreibungssprache für Komponenten, damit verbundene Ansätze für *Discovery*, ein Kompositionsmodell sowie eine Laufzeitumgebung auf der Grundlage der definierten Modelle. Erste Ansätze hierfür sind *Composition of Rich User Interfaces (CRUISe)* (Pietschmann u. a., 2009a), *mashArt* (Daniel u. a., 2009), *Service Annotations for User Interface Composition (ServFace)* (Nestler u. a., 2009), die in Abschnitt 3.3 näher betrachtet werden.

► **Komposites Web-Mashup.** Ein *komposites Web-Mashup* wendet die Prinzipien der SOA auf der UI-Ebene an, indem Mashup-Komponenten durch eine Komponentenbeschreibung beschrieben sind, sie in einem Verzeichnis abgelegt sind und dynamisch anhand eines Komponenten- und Kompositionsmodells zur Laufzeit integriert werden.

2.1.7 Domänenexperten

Durch die einfachen Kompositionsmetaphern werden Mashups auch häufig dem Bereich der *endnutzergetriebenen Programmierung* zugeordnet. Hierbei soll maßgeschneiderte Software auf der Basis bestehender Komponenten für jeden Bedarf durch modulare und visuelle Entwicklung entstehen (Dörner u. a., 2008). Besonders interessant ist der Mashup-Ansatz im Geschäftsumfeld, da Domänenexperten bei der Erledigung ihrer Aufgaben und der Integration heterogener Datenquellen unterstützt werden können. Als *Domänenexperte* wird in dieser Arbeit ein Fachmann bezeichnet, der einerseits ein erfahrener Nutzer von Software-Anwendungen ist, aber keine Programmierkenntnisse besitzt (Costabile u. a., 2003). Er ist in der Regel ein betrieblicher Mitarbeiter einer Abteilung in einem Unternehmen, der bestimmte Aktivitäten übergeordneter Geschäftsprozesse ausübt und daran interessiert ist, diese möglichst effizient zu erledigen. Domänenexperten können beispielsweise Teil der Unternehmensorganisation sein, z. B. ein Mitarbeiter in der Personalabteilung, der über Urlaubs- und Reiseanträge entscheidet. Aber auch ein Mitarbeiter im Vertrieb, der stets einen Überblick über die aktuell verfügbare Ressourcen des Unternehmens informiert sein muss, würde zu dieser Benutzergruppe gehören.

► **Domänenexperte.** Ein *Domänenexperte* ist ein Experte auf einem bestimmten Fachgebiet, der regelmäßig mit Software-Anwendungen interagiert. Er hat spezifische Kenntnisse über die Fachdomäne bezüglich der Datenstrukturen, Funktionen und Bedingungen, um einen Ausgangszustand in einen gewünschten Zielzustand zu überführen.

2.2 Herausforderungen und Anforderungen

In dieser Arbeit soll der Domänenexperte in der Ausdruckskraft seiner Anforderungen an die Mashup-Komposition im Kontext von Geschäftsprozessen gestärkt werden. Aus diesem Grund werden ausgehend von den bisher beschriebenen Grundlagen die Herausforderungen bei der Entwicklung von Mashups identifiziert und zu Anforderungen an die in dieser Arbeit entwickelten Konzepte überführt. Diese bilden ebenfalls den Ausgangspunkt für die Definition von Untersuchungskriterien zur Analyse des aktuellen Standes der Forschung und Technik in verwandten Ansätzen.

2.2.1 Referenzbeispiel

Als repräsentativ für das in dieser Arbeit entwickelte Verfahren gelten vor allem geschäftsorientierte Anwendungen, die mit Hilfe von relativ unscharfen Geschäftsprozessen modelliert sind. Domänenexperten verfügen über das Wissen der Anwendungsdomäne und über die Ziele, die im Rahmen eines Geschäftsprozesses erreicht werden sollen. In der Regel handelt es sich um Datenerfassung, -analyse, -aggregation und -visualisierung. Auch kollaborative Aspekte (z. B. Delegation und Entscheidungsfindung) können bei diesen Anwendungen eine Rolle spielen. Als Randbedingung gilt aber auch, dass eine dienstorientierte Unternehmensinfrastruktur existiert, die Komponenten und Dienste im Sinne des Geschäftsprozesses oder Möglichkeiten für deren Erweiterungen bereithält. Um die

Anforderungen zu identifizieren und die Prinzipien der in der dieser Arbeit vorgestellten Lösung zu verdeutlichen, wird das folgende Referenzbeispiel gewählt.

Die Planung einer Reise ist nicht nur im privaten Umfeld eine aufwändige Aufgabe. Im betrieblichen Kontext kommen noch Antrags- und Abrechnungsverfahren hinzu. Damit ist ein erster Geschäftsprozess skizziert, der in Abb. 2.9 mit Hilfe der ***B**usiness **P**rocess **M**odel and **N**otation (BPMN)* abgebildet wird. Darin stellt ein Mitarbeiter einen Dienstreiseantrag und reicht diesen bei seinem Vorgesetzten ein. Dieser prüft den Antrag, bestätigt diesen oder lehnt ihn aufgrund ungenügender Angaben oder anderen Gründen ab. In diesem Fall wird er noch eine Begründung verfassen, bevor er den Mitarbeiter benachrichtigt. Wenn der Mitarbeiter die Bestätigung erhält, ist für ihn der Prozess abgeschlossen. Bei einer Ablehnung hat er die Möglichkeit, einen neuen Antrag zu erstellen bzw. den zuvor eingereichten Antrag zu bearbeiten.

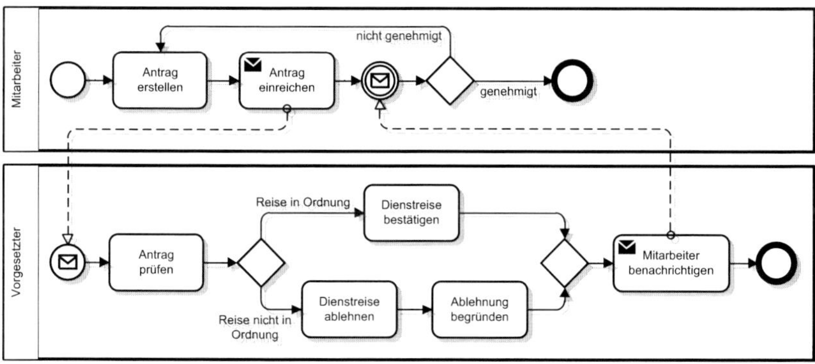

Abb. 2.9: Geschäftsprozess für einen Dienstreiseantrag

2.2.2 Bisheriger Entwicklungsprozess

Im Geschäftsprozess ist allerdings noch nicht spezifiziert, wie ein Antrag erstellt wird. Dies ist gerade für den Mitarbeiter von Bedeutung, da dieser diese Aufgabe möglichst effizient erledigen möchte. In manchen Fällen wird er dazu angehalten, mindestens drei Vergleichsangebote, z. B. für eine Hotelübernachtung, einzuholen. Nun kann diese Aufgabe aufgrund der zahlreichen Angebote im Web zeitintensiv sein. Aufgrund einer bestehenden Mashup-Infrastruktur, z. B. auf der Basis von CRUISe (vgl. Abschnitt 3.3.3), mit betriebsinternen Komponenten fühlt sich der Mitarbeiter in der Lage, eine eigene Mashup-Anwendung auf der Grundlage eines Geschäftsprozesses umzusetzen. Aufgrund der zunehmenden Anzahl von Online-Diensten kann diese Aufgabe durch die Integration in einer Mashup-Anwendung unterstützt werden. Eine einfache Reiseplanung beginnt mit der Auswahl eines Start- und Zielortes sowie des Zeitraums. Zusätzlich erachtet der Mitarbeiter es als hilfreich, Wetterdaten und Reise-Verbindungen, z. B. mit Hilfe des öffentlichen Fern- und Nahverkehrs, zu erhalten. Aus dem Angebot von Veranstaltungen oder Hotels wird schließlich eine Buchung vorgenommen.

Damit hat der Mitarbeiter seine Anforderungen identifiziert und versucht mit den bisherigen Entwicklungsmethoden, die mit CRUISe, das Mashup zu erstellen. Hierzu öffnet er den *Composition Model Editor*, einen Web-Browser mit dem ***Co**mponent **Re**pository*

(CoRe). Schrittweise gibt er in das CoRe die Begriffe ein: »Hotel suchen«, »Wetter anzeigen«, »Reiseverbindung suchen«, usw. ein. Jeweils für seine Suche werden ihm eine Menge an Komponenten angezeigt, die er in den Editor integriert und somit das *Kompositionsmodell* schrittweise erstellt. Unter dem Schlagwort »Suchkriterien eingeben« findet er zunächst keine Komponente. Deshalb probiert er andere Kombinationen, bis er schließlich mit »Ort eingeben« und »Datum eingeben« fündig wird. Anschließend legt er für eine Auswahl an Komponenten die Kommunikationskanäle an, indem er ihre Schnittstellen analysiert und Ereignisse und Operationen manuell in Beziehung setzt. Dabei stellt er jedoch fest, dass einige Komponenten nicht unmittelbar zusammenpassen. Nun muss er weitere suchen und integrieren. Schließlich möchte der Mitarbeiter einige Änderungen vornehmen, z. B. dass die Hotelsuche erst angezeigt wird, wenn er die Suchkriterien eingegeben hat. Allerdings möchte der Mitarbeiter hierfür keine Zeit mehr investieren, da ihm die gesamte Prozedur bisher zu aufwändig war und er zunehmend mit der Komplexität des Kompositionsmodells überfordert ist.

2.2.3 Bestehende Herausforderungen

Das Beispiel zeigt einen nicht optimalen Entwicklungsprozess, der viel Zeit und eine hohe Bereitschaft des Mitarbeiters erfordert, um die Mashup-Anwendung zu erstellen. Deshalb besteht die Vision dieser Arbeit darin, eine Entwicklungsmethode zu Verfügung zu stellen, welche ausgehend von einem Geschäftsprozess die automatische oder semi-automatische Entwicklung einer kompositen Mashup-Anwendung ermöglicht. Die im folgenden identifizierten Herausforderungen orientieren sich an den in Abschnitt 2.1.4 genannten Phasen, die der Domänenexperte bei der Entwicklung durchlaufen muss.

Herausforderung 1: Ermitteln von Anforderungen
Eine Herausforderung besteht darin, die Probleme des Mitarbeiters (in dem Beispiel ist er der Domänenexperte der Reiseplanung) zu strukturieren und Anforderungen zu spezifizieren, die ihn bei der Mashup-Komposition aktiv unterstützen. Bei der Umsetzung des Beispielszenarios bedeutet das, den vorgegebenen Geschäftsprozess zu verfeinern, beispielsweise um festzulegen, welche Daten für eine Dienstreise erforderlich sind. Weiterhin muss ermittelt werden, wie der Mitarbeiter diese Daten in das System bringen kann und wie die funktionalen Abhängigkeiten sind. Beispielsweise ist die Aktivität »Antrag erstellen« erst erfüllt, wenn alle Daten (z. B. Start- und Enddatum) vorhanden sind.

Herausforderung 2: Suchen von Komponenten
Anhand der Anforderungen muss der Domänenexperte passende Komponenten finden. Dies geschieht bisher durch die Exploration eines Komponentenverzeichnisses mit Hilfe von Stichworten und Kategorien. Ob die Komponenten wirklich den Anforderungen entsprechen und miteinander kompatibel sind, wird nicht berücksichtigt. In dem Beispielszenario würde der Domänenexperte nach einer Eingabemöglichkeit für Ort und Zeit suchen, welche er gern mit der Suche nach Hotels verknüpfen möchte. Diese muss er manuell suchen und kombinieren.

Herausforderung 3: Integrieren von Komponenten
Der Domänenexperte muss entsprechend der Möglichkeiten, die ihm eine Plattform bietet, die Komponenten integrieren. In dem Beispiel würde er die Ausgabe der Ortsauswahl mit der Hotelsuche verbinden, um stets Hotels in der Umgebung des Reiseziels zu erhalten. Dies erfolgt bisher durch das visuelle oder deklarative Verdrahten von Ein- und Ausgaben der Komponenten, obwohl der Domänenexperte nicht mit den Implementie-

rungsdetails der Komponenten und ihren Schnittstellen in Berührung kommen möchte. Das Finden einer möglichst optimalen Komposition ist insofern herausfordernd, da mit jeder neuen Komponente sich die Möglichkeiten der Verdrahtung multiplizieren.

2.2.4 Abgeleitete Anforderungen

Anhand der Problemstellung, der Grundlagen und der Herausforderungen werden die folgenden Anforderungen an die Ergebnisse dieser Arbeit genannt. Die allgemeinen Anforderungen beschreiben grundsätzliche Ziele, die im Rahmen der Arbeit verfolgt werden. Dazu zählen Einfachheit, Erweiterbarkeit und Anpassbarkeit, Korrektheit, Wiederverwendung, Allgemeingültigkeit und Wiederverwendbarkeit, Plattform-, Geräte- und Technologieunabhängigkeit, Verwendung von Standards, Modell-getriebener Ansatz und *Separation of Concerns (SoC)*.

A 2.1 **Einfachheit.** Modelle, Methoden und Werkzeuge müssen einfach, nachvollziehbar und verständlich sein. Nur die notwendigen Aspekte sind abzubilden bzw. muss die Komplexität durch die Betrachtung von Teilaspekten reduziert werden (Namoune und Angeli, 2009).

A 2.2 **Erweiterbarkeit und Anpassbarkeit.** Modelle, Methoden und Werkzeuge müssen bis zu einem bestimmten Grad erweitert bzw. angepasst werden können, um zum Teil unvorhergesehenen Anforderungen entsprechen zu können. Erweiterungen für Notationen und Werkzeuge sollten in einer nicht-invasiven Art und Weise erfolgen (Freudenstein, 2009).

A 2.3 **Korrektheit.** Modelle, Methoden und Werkzeuge müssen korrekt sein, sodass mit deren Hilfe eine lauffähige und fehlerfreie Anwendung entwickelt werden kann. Für das Vorgehensmodell bedeutet diese Anforderung, dass es die Entwicklung einer lauffähigen Anwendung ermöglicht.

A 2.4 **Wiederverwendung.** Es sollen bestehende Technologien und Werkzeuge sofern möglich wiederverwendet werden, um einerseits den Entwicklungsaufwand und andererseits den Einarbeitungsaufwand Dritter zu reduzieren (Namoune und Angeli, 2009).

A 2.5 **Allgemeingültigkeit und Wiederverwendbarkeit.** Der Ansatz sollte in anderen Zusammenhängen (z. B. Szenarien) wiederverwendet werden können. Eingeschränkt wird die Allgemeingültigkeit auf die Anwendungsdomäne, die in dieser Arbeit durch prozessorientierte UI-Mashups charakterisiert wird.

A 2.6 **Plattform-, Geräte- und Technologieunabhängigkeit.** Der Ansatz soll keine bestimmten Technologien voraussetzen oder andere ausschließen (Namoune und Angeli, 2009). Das Konzept soll von konkreten Plattformen und Technologien abstrahieren. Diese Anforderung unterstützt die Anforderung nach Wiederverwendbarkeit (A 2.5).

A 2.7 **Verwendung von Standards.** Es sollen möglichst bestehende Standards angewendet und bei Bedarf erweitert werden, um die allgemeine Akzeptanz der Ergebnisse zu unterstützen oder zu verbessern (Namoune und Angeli, 2009; Freudenstein, 2009). Durch die Verwendung von Standards wird einerseits die Wiederverwendung innerhalb der Lösung und andererseits die Wiederwendbarkeit weiterer Lösungen erhöht.

A 2.8 **Modellgetriebener Ansatz.** Um den Implementierungsaufwand zu reduzieren, die

Automatisierung zu nutzen sowie die Wiederverwendbarkeit zu erhöhen, wird ein modellgetriebener Ansatz verfolgt (Namoune und Angeli, 2009; Pietschmann u. a., 2010b). Modelle sollten die primären Mittel der Analyse und des Entwurfs sein, um automatisierte Entwicklungsschritte zu ermöglichen. Gleichzeitig muss die Konsistenz der Modelle sichergestellt werden (Freudenstein, 2009).

A 2.9 **Separation of Concerns.** Die Konzepte sowie deren Implementierung sollten nach dem Prinzip der Trennung der Verantwortlichkeiten beschrieben und umgesetzt werden, um gegenseitige Abhängigkeiten zu minimieren (Kulkarni und Reddy, 2003).

Bei der Mashup-Komposition müssen neben Konzeption und Entwicklung auch die Komponentenerstellung, Komponentensuche und Komponentenintegration berücksichtigt werden (vgl. Abschnitt 2.1.3). Deshalb müssen die folgenden Anforderungen bei der Entwicklung des Vorgehensmodells berücksichtigt werden.

A 2.10 **Analyse.** Das Vorgehensmodell muss Aktivitäten für das Erfassen von funktionalen und nicht-funktionalen Anforderungen beinhalten, wobei in dieser Arbeit der Fokus auf den funktionalen Anforderungen liegt. Sie repräsentieren die Anwendung auf formaler Ebene und sind Grundlage für die Identifikation der Komponenten, aus denen die Anwendung erstellt wird. Aufgrund der Anwendungsdomäne müssen Geschäftsprozesse in die Anforderungsanalyse integriert werden. Dort werden die konkreten betrieblichen Aktivitäten, Rollen, Daten- und Flussobjekte definiert.

A 2.11 **Entwurf.** Der Entwicklungsprozess muss Aktivitäten für die Erstellung einer abstrakten Darstellung, d. h. eines plattformunabhängigen Kompositionsmodells, der zu entwickelnden Anwendung vorsehen. Dies beinhaltet aufgrund der Anwendungsdomäne die Identifikation von Komponenten und deren konzeptionellen Integration durch die Beschreibung des Datenaustauschs und des Kontrollflusses.

A 2.12 **Umsetzung.** Der gesamte Entwicklungsprozess muss aus den Entwurfsartefakten eine lauffähige Anwendung erzeugen können, wobei ein plattformunabhängiges Modell in ein plattformabhängiges Modell transformiert wird. Die Umsetzung ist im Falle kompositer Mashup-Anwendungen stark verkürzt, da z. B. in CRUISe das Kompositionsmodell direkt von der Laufzeitumgebung ausgeführt werden kann.

A 2.13 **Laufzeit.** Der Entwicklungsprozess muss ein lauffähiges Kompositionsmodell als Ergebnis liefern. Zu diesem Zeitpunkt kann der Benutzer auch beurteilen, inwiefern die Anwendung wirklich den zuvor spezifizierten Anforderungen entspricht. Die Überprüfung der Qualität der Komposition liegt nicht im Fokus dieser Arbeit. Zu diesem Thema beschäftigen sich z. B. Cappiello u. a. (2009) und Rümpel u. a. (2013).

Die Anwendungsdomäne beschreibt, in welchem Umfeld der Entwicklungsprozess und die entstehenden Anwendungen eingesetzt werden sollen. Mashups sind eher situative Anwendungen für eine kleine Zielgruppe, wobei der Domänenexperte bei der Entwicklung maßgeblich involviert ist. Daraus ergeben sich die folgenden Anforderungen.

A 2.14 **Werkzeugunterstützung.** Der Ansatz muss durch geeignete Werkzeuge unterstützt werden, um den Nutzer durch den Autorenprozess zu führen (Namoune und Angeli, 2009). Es wird eine Kette von Werkzeugen benötigt, die nahtlos ineinander übergehen.

A 2.15 **Usability.** Als Zielgruppe wurde bereits der Domänenxperte genannt. Daher müssen Werkzeuge zu Verfügung gestellt werden, die einfach zu bedienen und zu erlernen sind. Die Entwicklungsmethode sollte die effiziente Implementierung von gebrauchstauglichen Dialogen unterstützen (Zühlke, 2004; Kamthan, 2008; Freudenstein, 2009).

A 2.16 **Integration von Geschäftsprozessen.** Komposite Web-Anwendungen sind geeignet für die Nutzung vorhandener dienstbasierter Architekturen sowie darauf aufbauend für die Integration in bestehend Geschäftsprozesse bzw. die Realisierung von Teilprozessen, wenn sie vorwiegend von menschlichen Akteuren durchgeführt werden müssen. Insofern müssen komposite Web-Anwendungen im Kontext von Geschäftsprozesse entwickelt werden können. Die Funktionalität der Anwendung spiegelt einen konkreten Arbeitsablauf wider, weshalb die einzelnen Aufgaben identifiziert und durch entsprechende Komponenten unterstützt werden müssen.

A 2.17 **Komponentenbasiertes und dienstorientiertes Architekturmodell.** Für die Entwicklung kompositer Mashups muss der Entwicklungsprozess einen komponentenbasierten Ansatz unterstützen. Das bedeutet, dass Komponenten und Dienste zur Entwurfs- und Laufzeit gefunden und integriert werden müssen. Hierzu ist die Beschreibung der Anwendungsbestandteile und ein Repositorium notwendig.

2.3 Zusammenfassung

In diesem Kapitel wurden die Grundlagen des Software-, Web- und Mashup-Engineerings betrachtet. Das beinhaltet die modellgetriebene, komponentenbasierte und dienstorientierte Anwendungsentwicklung und die allgemeinen Merkmale von Mashup-Anwendungen. Anschließend wurden anhand eines Beispielszenarios die Herausforderungen bei der Mashup-Entwicklung herausgearbeitet.

Die zentrale Herausforderung dieser Arbeit liegt in der Erarbeitung einer Entwicklungsmethode für komposite Mashups im Kontext von Geschäftsprozessen. Dazu gehören das Ermitteln von Anforderungen durch den Domänenexperten, die computergestützte Suche von Komponenten und deren Komposition, um den gestellten Nutzeranforderungen möglichst nahe zu kommen. Um die Herausforderungen zu meistern, wurden konkrete Anforderungen an das Vorgehensmodell, die Modelle und die Werkzeuge definiert, die in den folgenden Konzepten berücksichtigt werden.

Im nächsten Kapitel wird der aktuelle Stand der Forschung und Technik bezüglich der Entwicklung komponentenbasierter Web-Anwendungen untersucht, um gegenwärtige Lösungsansätze zu beurteilen sowie Defizite bezüglich der bisher genannten Anforderungen aufzuzeigen.

3 Entwicklungsmethoden für komponentenbasierte Web-Anwendungen

In der Vergangenheit wurden zahlreiche Entwicklungsmethoden für komponentenbasierte Web-Anwendungen vorgeschlagen, die in Bezug zu den Zielen dieser Arbeit verwandt sind. Dazu zählen neben bestehenden Mashup-Entwicklungsansätzen auch traditionelle und dienstbasierte Methoden. Traditionelle Entwicklungsmethoden bilden in der Regel die fortschrittlichsten Ansätze im Bereich des ***R****equirements* ***E****ngineering (RE)* sowie der modellgetriebenen Anwendungsentwicklung. Ausgehend von den zuvor geschilderten Grundlagen und Herausforderungen gelten für die Diskussion bestehender Ansätze die folgenden Untersuchungskriterien.

3.1 Untersuchungskriterien

Die zentralen Fragestellungen bezüglich der Untersuchung des aktuellen Standes der Forschung und Technik auf dem Gebiet der Entwicklungsmethoden für komponentenbasierten Web-Anwendungen beziehen sich insbesondere darauf, wie die Anwender in die Lage versetzt werden, ihre Anforderungen zu definieren und zu formalisieren und ob sich daraus lauffähige Anwendungen erzeugen lassen. Darauf aufbauend stellt sich die Frage, ob die Anforderungsmodelle geeignet sind, auch in einem modellgetriebenen Entwicklungsprozess für Mashups eingesetzt zu werden. Dies schließt die Suche und Komposition anhand von Anforderungen mit ein. Weitere Fragestellungen beziehen sich auf die Integration von Geschäftsprozessen in den Entwicklungsprozess. Beispielsweise ob sie als Quelle für Anforderungen dienen und darin enthaltene Informationen im Entwicklungsprozess verwendet werden. Ähnliche Untersuchungen, jedoch mit dem Fokus auf das Model-Driven Web-Enginerring, wurden z. B. von Escalona und Koch (2004), Schwinger u. a. (2008) und Valderas und Pelechano (2011) durchgeführt. Die folgende Untersuchung soll allerdings die Übertragbarkeit auf die Mashup-Entwicklung klären sowie ggf. Defizite anhand des Entwicklungsprozesses, der Entwicklungsmethode, des verwendeten Anforderungsmodells, der modellgetriebenen Entwicklung sowie der vorgeschlagene Werkzeuge aufzeigen.

3.1.1 Entwicklungsprozess

Der Entwicklungsprozess definiert die Phasen, Rollen und Artefakte, die in einer Entwicklungsmethode notwendig sind, um erfolgreich eine funktionierende Anwendung zu entwickeln (Abschnitt 2.1.1). Für Mashups muss der Entwicklungsprozess die Phasen der komponentenbasierten bzw. dienstorientierten Anwendungsentwicklung unterstützen (Abschnitt 2.1.3). Schließlich muss der Entwicklungsansatz möglichst einfach sein, um Domänenexperten als Nutzer des Entwicklungsprozesses zu unterstützen (Abschnitt 2.1.6).

Anforderungsanalyse (⋆DP1) Es wird untersucht, ob eine Anforderungsanalyse explizit unterstützt wird und wie sie in den Entwicklungsprozess eingebettet ist. Dies setzt die Beschreibung eines Anforderungsmodells voraus sowie eine Beschreibung der Techniken, die zur Spezifikation des Anforderungsmodells eingesetzt werden.

Geschäftsprozessorientierung (⋆DP2) Es wird untersucht, inwiefern Anforderungen aus Geschäftsprozessen integriert und die Anwendungsentwicklung an ihnen ausgerichtet wird. Beispielsweise führt die Möglichkeit des Imports eines standardisierten Geschäftsprozessmodells in den Entwicklungsprozess eine positive Bewertung.

Komponentenorientierung (⋆DP3) Es wird untersucht, inwiefern die Ansätze Konzepte zur Integration von verteilten Web-Ressourcen bieten. Dazu zählen sowohl Daten, Anwendungslogik und UI-Bestandteile. Somit spielt der unterstellte Komponentenbegriff eine Rolle, der die lose Kopplung, geringe Abhängigkeiten sowie standardisierte Schnittstellen der genannten Ressourcen vorsieht.

Komplexität (⋆DP4) Es wird untersucht, ob der Entwicklungsprozess für die genannte Zielgruppe geeignet ist. Indikatoren für die Komplexität sind die Anzahl der vorgesehenen Aktivitäten, die Komplexität der Artefakte und Werkzeuge sowie der Leitfäden, die zur Durchführung des Entwicklungsprozesses notwendig sind.

3.1.2 Anforderungsmodell

Das Anforderungsmodell spezifiziert die funktionalen und nicht-funktionalen Anforderungen, die durch eine Software erfüllt werden sollen (Nuseibeh und Easterbrook, 2000). Funktionale Anforderungen definieren die Funktionen eines Softwaresystems bzw. dessen Teile und beschreiben Berechnungen und Zustandsänderungen, die Eingaben (bzw. Ausgangszustände), das Verhalten und deren Ausgaben (bzw. die Zielzustände). Ein Ziel dieser Arbeit ist das Abbilden von funktionalen Anforderungen auf Mashup-Komponenten, die ebenfalls Funktionen repräsentieren und Ausgabedaten anhand von Eingabedaten erzeugen (vgl. Abschnitt 2.1.6). Somit ist die Definition von Funkionen, deren Ein- und Ausgaben sowie des Kontroll- und Datenflusses für Mashups relevant.

Funktionen (⋆FR1) Anhand dieses Kriteriums wird untersucht, ob Anforderungen an Funktionen definiert werden können.

Ein- und Ausgaben (⋆FR2) Dieses Kriterium untersucht, ob Ein- und Ausgabedaten definiert werden können und auf welches Domänenmodell sie sich beziehen.

Kontrollfluss (⋆FR3) Der Kontrollfluss beschreibt die Reihenfolge, also den zeitlichen Ablauf, von Funktionen. Dieses Kriterium untersucht, welche Mittel zur Modellierung des Kontrollflusses zu Verfügung stehen.

Datenfluss (⋆FR4) Der Datenfluss beschreibt den Datenaustausch und den kausalen

Zusammenhang zwischen Funktionen. Dieses Kriterium untersucht, ob eine explizite Modellierung des Datenflusses möglich ist.

Domänenmodell (⋆FR5) Das Domänenmodell beschreibt die Entitäten, ihre Attribute, Rollen und die fachlichen Zusammenhänge sowie Bedingungen. Es wird untersucht, ob ein Domänenmodell formuliert werden kann und wie es bei der Definition funktionaler Anforderungen einbezogen wird.

Funktionale Anforderungen werden durch nicht-funktionale Anforderungen bzw. Qualitätsanforderungen unterstützt. Hier wird untersucht, ob Qualitätsmerkmale definiert und mit konkreten Bestandteilen des Anforderungsmodells (z. B. mit den Funktionen) assoziiert werden können.

Spezifikation nicht-funktionaler Anforderungen (⋆NFR) Dieses Kriterium untersucht, wie nicht-funktionalen Anforderungen ausgedrückt werden können. Dies schließt die Existenz von formalen Metriken zur Beschreibung ihrer Ausprägung ein.

3.1.3 Modellgetriebene Entwicklung

Die Relevanz modellgetriebener Entwicklung wurde bereits in Abschnitt 2.1.2 motiviert. Bezogen auf Mashups ermöglicht sie die Anwendung des dienstorientierten Paradigmas auf der Ebene der Benutzeroberfläche (Pietschmann, 2010), d. h., die modellbasierte Abstraktion von Schnittstellen und Kompositionen und in der Folge die Automatisierung von Transformation von Anforderungen zu Kompositionen. Eine Voraussetzung hierfür ist ein formales Anforderungsmodell, das computergestützt verarbeitet werden kann. Deshalb gelten hier die folgenden Untersuchungskriterien.

Formalisierungsgrad (⋆MDD1) Es wird untersucht, ob ein formales Anforderungsmodell existiert, welches mit Hilfe von Transformationen automatisch in Entwurfsmodelle überführt werden kann.

Transformationen (⋆MDD2) Wenn Vorschriften zur Transformation des Anforderungsmodells in Entwurfsmodelle vorhanden sind und diese automatisiert ausgeführt werden können, wird dieses Kriterium positiv bewertet. Wenn nur informelle Richtlinien genannt werden, wird dieses Kriterium neutral bewertet.

Computergestützte Komponentensuche (⋆MDD3) Es wird untersucht, ob anhand des Anforderungsmodells computergestützt Komponenten bewertet werden. Falls eine Komponentensuche beispielsweise durch eine Stichwortsuche, möglich sind, wird dieses Kriterium neutral bewertet.

Computergestützte Komposition (⋆MDD4) Es wird untersucht, ob anhand des Anforderungsmodells eine computergestützte Komposition möglich ist. Das heißt, ob der Entwickler bei der Komposition beispielsweise durch Vorschläge oder Automatisierung bei der Verbindung von Komponenten unterstützt wird.

3.1.4 Werkzeugunterstützung

Da die Mashup-Entwicklung für Domänenexperten vorgesehen ist, ist die direkte Implementierung von Quelltext bzw. Modellen für diese Zielgruppe nicht geeignet. Deshalb werden Werkzeuge benötigt, die die Komplexität der Anforderungsmodellierung sowie der Komposition handhabbar machen. Deshalb wird untersucht, ob eine visuelle Anforderungsmodellierung möglich ist und welche Zielgruppe antizipiert wird.

Werkzeugunterstützung (⋆TS1) Es wird untersucht, ob Werkzeuge zu Verfügung gestellt werden. Insbesondere liegt der Fokus auf der visuellen Modellierung von Anforderungsmodellen und deren Ausdrucksstärke.

Zielgruppe (⋆TS2) Es wird untersucht, welche Zielgruppe von den Werkzeugen adressiert wird. Beispielsweise ob nur Experten oder auch Nicht-Experten in der Lage sind die graphische Notation zu verstehen und das Werkzeug zu benutzen.

Die genannten Kriterien werden noch einmal in Tab. 3.1 aufgeführt. Die Tabelle dient als Bewertungsgrundlage für die folgende Untersuchung relevanter Entwicklungsmethoden.

		Negativ (0,0)	**Neutral (0,5)**	**Positiv (1,0)**
Entwicklungsprozess				
DP1	Anforderungsanalyse	nicht angegeben	indirekte Empfehlung	vorhanden
DP2	Geschäftsprozessorientie	nicht unterstützt	Ablauforientierung	Standards (z. B. BPMN)
DP3	Komponentenorientierun	nicht berücksichtigt	limitiert (z. B. proprietär)	generisch (z. B. Standards)
DP4	Komplexität	hoch	mittel	gering
Anforderungsmodell				
FR1	Funktionen	nicht beschreibbar	indirekt oder implizit	explizit
FR2	Ein- und Ausgaben	nicht beschreibbar	indirekt oder implizit	explizit
FR3	Kontrollfluss	nicht beschreibbar	indirekt oder implizit	explizit
FR4	Datenfluss	nicht beschreibbar	indirekt oder implizit	explizit
FR5	Domänenmodell	nicht beschreibbar	indirekt oder implizit	explizit
NFR	Nicht-funktionale Anf.	nicht beschreibbar	indirekt oder kein Qualitätsmodell	explizit
Modellgetriebene Entwicklung				
MDD1	Formalisierungsgrad	gering	mittel	hoch
MDD2	Transformationen	nein	semi-automatisch, Richtlinien	automatisch
MDD3	Komponentensuche	nicht unterstützt	inhaltsbasiert (z. B. Stichworte)	semantisch
MDD4	Komposition	statisch, manuell	semi-automatisch	automatisch
Werkzeugunterstützung				
TS1	Werkzeuge	nein	nicht ausgereift	ausgereift
TS2	Zielgruppe	Spezialisten	Fortgeschrittene	Domänenexperten, Endnutzer

Tab. 3.1: Bewertungsschema für komponentenbasierte Entwicklungsmethoden

3.2 Traditionelle Entwicklungsmethoden

Als *traditionell* werden in dieser Arbeit Methoden bezeichnet, die aus den Bestrebungen des Software-Engineerings zur Systematisierung der Softwareentwicklung hervorgingen und darauf aufbauend die Prinzipien der modellgetriebenen Entwicklung vorsehen. Der Schwerpunkt liegt auf einem durchgängigen Vorgehen über alle Phasen des Entwicklungsprozesses von der Analyse bis zur Wartung. Das bedeutet auch, dass die Anforderungen zu Beginn eines Entwicklungszyklus möglichst vollständig und korrekt erfasst werden, um sie schrittweise und umfassend in eine lauffähige Anwendung zu überführen. Als eines der bedeutendsten Beispiele zählt die objektorientierte Anwendungsentwicklung, die in den meisten Softwareprojekten eingesetzt wird. Weiterhin werden sowohl die modellgetriebenen Entwicklungsmethoden für Benutzeroberflächen als auch für Web-Anwendungen als weitere Beispiele dieser Kategorie angesehen.

3.2.1 Objektorientierte Entwicklungsmethoden

Erste Ansätze der *Objektorientierung* wurden in den 60er Jahren mit der Programmiersprache *Simula 67* eingeführt (Dahl, 1968), um natürliche Objekte, deren Beziehungen, Komposition und Vererbung zu identifizieren und in abstrakte Darstellungen zu übertragen (Hoare, 1972). Davon ausgehend haben sich mehrere objektorientierte Entwicklungsmethoden herausgebildet, die das Abbilden von realen Sachverhalten der Realität in objektorientierte Entwürfe und Implementierungen fokussieren und damit einen durchgängigen Entwicklungsprozess von der Analyse bis zur Wartung anstreben. Aufgrund der vielen Modellierungsansätze wurde in den 90er Jahren eine Vereinheitlichung in Form der ***U**nified **M**odeling **L**anguage (UML)* vorgeschlagen, die an die ***O**bject **M**anagement **G**roup (OMG)* übergeben und 1997 als Standard akzeptiert wurde. Auf dieser Grundlage wurde schließlich ein einheitlicher und objektorientierter Entwicklungsprozess, der ***R**ational **U**nified **P**rocess (RUP)*, entwickelt, der hier als repräsentativer Vertreter der objektorientierten Entwicklungsmethoden betrachtet wird.

Entwicklungsprozess

Das Vorgehensmodell von RUP wird in Abb. 3.1 dargestellt und unterscheidet vier Phasen und neun *Workflows*, die jeweils in den Phasen abgearbeitet (Kruchten, 2004). Die *Inception Phase* bildet den Startpunkt, wobei die Hauptanforderungen definiert sowie Aufwände und Risiken abgeschätzt werden. In der *Elaboration Phase* werden die notwendigen Werkzeuge und Ressourcen festgelegt und eine Architektur für die Umsetzung entworfen. In der *Construction Phase* wird der Entwurf umgesetzt. Das bedeutet die Implementierung von Anwendungsfällen und die Integration von Komponenten in die Architektur. In der *Transition Phase* erfolgt der Übergang des Produkts aus der Entwicklungsumgebung zur Laufzeitumgebung des Kunden. Nun wird das Produkt ausführlich getestet, die Anwender werden geschult, die Dokumentation wird erstellt sowie Daten aus einem gegebenenfalls vorhandenem System werden migriert.

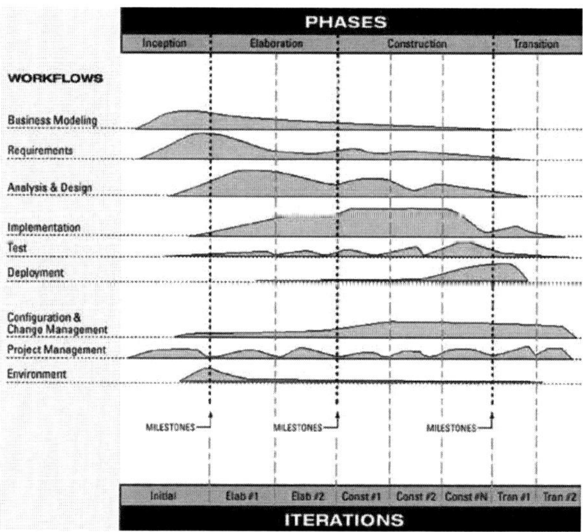

Abb. 3.1: Phasen und Arbeitsabläufe im RUP (Kruchten, 2004)

In jeder der Phasen werden neun Arbeitsabläufe ggf. in mehreren Iterationen mit unterschiedlichem Aufwand durchlaufen. Die Geschäftsprozessmodellierung *(Business Modeling)* ist ein optionaler Arbeitsschritt, der vorrangig dazu dient, allen Beteiligten Klarheit über die Struktur und Dynamik der Organisation sowie die Systemanforderungen zu verschaffen. Die Geschäftsprozessorientierung ist damit gegeben, allerdings dienen die Geschäftsprozessmodelle hauptsächlich der Dokumentation. Da es möglich ist, aus Geschäftsprozessmodellen beispielsweise Anwendungsfälle zu generieren, wird ⋆DP2 positiv bewertet. In der Anforderungsanalyse *(Requirements)* werden diese Geschäftsanwendungsfälle in Systemanwendungsfälle überführt und einfache Klassendiagramme erstellt. Es lässt sich insgesamt feststellen, dass der Anforderungsanalyse (⋆DP1) ein besonders hoher Stellenwert eingeräumt wird.

Während der Phase *Analysis & Design* werden die Anforderungen in eine Spezifikation für die anschließende Implementierung des Systems zu übersetzt. Anwendungsfälle bilden die Verbindung zwischen Anforderungen und Designaktivitäten und durch die Spezifikation von Struktur und Verhalten verfeinert. In der Phase *Implementation* werden der Entwurf in konkrete Klassen und Komponenten umgesetzt sowie die einzelnen Einheiten getestet und in das Gesamtsystem integriert. Der Arbeitsschritt *Test* dient der Qualitätssicherung durch die Bewertung und Beschreibung der Testlaufergebnisse und der Überprüfung der erreichten Qualität. Während der Testphase dienen auf der Grundlage von Anwendungsfällen definierte Testfällen und Testprozeduren. Im Schritt *Deployment* wird schließlich das Produkt an den Kunden bzw. den Endnutzer ausgeliefert.

RUP unterstützt die komponentenbasierte Entwicklung (⋆DP3) durch den iterativen Entwicklungsansatz und der fortlaufenden Identifikation von Komponenten, deren Entwicklung und Anpassung. Damit wächst das Gesamtprodukt durch die Integration fertiggestellter Komponenten schrittweise, also ist das Vorgehen *inkrementell*. Allerdings ist der Komponentenbegriff in RUP nicht immer eindeutig. Neben dem in Abschnitt 2.1.3 definierten Sinne wird er auch mit einer allgemeineren Bedeutung verwendet. Beispielsweise werden auch Datenbank-Tabellen und Quelltexte als Komponenten bezeichnet (Fettke u. a., 2002). Bereits die Darstellung der einzelnen Phasen lässt vermuten, dass RUP zu den komplexen und schwergewichtigen Vorgehensmodellen gehört (⋆DP4). Bestätigt wird dies durch die ca. 30 Rollen und 100 Artefakte (Abrahamsson u. a., 2002). Das Projektmanagement ist aufwändig und der Schulungsaufwand hoch. Weiterhin ist RUP stark an UML sowie den Produkten von *Rational* ausgerichtet.

Anforderungsmodell

Im RUP spielen Anwendungsfälle durchgängig eine wichtige Rolle. Sie beschreiben, mit welchen Aktionen die Akteure eines betrachteten Systems ihre fachlichen Ziele erreichen (Jacobson u. a., 1992). Ein Beispiel für ein UML-Anwendungsfalldiagramm für die Funktionalität eines Geldautomaten ist in Abb. 3.2 dargestellt. Ein Akteur *(Customer)* interagiert mit dem System *(ATMsystem)*, um Geld abzuheben *(Withdraw)* oder zu überweisen *(Transfer Funds)*. Es ist leicht zu erkennen, dass die visuelle Notation stark eingeschränkt ist. Beispielweise wird nicht deutlich, welche Daten in dieser Interaktion eine Rolle spielen sowie in welcher Reihenfolge ein Akteur vorgehen kann. Aus diesem Grund häufig Textbeschreibungen ergänzt, in denen schließlich alle funktionalen Anforderungen (⋆FR1 bis ⋆FR4) definiert werden können.

Das Domänenmodell wird in der Regel durch Glossare und UML-Klassendiagramm be-

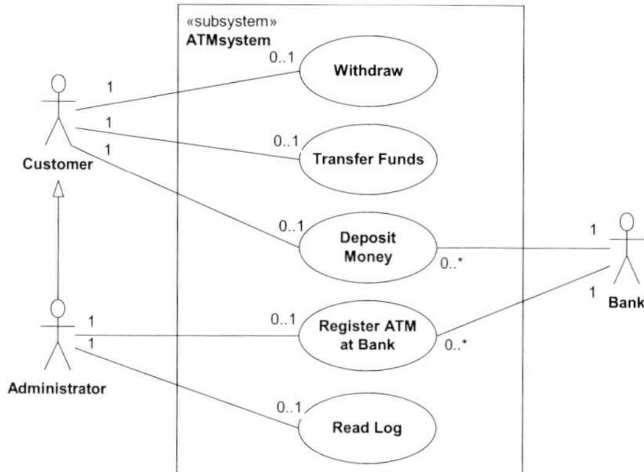

Abb. 3.2: Beispiel eines Use-Case-Diagramms (OMG-UML, 2007, S. 596)

schrieben (⋆FR5). Nicht-funktionale Anforderungen können schließlich auch in Textform durch *Special Requirements* und der *Supplementary Specification* definiert werden (⋆NFR). Anwendungsfälle werden im RUP frühzeitig identifiziert und schrittweise verfeinert bis der Entwurf und die Implementierung Lösungen zur Realisierung dieser bereitstellen sollen. Da die Übergänge von der Anforderungsanalyse zum Entwurf jedoch fließend sind, machen zwar die Anwendungsfälle den Kern, jedoch nicht ausschließlich, das Anforderungsmodell aus.

Modellgetriebene Entwicklung

Anwendungsfalldiagramme reichen aus den bereits genannten Gründen nicht aus, um Anforderungen an Komponenten und deren Komposition zu formalisieren und können nur als ein Ausgangspunkt für eine Reihe weiterer Modelle als Teil eines objektorientierten Feinentwurfs dienen (⋆MDD1). Positiv ist die Integration von Geschäftsprozessmodellen. In *IBM* ***R****ational* ***S****oftware* ***A****rchitect (RSA)* ist es möglich, Aktivitäten der untersten Ebene eines Geschäftsprozesses in UML-Anwendungsfälle umzuwandeln und diese miteinander zu verbinden. Detaillierte UML-Klassendiagramme sind eher Bestandteil des Entwurfs und bilden die Grundlage für die Quelltextgenerierung. Sie sind eher konkrete Klassen und deren Struktur als Anforderungen an grobgranularere Komponenten.

Modelltransformation und Quelltextgenerierung sind ein integraler Bestandteil der MDA und werden von vielen UML-Werkzeugen unterstützt (⋆MDD2). Modelle können ineinander überführt werden und aus der UML Notation kann Quelltext erzeugt werden. Beispielsweise unterstützt RSA die Generierung von Java, C++ und EJB. Je nach Detaillierungsgrad der Modelle handelt es sich meist um Quelltextgerüste, die anschließend manuell vervollständigt werden. Eine für die Mashup-Entwicklung notwendige Anforderung der automatisierten Komponentensuche ist nicht vorgesehen, da Anforderungen an die Software im Ganzen erfasst und schrittweise umgesetzt werden. Schließlich wird auch keine computergestützte Komposition zwischen Komponenten unterstützt, sofern diese nicht beispielsweise in Komponenten- und Interaktionsdiagrammen spezifiziert wurde (⋆MDD4). Komponenten werden weder zur Entwurfs- noch zur Laufzeit gesucht und dynamisch integriert.

Werkzeugunterstützung

Es gibt Werkzeuge, die für die Modellierung von UML spezialisiert sind und die zuvor genannten Funktionen zur Unterstützung der modellgetriebenen Anwendungsentwicklung bereitstellen (⋆TS1). Für RUP gibt es z. B. RSA[1] von *Rational*, eine integrierte Entwurfs- und Entwicklungsumgebung für Java und C++ auf der Basis von UML. Ergänzt werden diese durch graphische UML-Modellierung, Wortvervollständigungen, Klassen- und Projektbrowsern sowie schneller Navigation im Quelltext. Insgesamt ist die Werkzeugunterstützung der Rational-Produkte den professionellen Entwicklern und Analysten zuzuordnen (⋆TS2). Weitere Tools mit ähnlichem Funktionsumfang sind z. B. *StarUML*[2], und *Eclipse UML2 Tools*.[3]

Weiterhin gibt es Werkzeuge zur Unterstützung der Anforderungsanalyse und des Anforderungsmanagements. Der *IBM **R**ational **R**equirements **C**omposer (RRC)*[4] ist z. B. eine Web-basierte Kollaborationsplattform zur Spezifikation und Nachverfolgung von Anforderungen, mit dem Ziel, alle Stakeholder (z. B. Projektmanager, Kunden, Analysten und Entwickler) in die Anforderungsanalyse zu integrieren. RRC bietet verschiedene Modellierungstools (z. B. für Anwendungsfälle und Geschäftsprozesse) und eine Dokumentenverwaltung. Anforderungen können mit Arbeitsartefakten und Aufgaben verbunden und verfolgt werden. Das Werkzeug soll einer breiten Gruppe von Anwendern zugänglich sein, was sich auch in der Gestaltung der Benutzeroberfläche niederschlägt. Dennoch geht der große Funktionsumfang zu Lasten der Übersichtlichkeit. Schließlich handelt es sich um ein Tool ausschließlich zur Verwaltung von Anforderungen und dient als Ergänzung zu anderen Entwicklungswerkzeugen wie z. B. RSA. Ein mit RRC vergleichbares Tool ist *Caliber*[5] von *Borland*.

Fazit

Ein entscheidender Vorteil der objektorientierten Entwicklungsmethoden ist deren weite Verbreitung im industriellen Umfeld. Dies wird auch durch Standardisierung und zahlreiche Werkzeuge deutlich. Durch die Anwendung etablierter Vorgehensmodelle können die dort festgehaltenen Erfahrungen und *Best Practices* zu einer erfolgreichen Realisierung beitragen. In der Regel wird der gesamte Entwicklungszyklus abgedeckt, wodurch für die Ermittlung und der Spezifikation von Anforderungen Techniken, Leitfäden und Werkzeuge zu Verfügung stehen. Ein weiterer Vorteil ist die starke Orientierung an Anwendungsfällen, die den Softwareentwurf entlang der Nutzeranforderungen ermöglicht. Insgesamt betrachtet, wird der Anforderungsanalyse und der darauf basierenden, systematischen Anwendungsentwicklung viel Aufmerksamkeit geschenkt.

Hinsichtlich der Mashup-Entwicklung haben die beschriebenen Entwicklungsmethoden jedoch auch entscheidende Nachteile. Sie sind meist auf ein professionelles Umfeld und große Software-Projekte ausgerichtet. Anwendungen werden von Grund auf entworfen und implementiert. Dagegen handelt es sich bei Mashups um Kleinstanwendungen, die durch Komposition von bestehenden Widgets entstehen. Die Suche und Komposition von Komponenten anhand von Nutzeranforderungen ist nicht vorgesehen.

[1]http://www.ibm.com/developerworks/downloads/r/systemarchitect/
[2]http://staruml.sourceforge.net/en/
[3]http://www.eclipse.org/modeling/mdt/?project=uml2
[4]http://www-01.ibm.com/software/awdtools/rrc/
[5]http://www.borland.com/products/caliber/

3.2.2 Modellbasierte Entwicklung von Benutzeroberflächen

Trotz der Komponentenorientierung auch auf der Ebene der Benutzeroberfläche, entstehen neue Herausforderungen durch die Vielzahl der Endgeräte (z. B. Desktop-PCs, Fernsehgeräte und Smartphones) mit unterschiedlichen Laufzeitumgebungen und Nutzerpräferenzen (z. B. Interessen, Sprache und Fähigkeiten). Weiterhin nimmt die Komplexität der Benutzeroberflächen durch die aufwändige Gestaltung, der Dynamik der Inhalte sowie der zahlreichen neuen Ein- und Ausgabemodalitäten (z. B. graphisch, auditiv und haptisch) zu. Die modellbasierte Entwicklung von Benutzeroberflächen, auch *Model-based User Interface Design (MBUID)*, versucht auf der Basis plattformunabhängiger Modelle zur Spezifikation der Benutzeroberfläche und der Generierung interaktiver Systeme, Lösungsansätze für diese Herausforderungen zu liefern. Als die wichtigsten Vertreter werden usiXML von Limbourg u. a. (2005), MARIA von Paternò u. a. (2009) und das Useware-Engineering von Meixner u. a. (2011b) angesehen.

- *Model-based language for interactive applications (MARIA)* ist ursprünglich aus dem Ansatz *Transformation Environment for interactive Systems Representations (TERESA)* hervorgegangen und enthält eine XML-basierte Beschreibungssprache für abstrakte und konkrete UIs. Sie ermöglicht die UI-Generierung für verschiedene Endgeräte. Das Aufgabenmodell *ConcurTaskTrees (CTT)* bildet die Vorstufe für das abstrakte UI-Modell.
- *User Interface extensible Markup Language (usiXML)* ist auch eine XML-basierte Beschreibungssprache für Benutzeroberflächen, die eine Entwicklung auf unterschiedlichen Abstraktionsebenen durch die Anwendung der Prinzipien der MDA ermöglicht. Zum Ansatz gehört auch ein Rahmenwerk mit Graphtransformationen, um die einzelnen Modellen ineinander zu überführen und konsistent zu halten.
- Das *Useware-Engineering* hat das Ziel das *User Centred Design (UCD)* (z. B. nach ISO 9241-210) mit Hilfe einer Modellierungssprache zu unterstützen. Auch hier ist der Ausgangspunkt ein Aufgaben- bzw. Nutzungsmodell. Das Nutzungsmodell wird in *Useware Markup Language (useML)* beschrieben und besteht aus einer hierarchischen Struktur aus Nutzungsobjekten. Schließlich kann useML in die *Dialog and Interface Specification Language (DISL)* und in die von der OASIS standardisierte *User Interface Markup Language (UIML)* überführt werden.

Entwicklungsprozess

Zur Klassifizierung von MBUID-Ansätzen wurde das CAMELEON-Referenzrahmenwerk vorgeschlagen (Calvary u. a., 2003). Es basiert auf den vier Ebenen *Task & Domain*, *Abstract User Interface (AUI)*, *Concrete User Interface (CUI)* und *Final User Interface (FUI)*, die in Abb. 3.3 abgebildet werden. Diese können ebenfalls der in der MDA definierten Gesichtspunkte zugeordnet werden (vgl. Abschnitt 2.1.2). Die Modelle der Ebene *Task & Domain* beschreiben die Aufgaben und Ziele des Benutzers und die eher fachlichen Anforderungen an die Benutzeroberfläche. Die Aufgabenmodelle in dieser Ebene beschreiben die Aktionen, die aus der Sicht des Anwenders einen Ausgangszustand in einen gewünschten Zielzustand überführen. Hierzu werden die Aufgaben hierarchisch modelliert und in eine zeitliche Beziehung gesetzt. Es werden Bedingungen sowie die involvierten Domänenobjekte spezifiziert. Schließlich besteht das Ziel für diese Aufgaben eine entsprechende Umsetzung zu finden.

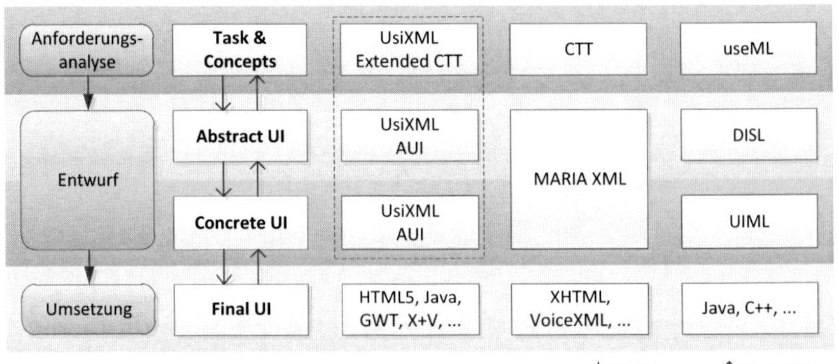

Abb. 3.3: Klassifikation der MBUID-Ansätze nach Meixner u. a. (2011a, S. 7)

Auf der darunterliegenden Ebene ist das *abstrakte UI-Modell* (AUI) angesiedelt, da es konkretere Aussagen über die Realisierung der Aufgaben mit Hilfe von abstrakten Ein- und Ausgabeelementen *(Abstract Interaction Objects, AIOs)* macht. Das konkrete *UI-Modell (CUI)* liefert Angaben über die Modalität der Interaktion, die beteiligten konkreten Interaktionsobjekte *(Concrete Interaction Objects, CIOs)* sowie Layout- und Navigationsinformationen. Das *finale UI-Modell (FUI)* bildet die funktionierende Benutzeroberfläche, die meist durch Quelltext repräsentiert ist. Als Einordnung in den klassischen Entwicklungsprozess kann der Übergang zur FUI als Implementierungsphase angesehen werden. Dabei werden spezifische UI-Elemente integriert, die von der Plattform oder dem Rahmenwerk zu Verfügung gestellt werden.

Die MBUID-Ansätze fokussieren die Modellierung von Benutzeroberflächen sowie die Anforderungsanalyse mit Hilfe der Aufgaben- und Kontextmodellierung (⋆DP1). Das Anforderungsmodell bietet im Vergleich zu den Anwendungsfällen eine detailliertere und formalere Sicht auf die Bedürfnisse des Endnutzers bei der Interaktion mit dem System. Die für Mashups notwendige Komponentenorientierung ist jedoch kaum gegeben (⋆DP2). In allen Ansätzen sind die Interaktionsobjekte von den jeweiligen Sprachen vorgegeben, die manuell oder mit Hilfe von Heuristiken selektiert werden. Die Integration von grobgranularen UI-Komponenten mit generischen Schnittstellen ist nicht vorgesehen. Lediglich MARIA berücksichtigt annotierte Web-Service, um daraus Aufgabenmodelle zu generieren oder rein technische Dienste zu integrieren (Kritikos und Paternò, 2010). Die Komplexität der Entwicklungsmethoden ist etwas geringer als bei den objektorientierten Methoden (⋆DP3). Dies lässt sich durch die spezialisierten Sprachen begründen, die ***D**omain-specific **L**anguages (DSLs)* für die Benutzeroberfläche darstellen. Weiterhin sind die Anzahl der Aktivitäten und Modelle in MARIA und useML überschaubar. Lediglich usiXML ist aufgrund der vielen Teilmodelle relativ komplex.

Anforderungsmodell

In MBUID werden häufig Aufgabenmodelle zur Spezifikation von Anforderungen an die Benutzeroberfläche eingesetzt (Reichart u. a., 2004), da sie für die Verständnisbildung der Nutzeranforderungen innerhalb der Anwendungsdomäne und als Ausgangspunkt für die modellgetriebene Entwicklung von Benutzeroberflächen geeignet sind (Meixner und Görlich, 2008). Somit wird der Benutzer stärker in die Entwicklung der Software einbezogen und das UCD unterstützt (Vredenburg u. a., 2002). Durch die Gestaltung der Software unter Berücksichtigung menschlicher Faktoren, soll eine bessere Ausrichtung von Anwendungen an die Bedürfnisse der Nutzer ermöglicht werden, um die Effektivität und Effizienz der Arbeit mit der Software zu optimieren.

Ein Aufgabenmodell ist die abstrakte Beschreibung der durchzuführenden Aktivitäten, um Benutzerziele zu erreichen (Paternò, 2000). Aufgabenmodelle werden häufig in der Analysephase eingesetzt, um das Domänenproblem zu verstehen, den Designer bei der Dekomposition von Aufgaben sowie bei der Definition von manipulierten Objekten, der verantwortlichen Rollen und der Dokumentation der Systemspezifikation zu unterstützen. Eine Aufgabe lässt sich definieren als eine durch einen Menschen ausgeführte Aktivität, die sich in Teilaufgaben gliedern lässt. Elementare Teilaufgaben besitzen Aktionen, die wiederum aus Operationen bestehen. Das Ausführen einzelner Operationen bzw. Interaktionen führt dazu, dass das Ziel einer Aktion erreicht wird.

► **Aufgabenmodell**. Ein *Aufgabenmodell* ist das Ergebnis der *Aufgabenanalyse* und ist die abstrakte Beschreibung einer Aufgabe, mit ihren Eigenschaften, Zielen sowie Aktionen, um das Vorgehen Benutzers mit einer Anwendung abzubilden.

In den Ansätzen MARIA und usiXML wird das Aufgabenmodell CTT als Anforderungsmodell verwendet. Neben einem Metamodell und einer XML-Notation bietet CTT auch eine graphische Darstellung (Abb. 3.4). CTT unterscheidet die Aufgabentypen Nutzeraufgaben sind Aufgaben, die vom Nutzer ausgeführt werden und entsprechen z. B. kognitiven Aktivitäten., wie Denken und Entscheiden (z. B. »Decide Amount«). Systemaufgaben sind Aufgaben, die vollständig vom System übernommen werden, wie z. B. die Präsentation von Daten (z. B. »ShowPossibleAmounts«). Interaktionsaufgaben sind Aufgaben, die mit einem mit dem System interagierenden Nutzer durchgeführt werden. Beispiel dafür ist das Drücken einer Schaltfläche (z. B. »Select Amount«). Abstrakte Aufgaben sind schließlich Aufgaben, die nicht eindeutig bestimmt werden können und daher in Teilaufgaben zerlegt werden müssen (z. B. »WithdrawCash«). Zur Beschreibung der Abhängigkeiten zwischen den Aufgaben der gleichen Hierarchieebene dienen Operatoren (z. B. *choice*, *interleaving* und *synchronisation*).

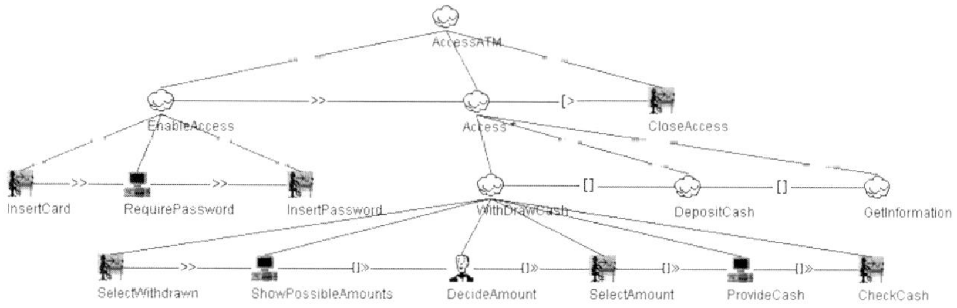

Abb. 3.4: CTT-Notation

Der Ansatz des Useware-Engineering basiert auf dem Benutzungsmodell useML, dessen Struktur in Abb. 3.5 dargestellt wird. Das Benutzungsmodell abstrahiert plattformunabhängige Aufgaben in Benutzungsobjekte, die hierarchisch geordnet werden (Meixner u. a., 2011a), die jeweils mit Nutzergruppen, Zugriffsrechten und Priorität annotiert werden können. Die Blätter werden mit Hilfe einer Menge an elementaren Benutzungsobjekte, bestehend aus *change*, *trigger*, *select*, *enter* und *inform*, repräsentiert. Diese sollen im Gegensatz zu anderen Aufgabenmodellen eine direkte Abbildung auf ***A**bstract **I**nteraction **O**bjects (AIOs)* ermöglichen. Das Benutzungsmodell unterscheidet zwischen interaktiven *User Tasks* und *System Tasks*. *User Tasks* sind in der Regel mit *System Tasks* verbunden. Es können Tasks als optional markiert und Kardinalitäten für die Nutzung von Benutzungsobjekten angegeben werden. Weiterhin können zwischen Tasks der gleichen Ebene logische und temporale Bedingungen angegeben werden.

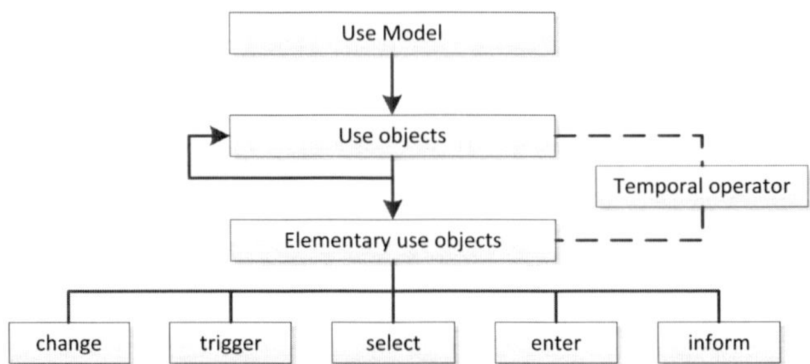

Abb. 3.5: Schematische Darstellung des Benutzungsmodells nach Meixner u. a. (2011b)

Hinsichtlich der Untersuchungskriterien werden in Aufgabenmodellen alle funktionalen Anforderungen (⋆FR1 bis ⋆FR5) unterstützt. Allerdings ist der Formalisierungsgrad eher schwach ausgeprägt. Beispielsweise ist die Semantik der Aktionen und der Ein- und Ausgabeobjekte in der Regel nicht vorgegeben. Lediglich useML gibt einen Satz an elementaren Benutzungsobjekten an, die ein Mapping auf AIO ermöglichen sollen. Davon abgesehen werden freie Textbezeichner gewählt, die eine automatisierte Weiterverarbeitung erschweren. Der Kontrollfluss (⋆FR3) wird durch Operatoren und durch Vor- und Nachbedingungen angegeben. Allerdings unterstützen nur wenige Aufgabenmetamodelle (z. B. useML und K-MAD) die formale Definition von Bedingungen. Der Datenfluss (⋆FR4) wird meist nicht explizit angegeben, sondern ergibt sich aus der Angabe von gleichen Ein- und Ausgabeobjekten in den Aufgaben. Ein explizites Domänenmodell (⋆FR5) ist nur in usiXML vorhanden. In der Regel werden Objekte mit einfachen Textbezeichnern charakterisiert, wodurch ebenfalls die Semantik eingeschränkt ist. Nicht-funktionale Anforderungen (⋆NFR1) werden in keinem der Ansätze betrachtet.

Modellgetriebene Entwicklung

Die drei Ebenen *Task & Domain*, AUI und CUI entsprechen den von der MDA definierten Gesichtspunkten CIM, PIM und PSM (Vanderdonckt, 2005). Insofern ist ein modellgetriebener Ansatz ausgehend von einem Anforderungsmodell gegeben. Es werden hierfür formale Anforderungsmodelle sowie Transformationen bereitgestellt (⋆MDD1 und ⋆MDD2). Allerdings ist der Formalisierungsgrad der Anforderungsmodelle unterschiedlich. Nur bei usiXML werden Ecore-Metamodelle für das Aufgabenmodell, AUI-Modell, Domänenmodell und Mapping-Modell angegeben (Sottet u. a., 2007). Da useML und CTT sowie die Zielsprachen auf XML basieren, werden bei beiden Ansätzen ***XSL** **T**ransformation (XSLT)* eingesetzt. Mit MARIA können die deklarativen XSLT-Templates bei Bedarf angepasst werden; usiXML setzt zur Hin- und Rücktransformation auf das *Attributed **G**raph **G**rammar System (AGG)* nach Swierstra (2005). Die Suche nach Komponenten und Web Services, wie es in Mashups der Fall ist, wird in den untersuchten Ansätzen nicht unterstützt (⋆MDD2). In usiXML und useML wird zwar eine eindeutige Semantik angestrebt, allerdings kann hier nur auf eine festgelegte Menge von Interaktionstypen (z. B. *input*, *output* und *select*) zurückgegriffen werden. Somit ist ein automatisches Mapping nur auf dieser Stufe der Granularität möglich. Sobald die AUI erstellt wurde, ist die anschließende Verfeinerung des CUI und schließlich die Generierung der UI möglich. Dies kann einerseits als computergestützte Komposition angesehen werden, unterstützt jedoch nicht die Integration von generischen und grobgranularen Komponenten (⋆MDD4).

Werkzeugunterstützung

Für die genannten Ansätze gibt es Werkzeuge, die in der Regel die visuelle Modellierung der einzelnen Teilmodelle ermöglichen. Während die Aufgabenmodellierung mit CTT noch integraler Bestandteil von TERESA war, ist in ***MARIA** **E**nvironment (MARIAE)* lediglich der Import von CTT-Aufgabenmodellen möglich. Diese können jedoch separat mit ***C**oncur**T**ask**T**rees **E**nvironment (CTTE)*[6] erstellt werden. MARIAE besitzt verschiedene Editoren, in denen das AUI und das CUI graphisch modelliert werden können. Weiterhin ist es möglich, die Regeln der Transformationen graphisch zu spezifizieren. Für die Modellierung des Benutzungsmodells wird *Udit* (Meixner u. a., 2009) bereitgestellt. usiXML ermöglicht mit *IdealXML* die Modellierung aller relevanten Teilmodelle. Beispielsweise wird in Abb. 3.6 das AUI für ein Umfragesystem dargesellt. Insgesamt lässt sich feststellen, dass insbesondere auch in den MBUID-Ansätzen die Notwendigkeit der Werkzeugunterstützung erkannt wurde (⋆TS1). Der Fokus liegt dabei zunächst, das Bearbeiten der Modelle allgemein mit visuellen Werkzeugen zu ermöglichen. Auch wird unter anderem das Ziel genannt, möglichst wenig versierte Anwender in die Lage versetzt zu wollen, Aufgaben- und AUI-Modelle zu erstellen (⋆TS2). Leider mangelt es jedoch an Studien, die dies belegen könnten. Schließlich erscheinen die Werkzeuge wenig ausgereift und fehleranfällig, wodurch ihre Benutzbarkeit eingeschränkt ist.

Fazit

In den Ansätzen für die modellgetriebene Entwicklung von UIs bildet meist ein auf CTT basierendes Aufgabenmodell den Ausgangspunkt. Obwohl ein wesentlicher Zusammenhang zwischen den modellierten Aktionen, den enthaltenen Objekten einerseits und den UI Elementen andererseits besteht (van Welie u. a., 1998), wird eine voll automatisierte Generierung der UI allgemein als schwer umsetzbar erachtet (Mori u. a., 2003). Für die Generierung von Dialogmodellen aus Aufgabenmodellen werden Transformationen benötigt, die zeitliche Bezüge im Aufgabenmodell auf Übergänge im Dialogmodell abbilden. Die Reihenfolge einzelner Aufgaben ist damit ein wichtiger Anhaltspunkt für die modellbasierte Entwicklung von Benutzungsschnittstellen (Limbourg u. a., 2001; Paternó, 2003). Ein weiteres Ergebnis der Untersuchung ist, dass die modellbasierte Entwicklung von UI stets auf der Rekombination feingranularer und abstrakter UI-Elemente (z. B. Buttons und Eingabefelder) beruht. Dies entspricht zwar dem CAMELEON-Referenzrahmenwerk, unterstützt aber nicht die Kombination von grob-granularen, in sich abgeschlossen Komponenten, die sowohl Dienste als auch UI anbieten können. Aktionen und Objek-

[6] http://giove.isti.cnr.it:8080/CTTE/

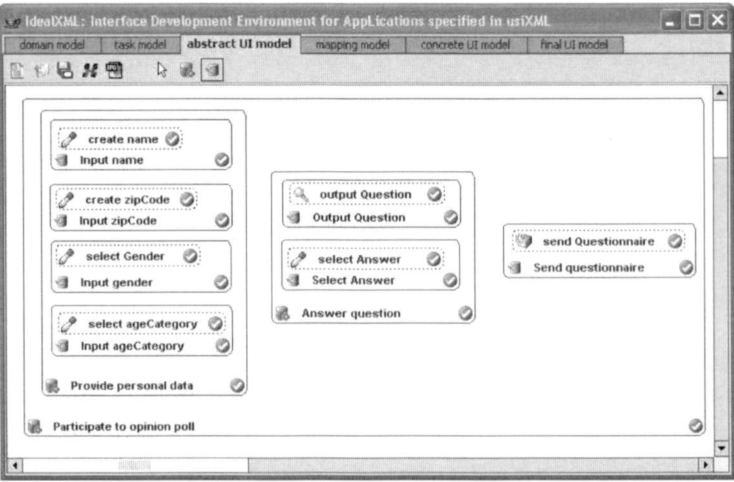

Abb. 3.6: AUI in IdealXML (Stanciulescu u. a., 2005)

te werden stets informal angegeben und müssen manuell mit abstrakten UI-Elementen kombiniert werden. Die Nutzung von semantischen Ansätzen, die dieses Problem adressieren könnten, unterstützt bisher z. B. nur das Auffinden funktionaler Dienste.

3.2.3 Model-driven Web Engineering

Das *Model-driven Web Engineering (MDWE)* widmet sich der modellgetriebenen Entwicklung von Web-Anwendungen, wobei die relevanten Aspekte einer Web-Anwendung Inhalt, Hypertext-Struktur, Präsentation, Adaptivität (insbesondere Personalisierung und Kontextabhängigkeit) sowie Architektur mit Hilfe von abstrakten Modellen beschrieben werden (Koch u. a., 2008). Im Folgenden werden ***Web Modeling Language (WebML)*** (Brambilla u. a., 2008) als wichtigster Vertreter der datenorientierten Methoden, *UML-based Web Engineering (UWE)* (Koch u. a., 2001) und *Web Site Design Method (WSDM)* (Troyer und Leune, 1998) als Vertreter der **UML**-basierten Methoden und das *zielorientierte Web-Engineering* nach Yu (1997) untersucht.

- WebML fokussiert den Entwurf und die Implementierung von datenintensiven Web-Anwendungen. Deshalb dienen ER-Modelle als Ausgangspunkt für das Datenmodell, das durch ein Hypertext-Modell ergänzt wird. Das Präsentationsmodell beschreibt das Layout von Web-Seiten mit einer abstrakten XML-Syntax. WebML bietet eine eigene visuelle Sprache und ein eigenes Vorgehensmodell.
- UWE ist eine objektorientierte Methode auf der Basis von UML-Notationen und Stereotypen, um die Aspekte (Inhalt, Navigation und Präsentation) einer Webanwendung abzudecken. Darüber hinaus gibt es Erweiterungen zur Unterstützung von Geschäftsprozessen (Koch u. a., 2004) und des RE (Escalona und Koch, 2007).
- WSDM wird insbesondere als eine benutzerzenrierte Entwicklungsmethode (auch *audience-driven development*) verstanden, weil sie nicht von den Daten der Anwendung, sondern von den Benutzern und ihren Zielen ausgeht. Ausgangspunkt ist hier

die Modellierung der Anforderungen aus der Sicht der Benutzer *(audience modeling)*.

- Das *zielorientierte Web-Engineering* basiert auf den Methoden ***A**daptive **O**bject **O**riented **H**ypermedia Method (A-OOH)* und i*. A-OOH ermöglicht den modellbasierten Entwurf kontextsensitiver Web-Anwendungen auf der Grundlage von ***O**bject-**o**riented **H**ypermedia Method (OO-H)* von Gómez u. a. (2001). Das Modellierungsrahmenwerk i* dient der Analyse von Zielen aller beteiligten Rollen sowie deren Erreichung durch das System und ergänzt die Anforderungsanalyse von A-OOH.

Entwicklungsprozess

WebML. Der Entwicklungsprozess von WebML folgt einem iterativen und inkrementellen Ansatz und gliedert sich in die Phasen Anforderungsanalyse, Entwurf, Architekturentwurf, Implementierung, Test und Überprüfung und Wartung und Weiterentwicklung. In der Anforderungsanalyse (⋆DP1) werden Anwendungsfälle, Seitenansichten *(Site View Specification)*, Wörterbücher *(Data Dictionary)* und Benutzergruppen *(User Group Description)* beschrieben (Valderas und Pelechano, 2011). Der Entwurf gliedert sich wiederum in den Hypertext-Entwurf *(Hypertext Design)* und die Datenmodellierung *(Data Desgin)*. Letztere werden durch ER-Modelle oder UML-Klassendiagramme beschrieben.

Das Hypertext-Modell wird durch eine eigene Notation repräsentiert, die Elemente des Datenmodells *(data units)* mit Inhaltselementen verknüpft. In dem in Abb. 3.7 dargestellten Beispiel wird die Seite »Job Check page« modelliert, welche die Eingabe eines »Loan Request« mit der Eingabemaske »Data Entry« erfordert. Brambilla u. a. (2006) erweitern die Entwurfsphase von WebML um die zwei Aktivitäten Prozessentwurf *(Process Design)* und die Identifikation von verteilten Prozessen *(Process Distribution)*, um die Geschäftsprozessmodellierung zu integrieren. Diese Phasen folgen erst nach der Anforderungsanalyse und beeinflussen den Daten- und den Hypertext-Entwurf. Deshalb wurden neue Notationselemente eingeführt, die den Kontrollfluss innerhalb des Hypertext-Modells abbilden können. Dazu gehören, angelehnt an BPMN, XOR- und AND-Gateways, Bedingungen (*if* und *switch*) sowie der Aufruf von externen Diensten und Subprozessen. Eine Transformation von BPMN in WebML-Notation ist ebenfalls vorgesehen, weshalb die ⋆DP2 positiv bewertet wird.

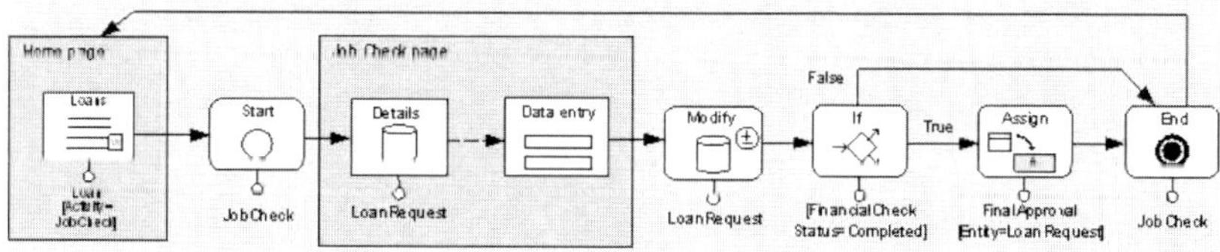

Abb. 3.7: Modellierung eines Geschäftsprozesses mit WebML (Brambilla u. a., 2006)

In WebML können eigene Komponenten *(custom units)* implementiert und z. B. in einem Hypertext-Modell durch die Verknüpfung mit anderen *Units* genutzt werden, die zur Präsentation von Inhalten oder Integration von Geschäftslogik dienen können. Für den Aufruf von Web-Services können in der *Site View Request-Response-Inhaltselemente* integriert und nach Bedarf konfiguriert werden. Durch die Möglichkeit sowohl benutzerdefinierte

Komponenten als auch Web-Services zu erstellen und zu integrieren, wird zumindest ein Teil der geforderten Komponentenorientierung erfüllt. Da die Komponenten nicht plattformunabhängig sind, wird ⋆DP3 neutral bewertet. Der Entwurf von WebML gliedert sich hauptsächlich in das Datenmodell und das Hypertext-Modell, wodurch die Komplexität des Entwicklungsprozesses (⋆DP4) als neutral eingestuft wird.

UWE. Der Entwicklungsprozess von UWE gliedert sich in die Phasen Anforderungsanalyse *(Requirements Model)*, Inhaltsmodellierung *(Conceptual Model)*, Geschäftsprozessmodellierung *(Process Model)*, Präsentationsmodellierung *(Presentation Model)* und Anwendungsgenerierung (Koch u. a., 2001). Die Anforderungsanalyse (⋆DP1) wird explizit durch Anwendungsfälle unterstützt. Das Inhaltsmodell beschreibt das Datenmodell mit Hilfe eines UML-Klassendiagramms. Das Navigationsmodell beschreibt, welche Objekte in welcher Form erreicht werden können. Geschäftsprozesse werden in UWE mit Hilfe von UML-Aktivitätsdiagrammen modelliert und sind eine Verfeinerung der mit *(«process»)* versehenen Klassen des Navigationsmodells (⋆DP2). Allerdings beschreiben diese eher den Ablauf der Navigation in einer Web-Anwendung als den fachlichen Ablauf in einer Anwendungsdomäne. Entitäten, die noch nicht im Begriffsmodell modelliert wurden, jedoch in einem Prozess benötigt werden, müssen in einem weiteren Klassendiagramm, modelliert werden. Im letzten Schritt erfolgt der Entwurf des Präsentationsmodells, das die Interaktion des Nutzers mit der Anwendung beschreibt. Es stellt zum einen abstrakte Sicht der Nutzerschnittstelle *(storyboarding)* und zum anderen das Verhalten der dynamischen Elemente *(presentation flow)* dar. Schließlich werden die Entwurfsmodelle in plattformspezifische Implementierungen transformiert.

WSDM. Der Entwicklungsprozess von WSDM wird in Abb. 3.8 dargestellt und gliedert sich in die Phasen *User Modeling* mit den Aktivitäten *User Classification* und *User Class Description*, *Conceptual Design* mit der Objektmodellierung *Object Modeling* und *Navigational Design* sowie *Implementation Design* und *Implementation*. Die Benutzermodellierung repräsentiert eine Form der Anforderungsanalyse (⋆DP1), wobei die zukünftigen Benutzer der Anwendung identifiziert und klassifiziert werden. Geschäftsprozesse werden berücksichtigt, indem die Aktivitäten und deren beteiligten Rollen analysiert werden. Für die Modellierung der Benutzeraktivitäten wird von Troyera und Casteleyn (2003) die Verwendung des CTT-Aufgabenmodells vorgeschlagen, um auch Anforderungen aus den Geschäftsprozessen abzubilden. Allerdings beschreiben sie nur die Interaktionen der Nutzer und nicht der gesamten Anwendung. Aus diesem Grund wird ⋆DP2 neutral bewertet. Die Integration von Komponenten oder Diensten (⋆DP3 und ⋆DP4) ist nicht vorgesehen.

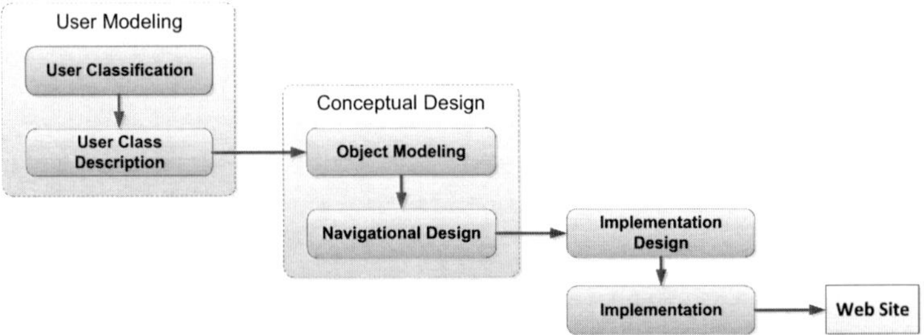

Abb. 3.8: Entwicklungsprozess in WSDM nach Troyer und Leune (1998)

Während der Objektmodellierung werden die informationstechnischen Anforderungen aus den Nutzergruppen mit Hilfe von *User Object Models (UOMs)* formalisiert, das aus den Geschäftsobjekten der Organisation aus der Sicht einer Benutzerklasse besteht. Da Benutzerklassen aus verschiedenen Perspektiven bestehen können, werden für die jeweiligen Benutzerklassen *Perspective Object Models (POMs)* angelegt, die wiederum in einem einzigen Geschäftsobjektmodell, dem *Business Object Model (BOM)*, zusammengefasst werden. Das Navigationsmodell besteht aus einer Menge von Navigationspfaden *(Navigation Tracks)* für jedes POM und beschreibt, wie Benutzer durch die verfügbaren Informationen navigieren können. Während des Implementierungsentwurfs wird die Gestaltung und die Implementierungsumgebung entwickelt. Dabei werden Angaben über die Aufteilung von Inhalten, das Verwenden von Übersichtsseiten und deren Verknüpfung gemacht. Die Implementierungsphase dient der Generierung von möglichst vielen Teilen der Anwendung. Dies kann z. B. durch die Erzeugung von HTML-Seiten auf der Basis des BOM geschehen.

Zielorientiertes Web-Engineering. A-OOH orientiert sich an den Arbeitsschritten des RUP (vgl. Abschnitt 3.2.1) und unterstützt die Anforderungsanalyse, Analyse und Design, Implementierung und Test (Fernández, 2008). Durch die Erweiterung der Methode mit den Ansätzen aus i* wird die einfache Anwendungsfallmodellierung durch eine zielorientierte Modellierung ergänzt (Garrigós u. a., 2009). Insofern gilt die Anforderungsanalyse als explizit unterstützt (⋆DP1). Mit den dort verankerten Ziel- und Aufgabenmodellen lassen sich zwar prinzipiell Anforderungen aus Geschäftsprozessen abbilden, allerdings wird dieser Schritt nicht explizit angegeben (⋆DP2). Die Komponentenorientierung (⋆D3) ist nicht gegeben, da sich Methode an der klassischen *Object-oriented Software Production Method (OO-Method)* orientiert, welche die Generierung der Anwendung anhand von Klassendiagrammen fokussiert. Die Komplexität des Entwicklungsprozesses (⋆DP4) ist als neutral einzuschätzen, da die Anwendung des Prozesses jedoch tiefgreifende Kenntnis in der objektorientierten Modellierung erfordert.

Anforderungsmodell

WebML. Die funktionalen Anforderungen (⋆FR1 bis ⋆FR4) werden durch Anwendungsfalldiagramme und den dazugehörigen Textvorlagen beschrieben. Anforderungen an die Daten werden explizit durch ein Wörterbuch und Textbeschreibungen unterstützt (⋆FR5). Als spezifisches Anforderungsartefakt für Web-Anwendungen werden *Site Views* spezifiziert. Sie beschreiben die Struktur der Seiten, also jeweils die beteiligten Nutzergruppen, Datenobjekte sowie Bereiche *(Area)* und ihre Funktion mit Textbezeichnern. Dabei beziehen sie sich auf die zuvor definierten Anwendungsfälle. WebML schlägt auch die Erstellung von Akzeptanztests vor, um nicht-funktionale Anforderungen wie Usability, Performanz und Skalierbarkeit zu definieren und zu evaluieren (⋆NFR).

UWE. Das Anforderungsmodell von UWE besteht aus Anwendungsfall und Aktivitätsdiagrammen, die vollständig in UML visuell modelliert werden. Anwendungsfälle sollen hierbei eine eher allgemeine Sicht auf die Anforderungen liefern, die durch die Aktivitätsdiagramme verfeinert werden. UWE erweitert die Notation von Anwendungsfällen, um zwischen Navigationsanwendungsfällen *(navigation use cases: □)* und Prozessaktivitäten *(webProcess: ⊐)* zu unterscheiden. In den Aktivitätsdiagrammen werden die Aktivitäten als *(navigation use case: □)* oder Suchaktivitäten *(browse activities: ⇒)* markiert, die der Nutzer ausführen muss, um einen Zielknoten *(target node: □)* zu erreichen. Mit den Anwendungsfällen und der Aktivitätsdiagramme lassen sich die funktionalen Anforderungen (⋆FR1) und der Kontrollfluss (⋆FR3) gut angegeben. Durch die Beschriftung der

Aktivitäten lassen sich ebenfalls die benötigten Daten, jedoch wenig formal, durch eine Zeichenkette darstellen. Eine Datenmodellierung (mit Beziehungen und Eigenschaften) wird nicht explizit unterstützt (⋆FR5). Gleiches gilt für nicht-funktionale Anforderungen (⋆NFR).

WSDM. Das Anforderungsmodell von WSDM besteht aus einem *Mission Statement*, dem *Audience Modeling* und dem *Task Diagram*. Das *Mission Statement* beschreibt das Hauptziel der Anwendung auf dessen Grundlage die Phase der Benutzermodellierung durchgeführt wird. Hier werden die Benutzer identifiziert und klassifiziert und die Beziehungen zwischen Stakeholder und Geschäftsprozessaktivitäten werden grafisch durch Karten *(Conceptual Maps)* und Rollen repräsentiert. Aktivitäten werden mit Aktivitätsdiagrammen modelliert. Darauf aufbauend werden im Rahmen der *Benutzerklassifikation* die Benutzer, die in mindestens einer Aktivität involviert sind, zu einer Gruppe zusammengefasst. Zu jeder Aufgabe im Aufgaben werden Objektblöcke *(object chunks)* erstellt, die die nötigen Informationen und Funktionen zur Erfüllung der Aufgabe enthalten und zur Modellierung der Systemfunktionalitäten dienen. Beschrieben werden die Objektblöcke auf der Basis der WSDM-Ontologie (Plessers u. a., 2005). Insgesamt werden alle funktionalen Anforderungen unterstützt (⋆FR1 bis ⋆FR5). Nicht-funktionale Anforderungen, z. B. Richtlinien der Usability und »Look-&-Feel«, können in der Benutzermodellierung festgehalten werden (⋆NFR). Eine strikte Form ist hierfür allerdings nicht vorgegeben.

Zielorientiertes Web-Engineering. Die Anforderungsanalyse im zielorientierten Web-Engineering basiert auf dem Modellierungsrahmenwerk i*. Es besteht aus den zwei Modellen ***S**trategic **D**ependency **M**odel (SDM)* und ***S**trategic **R**ationale **M**odel (SRM)*. Das SDM beschreibt die Akteure und deren Verantwortlichkeiten sowie deren Abhängigkeiten in einem betrieblichen Umfeld. Das SRM beschreibt die Interessen der einzelnen Akteure. Diese Elemente werden mit unterschiedlichen Relationen in Beziehung gesetzt. Beispielsweise können Alternativen, Dekompositionen und Beiträge modelliert werden. Die Aufgaben der Akteure werden schließlich als Navigations-, Dienst-, Personalisierungs- oder Layout-Anforderungen ausgezeichnet. Die Ressourcen werden als Inhaltsanforderungen definiert. Somit können alle funktionalen Anforderungen (⋆FR1 bis ⋆FR5) abgebildet werden. Nicht-funktionale Anforderungen (⋆NFR) werden durch Qualitätskriterien vorgesehen, die aus weichen Zielen (z. B. »Good browsing experience«) abgeleitet werden können. Da diese jedoch keinem konkreten Qualitätsmodell folgen, wird dieses Kriterium neutral bewertet.

Modellgetriebene Entwicklung

WebML. Die Anforderungsspezifikation in WebML beruht auf visuellen Notationen wie den Anwendungsfall- und Aktivitätsdiagrammen als auch auf textbasierten Vorlagen. Somit ist die Formalisierung des Anforderungsmodells nur teilweise gegeben (⋆MDD1). Zur Überführung der Anforderungen in ein Entwurfsmodell beschreiben Ceri u. a. (2003) Richtlinien. Da diese jedoch keine Formalismen definieren, werden die Transformationen neutral bewertet (⋆MDD2). Allerdings ist bemerkenswert, dass das Werkzeug *WebRatio* die vollautomatische Transformation von BPMN in die WebML-Notation ermöglicht.

UWE. Das Anforderungsmodell von UWE ist aufgrund der UML-Notation sowie des WebRE-Metamodells (Escalona und Koch, 2007) formal beschrieben, jedoch können insbesondere die Datenanforderungen nicht explizit modelliert werden. Somit wird der Formalisierungsgrad (⋆MDD1) als neutral bewertet. Modelltransformationen werden von

Koch u. a. (2006) mit ***Query View Transformation (QVT)*** vorgestellt, um Entwürfe für Navigationsmodelle und Inhaltsmodelle zu erhalten. Im Sinne von MDA handelt es sich dabei um eine CIM-zu-PIM-Transformation. Da MagicUWE die Erzeugung des Inhalts-, Navigations-, Präsentations- und Prozessmodells ermöglicht, wird ⋆MDD2 positiv bewertet. Die Komponentensuche sowie eine automatische Komposition (⋆MDD3) ausgehend von dem Anforderungsmodell wird in allen untersuchten Ansätzen nicht unterstützt (⋆MDD4), da die Entwicklungsprozesse die Erstellung einer Web-Anwendung von Grund auf vorsehen.

WSDM. Für die Beschreibung der Nutzertaxonomie und des Aufgabenmodells werden zwar präzise Notationen verwendet, aus denen auch konkrete Metamodelle ableitbar sind, allerdings erfolgt die Beschreibung der Nutzer selbst in natürlicher Sprache. Somit wird der Formalisierungsgrad (⋆MDD1) als neutral eingestuft. Für WSDM gibt es weder Richtlinien noch Transformationen für die Überführung des Anforderungsmodells in Entwurfsmodelle (⋆MDD2). Daher wird ebenfalls die dynamische Suche nach Komponenten anhand des Anforderungsmodells (⋆MDD3) sowie die computergestützte Komposition (⋆MDD4) nicht unterstützt.

Zielorientiertes Web-Engineering. Für das Mapping von i*- zu A-OOH-Modellen werden QVT-Transformationen beschrieben, um vom Anforderungsmodell zum Domänen- und Navigationsmodell von A-OOH zu gelangen Die Erstellung des PIM sowie die Generierung der Web-Anwendung erfolgt anschließend nach den Prinzipien von A-OOH und erzeugen adaptive Webseiten auf der Grundlage von ASP.net. Wegen der Formalisierung der Anforderungen nach der Methode i* und den QVT-Transformationen werden ⋆MDD1 und ⋆MDD2 als positiv bewertet. Eine dynamische Komponentensuche (⋆MDD3) sowie Komposition (⋆MDD4) wird allerdings nicht unterstützt.

Werkzeugunterstützung

WebML. Für WebML gibt es mit *WebRatio* ein auf der Eclipse basierendes, ausgereiftes und kommerzielles Werkzeug (⋆TS1). Es beinhaltet verschiedene Modelltransformationen und die Möglichkeit, Java-basierte Web-Anwendungen zu erzeugen und zu installieren. Allerdings ist es nur für Spezialisten oder fortgeschrittene Nutzer geeignet, die WebML und UML beherrschen (⋆TS2).

UWE. Da das Metamodell auf UML basiert, ist UWE prinzipiell in allen UML-Werkzeugen nutzbar, die Profile unterstützen (⋆TS1). Für bekannte **IDE**!s (z. B. *MagicDraw6* bzw. *MagicUWE*, *ArgoUML* bzw. *ArgoUWE*) gibt es Erweiterungen zur Unterstützung von UWE. Die Anforderungsmodellierung wird nur für Anwendungsfalldiagramme unterstützt. Schließlich kann auch für die Werkzeuge für UWE davon ausgehen, dass sie eher für Spezialisten geeignet sind (⋆TS2).

WSDM. Für die Anforderungsanalyse in WSDM wurden keine Werkzeuge explizit angegeben. Allenfalls kann für die Aufgabenmodellierung CTTE verwendet werden, da hier ebenfalls CTT eingesetzt wird. Daher fällt die Bewertung ähnlich zu den zuvor beschriebenen MBUID-Ansätzen mit einer neutralen Bewertung für ⋆TS1 und ⋆TS2 aus.

Zielorientiertes Web-Engineering. Für die Modellierung des SRM wird in Garrigós u. a. (2009) ein Werkzeug präsentiert, das die genannten Modelltransformationen auf der Basis von QVT beherrscht (⋆TS1). Es basiert ebenfalls auf Eclipse und integriert sich gut in Werkzeugkette von A-OOH. Allerdings ist diese Arbeitsumgebung sowie die Notation eher weniger geeignet für unerfahrene Nutzer (⋆TS2).

Fazit

Ähnlich zu den Ansätzen aus der Objektorientierung und dem MBUID haben auch die modellgetriebene Entwicklungsmethoden für Web-Anwendungen ihren Schwerpunkt in der Spezifikation und Generierung kompletter Anwendungen. Demnach haben diese Methoden ihre Stärken im Entwurf durch Web-spezifische Sprachen und Notationen zur Beschreibung von Inhalt, Navigation und Präsentation. Hinsichtlich der Anforderungsanalyse wurde ursprünglich die aus der klassischen Softwareentwicklung vorhandenen Techniken, wie z. B. Anwendungsfälle, verwiesen. Später erhielt auch der Anforderungsanalyse im Web-Engineering mehr Aufmerksamkeit, was die explizite Integration der Anforderungsanalyse in die einzelnen Methoden zur Folge hatte (Koch u. a., 2004; Valderas und Pelechano, 2011). Allerdings müssen nach wie vor, die vorgeschlagenen Anforderungsmodelle überwiegend manuell in Entwurfsmodelle überführt werden. Eine Komponentensuche oder eine computergestützte Komposition von Komponenten wird nicht unterstützt. Schließlich sind die Methoden eher nur für Spezialisten geeignet. Dies wird einerseits durch die Komplexität der Entwicklungsprozesse sowie der zu Verfügung stehenden Werkzeuge deutlich.

3.3 Dienstbasierte Entwicklungsmethoden

Da die Entwicklung von Mashups auf der Komposition von Diensten aufbaut, werden in diesem Abschnitt Entwicklungsmethoden untersucht, die auf die modellbasierte Dienstkomposition spezialisiert sind. Hierzu zählen die Ansätze, die mit Hilfe von DSLs die Aspekte der Web-Service-Komposition in einen modellgetriebenen Entwicklungsansatz integrieren und die dienstbasierte Komposition von Benutzeroberflächen.

3.3.1 Modellgetriebene Dienstkomposition

Modellgetriebene Ansätzen zur Dienstkomposition basieren auf UML und sind meist in der Lage Anwendungen zu generieren. Als repräsentative Vertreter dieser Kategorie werden im Folgenden *MIDAS* (Marcos u. a., 2004) und *Model-Driven Development for Service-oriented Architectures (MDD4SOA)* nach Mayer u. a. (2008) betrachtet.

- MIDAS ist ein methodisches Rahmenwerk zur agilen und modellgetriebenen Entwicklung von Web-Anwendungen. Dabei folgt es einem dienstbasierten Ansatz mit .NET und J2EE als Zielplattformen.
- MDD4SOA bietet eine DSL zur Beschreibung von SOA-Konzepten und zur Generierung von WS-BPEL, WSDL und Java mit dem Ziel SOA auf einer möglichst hohen Abstraktionsebene zu modellieren und die modellgetriebene Entwicklung dienstbasierter Anwendungen mit UML zu ermöglichen.

Entwicklungsprozess

MIDAS. Der Entwicklungsprozess von MIDAS sieht die Aktivitäten *Requirements*, *Analysis*, *Design*, *Implementation* und *Testing* vor, die jeweils in den vier Phasen *Definition*, *Web Hypertext*, *Web Database* und *Web Functionality* durchgeführt werden (Marcos u. a., 2002). In den Phasen werden die Inhaltsmodellierung, die Hypertextmodellierung sowie die Verhaltensmodellierung separat betrachtet. Die Anforderungsanalyse (⋆DP1) wird durch Datenmodelle und Anwendungsfälle explizit unterstützt. Geschäftsprozesse können nur ansatzweise mit den Anwendungsfällen beschrieben werden (⋆DP2). Die Komponentenorientierung (⋆DP3) wird ebenfalls neutral bewertet, da zwar die Modellierung eines dienstbasierten Systems möglich ist, jedoch keine UI-Komponenten unterstützt werden. Die Komplexität des Entwicklungsprozesses (⋆DP4) wird aufgrund der zahlreichen Teilmodelle für die Hypertext- und Funktionsmodellierung als relativ hoch eingeschätzt.

MDD4SOA. Der Entwicklungsprozess von MDD4SOA gliedert sich in die Phasen der Modellierung der einzelnen Gesichtspunkte nach MDA. Das CIM wird durch Anwendungsfalldiagramme gebildet. Damit werden auch die Anwendungsfälle gekennzeichnet, die durch Dienste realisiert werden sollen (Foster u. a., 2010). Das PIM bildet das *UML4SOA Orchestration Model* und das *Intermediate Orchestration Model* (Mayer u. a., 2008). Ein UML-Metamodell zur Erweiterung von Aktivitätsdiagrammen bildet den Kern von MDD4SOA, um SOA-spezifische Sachverhalte auszudrücken. Stereotypen ermöglichen die Beschreibung von Interaktionensmustern zwischen Diensten, Kompensationsmechanismen sowie Ereignis- und Ausnahme-Handler. Auf dieser Grundlage werden schließlich die PSMs für WS-BPEL, Jolie oder Java generiert. Die Anforderungsanalyse wird in MDD4SOA durch die Modellierung von Anwendungsfalldiagrammen unterstützt (⋆DP1). Aufgrund der Orchestrierung von Diensten ist sowohl die Orientierung an Geschäftsprozessen und Komponenten (⋆DP2 und ⋆DP3) gegeben. Allerdings werden keine UI-Komponenten unterstützt (⋆DP3). Die Komplexität (⋆DP4) des Entwicklungsprozesses ist als neutral zu bewerten, da diese von den Vorgehensmodellen (z. B. RUP) abhängt, in denen MDD4SOA integriert wird.

Anforderungsmodell

MIDAS. Das Anforderungsmodell von MIDAS bildet ein Domänenmodell in Form eines UML-Klassendiagramms und eines Geschäftsmodells *(Business Model)*. Dieses wird durch ein Anwendungsfalldiagramm formalisiert, dass durch *Use Services* erweitert wird, um die dienstorientierte Anforderungsanalyse zu unterstützen. Diese Anwendungsfälle können elementar *(basis use service, «BS»)* oder komposit *(composite use service, «CS»)* sein. Elementare Anwendungsfälle können wiederum strukturell oder funktional sein. Strukturelle Dienste beschreiben die Präsentation von Daten während funktionale Dienste eine Interaktion mit dem Benutzer erfordern. Jeder komposite Anwendungsfall kann mit einem UML-Aktivitätsdiagramm näher spezifiziert werden. Somit können prinzipiell alle funktionalen Anforderungen (⋆FR1 bis ⋆FR4) modelliert werden. Die Verknüpfung des Datenmodells mit den einzelnen Anwendungsfällen erfolgt schließlich durch die Modellierung des Hypertext-Modells, das der PIM-Ebenen zugeordnet ist und deshalb nicht mehr primär zum Anforderungsmodell gehört. Nicht-funktionale Anforderungen (⋆FR5) werden nicht unterstützt.

MDD4SOA. Die Anforderungsanalyse von MDD4SOA sieht explizit die Modellierung von Anwendungsfalldiagrammen vor. Anwendungsfälle können mit dem Stereotyp »service use case« annotiert werden, wodurch gekennzeichnet wird, dass diese durch Dienste realisiert werden. Allerdings mangelt es an einer Darstellung des Daten- sowie Kontrollflusses. Eine über die Anwendungsfälle hinausgehende Anforderungsanalyse wird nicht explizit genannt. Es wird jedoch davon ausgegangen, dass auch der Einsatz aus der Objektorientierung bekannten Techniken möglich ist, sodass eine Unterstützung aller funktionalen Anforderungen (⋆FR1 bis ⋆FR5) unterstellt wird. Für die Beschreibung nichtfunktionaler Anforderungen wird ebenfalls eine UML-Erweiterung mit den »NFContract«, »NFCharacteristic« und »NFDimension« auf der Basis von *UML 2.0 Profile for QoS & Fault Tolerance* [7] vorgeschlagen. Ebenfalls wird die Verknüpfung *Business Policies* und Diensten unterstützt (Foster u. a., 2010). ⋆NFR wird deshalb als positiv bewertet.

Modellgetriebene Entwicklung

MIDAS. MIDAS sieht Modelle für das CIM, PIM sowie das PIM sowie Mappings zwischen den Modellen vor. In Abb. 3.9 werden die Zusammenhänge der einzelnen Teilmodelle dargestellt. Das *Conceptual Data Model* wird durch ein UML-Klassendiagramm repräsentiert, das Hypertext-Modell durch das *Slice Model* und das Verhaltensmodell durch das Anwendungsfalldiagramm. Zur Unterstützung der dienstorientierten Anwendungsentwicklung werden Navigations- und Anwendungsfallmodell erweitert. Daraus sollen sich schließlich ein WSDL- und WS-BPEL-Modell generieren lassen. Allerdings mangelt es bisher an einer Implementierung der beschriebenen Transformationen, weshalb ⋆MDD2 neutral bewertet wird. Die computergestützte Suche sowie Komposition der Dienste (⋆MDD3 und ⋆MDD4) werden nicht unterstützt.

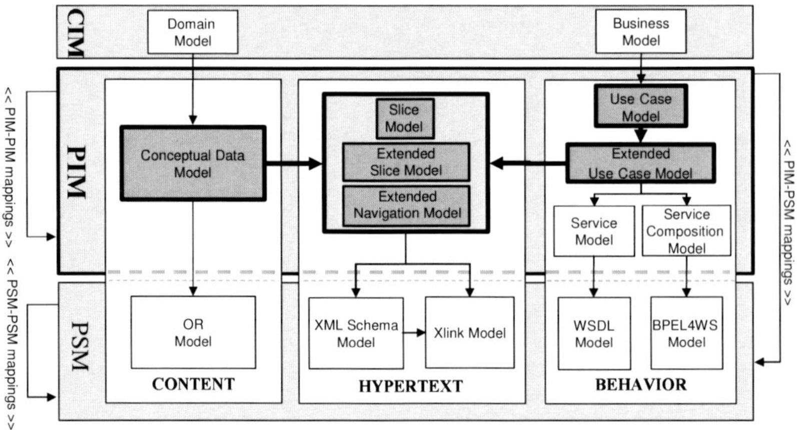

Abb. 3.9: Modellgetriebene Architektur von MIDAS (Marcos u. a., 2004)

MDD4SOA. Mit den Anwendungsfällen gibt es zwar ein formales Anforderungsmodell und die Möglichkeit, diese mit weiteren Modellen wie den Aktivitätsdiagrammen zu verbinden, allerdings sind sie in ihrer Ausdrucksstärke bezüglich Kontroll- und Datenfluss eingeschränkt. Da die Aktivitätsdiagramme eher dem Entwurf zuzuordnen sind, wird

[7] http://www.omg.org/spec/QFTP/1.1/

der Formalisierungsgrad und die Transformation vom Anforderungsmodell zum *Orchestration Model* als neutral bewertet (⋆MDD1 und ⋆MDD2). Der Fokus von MDD4SOA liegt auf der statischen Modellierung von dienstbasierten Komponenten und deren Orchestrierung. Auf dieser Grundlage werden ebenfalls die Schnittstellenbeschreibungen der Dienste in Form von WSDL erzeugt. Somit folgt der Ansatz dem Top-Down-Prinzip, in dem schließlich die Dienste im letzten Schritt implementiert werden. Eine computergestützte Suche sowie Komposition der Dienste (⋆MDD3 und ⋆MDD4) ist nicht explizit vorgesehen.

Werkzeugunterstützung

MIDAS. Für MIDAS ist keine Werkzeugunterstützung bekannt. Es war jedoch beabsichtigt ein Werkzeug zu entwickeln (Marcos u. a., 2004).

MDD4SOA. Da es sich bei MDD4SOA im Kern um UML-Erweiterungen handelt, sind die meisten UML-Editoren für die Modellierung geeignet. Explizit genannt wird die Unterstützung der UML-Profile sowie der Transformationen in Form von Plug-Ins für die Eclipse-Plattform. Somit ist eine Werkzeugunterstützung gegeben (⋆TS1), die jedoch kaum für Nicht-Experten geeignet ist (⋆TS2).

Fazit

Die Ansätze zur modellgetriebenen Dienstkomposition fokussieren die Modellierung von Dienstanforderungen und deren Komposition mit Hilfe von UML-Diagrammen und ihre Erweiterung durch Stereotypen. Dies führt zu eher komplexen Modellen, die die Semantik von Orchestrierungssprachen wie WS-BPEL abbilden und damit eine wenig abstrakte Darstellung ermöglichen. Somit steht eher der Entwurf von dienstbasierten Anwendungen im Vordergrund. Für die Anforderungsanalyse werden Anwendungsfalldiagramme und Aktivitätsdiagramme vorgeschlagen. Ein weiterer Nachteil ist die mangelnde Unterstützung von Benutzeroberflächen. Die folgenden Ansätze ermöglichen daher die dienstbasierte Komposition auch mit Bestandteilen der Benutzeroberfläche.

3.3.2 Dienstbasierte Komposition von Benutzeroberflächen

Die traditionellen Ansätze der modellgetriebenen und semantischen Dienstkomposition fokussieren auf die verhaltensorientierte Integration von rein funktionalen Diensten. In Mashups steht jedoch die Integration von Daten und Benutzerschnittstellen im Vordergrund. Aus diesem Grund werden im Folgenden Ansätze betrachtet, die eine dienstbasierte Komposition auch von Benutzeroberflächen ermöglichen.

- Das Rahmenwerk *SOAUI* (Tsai u. a., 2008) integriert Bestandteile der Benutzeroberfläche in die SOA-Architektur durch UI-Services auf der Basis des semantischen Matchmakings.
- *ServFace* (Feldmann u. a., 2009; Nestler u. a., 2009) ermöglicht die benutzerzentrierte Komposition von annotierten SOAP-Diensten auf der Ebene der Benutzeroberfläche und somit die Generierung von reichhaltigen und webbasierten Benutzeroberflächen.
- ***Co**mponent **S**ervice **Mo**del with **S**emantics (CoSMoS)*, ***Co**mponent **R**untime **E**nvironment (CoRE)* und ***Se**mantic **G**raph based **Se**rvice **C**omposition (SeGSeC)* bilden eine Rahmenwerk zur kontextabhängigen und dynamischen Dienstkomposition auf der

Grundlage der menschlichen Sprache (Fujii und Suda, 2009). Dienste und Anforderungen werden durch semantische Graphen repräsentiert.

Entwicklungsprozess

SOAUI. Abb. 3.10 zeigt die Architektur des SOAUI-Rahmenwerks, worin Entwickler Vorlagen für Anwendungen *(Application Templates)* mit Hilfe der *Application Template Registry* verwalten, welche wiederum *Composition Points* als Platzhalter für Bestandteile der Benutzeroberfläche enthält. Diese werden als *UI Services* in der *UI Service Registry* verwaltet. Der *UI Composition Service* integriert anhand der *Composition Points* passende *UI Services* mit Hilfe des semantischen Matchmakings. Schließlich wird die finale Anwendung generiert. Die dynamische Komposition von Benutzeroberflächen durch die späte Bindung von UI-Services steht in SOAUI im Vordergrund. Die Erstellung der Anwendungsvorlagen kann als Ergebnis der Anforderungsanalyse und des Entwurfsprozesses angesehen werden, die allerdings nicht explizit spezifiziert wurden, weshalb ⋆DP1 negativ bewertet wird. Anforderungen aus Geschäftsprozessen können mit den Anwendungsvorlagen abgebildet werden und UI-Dienste werden anhand der Workflow-Anforderungen integriert. Da allerdings kein Import von bestehenden Geschäftsprozessmodellen unterstützt wird, wird ⋆DP2 neutral bewertet. Die Komponentenorientierung (⋆DP3) ist ebenfalls durch die Unterstützung von UI-Bestandteilen gegeben. Die Komplexität (⋆DP4) des Entwicklungsprozesses lässt sich schwer einschätzen, da er nicht explizit spezifiziert wurde. Konzeptionell ist vorgesehen, dass anhand der Anwendungsvorlagen die Anwendung vollautomatisch erstellt wird. Aufgrund der Abstraktion der Anforderungen mit Hilfe semantischer Konzepte wird die Komplexität neutral bewertet.

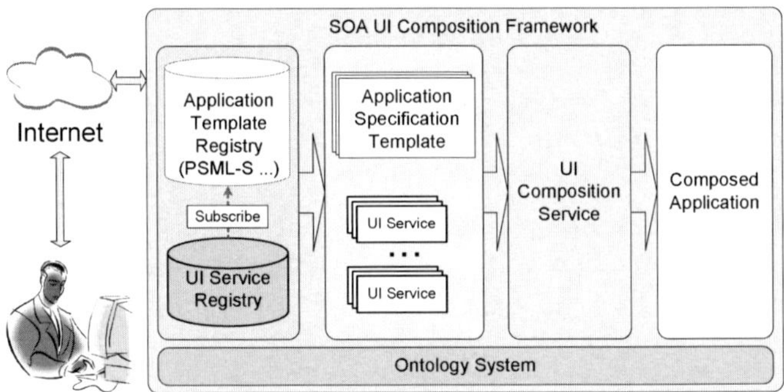

Abb. 3.10: Rahmenwerk SOAUI (Tsai u. a., 2008)

ServFace. Der Schwerpunkt von ServFace liegt in der Generierung von Benutzeroberflächen, auch für verschiedene Endgeräte, anhand von annotierten SOAP-Diensten. Die Entwicklung serviceorientierter Anwendungen erfolgt dabei in zwei Phasen. Zunächst werden die in der Anwendung zu verwendeten Web Services mit UI-Annotationen versehen. Dies geschieht durch die Anreicherung der WSDL-basierten Dienstbeschreibung. Diese können anschließend genutzt werden, um interaktive, servicebasierte Anwendungen zusammenzufügen. ServFace bietet zwei Alternativen zur Anwendungsmodellierung. Die erste bedient sich des *ServFace Builders* und ist für Endnutzer geeignet. Dabei wird die Benutzeroberfläche grafisch zusammengestellt. Die verwendbaren Komponenten werden vom Werkzeug aus den Annotationen generiert. Der zweite Ansatz stützt sich auf Aufgabenmodelle in der CTT-Notation und auf UI-Modelle in der MARIA-Sprache (Paternò

u. a., 2009).

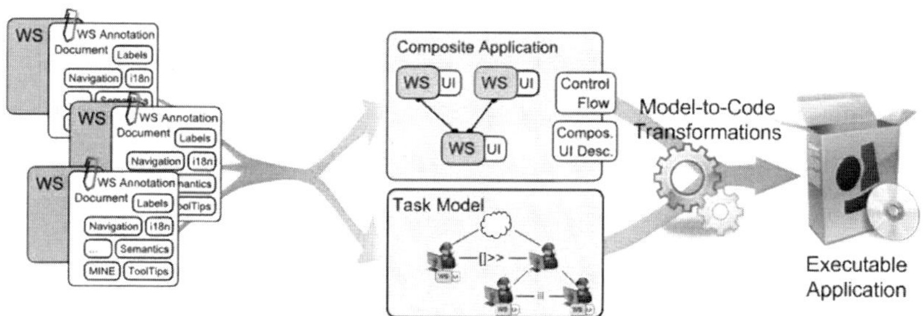

Abb. 3.11: Entwicklungsprozess von ServFace[8]

Die Anforderungsanalyse (⋆DP1) ist in ServFace nicht vorgesehen. Geschäftsprozesse (⋆DP2) können nur bedingt durch die manuelle Komposition von Diensten berücksichtigt werden. Die Komposition von Benutzeroberflächen (⋆DP3) ist möglich, allerdings nur mit annotierten Web-Services. Somit ist die UI stets mit Funktionalität von technischen Web-Services verknüpft. Die Komplexität (⋆DP4) ist gering; schließlich soll der Entwicklungsansatz auch Endnutzer in die Lage versetzen, Dienste zu komponieren.

CoSMoS/SeGSeC. Der Entwicklungsprozess von SeGSeC besteht lediglich aus der Erzeugung der Nutzeranfrage, der Anwendungskomposition und der Ausführung der Anwendung. Das System analysiert die Nutzeranfrage, generiert den Ausführungspfade, führt ein semantisches Matching durch und führt die Dienste aus (Fujii und Suda, 2004). Somit wird eine Anforderungsanalyse nicht unterstützt (⋆DP1). In jedem Fall besteht eine Einschränkung darin, dass der Nutzer keine Kenntnis über die tatsächlich zu Verfügung stehenden Aktionen erhält. Die Geschäftsorientierung (⋆DP2) wird als neutral bewertet, da sich zwar Abläufe abbilden lassen, jedoch keine Eingabe von bereits bestehenden Geschäftsprozessmodellen möglich ist. Die Komponentenorientierung (⋆DP3) ist durch ein eigenes Komponentenmodell und die Integration standardisierter Dienste gegeben. Die Komplexität (⋆DP4) des Entwicklungsprozesses wird aufgrund der Eingabemöglichkeit in natürlicher Sprache und der automatischen Auswahl und Komposition als gering eingeschätzt und damit positiv bewertet.

Anforderungsmodell

SOAUI. Das Anforderungsmodell in SOAUI bilden die Anwendungsvorlagen und die *Composition Points*, die spezifische Anforderungen an die UI-Komposition stellen. Eine Anwendungsvorlage wird in Abb. 3.12 dargestellt. Sie beinhaltet die Spezifikation des Workflows und der geforderten Aktivitäten. Das Beispiel enthält die Aktivitäten für ein Verwaltungssystem für Aktien bestehend aus Login, der Anzeige von Preisen *(ListPrice)* sowie das Hinzufügen *(Add)*, Entfernen *(Remove)*, Anzeigen *(Chart)* und Handeln *(Trade)* von Aktien. *Composition Points* detaillieren die Anforderungen an die UI durch UI-Profile bestehend aus UI-, Daten- und Workflow-Angaben. Ein Beispiel für die Spezifikation eines *Composition Point* ist ebenfalls in Abb. 3.12 gegeben. Die Aktionen definieren den Typ der erforderlichen UI-Interaktion aus der Menge *reads, writes, emits* und *accepts*. *UserID* und *Password* werden eingegeben und das Resultat der Authentifizierung erwartet.

[8] http://141.76.40.158/images/stories/

Mit Hilfe der Anwendungsvorlagen und den UI-Profilen können alle funktionalen Anforderungen (⋆FR1 bis ⋆FR5) beschreiben werden. Allerdings werden nicht-funktionale Anforderungen (⋆NFR) nicht berücksichtigt.

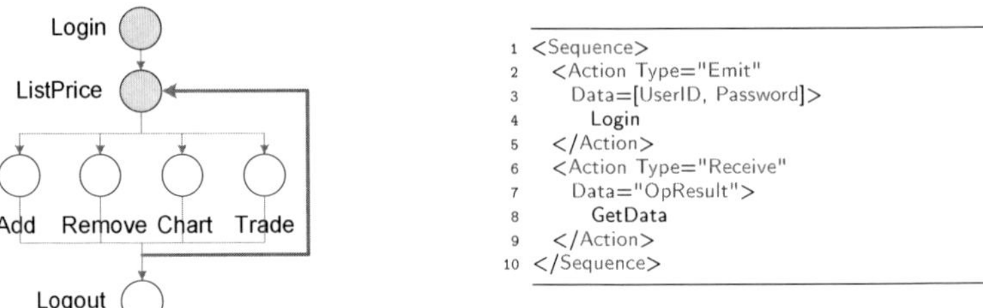


```
<Sequence>
  <Action Type="Emit"
    Data=[UserID, Password]>
      Login
  </Action>
  <Action Type="Receive"
    Data="OpResult">
      GetData
  </Action>
</Sequence>
```

Abb. 3.12: Anwendungsvorlage (links) und Workflow-Profil für das Login-UI (rechts) (Tsai u. a., 2008)

ServFace. Die Anforderungsanalyse wird in ServFace nicht unterstützt. Der Benutzer kann lediglich mit Hilfe von Stichworten nach Diensten aus einem bestehenden Katalog suchen. Somit ist auch kein explizites Anforderungsmodell vorhanden, weder für funktionale (⋆FR1 bis ⋆FR5) noch für nicht-funktionale Anforderungen (⋆NFR).

CoSMoS/SeGSeC. Das Anforderungs- sowie das Komponentenmodell basiert auf einer semantischen und Graph-basierten Repräsentation. Bei der Analyse der Anfrage werden Aktionen durch Prädikate und Elemente durch Objekte eines Satzes identifiziert. Durch syntaktisches Matching werden die dazugehörigen semantischen Konzepte identifiziert. Im Beispiel in Abb. 3.13 wird anhand der Anfrage »Talk to Tom« das Subjekt der Nutzer *James*, das Ziel *Tom* und die Aktion *talk* identifiziert. Weiterhin können Anfragen Bedingungen enthalten, um eine kontextsensitive Komposition zu ermöglichen. Da die Anfrage in natürlicher Sprache angegeben werden kann, können offensichtlich alle funktionalen Anforderungen (⋆FR1 bis ⋆FR2) prinzipiell ausgedrückt werden. Funktionen werden als *Actions* und Ein- und Ausgabeobjekte als *Properties* in semantischen Graphen repräsentiert. Der Kontrollfluss ergibt sich aus dem Aufbau des Satzes und der Generierung des Ausführungspfades. Über die Unterstützung nicht-funktionale Anforderungen (⋆NFR) gibt es keine Angaben.

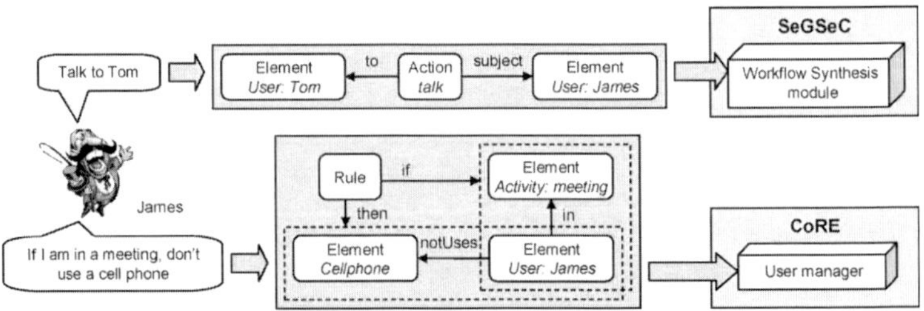

Abb. 3.13: Nutzereingabe und das CoSMoS-Modell (Fujii und Suda, 2009)

Modellgetriebene Entwicklung

SOAUI. Es ist davon auszugehen, dass die Anwendungsvorlagen sowie die *Composition Points* eine formale Grundlage haben, da sie vom *UI Composition Service* automatisiert verarbeitet werden. Allerdings wird weder Modell noch Transformationen explizit beschrieben, sodass ⋆MDD1 und ⋆MDD2 neutral bewertet werden. Die Suche der passenden *UI Services* wird aufgrund des semantischen Matchmakings durchgeführt und erfüllt somit ⋆MDD3. Auch das Kriterium der automatischen Komposition (⋆MDD4) ist erfüllt.

ServFace. Da in ServFace kein Anforderungsmodell vorhanden ist, werden auch keine anforderungsbasierte Komponentensuche und Kompositionen unterstützt (⋆MDD2). Die dynamische Komposition wird insofern unterstützt, dass je nach Nutzungskontext passende UI-Komponenten bei der Generierung der Anwendung verwendet werden. Aus diesem Grund wird ⋆MDD4 neutral bewertet. Implementiert wurde die Generierung von Anwendungen für Spring und die Google-Android-Plattform auf der Basis des Rahmenwerks openArchitectureWare und der Template-Sprache XPand2.

CoSMoS/SeGSeC. Zur Realisierung der Komposition werden semantische Graphen und semantisches Matchmaking sowie eigene Algorithmen eingesetzt. Sobald die Nutzeranfragen allerdings in die semantische Repräsentation überführt wurde, ist ein formales Modell gegeben, das durch den *Service Composer* verarbeitet und in eine lauffähige Anwendung überführt werden kann. Aus diesem Grund wird der Formalisierungsgrad (⋆MDD1) und die Transformation (⋆MDD2) als positiv bewertet. Ebenso sind die Komponentensuche (⋆MDD3) und automatische Komposition (⋆MDD4) anhand der Nutzeranfragen gegeben.

Werkzeugunterstützung

SOAUI. Das Rahmenwerk von SOAUI beschreibt eher eine konzeptionelle Vision, deren praktische Umsetzung noch bevorsteht. Aus diesem Grund wurde bisher keine Werkzeugunterstützung angegeben. Somit wird ⋆TS1 negativ bewertet. Entsprechend kann die Zielgruppe (⋆TS2) nicht bestimmt werden.

ServFace. Für die beiden Möglichkeiten der Anwendungsmodellierung kann der *ServFace Builder* (Nestler u. a., 2010) oder die MARIAE-Modellierungsumgebung genutzt werden. Im ersten Fall wird angestrebt, auch die Modellierung für Endnutzer zu ermöglichen. Im zweiten Fall bilden eher fortgeschrittene Benutzer und Experten der Entwicklungsmethode MARIA die Zielgruppe. Aufgrund des *ServFace Builders* können die beiden Untersuchungskriterien ⋆TS1 und ⋆TS2 positiv bewertet werden.

CoSMoS/SeGSeC. Zu Demonstrationszwecken wurde ein Prototyp implementiert, der die einzelnen Komponenten sowie deren Kontexte graphisch darstellt (Abb. 3.15). Er ermöglicht die Inspektion der generierten Modelle sowie der ausgewählten Komponenten und die Ausführung der Komposition. Als Zielgruppe werden Endnutzer genannt (⋆TS2), was sich auch in der Einfachheit der Benutzeroberfläche widerspiegelt. Da es sich um einen Prototyp mit eingeschränkter Funktionalität handelt, wird ⋆TS1 neutral bewertet.

[9] http://www.servface.eu/index.php?Itemid=69&id=117&option=com_content&view=article

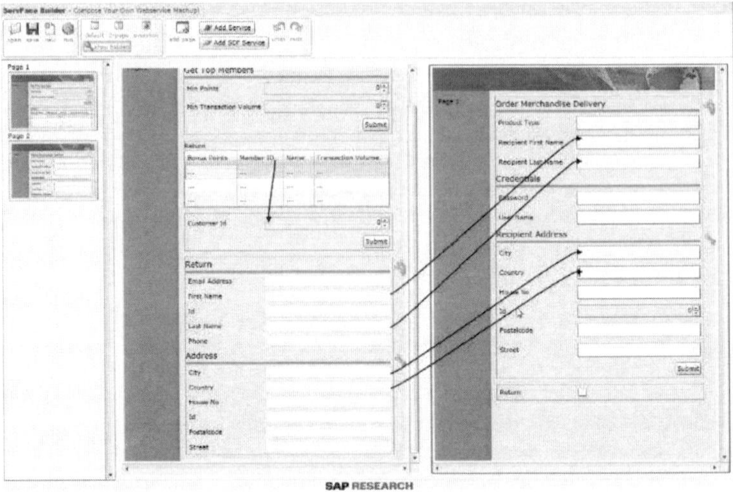

Abb. 3.14: ServFaceBuilder[9]

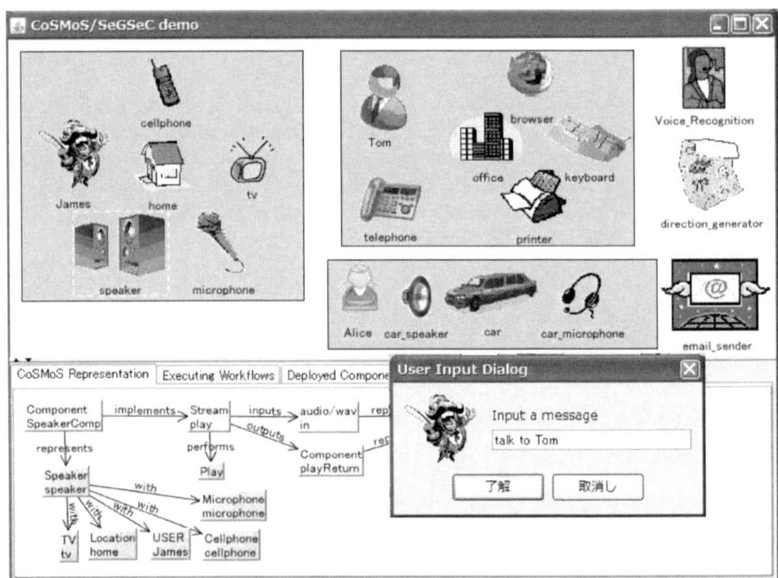

Abb. 3.15: Werkzeug für CoSMoS/SeGSeC (Fujii und Suda, 2009)

Fazit

Die Ansätze zur dienstbasierten Komposition von Benutzeroberflächen integrieren den Benutzer bzw. die Benutzeroberfläche in den Entwicklungs- und Generierungsprozess kompositer und dienstbasierter Anwendungen. Dabei erweitern sie den Komponentenbegriff um UI-Bestandteile und führen Ansätze aus dem Bereich der ***Semantic Web Services*** *(SWS)* in die UI-Entwicklung ein. Besonders interessant ist der Ansatz CoSMoS/SeGSeC, der die dynamische Komposition von Web-Services und UI-Komponenten ermöglicht. Die Eingabe von natürlicher Sprache als Anforderung ist jedoch nicht unproblematisch und müssen bei komplexen Szenarien so formuliert werden, dass das System diese versteht. Wie der Nutzer dabei unterstützt wird, bleibt jedoch offen.

3.3.3 Web-Mashups

Bei der Entwicklung komponentenbasierter und dienstorientierter Web-Anwendungen spielen Mashups in jüngster Zeit eine immer wichtigere Rolle. Sie haben insbesondere die nutzerzentrierte und leichtgewichtige Integration dienstbasierter Ressourcen und reichhaltiger UI-Komponenten zum Ziel. So sind Werkzeuge und Plattformen entstanden, die auf spezielle Bedürfnisse zugeschnittene Kompositionen auch durch Nicht-Programmierer ermöglichen sollen (Hoyer und Fischer, 2008; Fischer u. a., 2009). Diese können beispielsweise klassifiziert werden nach ihrer Zielgruppe in *Consumer* und *Enterprise Mashups*.

Consumer Mashups sind hauptsächlich an Privatpersonen gerichtet und bieten besonders einfache Werkzeuge, um z. B. öffentlich verfügbare Daten zu akquirieren oder verschiedene Inhalte (z. B. Wetterdaten und Nachrichten) auf einer Seite anzuzeigen. Beispiele hierfür sind *Dapper*[10], *Yahoo!Pipes*[11] und *Netvibes*[12]. *Dapper* ist ein einfaches, grafisches Werkzeug für die Aufbereitung und Kombination von Datenquellen, insbesondere zur Sammlung von Daten aus beliebigen XML-Dokumenten, die wiederum als Dienst publiziert werden können. *Yahoo! Pipes* ermöglicht ebenfalls die Transformation von Datenquellen durch die visuelle Verknüpfung von Ein- und Ausgängen von Daten- und Transformationskomponenten (Abb. 3.16). Während *Dapper* und *Yahoo! Pipes* keine visuellen Komponenten unterstützen, ermöglicht *Netvibes* das Einfügen visueller Widgets, Datenquellen und Webseiten in einer individuell anpassbaren Webseite.

Enterprise Mashups aggregieren Daten aus Unternehmen und müssen höheren Anforderungen an Sicherheit, Zuverlässigkeit sowie Interoperabilität mit anderen Geschäftsanwendungen gerecht werden (Bradley, 2009). Entsprechend komplexer fallen die Werkzeuge aus, die vielmehr Domänenexperten und Power-User ansprechen sollen. Beispiele hierfür sind *JackBe Wires Mashup Composer*[13] und IBM Mashup Center[14]. *JackBe* bietet z. B. eine Reihe von Schnittstellen für Datenbanken, Office Dokumente sowie CRM , ERP und BI-Systeme. Ein Screenshot der Plattform wird in Abb. 3.17 abgebildet. Alle Ansätze, sowohl im Consumer- als auch im Enterprise-Bereich, zeichnen sich dadurch aus, dass Komponenten per Drag-&-Drop auf einer Oberfläche platziert und miteinander visuell verbunden werden können. Auch ist in der Regel die Suche nach Komponenten nach Schlüsselwörtern möglich.

[10] http://open.dapper.net/
[11] http://pipes.yahoo.com/pipes/
[12] http://www.netvibes.com/de
[13] http://www.jackbe.com/products/wires.php
[14] http://www-142.ibm.com/software/products/de/de/mashupcenter/

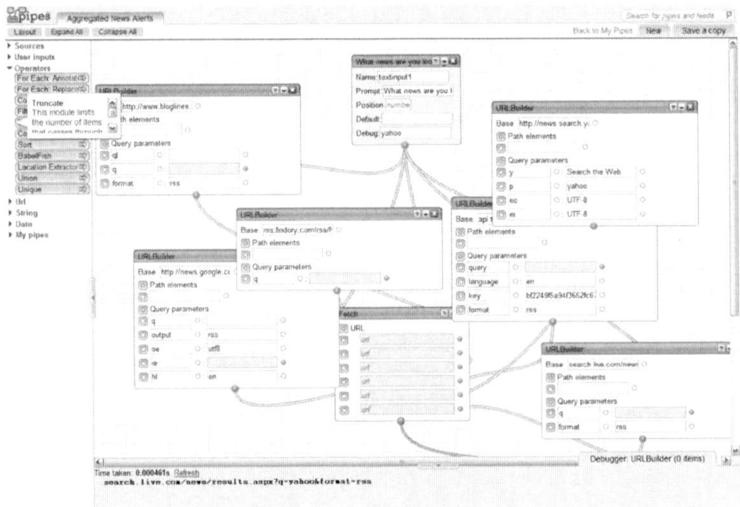

Abb. 3.16: Yahoo!Pipes (Helmschrott, 2007)

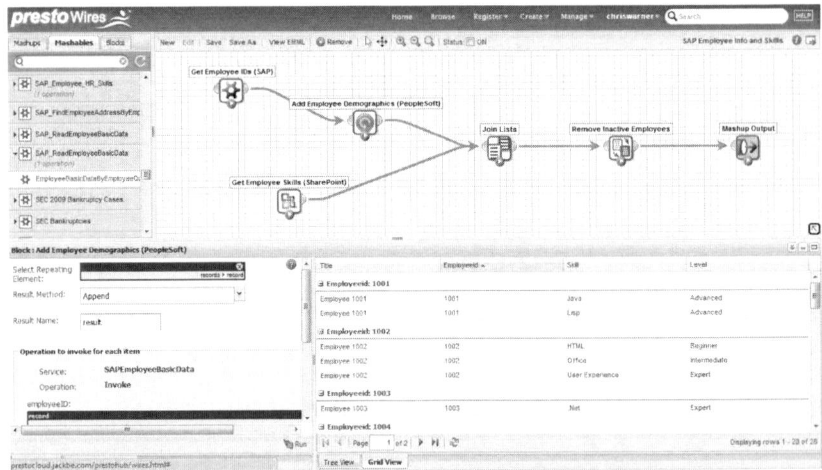

Abb. 3.17: Presto Wires Mashup Composer[15]

Die genannten Ansätze beschränken sich auf die statische Komposition, das heißt, sie unterstützen nur die manuelle Auswahl und »Verdrahtung« der Komponenten. Somit können Anforderungen an die Mashup-Komposition nicht formalisiert und in Vorschläge überführt werden. Weiterhin basieren sie, bis auf wenige Ausnahmen, nicht auf generischen Komponenten- und Kompositionsmodellen, wodurch nur proprietäre Komponenten integriert werden können und keine Generierung im Sinne der modellgetriebenen Entwicklung möglich ist. Eine Alternative bieten (semi-)dynamische und modellbasierte Kompositionsansätze.

MashArt (Daniel u. a., 2009) liefert einen universellen Kompositionsansatz für Daten-, Logik- und UI-Komponenten mit Hilfe eines Komponenten- und Kompositionsmodells. CRUISe (Pietschmann u. a., 2011) verfolgt einen ähnlichen Ansatz, ermöglicht jedoch zusätzlich kontext-sensitive Anpassung des Mashups sowie die plattformunabhängige Modellierung von Layout und Sichten der Anwendung. Zur Unterstützung der Mashup-Komposition werden auch Konzepte aus dem Bereich der SWS auf Mashups übertragen. Ein Beispiel ist *SMASHAKER* (Bianchini u. a., 2010), das Komponenten mit Hilfe des semantischen Matchmakings vergleicht und potentielle Kandidaten vorschlägt. Weitere Ansätze zur Bewertung von Mashup-Komponenten und dynamischen Kompositionsplanung sind Tapia u. a. (2011), *MashupAdvisor* (Elmeleegy u. a., 2008) und *HyperService* (Zhao u. a., 2010). Im Folgenden werden MashArt, CRUISe und SMASHAKER betrachtet.

- Der Fokus von MashArt liegt auf der möglichst einfachen Anwendungskomposition aus Daten-, Logik- und UI-Komponenten. Hierzu wird ein universelles Komponentenmodell und ein Kompositionsmodell sowie ein Browser-basiertes Kompositionswerkzeug vorgeschlagen. Dabei verschmilzt die Entwicklungs- und Laufzeit.
- In CRUISe wird die Dienstkomposition auf die Ebene der Benutzerschnittstelle erweitert, um die modellgetriebene Entwicklung von adaptiven, komponenten- und dienstbasierten Web-Anwendungen zu ermöglichen. Neben reinen Funktionalitäten, die als klassische Web Services gekapselt sind, können auch Bestandteile der Benutzerschnittstelle dienstbasiert eingebunden werden.
- SMASHAKER ist ein Empfehlungssystem zur Unterstützung der Kompositionsphase. Bestehende Komponenten werden anhand ihrer semantischen Beschreibung bezüglich Kategorie, Funktion, Ereignissen und Ein- und Ausgaben bewertet.

Entwicklungsprozess

MashArt. In MashArt wird dem Prototyp-zentrierten und iterativen Charakter der Mashup-Entwicklung Rechnung getragen (Daniel u. a., 2011). Wie in Abb. 3.18 dargestellt, wird davon ausgegangen, dass der Mashup-Entwickler Komponenten miteinander kombiniert und diese Komposition unmittelbar ausprobiert. Anforderungen werden als kurzfristige Bedürfnisse aufgefasst, die zu einer Mashup-Idee *(Mashup idea)* führen. Diese bildet eine informale Repräsentation der Anwendungsanforderungen. Anschließend wählt der Entwickler die Daten, Anwendungslogik und UI-Bestandteile aus *(Discovery and selection)*, die diesen Anforderungen entsprechen. Nun beginnt die Phase der Nutzung und Wartung *(Usage and maintenance)*, die entweder zu einem weiteren Entwicklungszyklus oder der Absetzung *(Dismissal)* der Anwendung führt. Die Anforderungsanalyse (⋆DP1) wird in MashArt nicht explizit unterstützt. Da eine dienstbasierte und ablauforientierte

[15]http://mdc.jackbe.com/products/wires.php

Komposition möglich ist, können einfache Geschäftsprozesse manuell abgebildet werden (⋆DP2). Die Komponentenorientierung (⋆DP3) wird aufgrund des universellen Komponentenmodells positiv bewertet. Dies gilt auch für die Komplexität des Entwicklungsprozesses (⋆DP4), der einfach und intuitiv ist.

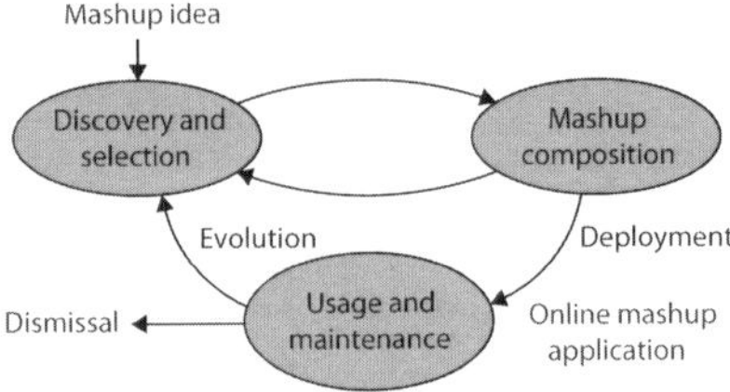

Abb. 3.18: Mashup-Entwicklungsprozess nach Daniel u. a. (2011)

CRUISe. Der Entwicklungsprozess in CRUISe gliedert sich in die folgenden vier Phasen: Suche nach Ressourcen, Verknüpfung und Konfiguration dieser und Nutzung der Anwendung. Eine Generierungsphase ist nicht notwendig, da das im Entwurf erstellte Kompositionsmodell direkt von der CRUISe-Laufzeitumgebung interpretiert und ausgeführt werden kann. Die Bindung von Komponenteninstanzen erfolgt erst zur Laufzeit. Der Ablauf und die Abhängigkeiten im Modellierungsprozess werden in Abb. 3.19 dargestellt, welcher aus den Teilmodellen *Conceptual Model*, *Layout Model*, *Screenflow Model*, *Communication Model* und *Adaptivity Model* besteht. CRUISe stellt Konzepte bereit, um das PIM mit Hilfe des Kompositionsmodells zu beschreiben. Die Anforderungsanalyse sowie das CIM werden nicht unterstützt (⋆DP1). Bezüglich der Prozessorientierung bietet das Kompositionsmodell mit Hilfe des Screenflow- und Communication-Modells nur eingeschränkte Möglichkeiten, Abläufe zu beschreiben und abzubilden. Ebenfalls ist es möglich, CRUISe-Mashups in WS-BPEL-basierten Anwendungen zu integrieren (Pietschmann u. a., 2009b), jedoch is es nicht möglich, bereits bestehende Geschäftsprozessmodelle in das Kompositionsmodell zu überführen (⋆DP2). Da CRUISe vollständig sowohl dienstbasierte Ressourcen als auch reichhaltige UI-Komponenten unterstützt, wird ⋆DP3 positiv bewertet. Die Komplexität des Entwicklungsprozesses ⋆DP4 ist aufgrund des geringen Abstraktionsgrads des Kompositionsmodells als neutral zu bewerten.

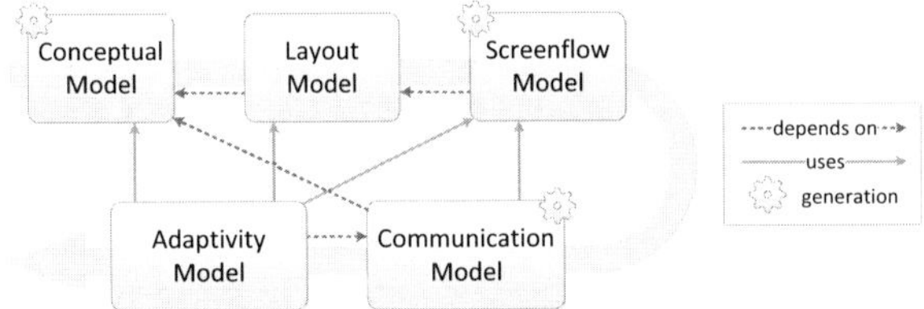

Abb. 3.19: Modellierungsprozess in CRUISe (Pietschmann, 2012, S. 129)

SMASHAKER. Dieser Ansatz sieht die proaktive und explorative Mashup-Komposition durch das Vorschlagen neuer Komponenten anhand der semantischen Beschreibung bereits integrierter Komponenten vor. Es werden Komponenten vorgeschlagen, die entweder ähnlich zu den bereits ausgewählten Komponenten sind *(component similarity)* oder die sich mit den bestehenden Komponenten aufgrund ihrer Schnittstellensemantik kombinieren lassen *(component coupling)*. Eine Anforderungsanalyse (⋆DP1) ist nicht vorgesehen. Geschäftsprozesse lassen sich nur durch die Auswahl der hierfür geeigneten Komponenten abbilden, weshalb ⋆DP2 neutral bewertet wird. Da Mashup-Komponenten mit Hilfe des Werkzeugs automatisch integriert werden können, werden die Komponentenorientierung ⋆DP3 sowie die Komplexität ⋆DP4 positiv bewertet.

Anforderungsmodell

MashArt. Ein formales Anforderungsmodell in MashArt ist nicht vorgesehen. Es wird lediglich von einer informalen Mashup-Idee ausgegangen, deren Form nicht weiter spezifiziert wird. Deshalb können weder funktionale (⋆FR1 bis ⋆FR5) noch nicht-funktionale Anforderungen (⋆NFR) beschrieben werden.

CRUISe. Die Modellierung und Überführung von Anforderungen in eine Mashup-Komposition wird in CRUISe bisher nicht unterstützt. Die Komponentenklassen müssen zum Zeitpunkt des Entwurfs bekannt sein und manuell integriert werden. Somit werden weder die funktionalen (⋆FR1 bis ⋆FR5) noch die nicht-funktionalen Anforderungen (⋆NFR) in Form eines expliziten Anforderungsmodells unterstützt.

SMASHAKER. Die Anforderungen für die Suche nach Komponenten ergeben sich aus der semantischen Beschreibung der bereits integrierten Komponenten. Die Wahl der ersten Komponente erfolgt über einen Katalog, der anhand von Kategorien (z. B. Reise) strukturiert ist. Als Grundlage für die Berechnung dienen semantische Matchings bezüglich der Komponentenkategorie, Operation, Ereignisse sowie Ein- und Ausgabeparameter. Da ein explizites Anforderungsmodell nicht vorgesehen ist, werden ⋆FR1 bis ⋆FR5 negativ bewertet. Nicht-funktionale Anforderungen (⋆NFR) werden nicht betrachtet.

Modellgetriebene Entwicklung

MashArt. In MashArt ist keine modellgetriebene Entwicklung vorgesehen. Das vorgeschlagenen Kompositionsmodell wird direkt von der Laufzeitumgebung ausgeführt. Aus diesem Grund gibt es weder Transformationen (⋆MDD1) noch ein formalisiertes Anforderungsmodell (⋆MDD2). Komponenten können nur manuell über eine eingeblendete Liste gesucht werden, eine computergestützte Komposition findet ebenso wenig statt. Aus diesem Grund werden die beiden Kriterien ⋆MDD3 und ⋆MDD4 ebenfalls negativ bewertet.

CRUISe. Das CRUISe-Kompositionsmodell ist ein eigenständiges Metamodell auf der Basis von *Eclipse Modeling Framework (EMF)* auf dessen Grundlage auch Modellverfeinerungen auf der Basis von QVT möglich sind. Beispielsweise kann aus bestehenden Komponentenbeschreibungen automatisch das *Conceptual Model* und die Sichten für das *Layout Model* teilweise automatisch abgeleitet werden. Auch die Grundstruktur des *Communication Model* kann anhand der Operationen und Ereignisse der Komponenten generiert werden. Da in CRUISe weder ein eigenes Anforderungsmodell existiert noch Angaben über die Entwicklung ausgehend von bestehenden Anforderungsmodellen (z. B. Anwendungsfällen), kann der Formalisierungsgrad ⋆MDD1 nicht bewertet werden. Auch gibt es keine Transformation ausgehend von einem Anforderungsmodell (⋆MDD2). Die Komponentensuche (⋆MDD3) ist mit Hilfe von Stichworten oder einer SPARQL-Anfrage über das CRUISe-Komponentenverzeichnis möglich. Die Komposition (⋆MDD4) muss allerdings manuell erfolgen, weshalb dieses Kriterium ebenfalls negativ bewertet wird.

SMASHAKER. Die Anforderungsmodellierung sowie die darauf aufbauenden Komposition ist nicht vorgesehen. Somit kann der Formalisierungsgrad ($\star$MDD1) nicht angegeben werden; der Mangel an Transformationen ($\star$MDD2) wird negativ bewertet. Die Komponentensuche ($\star$MDD3) wird durch semantisches Matchmaking anhand bereits ausgewählter Komponenten erzielt. Da dies eine computergestützte Suche darstellt, die jedoch nicht von Nutzeranforderungen ausgeht, wird dieses Kriterium neutral bewertet. Die Komposition der Anwendung ($\star$MDD4) muss manuell durchgeführt werden und wird deshalb ebenfalls negativ bewertet.

Werkzeugunterstützung

MashArt MashArt verfügt über einen browserbasierten Editor. Komponenten können per Drag-&-Drop aus einem Komponentenbrowser auf die Oberfläche gezogen und miteinander verbunden werden. Weiterhin steht eine textuelle Ansicht zu Verfügung, mit der die Elemente weiter spezifiziert werden können. Das Layout und das Design der Komposition kann angepasst werden. Somit werden die Kriterien Werkzeugunterstützung ($\star$TS1) und Zielgruppe ($\star$TS2) positiv bewertet.

CRUISe. Für die Erstellung des CRUISe-Kompositionsmodells wurde der reflexive Modelleditor aus dem EMF-Rahmenwerk erweitert, um beispielsweise auch die bereits genannten Modelltransformationen zur Verfügung zu stellen. Der Editor wird in Abb. 3.20 abgebildet, wobei der Hauptbereich (A und D) stellt eine hierarchische Ansicht des Kompositionsmodells dar. Der *Component Browser* (B) stellt alle im Verzeichnis verfügbare Komponenten dar. Schließlich können mit Hilfe der *Property View* (D) die Eigenschaften der jeweils im Hauptbereich ausgewählten Entitäten manipuliert werden. Der Editor ermöglicht auch die Serialisierung des Modells, um es in der CRUISe-Laufzeitumgebung ausführen zu können. Der Fokus des Editors dient auch dazu, die Erstellung sowie die Validierung des Kompositionsmodells zu erleichtern. Allerdings bietet dieser weder die Möglichkeit der visuellen Modellierung noch der gezielten Suche nach Komponenten. Somit wird $\star$TS1 zwar positiv, jedoch $\star$TS2 negativ bewertet.

Abb. 3.20: CRUISe *Mashup Composition Editor* (Pietschmann, 2012, S. 187)

SMASHAKER. Zur Demonstration der Komponentensuche wurde ein einfacher Prototyp implementiert, der hauptsächlich aus einem *Component Similarity Evaluator* sowie einem *Component Coupling Evaluator* besteht. Da dieser jedoch nicht die Formulierung von Anforderungen sowie die Mashup-Komposition unterstützt wird $\star$TS1 neutral bewertet. Als Zielgruppe ($\star$TS2) ist von Endnutzern auszugehen.

Fazit

Mashup-Ansätze setzen zunehmend auf die semantische Komposition. Dennoch bleibt das Problem bestehen, dass der Mashup-Entwickler keine Anforderungen an die Komponenten und die Komposition so darstellen kann, dass die Suche und Komposition computergestützt daran ausgerichtet werden kann. Es mangelt an Modellen und Werkzeugen zur Unterstützung der Anforderungsanalyse bei der Mashup-Entwicklung, wodurch diese eine aufwändige und anspruchsvolle Aufgabe für den Domänenexperten bleibt. Im Folgenden Abschnitt wird der gesamte Stand der Forschung und Technik zusammengefasst sowie die bestehenden Herausforderung noch einmal verdeutlicht.

3.4 Zusammenfassung und Diskussion

Die Ergebnisse der Untersuchung werden in Tab. 3.2 tabellarisch zusammengefasst und die Ansätze der traditionellen und der dienstbasierten Entwicklungsmethoden gegenübergestellt. Die Tabelle basiert auf den Untersuchungskriterien in Abschnitt 3.1 und der Bewertungsgrundlage von Tab. 3.1. Im Folgenden werden die Erkenntnisse der Analyse bezüglich des Entwicklungsprozesses, des Anforderungsmodells, der modellgetriebenen Entwicklung sowie der Werkzeugunterstützung zusammengefasst.

		Traditionelle Entwicklungsmethoden								Dienstbasierte Entwicklungsmethoden							
		OOD	MBUID			MDWE				MDDSOA		SOAUI			Mashups		
		RUP & RSA	UsiXML	CTT & MARIA	Useware Engineering	WebML	UWE	WSDM	i* & A-OOH	MDD4SOA	MIDAS	SOAUI	CoSMoS/SeGSeC	ServFace	MashArt	CRUISe	SMASHAKER
Entwicklungsprozess																	
DP1	Anforderungsanalyse	●	●	●	●	●	●	●	●	●	●	○	○	○	○	○	○
DP2	Geschäftsprozesse	●	◑	◑	◑	●	◑	◑	◑	◑	◑	◑	◑	◑	◑	◑	◑
DP3	Komponenten	●	◑	◑	◑	◑	○	○	○	◑	◑	●	●	●	●	●	●
DP4	Komplexität	○	◑	◑	◑	◑	◑	◑	◑	◑	○	◑	●	●	●	◑	●
Anforderungsmodell																	
FR1	Funktionen	●	●	●	●	●	●	●	●	●	●	●	●	○	○	○	○
FR2	Ein- und Ausgaben	●	●	●	●	●	●	●	●	●	●	●	●	○	○	○	○
FR3	Kontrollfluss	●	●	●	●	●	●	●	●	●	●	●	●	○	○	○	○
FR4	Datenfluss	●	◑	◑	◑	●	●	●	●	●	●	●	●	○	○	○	○
FR5	Domänenmodell	●	◑	◑	◑	●	◑	●	●	●	●	●	●	○	○	○	○
NFR	Nicht-funktionale Anf.	●	○	○	○	◑	○	◑	◑	●	○	○	○	○	○	○	○
Modellgetriebene Entwicklung																	
MDD1	Formalisierungsgrad	◑	◑	◑	◑	◑	◑	◑	●	◑	◑	◑	●	-	-	-	-
MDD2	Transformationen	◑	◑	◑	◑	◑	●	○	●	◑	◑	◑	●	○	○	○	○
MDD3	Komponentensuche	○	○	○	○	○	○	○	○	○	○	●	●	◑	○	◑	◑
MDD4	Komposition	○	○	○	○	○	○	○	○	○	○	●	●	◑	○	◑	○
Werkzeugunterstützung																	
TS1	Werkzeuge	●	●	●	●	●	●	◑	●	●	○	○	◑	●	●	●	◑
TS2	Zielgruppe	○	◑	◑	◑	○	○	◑	○	○	-	-	●	●	●	○	●

Tab. 3.2: Zusammenfassung des aktuellen Standes der Forschung und Technik

3.4.1 Probleme und Defizite in traditionellen Entwicklungsmethoden

Die traditionellen Entwicklungsmethoden umfassen Ansätze aus der objektorientierten Entwicklung, der modellgetriebenen Entwicklung von Benutzeroberflächen (MBUID) und Ansätze aus dem Bereich der modellgetriebenen Entwicklung von Web-Anwendung (MDWE). Durchweg wird deutlich, dass die Anforderungsanalyse (⋆DP1) prinzipiell in den betrachteten Vorgehensmodellen berücksichtigt wird. Auch werden häufig konkrete Techniken, wie z. B. UML-Anwendungsfalldiagramme genannt. Auch in den Ansätzen für das MDWE werden spezielle Anforderungsmodelle vorgeschlagen, um Anforderungen an Inhalt, Darstellung und Navigation für Web-Anwendungen zu erfassen. Die Unterstützung von Geschäftsprozessen (⋆DP2) ist eher durchschnittlich. Während Geschäftsprozesse in der objektorientierten Entwicklung durchaus eine bedeutende Rolle einnehmen, z. B. bei der Anforderungserhebung in Form von BPMN-Diagrammen, dienen diese jedoch im weiteren Verlauf häufig nur der Dokumentation. Lediglich WebML unterstützt explizit den Import von Geschäftsprozessmodellen und die weiterführend modellgetriebene Entwicklung.

Grundsätzlich wird in allen Ansätzen durch die Anwendung des modularen Prinzips die komponentenbasierte Entwicklung (⋆DP3) unterstützt. Jedoch entspricht der Komponentenbegriff selten dem in der vorliegenden Arbeit geforderten Merkmalen. Beispielsweise bezieht er sich in RUP auch auf Datenbank-Tabellen und Quelltexte. Gefordert wird jedoch die explizite Unterstützung von visuellen und nicht-visuellen Komponenten (sowohl Web-Services als auch UI-Komponenten), die über ein universelles Komponentenmodell dynamisch zu einer benutzerzentrierten Anwendung integriert werden können. Lediglich für WebML werden Erweiterungen beschrieben, die dieser Anforderung am nächsten kommt. Allerdings bieten sie keine Konzepte für die universelle Komposition verteilter Daten und Funktionalität.

Bezüglich der Komplexität des Entwicklungsprozesses lässt sich feststellen, dass die objektorientierten Methoden den größten Umfang an Aktivitäten, Artefakten und Techniken anbieten, um ein möglichst breites Spektrum an Anwendungs- und Projekttypen unterstützen. Dies wirkt sich ebenfalls auf die Werkzeugunterstützung (⋆TS1) aus, die hier wohl die ausgereiftesten Produkte bereithält. Allerdings führt dies auch zu der Einschätzung, dass die Komplexität sowie die Zielgruppe nicht für die Mashup-Entwicklung geeignet ist. Eine bessere Bewertung erzielen die spezifischen Ansätze zur modellbasierten UI-Entwicklung sowie für das Web-Engineering, da sie DSLs und Notationen zur Abdeckung spezifischer Anwendungstypen bieten. Da diese Methoden allerdings aus den traditionellen Ansätzen hervorgehen und ebenfalls die komplette Modellierung der Anwendungen vorsehen, wird die Komplexität und die Zielgruppe der Werkzeuge als überwiegend neutral bewertet.

Aufgrund des Fokus auf das Software-Engineering bieten alle traditonellen Ansätze die Möglichkeit, ein Anforderungsmodell mit allen funktionalen Anforderungen (⋆FR1 bis ⋆FR5) zu definieren. Lediglich die Ansätze aus dem Bereich des MBUID legen weniger Wert auf die explizite Modellierung von Datenfluss und Datenstrukturen. Nicht-funktionale Anforderungen (⋆NFR) werden lediglich in den objektorientierten Entwicklungsmethoden ausreichend unterstützt. Ein herausragendes Problem der traditionellen Ansätze ist die Überführung des Anforderungsmodells in die Entwurfsmodelle (⋆MDD2) der einzelnen Ansätze. Dies ist einerseits in dem unzureichenden Formalisierungsgrad (⋆MDD1) der Anforderungsmodelle und andererseits in den mangelnden Angaben zur

Durchführung der Transformation begründet. Ein weiteres Problem ist die mangelnde Unterstützung bei der Suche (⋆MDD3) und Komposition (⋆MDD4) von Komponenten. Alle Ansätze aus dem traditionellen Bereich gehen davon aus, dass Anwendungen von Grund auf modelliert und spezifiziert werden. Sollen Komponenten verwendet werden, so werden diese in den Entwurf manuell integriert. Eine computergestützte Suche oder Komposition ist nicht vorgesehen.

3.4.2 Probleme und Defizite in dienstbasierten Entwicklungsmethoden

Die Betrachtung der dienstbasierten Entwicklungsmethoden umfasst Ansätze aus der Erweiterung der objektorientierten Methoden um Aspekte der SOA (MDDSOA), dienstbasierte Entwicklung von Benutzeroberflächen (SOAUI) sowie Mashups. Allgemein lässt sich feststellen, dass im Bereich der dienstbasierten Entwicklungsmethoden die Anforderungsanalyse (⋆DP1) kaum eine Rolle spielt. Die Ansätze zur modellgetriebenen Entwicklung von SOA stammen aus den objektorientierten Ansätzen und erweitern UML-Notationen um Dienste und ihre Komposition zu beschreiben. Insofern integrieren nur diese Ansätze auch die Techniken der Anforderungsanalyse.

Eine vollständige Unterstützung von Geschäftsprozessen (⋆DP2), beispielsweise durch den Import von Geschäftsprozessmodellen, ist in allen Ansätzen nicht gegeben. Anforderungen aus Geschäftsprozessen können jedoch indirekt durch die Komposition realisiert werden, wobei in den Mashup-Ansätzen die Bereitstellung spezifischer Komponenten erforderlich wäre, um beispielsweise ein ausreichende Menge an Workflow-Patterns (Russell u. a., 2006) abbilden zu können. Da dies prinzipiell möglich ist, wird die Geschäftsprozessorientierung neutral bewertet. Die Komponentenorientierung (⋆DP3) entspricht hier eher den geforderten Kriterien. Insbesondere die untersuchten Mashup-Ansätze unterstützen die modellbasierte und universelle Komposition. Der Entwicklungsprozess in Mashups wird auf die Entwurfsphase reduziert, wodurch auch eine geringe Komplexität des Entwicklungsprozesses (⋆DP4) resultiert.

Modellgetriebene SOA-Ansätze bauen auf der Anforderungsanalyse traditioneller Entwicklungsmethoden auf und unterstützen somit alle funktionalen Anforderungen (⋆FR1 bis ⋆FR5). SOAUI geht von Anwendungsvorlagen aus und CoSMoS/SeGSeC von Angaben in der natürlichen Sprache. Allerdings muss die Praxistauglichkeit in komplexen Szenarien belegt werden. Alle anderen Ansätze besitzen kein explizites Anforderungsmodell. Deshalb sind auch keine Transformationen oder Kompositionen anhand eines Anforderungsmodells möglich. Die Kriterien zur Komponentensuche (⋆MDD3) und Komposition (⋆MDD4) werden für CRUISe allerdings neutral bewertet, da das Komponentenverzeichnis in CRUISe eine Suche mit Hilfe von SPARQL-Anfragen ermöglicht und Komponenten sowie die Komposition zur Laufzeit adaptiert werden können. SMASHAKER erlaubt das automatische semantische Matching anhand bereits integrierter Komponenten. Da dies jedoch nicht vom Nutzer ausgeht, wird auch hier die Komponentensuche (⋆MDD3) neutral bewertet. Schließlich ist die Werkzeugunterstützung bei Mashups im Vergleich zu den traditionellen Methoden weniger ausgereift. Dennoch verfolgen sie viel einfachere Bedienkonzepte und können somit hinsichtlich der Zielgruppe (⋆TS2) positiv bewertet werden.

3.4.3 Fazit

Auf der einen Seite zeigt die Untersuchung, dass die traditionellen Entwicklungsmethoden besondere Stärken in der Anforderungsanalyse und der modellgetriebenen Entwicklung besitzen, jedoch aufgrund ihres Komponentenbegriffs und der Komplexität der Methoden und Werkzeuge kaum für die Entwicklung von kompositen Mashups geeignet sind. Auf der anderen Seite entstehen Mashup-Ansätze, die mit Hilfe von geeigneten Modellen und semantischen Matchings die Komposition von reichhaltigen und kompositen Benutzeroberflächen wesentlich erleichtern. Jedoch mangelt es an Unterstützung, geschäftsprozess- bzw. aufgabenorientierte Anforderungen für Mashups zu erstellen, um die computergestützte Suche und Komposition zu ermöglichen. Es mangelt an formalen und einfachen Anforderungsmodellen, an der konsequenten Integration von Geschäftsprozessen, an geeigneten Verfahren zum Finden und Komponieren sowie an geeigneten Werkzeugen.

Die Untersuchung des aktuellen Standes der Forschung und Technik untermauert die in Abschnitt 1.2 beschriebene Problemstellung als Ausgangspunkt der Arbeit und führt zu den ebenfalls in 1.2 benannten Zielen, um die beschriebenen Defizite zu überwinden:

- Ziel 1 – die Erarbeitung einer anforderungsbasierten Entwicklungsmethode für komposite UI-Mashups unter Einbeziehung des Domänenexperten, da die bisherigen Methoden hierfür nicht geeignet sind,
- Ziel 2 – die Entwicklung eines geeigneten Anforderungsmodells für UI-Mashups, da bisherige Anforderungsmodelle einerseits nicht formal genug sind oder nicht in eine Mashup-Komposition überführt werden können,
- Ziel 3 – die anforderungsbasierte und semi-automatische Mashupkomposition, da weder in den traditionellen noch in den dienstbasierten Methoden, die Möglichkeit besteht, aus den Anforderungsmodellen eine Komposition zu generieren und
- Ziel 4 – die Konzeption und Entwicklung eines geeigneten Werkzeugs zur Anforderungsmodellierung und Generierung eines Mashups, um Domänenexperten in die Lage zu versetzen, ihre Anforderungen zu formalisieren und so für den Mashup-Entwicklungsprozess verwendbar zu machen.

Im weiteren Teil der vorliegenden Arbeit werden die Konzepte vorgestellt, um die genannten Ziele zu erreichen und einen Beitrag zur Behebung der festgestellten Defizite zu leisten.

4 Anforderungsbasierter Entwicklungsprozess für UI-Mashups

Im vorherigen Kapitel wurden Probleme und Defizite bestehender Methoden hinsichtlich der Erfordernisse bei der Entwicklung geschäftsorientierter Mashups deutlich. Die eigentlich angestrebte Aufwandsreduktion mit Mashups kann durch die stetig steigende Anzahl an Komponenten und der damit verbundenen Kombinationsmöglichkeiten kaum realisiert werden. Die Grundlagen mit Hilfe semantischer Empfehlung sowie kompositer Mashup-Plattformen sind zwar gelegt, jedoch mangelt es nach wie vor an einer nutzerzentrierten Analyse der Anforderungen und der systematischen Überführung in eine Mashup-Komposition. In diesem Kapitel wird deshalb ein Entwicklungsprozess vorgeschlagen, der die beteiligten Rollen und Artefakte sowie die erforderlichen Arbeitsschritte systematisiert. Dies ist einerseits ein Resultat aus der Betrachtung der Grundlagen sowie der Untersuchung des aktuellen Standes der Forschung und Technik und andererseits ein Vorgriff auf die in den nachfolgenden Kapiteln detaillierter beschriebenen Konzepte. Mit den Werkzeugen und Notationen trägt die in dieser Arbeit vorgeschlagene Entwicklungsmethode die Bezeichnung ***De**velopment **m**ethod for composi**t**e mashup **a**pplications (DEMISA)*, welche im Folgenden als Referenzmodell für die anforderungsbasierte Entwicklung von Mashups dient. In diesem Kapitel wird hierfür zunächst der Entwicklungsprozess spezifiziert.

4.1 Software & Systems Process Engineering Meta-Model

Zur Beschreibung des Entwicklungsprozesses wird das ***S**oftware & **S**ystems **P**rocess **E**ngineering **M**eta-Model (SPEM)* herangezogen, da es ein eindeutiges Metamodell und Notationselemente bereithält, um Entwicklungsprozesse der Software- und Systemtechnik zu beschreiben. Die Version 1.0 von SPEM wurde 2002 von der OMG veröffentlicht. Aktuell ist die Version 2.0 aus dem Jahr 2008[1]. SPEM stellt Konzepte zur Modellierung, Dokumentation und Erweiterbarkeit von Softwareentwicklungsprozesse und -methoden bereit. Den Kern des Metamodells bilden Aktivitäten *(Activities* und *Tasks)*, die von Prozessrollen *(Roles)* ausgeführt werden. In jeder Aktivität entsteht ein Arbeitsprodukt *(WorkProduct)*. Auch kann eine Aktivität Arbeitsprodukte zur Ausführung benötigen, die als eingehende Arbeitsartefakte repräsentiert werden. Darüber hinaus können auch Werkzeuge, Kern-

[1] http://www.omg.org/cgi-bin/doc?formal/08-04-01.pdf

prinzipien, *Best Practices* usw. als Beschreibung von *Guidance*, also der Unterstützung bei der Durchführung des Prozesses definiert werden. SPEM unterscheidet in a) methodische Inhalte *(method content)*, wie beispielsweise Arbeitsprodukte, Rollen und Aktivitäten sowie b) Produktionspozesse *(production processes)*, die Instanzen der Inhalte enthalten und beispielsweise durch die Modellierung von Reihenfolgen und Abhängigkeiten in Beziehung setzen. Beispiele für die Elemente der Methodeninhalte werden in Tab. 4.1 beschrieben.

Element	Notation	Bedeutung
TaskDefinition		Definiert einen Arbeitsvorgang, der von einer oder mehreren Rollen durchgeführt werden und in mehrere Einzelschritte unterteilt sein kann. Zudem hat dieses Element eine Verbindung zu den Eingangs- und Ausgangsdokumenten.
WorkProductDefinition		Definiert Arbeitsdokumente oder Arbeitsprodukte, die von Tasks verwendet, verändert oder erzeugt werden können. Ebenfalls können Beziehungen zwischen diesen Elementen modelliert werden.
RoleDefinition		Definiert eine Rolle, die Fähigkeiten und Kompetenzen einer oder mehrerer Personen angibt.

Tab. 4.1: SPEM-Notationselemente für Methodeninhalte

Die grafische Notation der Auslieferungsprozesse *(Delivery Processes)* basieren auf den Aktivitätsdiagrammen von UML 2.0, um die Reihenfolge von Aktivitäten sowie deren Ein- und Ausgabebeziehungen zu beschreiben. Dabei repräsentieren die Knoten die Aktivitäten bzw. Arbeitsprodukte und die Pfeile die Sequenz bzw. die Ein- und Ausgabe von Artefakte. Beispiele für diese Knoten werden in Tab. 4.2 dargestellt.

Element	Notation	Bedeutung
TaskUse		Repräsentiert eine Instanz eines definierten Arbeitsvorgangs. Weiterhin kann beschrieben werden, welche Einzelschritte des Tasks an dieser Verwendungsstelle im Prozess durchgeführt werden sollen.
WorkProductUse		Repräsentiert eine Instanz eines Arbeitsdokumentes oder eines Arbeitsprodukts, welches in verschiedenen Vorgängen von verschiedenen Rollen verwendet werden kann.
RoleUse		Repräsentiert eine Instanz einer Rolle, die hierdurch im Prozesskontext mehrfach verwendet werden kann.

Tab. 4.2: SPEM-Notationselemente für Prozesse

Eine Möglichkeit zur Spezifikation von auf SPEM basierenden Entwicklungsmethoden bietet das *Eclipse **P**rocess **F**ramework (EPF)*[2]. Es besteht aus einem auf Eclipse basierenden Werkzeug, dem *EPF Composer*, zur Modellierung von Inhalten und Prozessen. Die dort definierten Inhalte und Prozesse können auf den Inhalten anderer Entwicklungsmethoden aufbauen. Ebenso können die Prozesse angepasst werden, wodurch eine hohe Flexibilität und Anpassungsmöglichkeit für projektspezifische Anforderungen gegeben ist. Die hiermit erstellten SPEM-Modelle werden in *XML **M**etadata **I**nterchange (XMI)* serialisiert, wodurch die Werkzeugunabhängigkeit gegeben ist. Schließlich ermöglicht das Werkzeug auch die web-basierte Publikation der dokumentierten Entwicklungsmethode.

Die SPEM-Notation sowie das EPF bilden die Grundlage für die Beschreibung des anforderungsbasierten Entwicklungsprozesses für komposite Mashup-Anwendungen, welcher

[2]http://www.eclipse.org/epf/

durch die Entwicklungsmethode DEMISA umgesetzt wird. Zur allgemeinen Zugänglichkeit wurde diese Spezifikation auch im Web[3] publiziert. In dem verbleibenden Kapitel werden das Rollenmodell und anschließend die einzelnen Phasen beschrieben.

4.2 Rollenmodell

Das Rollenmodell beschreibt die Eigenschaften, Fähigkeiten und Zuständigkeiten der in dem Entwicklungsprozess beteiligten Rollen. Ein Überblick über das zugrunde liegende Rollenmodell wird in Abb. 4.1 dargestellt, welches eine Erweiterung des Rollenmodells von Pietschmann (2012, S. 73 ff.) darstellt. Es sieht die Rollen Domänenexperte, Mashup-Nutzer, Mashup-Entwickler, Business Analyst und Komponentenentwickler vor.

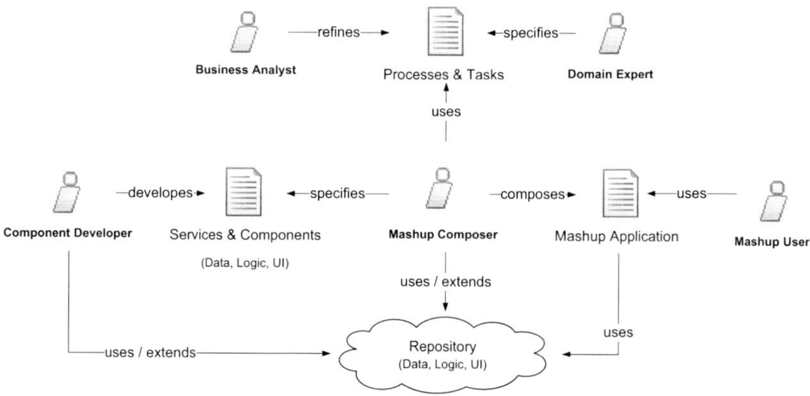

Abb. 4.1: Rollenmodell im DEMISA-Entwicklungsprozess

Insbesondere bei der Mashup-Entwicklung ist es möglich, dass mehrere Rollen von nur wenigen Personen repräsentiert werden. Das Ziel der hier beschriebenen Entwicklungsmethode ist deshalb, den Domänenexperten so nah wie möglich an die Rolle des Mashup-Entwicklers zu bringen, sodass dieser in die Lage versetzt wird, selbst eine Mashup-Anwendung zu erstellen. Dennoch ist es notwendig, die Rollen separat zu betrachten, um die Fähigkeiten und Zuständigkeiten sinnvoll zu beschreiben.

4.2.1 Domänenexperte

Der Domänenexperte *(Domain Expert)* ist in der Regel ein Mitarbeiter einer Abteilung in einem Unternehmen, der sich durch spezielle Kenntnisse in seiner Arbeitsdomäne auszeichnet. Er hat weitreichende Erfahrung in der Anwendung spezialisierter Software und ist motiviert, diese an seine Bedürfnisse anzupassen, um die Effizienz seiner Arbeit zu erhöhen (vgl. Abschnitt 2.1.6). Er hat die Fähigkeit, sein Wissen und seine Ziele zu abstrahieren und Konzepte sowie deren Zusammenhänge zu beschreiben. In seinem Arbeitsumfeld ist er häufig mit spezialisierten Notationen und Werkzeugen konfrontiert, sodass diese Fähigkeiten von dieser Rolle erwartet werden können. Seine Verantwortlichkeiten werden in Abb. 4.2 schematisch dargestellt.

[3]http://www.mmt.inf.tu-dresden.de/Forschung/Projekte/DEMISA/epf/index.htm

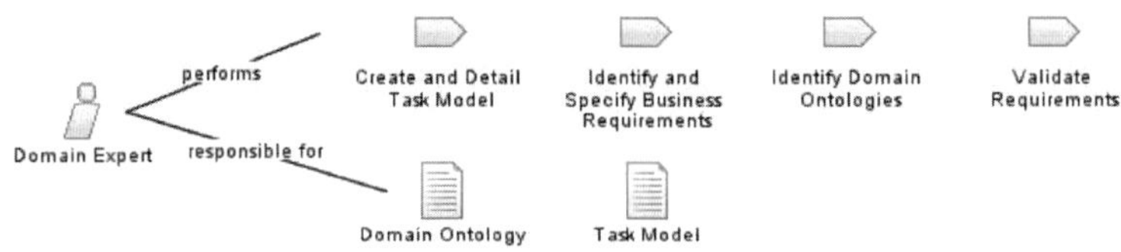

Abb. 4.2: Verantwortlichkeiten des Domänenexperten

Aufgrund seines Wissens ist er zunächst verantwortlich für die Domänenontologie *(Domain Ontology)*. Dies ist die Begriffswelt der Arbeitsdomäne und wird von ihm und anderen Domänenexperten gepflegt. Im Falle der Mashup-Entwicklung ist der Domänenxperte für die Identifikation und Auswahl der relevanten Ontologien *(Identify Domain Ontologies)* verantwortlich. Auf dieser Grundlage definiert er schließlich die Anforderungen an die Mashup-Anwendung in Form eines Aufgabenmodells *(Task Model)*. Auf die einzelnen Artefakte des Prozesses wird später noch eingegangen.

Die Erstellung und Verfeinerung des Aufgabenmodells erfolgt in der Aktivität *Create and Detail Task Model*, wobei auch Anforderungen aus dem Geschäftsumfeld relevant sein können. Deshalb ist der Domänenexperte bei der Identifikation und Spezifikation von Anforderungen aus dem Geschäftsumfeld *(Identify and Specify Business Requirements)* beteiligt. Das Aufgabenmodell ermöglicht dem Domänenexperten, seine Anforderungen aus einer aufgabenorientierten Sicht zu beschreiben und fügt sich deshalb in seine Arbeitsprozesse ein. Für die Validierung der Anforderungen *(Validate Requirements)* ist ebenfalls der Domänenexperte verantwortlich, wobei dieser jedoch dabei durch entsprechende Werkzeuge unterstützt wird.

4.2.2 Mashup-Nutzer

Der Mashup-Nutzer *(Mashup User)* ist der Endnutzer des Mashups, dessen Verantwortlichkeiten in Abb. 4.3 zusammengefasst werden. Er benutzt die Mashup-Anwendung *(Mashup Application)* und überprüft diese auf Fehler im Rahmen der Aktivität *Test and Run Mashup Application*. Im betrieblichen Umfeld kann er auch häufig einen Domänenexperten repräsentieren, der das Mashup zur Optimierung seiner betrieblichen Aufgaben einsetzt. Der Mashup-Nutzer kann ein Mashup durch Konfiguration *(Configure Mashup Application)* mit Einschränkungen an seine Bedürfnisse anpassen. Somit ist der Benutzer verantwortlich für die Benutzung und den Test der Anwendung sowie das Erfassen und Senden von Feedback *(Send User Feedback)* an den Mashup- oder den Komponentenentwickler. Die beteiligten Artefakte sind die Anwendung und das Nutzer-Feedback.

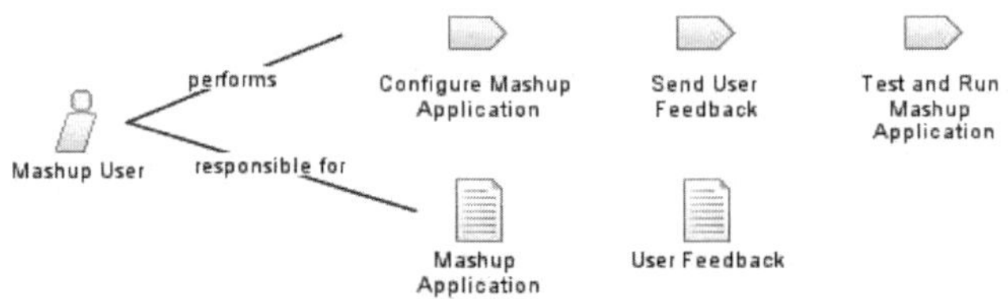

Abb. 4.3: Verantwortlichkeiten des Mashup-Nutzers

Vom Mashup-Nutzer werden keine besonderen Fähigkeiten erwartet. Er interagiert mit der Web-Anwendung und besitzt hierfür die entsprechende Kompetenz. Darüber hinaus ist es wahrscheinlich, dass er das Mashup als Domänenexperte zur Effizienzsteigerung seiner Arbeitsabläufe einsetzt. In diesem Fall, kann er auch beurteilen, ob die Anwendung fehlerfrei funktioniert und den zuvor definierten Anforderungen gerecht wird. Die Fähigkeit, ein qualifiziertes Feedback zu geben, wird dann vorausgesetzt.

4.2.3 Mashup-Entwickler

Der Mashup-Entwickler *(Mashup Composer)* ist hauptsächlich für die Erstellung der Mashup-Anwendung zuständig. In Abb. 4.4 werden die Verantwortlichkeiten des Mashup-Entwicklers zusammengefasst. Um eine Anwendung zu entwickeln, erstellt er das Mashup Kompositions-Modell *(Mashup Composition Model)*. Im Falle der hier vorgestellten Ansätze bedeutet das die Verknüpfung von Ein- und Ausgabekanälen, die Gestaltung der graphischen Benutzeroberfläche (z. B. das Layout) sowie die Konfiguration der Komponenten. Der Mashup-Entwickler benötigt hierfür ein Verständnis über die Nutzeranforderungen sowie die fachliche Domäne.

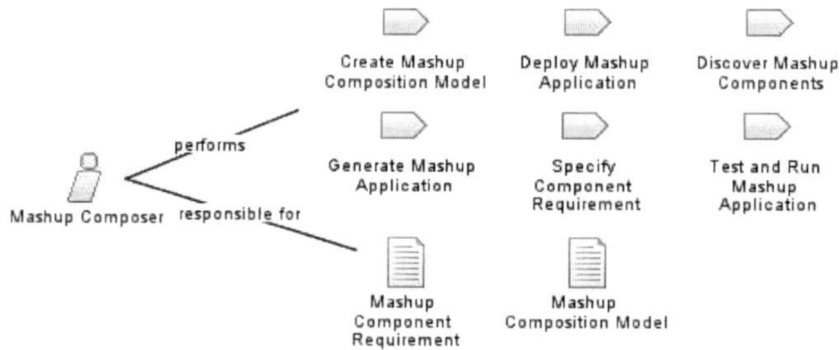

Abb. 4.4: Verantwortlichkeiten des Mashup-Entwicklers

Um die Komponenten integrieren zu können, muss er sie zunächst suchen *(Discover Components)*. Falls keine Komponenten gefunden werden, ist der Mashup-Entwickler dafür verantwortlich die Anforderungen an die Komponenten aus den Nutzeranforderungen abzuleiten *(Specify Component Requirement)* und eine Spezifikation *(Mashup Component Requirement)* an den Komponentenentwickler zu übergeben. Wenn das Kompositionsmodell erstellt worden ist, generiert der Mashup-Entwickler die Anwendung *(Generate Mashup Application)*.

Vom Mashup-Entwickler wird erwartet, dass er mit den Gegebenheiten der Laufzeitumgebung, der Komponenten sowie des Kompositionsmodells vertraut ist. Er muss in der Lage sein, die Komponenten zu komponieren, das heißt, entweder Glue-Code zu erstellen oder deklarativ die Ein- und Ausgänge der Komponenten miteinander zu verbinden. Dies ist jedoch in dem hier vorgeschlagenen Entwicklungsprozess nur dann notwendig, wenn der Generierungsprozess keine zufriedenstellenden Ergebnisse liefert. Der Mashup-Entwickler muss die Anforderungen des Nutzers verstehen und sie möglichst gut umsetzen. Dies setzt auch ein gewisses Maß an Domänenwissen voraus. Schließlich muss er in der Lage sein, anhand der Anforderungen das Komponentenverzeichnis zu konsultieren und die Ergebnisse auszuwerten.

4.2.4 Business Analyst

Der *Business Analyst* nimmt eine eher unterstützende Rolle für den Domänenexperten bei der Formulierung der Anforderungen ein. Der Business Analyst hat ein besonderes

Verständnis über die Strukturen, Prinzipien und Geschäftsprozesse des Unternehmens (Interntational Institute of Business Analysis, 2012). Aus diesem Grund liegen die Verantwortlichkeiten (Abb. 4.5) in der Identifikation und Spezifikation von Geschäftsprozessanforderungen *(Identify and Specify Business Requirements)* und der Identifikation und Spezifikation von Anforderungen *(Identify and Outline Requirements)* an die Mashup-Anwendung in Zusammenarbeit mit dem Domänenexperten. Zur Spezifikation von Anforderungen aus dem Geschäftsumfeld modelliert der Business Analyst Geschäftsprozessmodelle *(Business Process Model)*, die im Entwicklungsprozess als Ausgangspunkt für die Spezifikation der Nutzeranforderungen dienen.

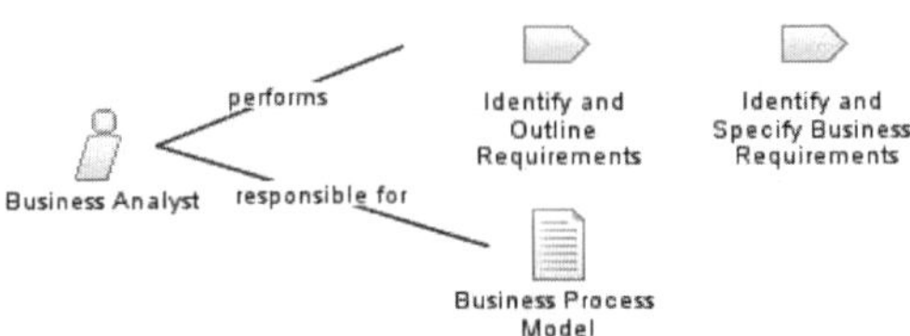

Abb. 4.5: Verantwortlichkeiten des Business Analysten

Besondere Fähigkeiten des Business Analysts sind, Anforderungen im Unternehmensumfeld zu ermitteln, zu verwalten und zu kommunizieren sowie deren Änderungen zu organisieren. Der Business Analyst unterstützt somit den Domänenexperten bei der Verfeinerung und Optimierung bestehender Geschäftsprozesse. Seine Hauptverantwortung liegt in der Spezifikation und Verfeinerung der Geschäftsprozessmodelle und in der Beratung des Domänenexperten.

4.2.5 Komponentenentwickler

Eine ebenfalls eher unterstützende Rolle im Entwicklungsprozess spielt der Komponentenentwickler *(Component Developer)*, dessen Verantwortlichkeiten in Abb. 4.6 dargestellt werden. In der Aktivität *Implement Mashup Component* stellt er die Mashup-Komponenten her, die für die Mashup-Anwendung notwendig sind. Dabei nutzt er bestehende dienstbasierte Quellen und kapselt sie in dem für die Mashup-Plattform geeigneten Komponentenmodell. Schließlich spezifiziert er die Komponenten mit Hilfe der Komponentenbeschreibung *(Mashup Component Description)* und legt diese in einem Komponentenverzeichnis ab *(Publish Mashup Component)*. Vergleichbar mit dem Mashup-Entwickler muss auch der Komponentenentwickler insbesondere das Komponentenmodell sowie die Komponentenbeschreibung kennen, um die benötigten Schnittstellen zu implementieren und die Komponente adequat zu beschreiben. Er muss auch die wesentlichen Konzepte der Anwendungsdomäne sowie die Nutzeranforderungen verstehen.

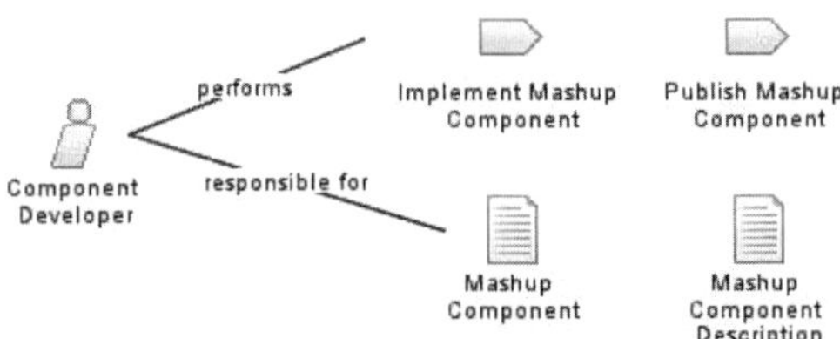

Abb. 4.6: Verantwortlichkeiten des Komponentenentwicklers

Bisher wurde das Rollenmodell beschrieben, das die Rollen und ihre Verantwortlichkeiten in den Vordergrund stellt. Im Folgenden wird der Entwicklungsprozess aus der Sicht der Aktivitäten beschrieben, wobei die Abfolge der Aktivitäten sowie ihr Bezug zu den einzelnen Rollen und Artefakten von Bedeutung ist.

4.3 Phasen und Aktivitäten

Die Phasen eines Entwicklungsprozesses werden durch Aktivitäten näher spezifiziert, die wiederum konkrete Aufgaben enthalten. Die Aufgaben werden von den unterschiedlichen Rollen wahrgenommen, wobei ein Artefakt gefordert und ein weiteres Arbeitsprodukt erzeugt wird. In den folgenden Abschnitten werden die einzelnen Phasen des DEMISA-Entwicklungsprozesses beschrieben.

4.3.1 Überblick

Die Phasen des in dieser Arbeit vorgestellten Entwicklungsprozesses werden in Abb. 4.7 abgebildet und bestehen entsprechend des kompentenbasierten Vorgehens (vgl. Abschnitt 2.1.3) aus der Anforderungsanalyse *(Requirements Analysis)*, der Suche und Komposition *(Discovery and Composition)*, der Generierung und Installation *(Generation and Deployment)* sowie der Benutzung und Wartung *(Use and Maintenance)*. Im Gegensatz zu anderen Mashup-Entwicklungsprozessen (vgl. Abschnitt 2.1.6) wird hier die Anforderungsanalyse explizit definiert. Typisch für einen komponentenbasiertes Vorgehen ist auch hier die prototypzentrierte und inkrementelle Entwicklung mit einer iterativen Wiederholung der Phasen.

Ausgehend von den komponentenbasierten Ansätzen wird die wechselseitige Beziehung zwischen der Anforderungsanalyse und der Komposition berücksichtigt. Falls beispielsweise keine zu den Anforderungen passenden Komponenten gefunden werden, ist es notwendig, entweder die Anforderungen anzupassen oder die benötigten Komponenten zu entwickeln. Auch dieser Aspekt wird in Mashups bisher nur unzureichend betrachtet. In der Phase der Suche und Komposition werden die für die in der ersten Phase definierten Anforderungen passenden Komponenten gesucht und miteinander kombiniert. Falls alle benötigten Komponenten gefunden und komponiert wurden, wird die Anwendung generiert und in der Laufzeitumgebung installiert. Durch die Benutzung kann entschieden werden, ob die Anwendung den Anforderungen genügt. Falls dies nicht der Fall ist, wird entweder die Entwicklung abgebrochen oder erneut eine Anpassung der Anforderungen vorgenommen.

4.3.2 Anforderungsanalyse

Die Anforderungsanalyse deckt die Identifikation, Spezifikation und Validierung der Anforderungen ab (Nuseibeh und Easterbrook, 2000; Koch u. a., 2004). Abb. 4.8 zeigt die Aktivitäten, die in der Anforderungsanalyse durchgeführt werden. Die Abhängigkeiten zwischen Aktivitäten und Rollen während der Anforderungsanalyse werden in Abb. 4.9 dargestellt. Der Identifikation von Anforderungen widmen sich die Aktivitäten *Identify and Outline Requirements*, *Identify and Specify Business Requirements* und *Identify Domain Ontology*. Wenn diese Aktivitäten abgeschlossen sind, werden die Anforderungen durch die Aktivität *Create and Detail Task Model* formalisiert. Schließlich werden in der Aktivität *Validate Requirements* die Anforderungen validiert. Im Folgenden werden die Aktivitäten näher erläutert.

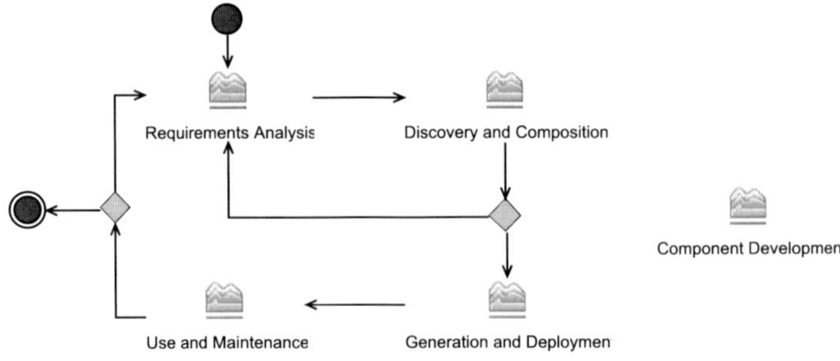

Abb. 4.7: Überblick über den DEMISA-Entwicklungsprozess

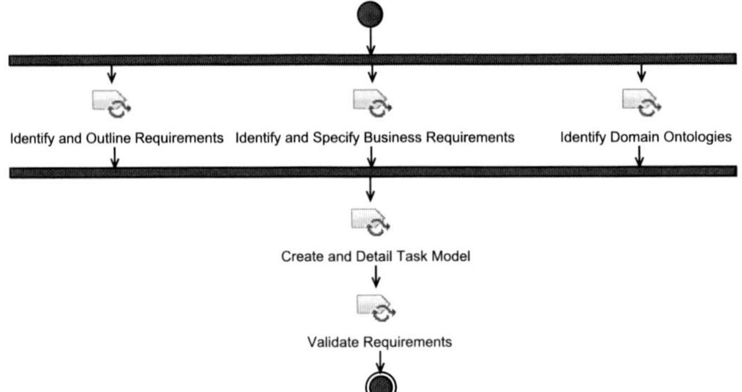

Abb. 4.8: Aktivitäten in der Anforderungsanalyse

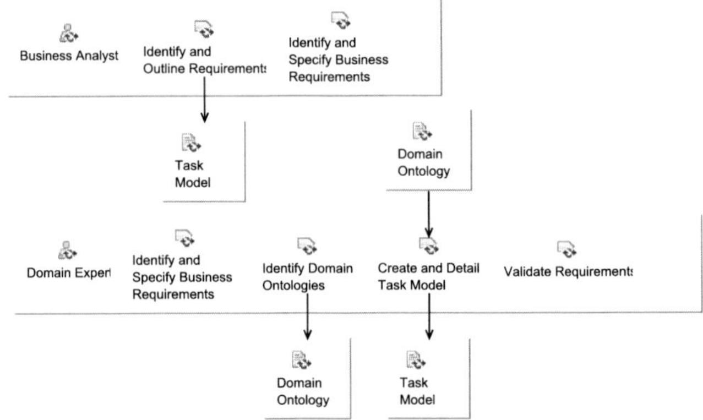

Abb. 4.9: Abhängigkeiten und Rollen in der Anforderungsanalyse

Identifikation von Anforderungen

Im Gegensatz zum traditionellen Entwicklungsansatz gibt es in Mashups nur eine verhältnismäßig kleine Gruppe von Nutzern, die Anforderungen an ein Mashup haben. In der Regel ist das der Domänenexperte selbst, der die Anwendung für eigene Zwecke erstellt. Aus diesem Grund wird auf eine ausführliche Analyse der Stakeholder sowie deren Ziele verzichtet. Traditionelle Verfahren wie z. B. Interviews, Brainstorming und Anwendungsfallmodellierung werden deshalb nicht benötigt. Die von Daniel u. a. (2011) beschriebene Mashup-Idee repräsentiert die Anforderungen an das Mashup in einer unscharfen und nicht formalisierten Form. Diese bildet jedoch die Grundlage für die spätere Spezifikation von Anforderungen. Verantwortlich für die Identifikation von Anforderungen sind der Domänenexperten sowie der Business Analyst. Der Mashup-Nutzer kann einen Beitrag durch das Nutzerfeedback leisten.

Spezifikation von Anforderungen

Die Anforderungen werden in DEMISA durch ein Aufgabenmodell repräsentiert. Somit besteht diese Aktivität aus dessen Erstellung und Verfeinerung (*Create and Detail Task Model* in Abb. 4.8). Das Aufgabenmodell kann dabei auf zwei Arten erzeugt werden: entweder manuell mit Hilfe des Autorenwerkzeugs oder automatisch mit Hilfe einer Modelltransformation ausgehend von einem Geschäftsprozessmodell. Mit Hilfe des Aufgabenmodells können funktionale und nicht-funktionale Anforderungen abgebildet werden. Diese Arbeit fokussiert die Anforderungen, die sich aus der ablaufzentrierten Sicht, also den funktionalen Anforderungen, ergeben. Der Domänenexperte spezifiziert die einzelnen Aufgaben, deren Ein- und Ausgabedaten sowie deren Ausführungsbedingung. Auf das Anforderungsmodell wird in Kapitel 5 näher eingegangen. Das Autorenwerkzeug wird in Kapitel 7 vorgestellt.

Validierung von Anforderungen

Während in der traditionellen Software-Entwicklung die möglichst vollständige und korrekte Erfassung aller Anforderungen erforderlich ist, sind die Anforderungen bei der Mashup-Entwicklung zu Beginn eher unscharf. Aufgrund der Zielgruppe der Entwicklungsmethode kann nicht erwartet werden, dass der Domänenexperte die Anforderungen vollständig und konsistent beschreiben kann. Die Validierung von Anforderungen erfolgt deshalb in zweierlei Hinsicht. Erstens stellt das Modellierungswerkzeug sicher, dass ein syntaktisch korrektes Anforderungsmodell erzeugt wird. Zweitens ermöglicht die schnelle Generierung des Mashups die unmittelbare Prüfung des resultierenden Mashups und damit die Qualität der Anforderungen. Falls das Mashup oder die vorgeschlagenen Komponenten nicht den Anforderungen entsprechen, so kann eine Verfeinerung des Anforderungsmodells vorgenommen werden.

4.3.3 Suche und Komposition

Die Phase *Suche und Komposition* realisiert die Komposition anhand der zuvor definierten Anforderungen. Sie untergliedert sich in die Aktivitäten Komponentensuche *(Discover Mashup Components)* und Erstellung des Kompositionsmodells *(Create Mashup Composition Model)*. Falls eine Komponente nicht gefunden wird, müssen die Anforderungen an die Komponente verfeinert werden. Dies geschieht in der Aktivität *Detail Componenent Requirement*. Der Ablauf wird in Abb. 4.10, die Abhängigkeiten zwischen Aktivitäten und Rollen in der Anforderungsanalyse werden in Abb. 4.11 dargestellt.

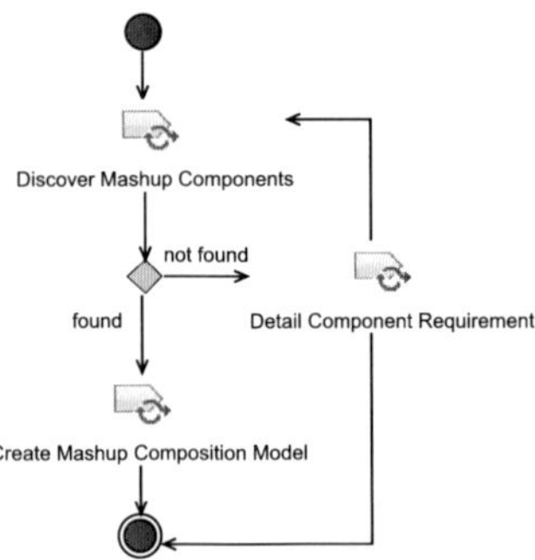

Abb. 4.10: Aktivitäten während der Suche und Komposition

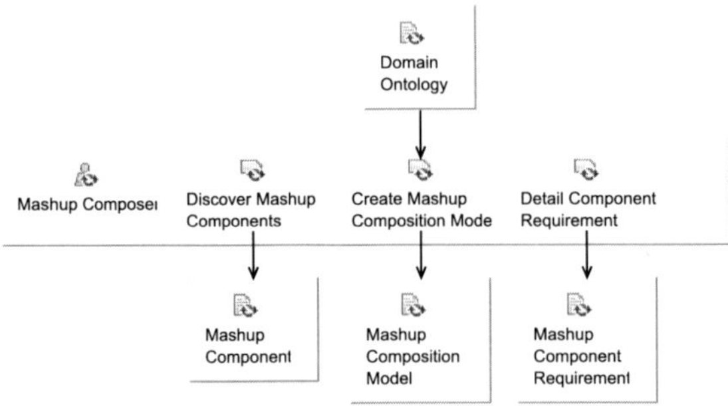

Abb. 4.11: Abhängigkeiten und Rollen während der Suche und Komposition

Komponenten suchen

Bei der Komponentensuche werden vom Mashup-Entwickler Komponenten gesucht, die möglichst gut den zuvor modellierten Anforderungen entsprechen. Neben den gängigen Mitteln der manuellen Auswahl und Stichwortsuche, wird der Mashup-Entwickler in der DEMISA-Methode dabei durch den in Kapitel 6 vorgestellten Algorithmus unterstützt. Dieser ist in der Lage, Komponenten hinsichtlich der Entsprechung des gesamten oder partiellen Anforderungsmodells zu bewerten.

Kompositionsmodell erstellen

Ausgehend von dem Anforderungsmodell wird das Kompositionsmodell erstellt. Mit Hilfe des formalisierten Aufgabenmodells kann dies in der DEMISA-Methode weitestgehend automatisch erfolgen. Dieser Schritt der aufgabenbasierten Komposition wird ebenfalls in Kapitel 6 näher beschrieben. Das entstandene Grundgerüst kann der Mashup-Entwickler anschließend verfeinern.

Komponentenanforderung verfeinern

Die Aktivität *Detail Componenent Requirement* dient der Verfeinerung einer Komponentenanfrage. Dies kann notwendig sein, wenn keine passenden Komponenten auf der Grundlage einer vorherigen Suchanfrage gefunden wurden. Wiederholt sich das Ergebnis trotz einer Variation der Anforderungen, so muss eine neue Komponenten implementiert werden. Die Komponentenanfrage kann dann als Grundlage für die Erstellung einer Komponente für den Komponentenentwickler sein.

4.3.4 Generierung und Installation

Modellbasierte Mashups ermöglichen entweder die direkte Ausführung oder die Generierung einer lauffähigen Mashup-Anwendung auf der Grundlage des Kompositionsmodells. Im ersten Fall ist keine Generierung notwendig. Im zweiten Fall müssen die beiden Aktivitäten Generierung *(Generate Mashup Application)* und die Installation *(Deploy Mashup Application)* berücksichtigt werden. Die Abhängigkeiten der Aktivitäten werden in Abb. 4.12 dargestellt. Dabei übernimmt der Mashup-Entwickler diese Aufgaben entweder manuell oder mit Hilfe von zusätzlichen Werkzeugen. Die Abhängigkeiten zwischen den Aktivitäten und Rollen werden in Abb. 4.13 dargestellt.

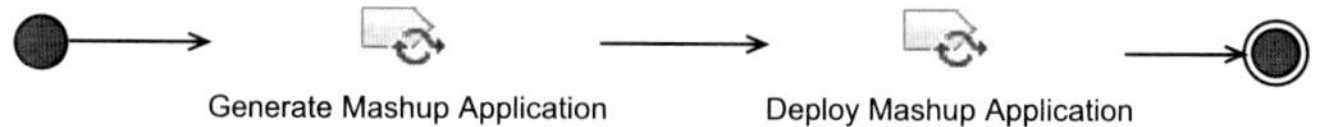

Abb. 4.12: Aktivitäten während der Generierung und Installation

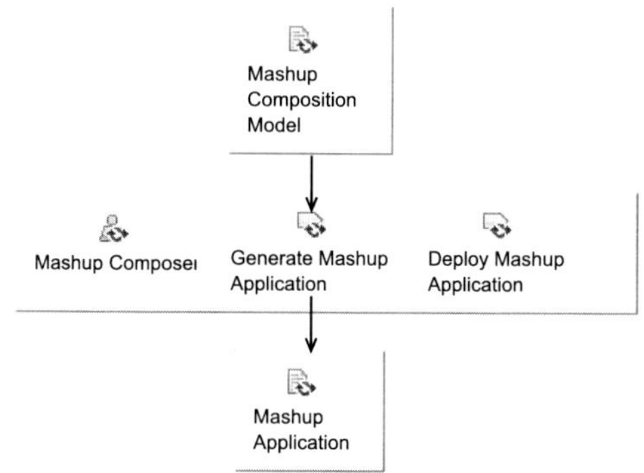

Abb. 4.13: Abhängigkeiten und Rollen bei der Generierung und Installation

4.3.5 Benutzung und Wartung

Die letzte Phase im iterativen Entwicklungszyklus betrifft die Benutzung und Wartung des Mashups. Die einzelnen Aktivitäten in dieser Phase werden in Abb. 4.14 dargestellt, die Abhängigkeiten zwischen Aktivitäten und Rollen während der Anforderungsanalyse in Abb. 4.15.

Durch die Benutzung des Mashups erkennt der Domänenexperte, ob die Anwendung seinen Anforderungen gerecht wird. Auch der Mashup-Entwickler und führt das Mashup zu Testzwecken aus. Dies wird durch die Aktivität *Test and Run Mashup Application* repräsentiert. Falls die Funktionstauglichkeit gefährdet ist oder die Anwendung nicht zur Zufriedenheit beider funktioniert, wird die Testphase beendet und eine neue Iteration des

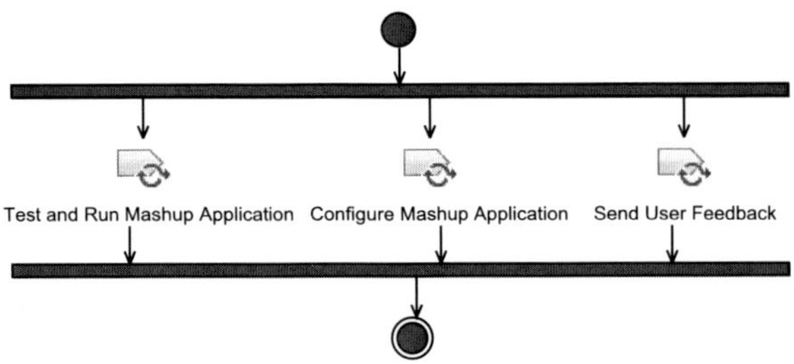

Abb. 4.14: Aktivitäten während der Nutzung und Wartung

Entwicklungsprozesses gestartet. Der Mashup-Entwickler wird die Anforderungen überprüfen und gegebenenfalls andere Komponenten integrieren. Schließlich kann in dieser Phase auch der Benutzer die Anwendung konfigurieren. Dabei handelt es sich um minimale Anpassungen des Anwenders, z. B. die Änderungen von Darstellungsoptionen. Dies wird durch die Aktivität *Configure Mashup Application* repräsentiert. Schließlich kann der Mashup-Nutzer auch ein Nutzerfeedback *(User Feedback)* erstellen und senden *(Send User Feedback)*, um den Mashup-Entwickler und den Komponentenentwickler zu unterstützen.

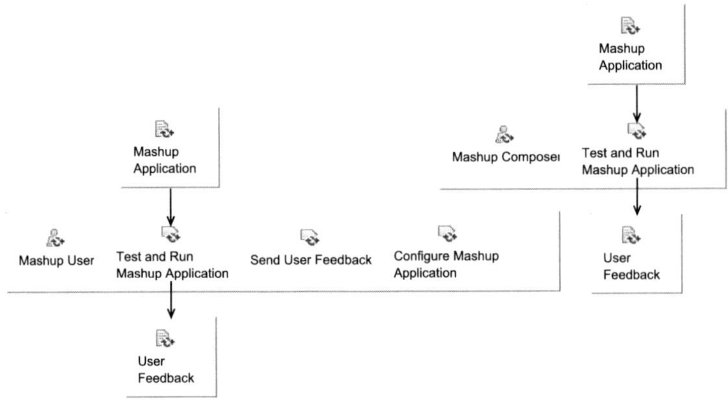

Abb. 4.15: Abhängigkeiten und Rollen während der Nutzung und Wartung

4.3.6 Komponentenentwicklung

Eine vom Kern des Entwicklungsprozesses weitgehend losgelöste Phase stellt die Komponentenentwicklung dar. In dieser Phase werden Mashup-Komponenten implementiert, angepasst oder weiterentwickelt. Die Vision der komponentenorientierten Entwicklung besteht darin, dass mit zunehmender Anzahl an Komponenten, diese für eine Vielzahl an Szenarien geeignet sind und somit die Komponenten immer häufiger wiederverwendet werden können. Bei einer geringen Komponentenzahl zu jedoch erwarten, dass zunächst kaum passende Komponenten existieren und somit erst entwickelt werden müssen.

Die Entwicklung der Komponenten kann in einem beliebigen weiteren Entwicklungsprozess folgen. Die mindestens erforderlichen Aktivitäten werden in Abb. 4.16 dargestellt.

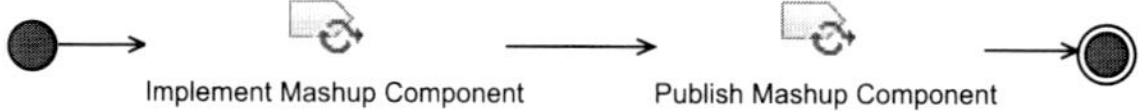

Abb. 4.16: Aktivitäten während der Komponentenentwicklung

Wichtig für die Implementierung von Mashup-Komponenten ist, dass die Mashup-Komponente dem Komponentenmodell entspricht und im Komponentenverzeichnis publiziert wird. Die Abhängigkeiten zwischen Aktivitäten und Rollen während der Anforderungsanalyse werden in Abb. 4.17 dargestellt.

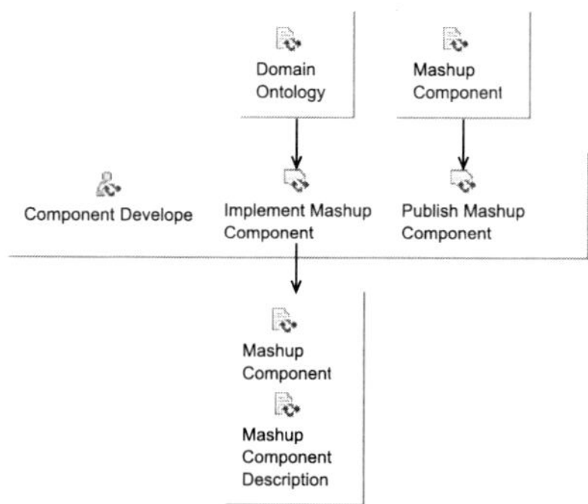

Abb. 4.17: Abhängigkeiten und Rollen während der Komponententwicklung

4.4 Zusammenfassung

In diesem Kapitel wurde ein Überblick über die Aktivitäten, Artefakte und Rollen eines anforderungsbasierten Entwicklungsprozesses für Mashups gegeben, der die Grundlage für die Entwicklungsmethode DEMISA bildet. Zur Veranschaulichung diente die SPEM-Notation. Ebenfalls wurde der Entwicklungsprozess mit Hilfe von EPF dokumentiert und im Web publiziert. Durch die Nutzung von EPF ist die Wiederverwendbarkeit, Anpassbarkeit und Erweiterbarkeit der hier definierten Entwicklungsmethoden gewährleistet.

Die hier vorgestellte Entwicklungsmethode trägt einen Beitrag dazu bei, die Anforderungsanalyse in die Mashup-Entwicklung zu integrieren sowie die systematische und zielgerichtete Entwicklung von Mashups im Geschäftsumfeld zu ermöglichen. Sie leitet sich ab aus den Merkmalen der Mashup-Entwicklung in Kapitel 2 und den Schlussfolgerungen aus der Untersuchung des aktuellen Standes der Forschung und Technik in Kapitel 3. Weiterhin stellte dieses Kapitel einen Vorgriff auf den weiteren Teil der Arbeit. In den folgenden drei Kapiteln werden die bereits genannten Konzepte vom Anforderungsmodell (Kapitel 5), von der aufgabenbasierten Komposition (Kapitel 6) und vom Autorenwerkzeug (Kapitel 7) im Detail beschrieben.

5 Aufgabenbasiertes Anforderungsmodell

Als ein Problem wurde in Kapitel 3 der Mangel an einem Anforderungsmodell zur systematischen und effizienten Entwicklung kompositer UI-Mashups identfiziert. In Kapitel 4 wurde deshalb ein Entwicklungsprozess beschrieben, der eine explizite Anforderungsmodellierung vorschlägt. In diesem Kapitel wird die Wahl eines Aufgabenmodells als Anforderungsmodell durch die Gegenüberstellung der in Kapitel 3 identifizierten Anforderungsmodelle begründet. Weiterhin werden hier die Anforderungen an das Aufgabenmodell beschrieben und bestehende Aufgabenmodelle diskutiert. Darauf aufbauend wird in Abschnitt 5.2 ein Aufgabenmodell abgeleitet und im Detail vorgestellt.

5.1 Modelle und Anforderungen

Aus Kapitel 3 geht hervor, dass in der Anforderungsanalyse häufig Anwendungsfälle, Geschäftsprozessmodelle sowie Aufgabenmodelle verwendet werden. Es folgt in Abschnitt 5.1.1 die Gegenüberstellung dieser Modelle, in Abschnitt 5.1.2 die Anforderungsanalyse und in Abschnitt 5.1.3 die Bewertung bestehender Aufgabemodelle, um die Notwendigkeit eines erweiterten Aufgabenmodells zu zeigen.

5.1.1 Gegenüberstellung von Anforderungsmodellen

Zur Gegenüberstellung der genannten Modelle soll die in Abb. 5.1 dargestellte und von Kristiansen und Trætteberg (2007) vorgeschlagene Klassifikation hinsichtlich Granularität und Abstraktionsgrad verwendet werden. Die Workflow- und Kompositionsmodelle werden ebenfalls zur Abgrenzung aufgeführt. Das Kompositionsmodell bildet das Zielmodell der Entwicklung kompositer UI-Mashups und ist feingranular und wenig abstrakt. Es beschreibt die Integration visueller Komponenten und damit auch Aspekte der Benutzeroberfläche. Workflow-Modelle beschreiben Web-Service-Kompositionen auf einem ebenfalls wenig abstraktem Niveau. Schließlich kommen nur Anwendungsfälle, Geschäftsprozessmodelle und Aufgabenmodelle in Frage, die nachfolgend hinsichtlich ihrer Zielsetzung, Historie, Perspektive, Ausdrucksmittel, Anwendung und Notation diskutiert werden, um die Wahl des Aufgabenmodells zu begründen.

Anwendungsfälle

Anwendungsfälle haben ihren Ursprung in der objektorientierten Softwareentwicklung, um die Interaktion eines Akteurs mit einem System zu beschreiben (Jacobson u. a., 1992).

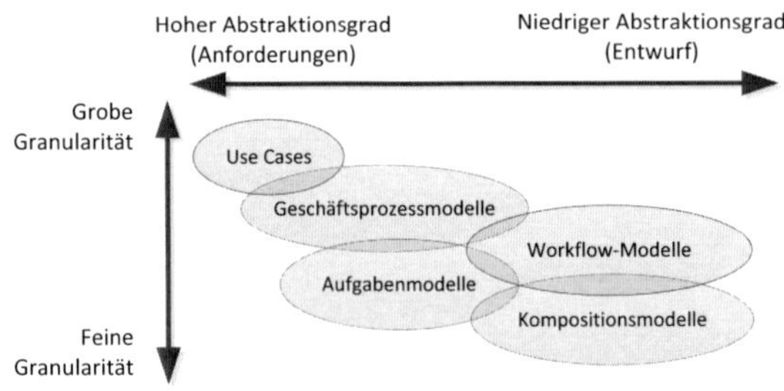

Abb. 5.1: Anforderungsmodelle nach Kristiansen und Trætteberg (2007)

Sie drücken den Wunsch eines Akteurs (z. B. Mensch, Software oder Hardware) an ein System aus, um seine operativen Aufgaben zu unterstützen (Umbach und Metz, 2006). Anwendungsfälle unterstützen die Grenzbildung zwischen Akteur und Softwaresystem, wobei die Summe aller Anwendungsfälle die Systemgrenze und den Zweck des Gesamtsystems definiert. Durch die Untersuchung in Kapitel 3 wurde deutlich, dass Anwendungsfälle in der traditionellen Softwareentwicklung und im Software-Engineering eine bedeutende Rolle einnehmen. RUP richtet beispielsweise den gesamten Entwicklungsprozess an Anwendungsfällen aus. Sie sollen die Orientierung des Softwareprodukts am Benutzer sicherstellen und die Qualitätssicherung unterstützen.

Die primären Ausdrucksmittel sind Anwendungsfalldiagramme (z. B. UML-Use-Case-Diagramme) und Textvorlagen. Die Notation wurde bereits in Abschnitt 3.2.1 an einem Beispiel erläutert. Génova u. a. (2005) weisen auf einige Probleme bei der Anwendungsfallmodellierung hin. Insbesondere ist die Bedeutung der graphischen Notation nicht eindeutig definiert und sie wird in der Praxis häufig falsch interpretiert (z. B. wird »extends« gelegentlich fälschlicherweise zur Darstellungen von zeitlichen Abhängigkeiten verwendet). Weiterhin können Abläufe, Vor- und Nachbedingungen nicht formal ausgedrückt werden, sondern werden in natürlicher Sprache beschrieben.

Aufgrund der mangelnden Ausdrucksstärke der Anwendungsfalldiagramme und der Verwendung natürlicher Sprache besteht einerseits die Gefahr der Fehlinterpretation und andererseits erschwert dies die maschinelle Verarbeitung. Weiterhin repräsentieren Anwendungsfälle eine rein abstrakte Sicht auf die Szenarien und müssen erst zu funktionalen Bausteinen mit ihren Schnittstellen und zeitlichen Abhängigkeiten dekomponiert werden. Da dies jedoch nicht der Intention der Anwendungsfallmodellierung entspricht, sind Anwendungsfälle für die Modellierung von Anforderungen an Mashups eher nicht geeignet. Die Einordnung der Anwendungsfälle in Abb. 5.1 spiegelt deren hohen Abstraktionsgrad und hohe Granularität wider.

Geschäftsprozessmodelle

Geschäftsprozessmodelle dienen der Dokumentation von unternehmerischen Abläufen, indem sie logisch zusammenhängende Aktivitäten entlang einer Wertschöpfungskette beschreiben (vgl. Abschnitt 2.1.5). Relevant sind auch die Interaktionen zwischen unternehmensinternen und -externen Organisationseinheiten (z. B. Abteilungen, Kunden und Lieferanten). Aktivitäten können in kleinere Einheiten, z. B. Sub-Prozesse unterteilt werden. Atomare Aktivitäten sind hingegen aus Prozesssicht nicht mehr weiter zerlegbar und bilden die kleinste Einheit, die von genau einem Akteur bearbeitet wird (Kristiansen und Trætteberg, 2007).

Die Modellierung von Geschäftsprozessen wurde erst in den 1990er Jahren zunehmend populär, da sie eine analytische Sicht auf komplexe Abläufe und im Rahmen des *Business Process Re-Engineerings* die Prozessoptimierung unterstützten (Ould, 1995). Als Ergänzung dieser Entwicklung ist das Aufkommen der SOA zu sehen, die eine prozess- und dienstorientierte Sicht auf die Unternehmensstruktur bot und die Abbildung auf die informationstechnische Infrastruktur ermöglichte. Somit wird auch in der Softwareentwicklung mit dem *Business Process Alignment* zunehmend die Ausrichtung an Geschäftsprozessen angestrebt (Sousa, 2009). Geschäftsprozessmodelle gewinnen deshalb auch bei der Anforderungserhebung und der Implementierung an Bedeutung.

Umbach und Metz (2006) grenzen Anwendungsfälle und Geschäftsprozesse mit Hilfe der Systemtheorie nach Luhmann (1984) voneinander ab. Anwendungsfälle beschreiben demnach die Systemgrenze und den Zweck eines Systems, also den Unterschied zwischen Umwelt und System. Auf die Softwareentwicklung übertragen entspricht dies der Erwartung der Umwelt an ein System. Geschäftsprozesse beschreiben dagegen ein System zu einem bestimmten Zeitpunkt und wie es seine internen Einzelteile dynamisch miteinander verknüpft hat, um die Anforderungen, die sich aus der Differenz zur Umwelt ergeben, zu erfüllen. Anwendungsfälle beschreiben also eher, *was* ein System erfüllen sollte und Geschäftsprozesse, *wie* dieses Ziel erreicht wird.

Geschäftsprozesse werden primär in natürlicher Sprache oder durch Flussdiagramme mit Ressourcenzuweisungen und Verzweigungen modelliert. In der Praxis sind heute mehrere Standards etabliert. Beispiele für semi-formale Notationen sind *Ereignisgesteuerte **P**rozess**k**ette (EPK)*, *XML **P**rocess **D**efinition **L**anguage (XPDL)* und BPMN, die auch als Anforderungsmodell in Frage kommen. Bei WS-BPEL handelt es sich um eine XML-basierte Sprache zur Spezifikation von konkreten Workflows. Da diese jedoch reine Web-Service-Kompositionen beschreiben, kommen als Anforderungsmodelle für benutzerzentrierte Anwendungen nicht in Frage.

Die Stärke von Geschäftsprozessmodellen liegt in der Modellierung von Aktivitäten und deren temporalen Abhängigkeiten. Sie haben eine wesentlich größere Ausdrucksstärke als Anwendungsfälle (vgl. Abb. 5.1) und können ein breites Spektrum an Workflow-Patterns (Russell u. a., 2006) abbilden. Von Nachteil ist jedoch der Fokus auf grobgranulare, betriebliche Anforderungen und streng vorgegebene Abläufe. Die Intention der Geschäftsprozessmodelle liegt darin, Aktivitäten als Dienste zu betrachten, die von einem anderen Unternehmen, einer Abteilung oder einer Rolle erbracht werden. Eine weitere Dekomposition der Anforderungen ist nicht vorgesehen. Zur Erledigung einer Aktivität vollzieht der Nutzer jedoch eine größeren Anzahl an kleineren Aufgaben mit unterschiedlichsten Pfaden. Deren Modellierung geht zu Lasten der Übersichtlichkeit.

Aufgabenmodelle

Aufgabenmodelle haben ihren Ursprung in der Arbeits- und Kognitionspsychologie (Card u. a., 1983). Sie stellen eine formale Repräsentation sowohl der statischen als auch dynamischen Aufgabenstruktur dar. Eine Aufgabe besteht aus einer auszuführenden Tätigkeit zum Umwandeln eines Ausgangszustands in einen Soll- oder Zielzustand, den physischen oder informationellen Arbeitsgegenständen, den Zielen, Ansprüchen, Fähigkeiten,

Kenntnissen und Fertigkeiten der ausführenden Person, den zu berücksichtigenden Ausführungsbedingungen (z. B. Sicherheitsvorschriften und Bedienregeln eines Arbeitsmittels) sowie den Kooperationspartnern.

Die Ansätze zur Aufgabenmodellierung wurden schließlich auf die Analyse und Spezifikation von Anwendungssoftware übertragen, um die Ziele des Benutzers und dessen Interaktion mit dem System zu erfassen (Limbourg und Vanderdonckt, 2003). Die Ziele der ***Human Computer Interaction (HCI)*** bestehen darin, durch die Berücksichtigung menschlicher Faktoren, die Arbeitsbeanspruchung des Menschen zu quantifizieren und Strategien zur Steigerung der Effektivität und Effizienz von Software zu entwickeln. Auf der Grundlage von Aufgabenmodellen entstanden schließlich auch modellgetriebene Entwicklungsmethoden, um Benutzeroberflächen möglichst optimal an die Aufgaben des Benutzers ausrichten zu können (vgl. MBUID in Abschnitt 3.2.2). Somit decken auch die Aufgabenmodelle eine breites Spektrum bezüglich des Abstraktionsgrads in Abb. 5.1 ab. Im Gegensatz zu den Geschäftsprozessmodellen eignen sie sich besser, um Zusammenhänge zwischen den Aktivitäten detaillierter zu beschreiben und können deshalb auch zur Verfeinerung von Aktivitäten in Geschäftsprozessen genutzt werden.

Das prominenteste Aufgabenmetamodell aus dem Bereich der HCI ist das bereits in Abschnitt 3.2.2 genannte CTT-Aufgabenmodell. Weitere Beispiele werden in Abschnitt 5.1.3 diskutiert. Ein Hauptmerkmal der Aufgabenmodelle und ihrer Notationen ist die hierarchische Dekomposition von Aufgaben. Damit eignen sie sich gut zur Erhebung und Spezifikation von Nutzeranforderungen. Nachteil aller bestehender Aufgabenmodelle ist jedoch ihr mangelnder Formalisierungsgrad, weshalb die Elemente der Benutzeroberfläche manuell ausgewählt werden müssen (vgl. Abschnitt 3.2.2).

Fazit

In Tab. 5.1 werden die einzelnen Anforderungsmodelle noch einmal tabellarisch gegenübergestellt. Zusammenfassend dienen Anwendungsfälle der Szenarienbeschreibung und der Grenzbildung eines Softwaresystems. Geschäftsprozessmodelle fokussieren betriebliche Abläufe und somit die Interaktion zwischen internen und externen Ressourcen. Aufgabenmodelle stellen den Benutzer und dessen Anforderungen in den Mittelpunkt. Somit unterscheiden sich auch ihr Anwendungsbereich, die Ausdrucksmittel und die Notationen. Besonders deutlich wird, dass Aufgabenmodelle sich im Gegensatz zu den anderen Modellen insbesondere auf die Dekomposition von Anforderungen und auf die Nutzerbedürfnisse fokussieren.

Die Aktivitäten einer einzelnen Person mit einem Computersystem betrachten nur die Aufgabenmodelle und können deshalb als eine Möglichkeit zur Verfeinerung von Aktivitäten eines Geschäftsprozesses angesehen werden (Kristiansen und Trætteberg, 2007; Paternò u. a., 2010). Sie besitzen eine niedrigere Granularität und eine stärkere Tendenz zum Entwurf. Dennoch können sie auch abstrakt genug definiert werden, um allgemeine Anforderungen, z. B. ausgehend von Geschäftsprozessen, abzubilden. Die konkrete Umsetzung der in Aufgabenmodellen definierten Anforderungen kann durch das Kompositionsmodell erfolgen, in dem Kenntnis über die zu integrierenden Komponenten erforderlich ist. Somit lässt sich feststellen, dass Aufgabenmodelle insgesamt am besten als Anforderungsmodell für Mashup-Anwendungen geeignet sind. Allerdings genügen bestehende Aufgabenmodelle nicht, um in einer formalen Spezifikation die Anforderungen so zu beschreiben, dass sie durch die maschinelle Unterstützung in eine Mashup-Kom-

	Anwendungsfälle	Geschäftsprozessmodelle	Aufgabenmodelle
Zielsetzung	Szenarienbeschreibung zur Unterstützung eines Akteurs durch ein System, Grenzbildung	Interaktion und Nutzung externer und interner Ressourcen zur Realisierung der Anforderungen	Ermittlung der Bedürfnisse und Beanspruchung von Nutzern, Verbesserung von Usability
Historie	Softwareentwicklung	Betriebswirtschaft	Psychologie, HCI, UCD
Perspektive	Wunsch eines Akteurs auf die Benutzung eines Systems von außen	Interne Sicht eines Systems, Gruppen- bzw. Systemsicht	Individuelle Sicht eines (menschlichen) Akteurs auf ein System
Anwendung	Modellierung der Außenbeziehung von Systemen, Unternehmen und Organisationseinheiten	Modellierung der Beziehung externer und interner Ressourcen, Prozessoptimierung und -automatisierung	Analyse der Benutzeranforderungen und kognitiven Leistung, modellbasierte UI-Entwicklung
Primäre Ausdrucksmittel	Anwendungsfälle mit Akteuren und Systemgrenzen, Abläufe, Vor- und Nachbedingungen	Flusssteuerung zwischen Ressourcen, Verzweigungen, Rollen und Steuerung der Interaktionen	Hierarchie von Aktivitäten, Aktionen und Operationen, Kontrollfluss
Notationen	UML-Use-Case-Diagramme und Textvorlagen	Flussdiagramme: EPK, UML Aktivitätsdiagramm, YAWL, BPMN	Baumdiagramme: HTA, CTT, K-MAD
Vorteile	- Verbreitung und Einfachheit - Werkzeugunterstützung	- Verbreitung - Werkzeugunterstützung	- Nutzerzentrierung - Dekomposition von Anforderungen
Nachteile	- nicht geeignet für Abläufe - nicht geeignet für Dekomposition - eingeschränkte semantische Klarheit (z. B. »extends«)	- nicht geeignet für Nutzer-Anforderungen - nicht geeignet für Dekomposition - teilweise eingeschränkte semantische Klarheit (Pool vs. Lane)	- Schwächen in der Domänenmodellierung (Daten und Rollen), - eingeschränkte semantische Klarheit (Daten und Aktionen)

Tab. 5.1: Vergleich von Anforderungsmodellen

position überführt werden können. Aus diesem Grund wird im folgenden Abschnitt ein semantisches Aufgabenmodell zur Unterstützung der in Kapitel 4 beschriebenen Entwicklungsmethode hergeleitet.

5.1.2 Anforderungen an das Aufgabenmodell

Die Anforderungen an das Aufgabenmodell ergeben sich aus den allgemeinen Anforderungen in Abschnitt 2.2 sowie aus den Untersuchungskriterien in Abschnitt 3.1. Sie bilden die Grundlage für die Bewertung bestehender Metamodelle und für die Konzeption des neuen Aufgabenmetamodells. Zunächst ist es erforderlich, dass die funktionalen Anforderungen zur Erstellung eines Dienstreiseantrags definiert werden können. Dazu zählen auch die Ein- und Ausgaben. Beispielsweise heißt die erste funktionale Anforderung »Antrag erstellen«, welche als Ausgabewert den »Reiseantrag« erzeugt.

A 5.1 **Aufgaben.** Das Aufgabenmodell muss die funktionalen Anforderungen an eine Mashup-Komposition beschreiben können. Die Aufgaben müssen durch Aktionen mit einer eindeutigen Semantik repräsentiert sein, um maschinell verarbeitet werden zu können. Lediglich zu Zwecken der Dokumentation und Anforderungsdekomposition können Aufgaben auf oberer Ebene weniger formal definiert sein.

A 5.2 **Ein- und Ausgaben.** Die in den Aufgaben notwendigen Daten müssen eine eindeutige Semantik aufweisen. Zu Zwecken der Dokumentation und Anforderungsdekomposition können Ein- und Ausgabedaten auf oberer Ebene weniger formal definiert sein.

Weiterhin ist es notwendig, die Anforderungen an eine Ausgabe dekomponieren zu können. Das bedeutet im Fall »Antrag erstellen«, dass beispielsweise die Eingabe von An- und Abreisedatum gefordert sind.

A 5.3 **Aufgabendekomposition.** Aufgaben müssen in Teilaufgaben zerlegt werden können, um die Anforderungsanalyse zu unterstützen und feingranularere Anforderungen zu erhalten.

In der Regel werden mehr als eine Aufgabe definiert. Das Aufgabenmodell muss die Beziehung der Aufgaben untereinander beschreiben können. Beispielsweise, dass erst das Anreisedatum und dann das Abreisedatum eingegeben werden soll. Schließlich könnte das Szenario auch erfordern, dass ein Zielort (z. B. ein Hotel) erst angegeben werden kann, wenn ein Anreisedatum definiert wurde. Aus diesem Grund müssen Bedingungen für die Aktivierung einer Ausgabe definiert werden können.

A 5.4 **Kontrollfluss.** Das Aufgabenmodell muss die temporalen Beziehungen zwischen den einzelnen Aufgaben beschreiben können. Dazu zählen sowohl Verzweigungen als auch Vereinigungen im Kontrollfluss. Dies erfordert die Angabe von Bedingungen, um den Kontrollfluss zu steuern. Hierzu muss ein eindeutiger Satz an Sprachmitteln zu Verfügung stehen.

Sind mindestens zwei Teilaufgaben zur Erledigung einer Ausgabe notwendig, so muss auch der Datenfluss zwischen diesen Aufgaben definiert werden können. Beispielsweise muss angegeben werden können, dass eine Hotelsuche anhand eines zuvor angegebenen Zielortes durchgeführt wird.

A 5.5 **Datenfluss.** Das Aufgabenmodell muss den Datenfluss beschreiben können, um den Austausch von Daten zwischen den Aufgaben abbilden zu können. Ausgaben von Aufgaben müssen auf die Eingaben anderer Aufgaben zugewiesen werden können.

In dem Anwendungsbeispiel zum Dienstreiseantrag im Abschnitt 2.2.1 wird der Antrag einem Vorgesetzten zur Prüfung vorgelegt. Aus diesem Grund muss das Aufgabenmodell die Rollenbeschreibung und die Zuordnung von Aufgaben ermöglichen.

A 5.6 **Rollenbeschreibung.** Das Aufgabenmodell muss die Beschreibung von Rollen ermöglichen, um Anforderungen an Berechtigungen und kollaborative Aufgaben abbilden zu können.

Neben funktionalen Anforderungen können auch nicht-funktionale Anforderungen relevant sein. Beispielsweise könnte gefordert sein, dass die Aufgabe *Antrag einreichen* nur im Intranet des Unternehmens möglich ist und somit der Nutzungskontext der Aufgabe vorgegeben ist.

A 5.7 **Nicht-funktionale Anforderungen.** Das Aufgabenmodell muss Möglichkeiten bieten, nicht-funktionalen Anforderungen, z. B. Qualitätsmerkmale und Kontextanforderungen, zu beschreiben.

Um der Anforderung nach dem Formalisierungsgrad nachzukommen, muss die Semantik der Aufgaben, der Ein- und Ausgabeparameter eindeutig definiert sein. Es ist erforderlich, dass Referenzen auf ein formales Domänenmodell spezifiziert werden können.

A 5.8 **Domänenmodell.** Zur Beschreibung von Aufgaben und Daten muss das Aufgabenmodell Referenzen auf ein Domänenmodell ermöglichen, um die semantische Klarheit der Aufgaben und Daten zu gewährleisten.

A 5.9 **Formalisierungsgrad.** Um die *Integration von Geschäftsprozessen (A 2.16)* und *Modellgetriebener Ansatz (A 2.8)* zu unterstützen muss das Aufgabenmodell einen entsprechenden Formalisierungsgrad erfüllen. Dies ermöglicht die maschinelle Weiterverarbeitung im Sinne der modellgetriebenen Entwicklung. Die Voraussetzung hierfür ist die Definition eines Metamodells in einer geeigneten Sprache (z. B. Ecore) und die semantische Klarheit der Bestandteile des Modells.

A 5.10 **Mapping von Geschäftsprozessmodellen.** Um die Anforderung nach *Integration von Geschäftsprozessen (A 2.16)* zu unterstützen, müssen für das Aufgabenmodell Transformationsregeln definiert werden können, die es ermöglichen Geschäftsprozessmodelle als Ausgangsartefakt in eine Aufgabenmodell zu überführen.

5.1.3 Aufgabenmodelle

Für die Modellierung von Aufgaben wurden in der Vergangenheit zahlreiche Metamodelle und Notationen vorgeschlagen. Diese unterscheiden sich im Wesentlichen durch ihren Formalisierungsgard und der graphischen Notation. Ausführliche Untersuchungen von Aufgabenmetamodellen wurden von Limbourg und Vanderdonckt (2003), Meixner und Görlich (2009) und Goschnick u. a. (2010) durchgeführt. Im Abschnitt 3.2.2 wurden bereits zwei Aufgabenmodelle genannt. An dieser Stelle sollen weitere Modelle kurz vorgestellt werden, um den Bedarf für ein neues Aufgabenmodell zu begründen.

Aufgabenmetamodelle im Überblick

Aus dem Bereich der Psychologie und Kognitionswissenschaft sind ***H**ierarchical **T**ask **A**nalysis (HTA)*, ***G**oals, **O**perators, **M**ethods, **S**election rules (GOMS)* und ***G**roupWare **T**ask **A**nalysis (GTA)* hervorgegangen. Die ***H**ierarchical **T**ask **A**nalysis (HTA)* ist einer der ersten Ansätze der Aufgabenmodellierung und stammt ursprünglich aus der Kognitionspsychologie. Annett und Duncan (1967) gehen davon aus, dass die hierarchische Strukturierung von Aufgaben zu einem besseren Verständnis der Gesamtaufgabe beitragen kann. ***G**oals, **O**perators, **M**ethods, **S**election rules (GOMS)* war der erste systematische Ansatz zur Analyse von Benutzeroberflächen (Card u. a., 1983). Es handelt sich dabei eher um ein kognitives Modell, um die menschliche Leistung bei der Interaktion mit einem System zu messen und vorherzusehen (Limbourg u. a., 2001). *Task **K**nowledge **S**tructure (TKS)* erweitert GOMS aufgrund der Annahme, dass der Mensch Vorgehensweisen bei der Aufgabenbewältigung im Laufe der Zeit adaptiert (Goschnick u. a., 2010). ***G**roupWare Task **A**nalysis (GTA)* hat das Ziel, die Komplexität von Aufgaben in kooperativen Umgebungen zu modellieren (van der Veer u. a., 1996). Basierend auf ***M**éthode **A**nalytique de **D**escription de tâches (MAD)*, MAD* und *Task **K**nowledge **S**tructure (TKS)* wurde *K-MAD* als eine Art Kernmodell für Aufgaben entwickelt (Caffiau u. a., 2010).

Beispiele für Aufgabenmodelle aus dem Bereich der HCI sind *CTT*, Diane+, TaskMODL und ANSI/CEA-2018. ***C**oncur**T**ask**T**rees (CTT)* soll die Modellierung interaktiver Systeme mit Hilfe einer einfachen Notation ermöglichen und basiert auf einer hierarchischen

Struktur sowie der Definition der Bearbeitungsreihenfolge anhand von Operatoren zwischen den Aufgaben einer Abstraktionsebene (Paterno u. a., 1997). Diane+ beinhaltet eine Methode mit der Notation Diane+H zur Aufgabenmodellierung wie sie in Werkzeugen, z. B. *TAMOT* (Lu u. a., 2002), verwendet wird (Goschnick u. a., 2010). TaskMODL ist ein prozessorientiertes Aufgabenmodell, das auf der Workflow-Sprache *Action Port Model (APM)* von Carlsen (1998) basiert (Trætteberg, 2002). ANSI/CEA-2018 umfasst sowohl eine Notation als auch eine Laufzeitumgebung (Rich, 2009). Ziel ist weniger die Unterstützung zur Designzeit, als die Spezifikation eines XML-Dokumentes, welches zur Laufzeit der Nutzerführung dient. OWL-T (Tran und Tsuji, 2007) ist eine semantischen Aufgabenmodell als Teil des SeTEF-Rahmenwerks (Tran und Tsuji, 2009). Im Rahmen des Web-Engineerings wurde das *WebTaskModel* vorgeschlagen (Bomsdorf, 2007). Auch gab es mit dem *Uniformed Task Model* und dem *ReTaMeta Model* Bestrebungen, die Menge an Aufgabenmodellen zu konsolidieren.

Einheitliches Aufgabenmodell

Als Ergebnis ihrer Untersuchung präsentieren Limbourg u. a. (2001) ein einheitliches Aufgabenmodell (»Uniformed Task Model«), welches die wesentlichen Merkmale zusammenfasst und deshalb auch in dieser Arbeit als Grundlage für das DEMISA-Aufgabenmodell dienen kann. Das Metamodell wird in Abb. 5.2 dargestellt. Die Aufgabe *(Task)* ist das zentrale und komposite Element. Elementare Aufgaben besitzen Aktionen *(Action)*, die wiederum Objekte *(Object)* manipulieren. Objekte können auf allen Ebenen der Aufgabenhierarchie definiert zu werden. Ebenso Rollen *(Role)*, die für eine Aufgabe verantwortlich sind, können jeder Aufgabe zugeordnet werden. Jede Aufgabe dient der Erreichung eines Ziels *(Goal)*, das sich wiederum in untergeordnete Ziele unterteilen lässt. Die zeitliche Abfolge der Aufgaben wird durch einen Operator *(Operator)* definiert. Schließlich besitzen Aufgaben, neben einem Namen und weiterer Informationen, Vor- und Nachbedingungen (*Pre-Condition* und *Post-Condition*).

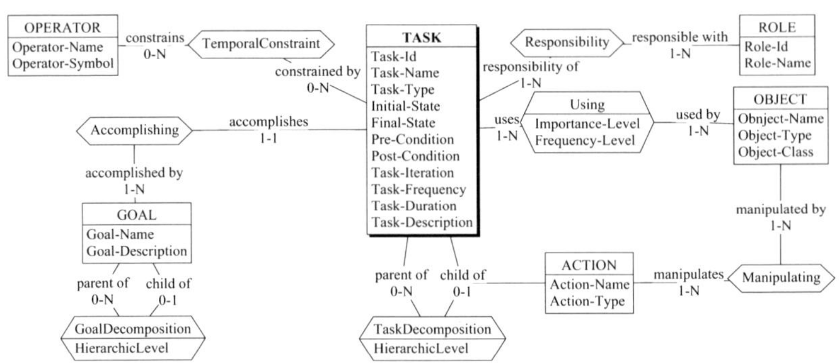

Abb. 5.2: »Uniformed Task Model« (Limbourg u. a., 2001)

Einerseits konsolidiert dieses Aufgabenmodell verschiedene Ansätze und hebt hervor, dass rein maschinelle Aktionen bzw. Low-Level-Aktionen nicht explizit abgebildet werden müssen. Abgesehen von der Zielmodellierung, entspricht dieses Modell weitestgehend CTT, das jedoch weiter verbreitet ist und über entsprechende Werkzeuge verfügt.

Schließlich handelt es sich um ein konzeptionelles Modell. Wie konkret der Abarbeitungsplan modelliert wird, bleibt offen. Es ist davon auszugehen, dass alle verfügbaren Operatoren, z. B. von CTT, abgebildet werden können. Auch gibt es hierfür keine Modellierungsumgebung oder eine verfügbare formale Notation.

Bewertung bestehender Aufgabenmodelle

Die Ergebnisse der Untersuchung hinsichtlich der in Abschnitt 5.1.2 definierten Anforderungen werden in Tab. 5.2 zusammengefasst, wobei ● die volle Unterstützung, ◑ die teilweise und ○ die mangelnde Unterstützung der genannten Anforderung repräsentiert. Die Ausdrucksstärke hängt meist vom angestrebten Beschreibungsziel ab. Beispielsweise besitzen die Vertreter aus dem Bereich der HCI die größte Ausdrucksstärke in Bezug auf die Modellierung von temporalen Beziehungen (z. B. CTT) und Rollenkonzepten (z. B. MAD). GTA bietet nur die Möglichkeit, die Struktur der Aufgaben (A 5.1) und der genutzten Objekte (A 5.2) zu formalisieren, während mehr auf die UI-Erstellung geprägte Methoden, wie z. B. *Diane+* und *ReTaMeta Model*, zusätzlich die zur Manipulation von Objekten benötigten Aktionen abbilden. Aufgabenmodelle mit dem Fokus auf die Evaluation von bestehenden Systemen, wie z. B. HTA, sind eher informal (A 5.9), während z. B. CTT oder Diane+, einen höheren Grad der Formalisierung aufweisen. Das Mapping von Geschäftsprozessen (A 5.10) wird lediglich für CTT und OWL-T erwähnt.

Anforderung	**HTA**	**GOMS**	**TKS**	**GTA**	**K-MAD**	**CTT**	**Diane+**	**TaskMODL**	**ANSI/CEA-2018**	**WebTaskModel**	**OWL-T**	**Uniformed Task Model**	**ReTaMetamodel**
Aufgaben (A 5.1)	●	●	●	●	●	●	●	●	●	●	●	●	●
Ein- und Ausgaben (A 5.2)	◑	◑	◑	◑	●	◑	◑	◑	●	◑	●	◑	●
Aufgabendekomposition (A 5.3)	●	●	●	●	●	●	●	●	●	●	●	●	●
Kontrollfluss (A 5.4)	◑	◑	◑	◑	◑	◑	◑	◑	◑	◑	◑	◑	◑
Datenfluss (A 5.5)	◑	○	○	○	●	○	○	○	○	○	○	○	○
Rollenbeschreibung (A 5.6)	◑	◑	◑	◑	◑	◑	◑	◑	◑	◑	◑	○	●
Nicht-funktionale Anforderungen (A 5.7)	○	◑	◑	◑	◑	◑	◑	◑	◑	◑	◑	◑	◑
Domänenmodell (A 5.8)	◑	○	○	○	●	○	○	○	○	○	●	○	○
Formalisierungsgrad (A 5.9)	○	◑	◑	◑	◑	◑	◑	◑	◑	◑	◑	○	◑
Mapping von Geschäftsprozessmodellen (A 5.10)	○	○	○	○	○	◑	○	○	○	○	◑	○	○

Tab. 5.2: Abdeckung der Anforderungen an das Aufgabenmodell

Fast alle Aufgabenmodelle unterstützen die Zerlegung von Aufgaben mittels einer Hierarchie (A 5.3), wobei die Verknüpfung von Aufgaben mittels Temporaloperatoren erfolgt, die den Kontrollfluss (A 5.4) beschreiben. Während bei CTT mehr als zehn Operatoren zu Verfügung stehen, werden z. B. bei GOMS, K-MAD und TaskMODL nur vier angegeben. Statt einer Vielzahl von Operatoren wird die Verwendung weniger Operatoren und die Verwendung von Vor- und Nachbedingungen als sinnvoller erachtet (Caffiau u. a., 2010). Hinsichtlich der Beziehung zwischen Benutzer und Aufgaben (A 5.6) gibt es große Unterschiede, da u. a. die bestehenden Konzepte (z. B. Agent, Akteur, Rolle oder Gruppe) mehrdeutig verwendet werden und die Rolle sowohl dazu dient, organisatorische Aspekte zu beschreiben als auch Verantwortlichkeiten bzw. Zuständigkeiten für Aufgaben darzustellen (Limbourg und Vanderdonckt, 2003; Bomsdorf und Sinnig, 2009). Eine Unterscheidung zwischen organisatorischer Gruppe und Rolle wird, außer bei *WebTaskModel*, nicht getroffen (Bomsdorf und Reitschuster, 2009). Während z. B. GTA im Rahmen der Domänenmodellierung (A 5.8) nur die mit einer Aufgabe verknüpften Objekte abbildet, bieten andere Notationen, wie z. B. CTT oder TKS, die Möglichkeit, ebenfalls Aktionen, die auf Basis der Objekte ausgeführt werden, abzubilden. Dies wird bei der Nutzung des Aufgabenmodells als Entwurfsartefakt für die Erstellung einer Anwendung bzw. UI als vorteilhafter bewertet (van Welie u. a., 1998). Weiterhin ist die Unterscheidung von abstrakten und konkreten Datenobjekten notwendig, um Schlussfolgerungen für die Benutzeroberfläche ziehen bzw. für die Simulation des Aufgabenmodells durchführen zu können (Caffiau u. a., 2010).

Insgesamt ist festzustellen, dass die meisten Aufgabenmodelle zwar die Struktur der Aufgaben formal beschreiben, allerdings die Domänen- und Datenmodellierung nur schwach ausgeprägt ist. In CTT werden lediglich Zeichenketten definiert, in K-MAD können noch Attribute und konkrete sowie abstrakte Datenobjekte angelegt werden. Allerdings mangelt es bei nahezu allen Aufgabenmodellen an einer Referenzierung auf einerseits elementare Datentypen und andererseits auf komplexe, nicht im Aufgabenmodell spezifizierte, Daten. Als einziges in dieser Hinsicht formales Aufgabenmodell steht *WebTaskModel* hervor, bei dem eine Beziehung zu einem separaten Domänenmodell besteht. Schließlich beschränkt sich aber die Definition der Aufgaben sowie der Aktionen auf die Angabe von Zeichenketten. Für einen komponentenbasierten und aufgabenorientierten Entwicklungsprozess ist es allerdings notwendig, den Bezug zwischen den definierten Aufgaben, Daten und den zu Verfügung stehenden Komponenten herzustellen. Dies ist mit den bisherigen Ansätzen nur durch eine manuelle Verfeinerung sowie einen manuellen Auswahlprozess möglich (A 2.8). Daher wird im Folgenden ein semantisches Aufgabenmodell vorgeschlagen, welches die formale Spezifikation von Anforderungen in Form von definierten Aktionen und Daten ermöglicht.

5.2 Semantisches Aufgabenmodell

Der Black-Box-Charakter von Mashup-Komponenten (Abschnitt 2.1.3) erlaubt nur die Betrachtung des Systemverhaltens und damit nur die Definition von Anforderungen hinsichtlich der Beziehungen zwischen Eingabe und Ausgabe sowie der erbrachten Funktionalität. In Abschnitt 5.1.1 wurde deutlich, dass insbesondere Aufgabenmodelle dazu geeignet sind, eben diese Sachverhalte aus einer nutzerbezogenen Sicht abzubilden. Da es jedoch an Formalität und semantischer Eindeutigkeit in bestehenden Aufgabenmodellen mangelt, wird im Folgenden das DEMISA-Aufgabenmodell als spezifisches Anforderungsmodell für UI-Mashups vorgestellt. Eine erste Version des Modells wurde in der Diplomarbeit von Blichmann (2011) beschrieben und zur Empfehlung von Mashup-Komponenten eingesetzt (Tietz u. a., 2011b). Das finale Aufgabenmodell dieser Arbeit wird in Abb. 5.3 in Form einer Ontologie grafisch dargestellt.

Durch das Black-Box-Prinzip ist der innere Aufbau einer Mashup-Komponente nicht bekannt, der deshalb nicht zur Bewertung der Anforderungserfüllung herangezogen werden kann. Dies reduziert ebenfalls die Komplexität der Anforderungsbeschreibung selbst und kommt der Vereinfachung der Anwendungsentwicklung zugute. Insofern steht im Anforderungsmodell die Definition der geforderten Schnittstellen, also der Eingaben und der Ausgaben im Vordergrund. Zusätzlich wird eine abstrakte Beschreibung der benötig-

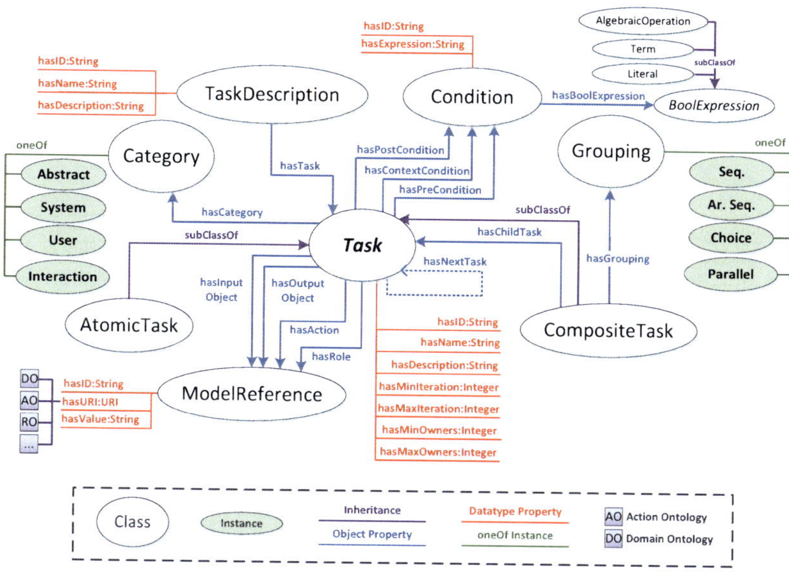

Abb. 5.3: Ontologie des DEMISA-Aufgabenmodells

ten Funktionalität unterstützt. Weiterhin werden die Abhängigkeiten zwischen den einzelnen Aufgaben sowie die Bedingungen für ihre Ausführung definiert. Im Folgenden werden die Konzepte des Aufgabenmodells sowie ihre Herleitung beschrieben.

5.2.1 Aufgabe und Aufgabenkategorie

Die grundlegende Struktur des hier vorgeschlagenen Aufgabenmodells ist konform mit den meisten zuvor beschriebenen Aufgabenmodellen. Das zentrale Element bildet die Aufgabe *(Task)*. Sie repräsentiert eine Anforderung und besitzt eine Identifikationsnummer *(hasID)*, einen Namen *(hasName)* und eine informelle Beschreibungen *(hasDescription)*. Weiterhin definiert sie die erwarteten Ein- *(hasInput)* und Ausgaben *(hasOutput)* sowie die Aktionen, die zur Transformation der Daten bzw. des Systemzustands führen.

Ebenfalls konform zu bestehenden Aufgabenmodellen ist die Aufgabenkategorie, die durch das Konzept *Category* repräsentiert wird. Falls eine Aufgabe eine Interaktion zwischen dem Benutzer und der Anwendung erfordert, lautet der Aufgabentyp *Interaction*. Falls eine Aufgabe ausschließlich durch die Anwendung bzw. durch den Nutzer erledigt werden soll, ist die Aufgabe vom Typ *System* bzw. *User*. Falls keine eindeutige Zuordnung möglich ist, wird die Aufgabe mit *Abstract* beschrieben. Dies ist beispielsweise auch möglich, wenn die Teilaufgaben einer Aufgabe unterschiedliche Kategorien repräsentieren. Die Bedeutung der Aufgabenkategorie besteht einerseits in der Unterstützung der Anforderungsanalyse. So kann festgelegt werden, welche Aufgaben nicht von der Anwendung unterstützt werden müssen und wofür der Nutzer selbst verantwortlich ist. Andererseits ermöglicht die Kategorisierung auch die Vereinfachung der Komponentensuche, indem beispielsweise für Interaktionsaufgaben UI-Komponenten und für Systemaufgaben ausschließlich Komponenten ohne UI benötigt werden.

5.2.2 Aufgabendekomposition

Die Dekomposition von Aufgaben wird in bestehenden Ansätzen unterschiedlich realisiert. Während z. B. Diane+ oder das ReTaMetamodell keine explizite Hierarchisierung von Aufgaben vornehmen, benennt z. B. OWL-T gleich vier Arten von Aufgabentypen (*Atomic*, *Composite*, *Simple* und *Complex*). Für das DEMISA-Aufgabenmodell wird als Grundlage der Dekompositionsebenen die Aktivitätstheorie nach Leontiev (1978) herangezogen. Die *Aktivitätstheorie* ist eine psychologische Theorie zur Erklärung des Denkens und Handelns des Menschen im Kontext seiner Umgebung sowie der durch die Nutzung von Werkzeugen bestehenden Wechselwirkungen, wobei das Handeln in die hierarchischen Abstraktionsebenen *Aktivität*, *Aktion* und *Operation* gegliedert wird. Tab. 5.3 zeigt dies anhand von Beispielen.

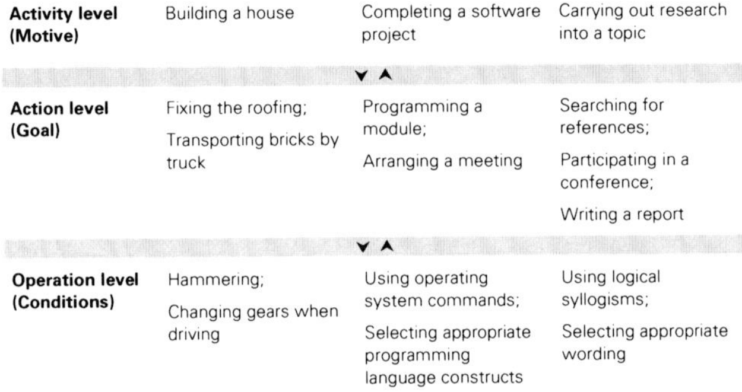

Activity level (Motive)	Building a house	Completing a software project	Carrying out research into a topic
Action level (Goal)	Fixing the roofing; Transporting bricks by truck	Programming a module; Arranging a meeting	Searching for references; Participating in a conference; Writing a report
Operation level (Conditions)	Hammering; Changing gears when driving	Using operating system commands; Selecting appropriate programming language constructs	Using logical syllogisms; Selecting appropriate wording

Tab. 5.3: Ebenen der Aktivitätstheorie nach Kuutti (1995)

Aktivitäten sind reich an Semantik und bilden die höchste Abstraktionsebene. Sie sind domänenabhängig und besitzen ein Motiv (Warum ist etwas zu tun?). Aktionen besitzen eine schwache Semantik und sind eher domänenunabhängig. Sie sind den Zielen zugeordnet (Was ist zu tun?) und bestehen wiederum aus Operationen. Operationen entsprechen den instrumentellen Bedingungen, unter denen sie ausgeführt werden (Wie ist etwas zu tun?). Kaptelinin (1996) stellen die Bedeutung der Aktivitätstheorie für die HCI heraus. Die drei Ebenen der menschlichen Handlung bedeuten im Kontext der HCI, dass komposite Aufgaben den Aktivitäten entsprechen und nur elementare Aufgaben kontextunabhängige Aktionen besitzen, die wiederum aus Operationen (im Sinne der HCI sind dies z. B. Interaktionen mit der Maus oder Tastatur) bestehen.

Die Ebene der Aktivitäten wird durch die Geschäftsprozesse repräsentiert. Aber auch das Aufgabenmodell setzt an dieser Ebene an und ermöglicht darüber hinaus die Untergliederung in weitere Aktivitäten (in diesem Fall Aufgaben), die aus Prozesssicht als nicht mehr zerlegbar definiert werden. Das Aufgabenmodell unterscheidet, ähnlich zu OWL-T, komposite Aufgaben *(CompositeTask)* und atomare Aufgaben *(AtomicTask)*. Mit *hasChildTask* können einer *CompositeTask* untergeordnete Aufgaben zugeordnet werden. Ein *AtomicTask* bildet den Blattknoten des Aufgabenbaumes und besitzt keine Kindelemente. Die Ebene der Aktionen wird schließlich im Aufgabenmodell durch *Actions* repräsentiert. Operationen spielen im Aufgabenmodell dagegen keine Rolle, da sie die konkrete Interaktion, z. B. das Klicken eines Nutzers auf der Benutzeroberfläche, repräsentieren und damit der Aufgabenbeschreibung nicht relevant sind. Das Aufgabenmodell spezifiziert die plattform- sowie modalitätsunabhängige Anforderungen an die Mashup-Anwendung.

Sowohl *Composite Task* als auch *Atomic Task* sind konkrete Subklassen der abstrakten Klasse *Task*. Damit enthalten beide die Attribute *ID*, *name*, *description* sowie die Kategorisierung mittels *Category*. Eine Aufgabenbeschreibung muss mindestens aus einer *Atomic Task* bestehen, kann aber auch eine beliebige Kombination aus *Composite* und *Atomic Task* darstellen. *Composite Tasks* müssen wiederum selbst mindestens zwei Kindelemente besitzen, wobei dies eine beliebige Reihe von *Atomic* und *Composite Tasks* sein kann. *Atomic Tasks* haben keine Kindelemente.

5.2.3 Datenobjekte

Eine Aufgabe ist dadurch charakterisiert, dass sie Eingabedaten in Ausgabedaten überführt und damit eine gewünschte Funktionalität erfüllt. Übertragen auf eine Mashup-Anwendung oder -Komponente bedeutet das die Veränderung von Daten. Mashup-Komponenten nehmen hierfür Daten über Operationen entgegen und geben sie über Ereignisse aus. Dies wird auf die Aufgabenmodellierung übertragen, indem jede Aufgabe ebenfalls mit Ein- und Ausgabedaten spezifiziert werden kann. Dies geschieht mit *hasInputObject* und *hasOutputObject*. Andere Ansätze zur Aufgabenmodellierung sehen nicht unbedingt die strikte Trennung von Ein- und Ausgabedaten vor, sondern unterstützen nur die Angabe von in den Aufgaben zugegriffen Daten (Kritikos und Paternò, 2010).

Während die meisten Aufgabenmodelle keine formale Definition von Daten ermöglichen, sind im DEMISA-Aufgabenmodell Referenzen auf Domänenontologien für Ein- und Ausgabeobjekte vorgesehen. Damit ist auch eine vom Aufgabenmodell unabhängige Datenmodellierung möglich. Jede Referenz auf ein Datenobjekt kann ergänzt werden durch einen eindeutigen Identifikator. Damit wird ein abstraktes Datenobjekt zu einem konkreten Objekt, auf das in anderen Aufgaben zugegriffen werden kann. Hierdurch ist es schließlich möglich, den Datenfluss innerhalb des Aufgabenmodells zu modellieren. Eine für das Beispielszenario mögliche Klassifikation wird im Anhang in Abb. A.1 dargestellt. Beispielsweise gibt es hier die Konzepte »Route« und »Location«, die im Rahmen der Aufgabenmodellierung verwendet werden können.

5.2.4 Aufgabenfluss

Zur Beschreibung des Kontrollflusses werden in den meisten Aufgabenmodellen Operatoren verwendet, welche die Aufgaben in eine zeitliche Beziehung setzen. Beispielsweise nutzt CTT neun Operatoren, die neben Parallelität auch die Deaktivierung, und Rekursion von Aufgaben beinhaltet (Paternò u. a., 2008). Ihre Notwendigkeit und Allgemeingültigkeit ist jedoch umstritten. Von Sinnig u. a. (2010) werden z. B. weitere Operatoren für die CTT-Notation vorgeschlagen. Um eine eindeutige Semantik des Aufgabenflusses sicherzustellen, wird nach dem Vorbild von WebTaskModel und K-MAD die Reihenfolge der Aufgaben durch das *Grouping* im Elternelement festgelegt. Beschränkt wird die Anzahl der Operatoren auf die in Geschäftsprozessmodellen typischen Kontrollflussstrukturen Sequenz *(Sequence)*, beliebige Sequenz *(Arbitrary Sequence)*, Auswahl *(Choice)* und Parallelität *(Parallel)*. Der Kontrollfluss kann durch Vor- und Nachbedingungen ergänzt werden, welche im nächsten Abschnitt erläutert werden.

Die Reihenfolge der Aufgaben wird durch eine sequentielle Identifikationsnummer in Relation zu den benachbarten Aufgaben beschrieben. Um die Optionalität sowie Iteration von Aufgaben zu beschreiben, können jeder Aufgabe die Mindest- und Höchstanzahl von Wiederholungen angegeben werden. So wird es auch in den meisten Aufgabenmodellen,

z. B. in GTA, Diane+ und WebTaskModel repräsentiert. Die Mindestanzahl ist standardmäßig Eins, die Höchstanzahl ist unbegrenzt. Um eine optionale Aufgabe zu definieren, wird die Mindestanzahl der Wiederholungen auf Null gesetzt.

5.2.5 Bedingungen und Kontext

Um den Kontrollfluss zu steuern, können in den Aufgaben drei Arten von Bedingungen angegeben werden: Vor-, Nach- und Kontextbedingungen. Diese werden durch *hasPreCondition*, *hasPostCondition* und *hasContextCondition* repräsentiert. Die Vorbedingung muss erfüllt sein, bevor die Aufgabe ausgeführt werden kann. Beispielsweise kann es erforderlich sein, dass ein bestimmtes Datum (z. B. der Zielort einer Reise) vorhanden ist. Die Nachbedingung gibt an, wann eine Aufgabe als erfüllt angesehen wird. Beispielsweise kann eine Aufgabe »Hotel auswählen« erfüllt sein, wenn ein Hotel ausgewählt worden ist. Die Kontextbedingung muss erfüllt sein, während die Aufgabe erledigt wird. Um Bedingungen zu beschreiben, ist es möglich, relationale und logische Terme anzugeben, die wiederum ineinander verschachtelt werden können. Als Relationen stehen *Equals*, *Greater*, *GreaterEqual*, *Less* und *LessEqual* sowie *IsA* zu Verfügung. Als logische Operatoren können *And*, *IsEmpty*, *Not*, *Or*, *Xor* und *isNull* verwendet werden.

Welche Klassifikation zur Modellierung von Kontextbedingungen verwendet wird, gibt weder das Aufgabenmodell noch der Entwicklungsprozess vor. Beispielsweise kann bezüglich der Zielplattform die *W3C **D**elivery **C**ontext **O**ntology (DCO)* von Lewis und Fonseca (2008) herangezogen werden. So kann beispielsweise ausgedrückt werden, dass ein bestimmtes Endgerät oder eine Internetverbindung vorhanden sein muss, um die Aufgabe erfüllen zu können. Eine weitere Kontextbedingung kann auch eine Rollenzuweisung sein, um einerseits kooperative Aufgaben und andererseits Berechtigungen bzw. Zuständigkeiten beschreiben zu können. Rollen werden durch eine eigene Klassifikation repräsentiert. Aufgaben können mehrere oder auch keine Rollen zugewiesen bekommen. Damit deckt das Aufgabenmodell ein breites Spektrum an der Modellierung von Bedingungen auf der Grundlage von Domänenontologien, die so in anderen Aufgabenmodellen nicht gegeben ist.

5.2.6 Aktionen

Die bisherigen Beschreibungsmittel genügen nicht, um zu spezifizieren *was* in einer Aufgaben geschehen soll, um die gewünschte Transformation oder Änderung des Systemzustands zu erreichen. Dies wird in Aufgabenmodellen durch Aktionen repräsentiert. Nach der Aktivitätstheorie sind Aktionen nicht mehr zerlegbare Tätigkeiten in einer fachlichen Anwendungsdomäne. Der Mausklick auf dem Bildschirm ist somit keine Aktion, sondern eher eine Interaktion mit der Benutzeroberfläche. Die Aktion bezeichnet eher die Intention eines Benutzers, wenn er z. B. einen Mausklick durchführt. Dies kann die Auswahl eines Objekts bedeuten.

► **Aktion.** Eine Aktion ist eine nicht mehr zerlegbare Aktivität und definiert durch die Verarbeitung von Domänenobjekten, wie das Ziel einer Aufgabe erreicht werden kann.

Neben der mangelnden Semantik der Daten können auch diese Aktionen in bestehenden Ansätzen (z. B. auch im SeTEF-Rahmenwerk) nicht näher spezifiziert werden. Das DEMISA-Aufgabenmodell geht einen Schritt weiter und ermöglicht die Annotation von Aktionen mit einer erweiterbaren Ontologie durch die Relation *(hasAction)*. Zur Unterstützung der Anforderungsanalyse sowie der Annotation von Mashup-Komponenten wird in dieser Arbeit eine Klassifikation von elementaren Aktionen vorgeschlagen. Einige Vertreter, z. B. K-MAD und useML, schränken Aktionen auf einen bestimmten Satz ein, um eine eindeutige Semantik von elementaren Aktionen zu erzielen. Diese werden ebenfalls aufgegriffen und konsolidiert.

Die Action-Klassifikation dient zur Spezifikation, *was* in einer Aufgabe bzw. in einer Mashup-Komponente durchgeführt wird. Das heißt, die Ontologie soll sowohl Domänenexperten als auch Komponentenentwickler in der Wahl und Beschreibung der Aktionen unterstützen. Weiterhin dient sie dem einfacheren Matching von Aufgaben und Komponenten sowie der Komponentenschnittstellen. Die Ontologie soll hierfür die Grundlage für ein gemeinsames Vokabular bilden, jedoch nicht alle Aktionen der Realität abbilden. Sie soll Aufschluss über die Beziehung und Ähnlichkeit von Aktionen geben sowie die Zuordnung zu den Schnittstellen eines Systems (Eingaben, Ausgaben und Transformation) ermöglichen. Im einfachsten Fall gilt es zu klären, ob eine Aktion eine Eingabe, eine Ausgabe oder beides erfordert.

Für die Entwicklung einer ersten Action-Ontologie wurden u. a. von John (2011) Aktionen in Quellen vornehmlich aus dem Bereich der HCI und der Aufgabenmodellierung identifiziert und klassifiziert. Dazu gehören z. B. Limbourg und Vanderdonckt (2003), Avouris u. a. (2004), Baron und Scapin (2006), Tarţa (2006), Schlegel (2009) und Meixner u. a. (2011b). Weiterhin nennen Autoren aus dem Bereich der Informationsvisualisierung Ansätze zur Klassifikation von Aktionen, die an dieser Stelle mit einbezogen wurden. Dazu zählen Wehrend und Lewis (1990), Springmeyer u. a. (1992), Zhou und Feiner (1998), Amar u. a. (2005), Gotz und Zhou (2009) und Voigt und Polowinski (2011). In den genannten Quellen wurden 132 Begriffe identifiziert und hinsichtlich ihrer Semantik untersucht. Diese werden im Anhang in Tab. A.1 mit ihrer Bedeutung und Quelle komplett aufgelistet. Die Häufigkeit ihres Auftretens in bestehenden Klassifikationen deuten darauf hin, ob sie in verschiedenen Szenarien und Anwendungsdomänen relevant sind und somit allgemeingültig sind. Beispielsweise tauchen *Create* und *Delete* zzgl. einiger Synonyme mindestens drei Mal auf, während *Characterize Distribution* oder *Accurate Value Lookup* nur einmal erwähnt werden.

Zur Strukturierung der identifizierten Aktionen dient ebenfalls die Systemtheorie. Aktionen werden hier als Mittel interpretiert, die dazu dienen, Daten in das System zu überführen, sie zu transformieren oder auszugeben. Aus diesem Grund bilden die Konzepte *Input*, *Transform* und *Output* die Schlüsselkonzepte der Klassifikation. Die Art des Systems wird schließlich im Aufgabenmodell durch die Aufgabenkategorie definiert und kann sowohl eine Anwendung bzw. eine Komponente, ein Nutzer oder die Kombination aus beiden sein. Die Klassifikation wird auszugsweise in Tab. 5.4 zusammengefasst wird. Die gesamte Ontologie findet sich im Quelltext A.1.

1. Ebene	2. Ebene	Semantik	Synonyme
Input		Aufnahme von Daten durch ein System, z. B. in dessen Arbeitsspeicher.	
	Create	Erzeugen bzw. Erstellen von Daten.	Produce, Generate
	Import	Importieren von Daten. Weitere Subklassen: Load, Download, Retrieve	
	Perceive	Wahrnehmen von Daten. Weitere Subklassen: Hear, Read, Scan	
	Restore	Wiederherstellung von Daten.	Rebuild, Recover, Undelete

1. Ebene	2. Ebene	Semantik	Synonyme
	Submit	Eingeben von Daten.	
Transform		Transformation von Daten durch ein System.	
	Calculate	Nicht-invasive Berechnung. Weitere Subklassen: Cluster, Compare, Correlate, Rank, Filter, Search, Sort	Identify, Determine, Distinguish, Estimate, Locate, Query, Selection
	Execute	Ausführen einer Funktion.	Control, Make
	Manipulate	Invasive Änderung von Daten. Weitere Subklassen: Add, Copy, Delete, Extract, Merge, Move, Split, Update	Edit, Modify, Insert, Remove, Replace, Set
Output		Ausgabe von Daten eines Systems an die Umwelt.	
	Select	Auswählen von Daten.	Choose
	Distribute	Verteilen von Daten.	Inform, Send
	Export	Exportieren von Daten.	Save as
	Express	Ausdrücken von Daten. Weitere Subklassen: Speak, Write	Encode, Generate, Respond
	Save	Persistierung von Daten eines Systems.	Persist
	Visualize	Grafische Darstellung von Daten. Weitere Subklassen: VisualizeBrush, VisualizeCompare, VisualizeGroup, VisualizeMerge, VisualizeNavigate, VisualizeOverview, VisualizePan, VisualizeRank, VisualizeSplit, VisualizeZoom	Emphasize, Reveal

Tab. 5.4: Klassifikation von Aktionen

Aktionen zur Eingabe *(Input)* dienen der Aufnahme und Erzeugung von Daten die sich im internen Speicher des Systems manifestieren. Deshalb werden hier alle Aktion zusammengefasst, die Daten erzeugen, importieren, wahrnehmen, wiederherstellen oder eingeben. Aktionen zur Transformation *(Transformation)* beschreiben einen Umwandlungsprozess. Hierbei wird in invasive Datentransformation *(Manipulate)* und nicht-invasive Datenberechnung *(Calculate)* unterschieden. Die Aktion *Execute* dient als generischer Repräsentant für einen beliebigen Funktionsaufruf. Schließlich beinhalten Aktionen zur Ausgabe *(Output)* alle Aktionen, die Daten aus dem System in die Umwelt abgegeben werden. Dies schließt Aktionen zur Speicherung *(Save)*, Verteilung *(Distribute)* und Visualisierung *(Visualize)* ein.

5.3 Mapping von Geschäftsprozessmodellen

Aufgrund der Anforderung *Mapping von Geschäftsprozessmodellen (A 5.10)* muss sich das Aufgabenmodell aus bestehenden Geschäftsprozessmodellen ableiten lassen. Das Mapping kann anhand der Sprachelemente einer Modellierungssprache wie z. B. BPMN definiert werden. Tab. 5.5 zeigt deren wichtigsten Elemente und ihr Mapping auf das Aufgabenmodell. Die Aktivitäten lassen sich beispielsweise direkt als Aufgabe interpretieren, mit all ihren Eigenschaften bezüglich des Typs, ihres Namens usw. Der in BPMN modellierte Kontrollfluss kann durch das Grouping-Attribut repräsentiert werden. Hierbei muss jedoch beachtet werden, dass die Verzweigungen in der Prozessmodellierungssprache ausgeglichen sind, da im Aufgabenmodell für jede Verzweigung eine übergeordnete Aufgabe erstellt wird. Diese kann als Synchronisierungsaufgabe verstanden werden, die nebenläufige Prozesse vereint. In BPMN besteht allerdings keine Pflicht für jede Verzweigung auch eine Vereinigung zu modellieren. Datenobjekte werden mit Hilfe der Modellreferenzen modelliert. Iterative Aktivitäten lassen sich ebenfalls leicht durch das Aufgabenmodell mit Hilfe des Attributs *hasMaxIterations* repräsentieren. Optionalität kann mit *hasMinIterations = 0* ausgedrückt werden.

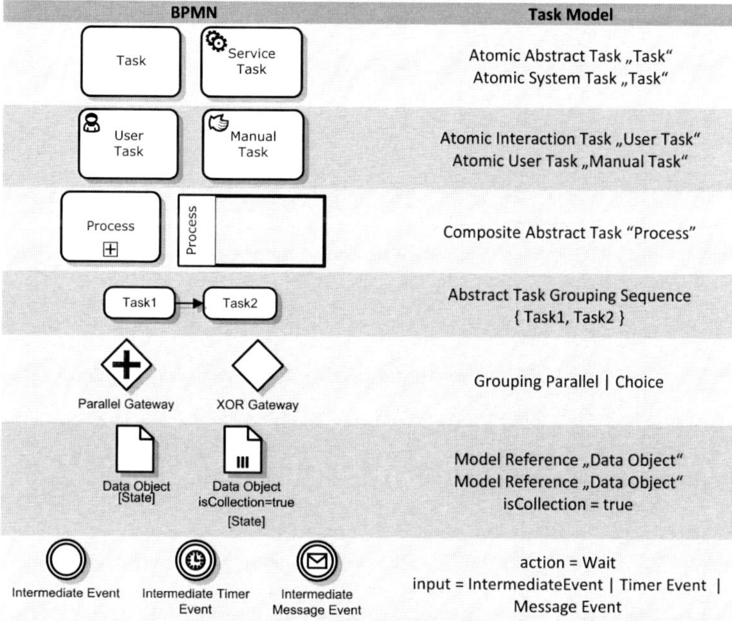

BPMN
Task Model
Task
Service Task
Atomic Abstract Task „Task“
Atomic System Task „Task“
User Task
Manual Task
Atomic Interaction Task „User Task“
Atomic User Task „Manual Task“
Process
Process
Composite Abstract Task “Process”
Task1
Task2
Abstract Task Grouping Sequence
{ Task1, Task2 }
Parallel Gateway
XOR Gateway
Grouping Parallel | Choice
Data Object [State]
Data Object isCollection=true [State]
Model Reference „Data Object“
Model Reference „Data Object“
isCollection = true
Intermediate Event
Intermediate Timer Event
Intermediate Message Event
action = Wait
input = IntermediateEvent | Timer Event | Message Event

Tab. 5.5: Mapping von BPMN auf das Aufgabenmodell

BPMN bietet noch wesentlich mehr Sprachkonstrukte, z. B. für Ausnahmen und Transaktionen. Hierfür bietet das Aufgabenmodell keine expliziten Sprachkonstrukte an, jedoch können diese durch spezielle Aktionen repräsentiert werden. In der Laufzeitumgebung müssen diese ohnehin durch dedizierte Komponenten repräsentiert werden. Gibt es beispielsweise eine Aktivität »Antrag einreichen«, so muss die realisierende Komponente dafür sorgen, dass ein Antrag vom Mitarbeiter zum Vorgesetzten übertragen wird. Im Aufgabenmodell wird dies durch eine Aktion *Send* bzw. *Receive* repräsentiert. Gleiches gilt für BPMN-Ereignisse, welche indirekt durch Aktionen und ihren Objekten modelliert werden können. Wenn ein Datenobjekt mit einer Aktivität verknüpft ist, wird es nach Typ als Ein- oder Ausgabeobjekt im Aufgabenmodell repräsentiert.

Schließlich gilt noch eine Festlegung bezüglich der *Lanes*. Da hierbei Aktivitäten für verschiedene Rollen bzw. Zuständigkeiten modelliert werden, sollte dies durch jeweils eigenständige Aufgabenmodelle repräsentiert werden. Sofern nichts anderes spezifiziert wurde, werden diese jedoch einfach als komposite Aufgaben repräsentiert. Jedenfalls verbirgt sich hinter einer *Lane*, eine Rollenzuweisung, die beispielsweise durch eine Rollenbezeichnung im Aufgabenmodell repräsentiert werden kann.

Das erste Konzept für das Mapping von BPMN-Modellen zu DEMISA-Aufgabenmodelle wurde von Gerhardt (2011) erarbeitet. Um das Mapping unabhängig von einer Modellierungssprache zu definieren, wurden dort die Workflow-Patterns von Russell und van der

Aalst (2007) zur Beschreibung von Abbildungen herangezogen. Weiterhin können damit die einzelnen Kombinationsmöglichkeiten der Sprachelemente abgedeckt werden. Abb. 5.4 zeigt ein Beispiel einer Mapping-Definition anhand der Kontrollflussmuster *Sequence (WCP-1)*, *Split (WCP-2)*, *Synchronization (WCP-3)*. Diese repräsentieren eine Sequenz, eine Verzweigung und eine Vereinigung in einem Geschäftsprozess. Für das Aufgabenmodell ergibt anschließend das folgende Bild. Wie bereits erwähnt werden Sequenzen und Verzweigungen jeweils durch eine übergeordnete Aufgabe gruppiert. In diesem Fall sind das $T1$ und $T2$ mit dem *Grouping*-Attribut *SEQ* und *PAR*. Die Aktivitäten $A1$ bis $A4$ werden in die Aufgaben $A1'$ bis $A4'$ übertragen.

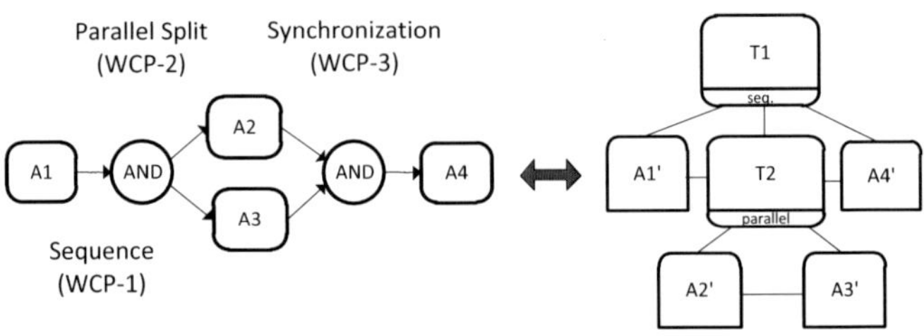

Abb. 5.4: Mapping WCP-1, WCP-2 und WCP-3 (Tietz u. a., 2011c)

5.4 Zusammenfassung

In diesem Kapitel wurde ein Aufgabenmodell als Anforderungsmodell für Mashup-Anwendungen erarbeitet. Hierzu wurden zunächst in Abschnitt 5.1.1 Aufgabenmodelle von Anwendungsfällen und Geschäftsprozessmodellen abgegrenzt sowie die Anforderungen an ein Aufgabenmodell in Abschnitt 5.1.2 spezifiziert. Durch die Untersuchung bestehender Aufgabenmodelle wurden deren Defizite identifiziert und in Abschnitt 5.2 ein erweitertes Modell für die in dieser Arbeit beschriebene Entwicklungsmethode vorgeschlagen. Somit beinhaltet es bewährte Modellbestandteile von bestehenden Aufgabenmodellen als auch Erweiterungen hinsichtlich der Semantik von Aktionen, Datenobjekten und Bedingungen, die für eine semi-automatische Komposition benötigt werden. Weiterhin dient es als Brücke zwischen Geschäftsprozessmodellen und Mashup-Komponenten bzw. der Hierarchie einer Mashup-Komposition; ein Mapping zwischen diesen wurde ebenfalls in Abschnitt 5.3 beschrieben. Damit erfüllt das DEMISA-Aufgabenmodell alle in Abschnitt 5.1.2 genannten Anforderungen und alle Punkte in Tab. 5.2. Somit stellt das Aufgabenmodell eine wissenschaftliche Neuerung dar und es leistet einen Beitrag für die in dieser Arbeit genannten Herausforderungen. Es dient in den folgenden Kapiteln als Grundlage für die Bewertung von Komponenten und die Herleitung eines Kompositionsmodells.

6 Aufgabenbasierte Mashup-Komposition

Dieses Kapitel widmet sich der Komposition von Mashups ausgehend von dem in Kapitel 5 beschriebenen aufgabenbasierten Anforderungsmodell. Dies umfasst sowohl die Suche nach geeigneten Komponenten als auch die modellbasierte Überführung der Anforderungen in ein Kompositionsmodell. Zu Beginn werden die Anforderungen an die hierfür benötigten Konzepte der Komponentenbeschreibung, Komponentensuche und Komposition genannt. Einige der genannten Anforderungen, z. B. die modellbasierte Komposition von Mashups werden insbesondere durch CRUISe (Pietschmann, 2012) abgedeckt, das deshalb als Ausgangspunkt für die aufgabenbasierte Komposition dient.

6.1 Anforderungen an die aufgabenbasierte Komposition

Die aufgabenbasierte Komposition setzt einen universellen und modellbasierten Kompositionsansatz sowie die semantische Beschreibung von Daten und Funktionen voraus. Weiterhin gibt es spezifische Anforderungen, die für die Realisierung einer aufgabenbasierte Komposition erforderlich sind. Im Folgenden werden die Anforderungen an die Komponentenbeschreibung, die Komponentensuche und die Komposition genannt.

6.1.1 Anforderungen an die Komponentenbeschreibung

A 6.1 **Universelles Komponentenmodell.** UI-Machups sollen Domänenexperten bei der Erledigung ihrer betrieblichen Aufgaben unterstützen. Da hierbei Interaktionen sowohl mit der Benutzerschnittstelle als auch mit beliebigen Web-Ressourcen notwendig sind, muss der Kompositionsansatz über die Integration rein funktionaler Dienste hinausgehen. Mashup-Komponenten müssen durch ein universelles Komponentenmodell repräsentiert werden, wie es beispielsweise von Daniel u. a. (2009) vorgeschlagen wird.

A 6.2 **Semantische Beschreibung.** Zur aufgabenbasierten Suche und Integration von Komponenten ist eine generische und formale Beschreibung sowohl der Schnittstellen als auch der damit verbundenen Funktionen notwendig. Eine Typisierung der Parameter mit rein syntaktischen Datentypen reicht nicht aus. Deshalb ist eine semantische Auszeichnung der Parameter und der Funktionalität sowohl der Komponentenbestandteile als auch der gesamten Komponente notwendig.

A 6.3 **Bezug und Quelle von Funktionalität.** Für ein Mapping anhand der verschiedenen Aufgabentypen ist es erforderlich, aus der Komponentenbeschreibung die Bezüge zwischen Ereignissen und Operationen, d. h. zwischen Ein- und Ausgaben, feststellen zu können. Auch ist es notwendig zu ermitteln, ob eine Funktionalität vom System bzw. der Komponente oder mit Hilfe einer Benutzerinteraktion erbracht wird.

A 6.4 **Nicht-funktionale Semantik.** Um Komponenten auch anhand von nicht-funktionalen Anforderungen im Anforderungsmodell zu finden, müssen in der Komponentenbeschreibung die nicht-funktionalen Merkmale einer Komponente geeignet beschrieben werden. Auch hier ist es notwendig, dies über eine Klassifikation nicht-funktionaler Eigenschaften zu ermöglichen, um ein einheitliches Vokabular und semantische Eindeutigkeit zu gewährleisten.

6.1.2 Anforderungen an die Komponentensuche

A 6.5 **Semantische Suche.** Für das Finden von geeigneten Komponenten muss eine semantikbasierte Suche anhand der funktionalen und nicht-funktionalen Anforderungen möglich sein. Dies erfordert auch die Verwaltung von Komponentenbeschreibungen in einem zentralen Register und die Anwendung semantischer Matching-Verfahren.

A 6.6 **Aufgabenbasierte Suche.** Es muss möglich sein, Anfragen bezüglich der Aufgabensemantik zu stellen. Komponenten müssen hinsichtlich ihrer Eignung zur Lösung einer oder mehrerer Aufgaben bewertet werden können. Auch müssen Komponenten geliefert werden, die Teile von Aufgaben erfüllen.

A 6.7 **Kompositionsbasierte Suche.** Aufgrund des höheren Abstraktionsgrads von Aufgabenmodellen kann es erforderlich sein, dass Komponenten zwar alle Anforderungen für sich genommen erfüllen, sie jedoch nicht miteinander interagieren können. In diesem Fall muss die Komponentensuche die für die Komposition fehlenden Komponenten, z. B. für die Konvertierung von Datentypen, liefern.

6.1.3 Anforderungen an die Komposition

A 6.8 **Kompositionsmodell.** Ausgehend von einem universellen Komponentenmodell muss das Kompositionsmodell alle Belange (z. B. Kommunikation, Koordination und Layout) einer Mashup-Anwendung beschreiben können, um entweder von einer Laufzeitumgebung interpretiert oder in eine lauffähige Anwendung überführt werden zu können. Das Modell muss die Basiskonzepte einer Komposition in Form von Komponenten repräsentieren und deren anwendungsspezifische Konfiguration erlauben.

A 6.9 **Funktionale Abhängigkeiten.** Im Aufgabenmodell werden neben den einzelnen Aufgaben auch ihre Zusammenhänge beschrieben. Dazu gehören Hierarchie und Reihenfolge, die im Kompositionsmodell abgebildet werden müssen. Dies erfordert die Repräsentation von Kontrollfluss und Datenfluss sowie die Möglichkeit, diesen mit Hilfe von Bedingungen und Verzweigungen zu steuern.

A 6.10 **Zustandsbehaftete Komposition.** Zustände werden in der Regel durch die Komponenten selbst repräsentiert. Durch die Abbildung eines Aufgabenmodells auf das Kompositionsmodell ist jedoch die Beschreibung von Zuständen außerhalb der Komponenten notwendig. Davon abhängig ist wiederum der Daten- und Kontrollfluss anderer Komponentenbeziehungen. Es muss möglich sein, diese Zustände und die Abhängigkeiten der Komponenten zu beschreiben.

A 6.11 **Kompositionsplanung.** Für die aufgabenbasierte Komposition ist neben der Komponentensuche auch die proaktive Planung der Komposition notwendig. Aufgabenmodelle haben einen höheren Abstraktionsgrad, weshalb Komponenten und deren Kommunikationsbeziehungen ergänzt werden müssen.

Somit stellt die aufgabenbasierte Komposition hohe Anforderungen an die Beschreibung von Mashup-Komponenten sowie die universelle Komposition durch abstrakte Modelle. Wie in Abschnitt 3.3.3 deutlich wurde, mangelt es im industriellen Umfeld an Lösungen zur dynamischen Mashup-Komposition. Die Untersuchung von Pietschmann u. a. (2010a) zeigt jedoch, dass CRUISe die meisten der genannten Anforderungen unterstützt. Somit werden im Folgenden die für diese Arbeit relevanten Konzepte von CRUISe als Grundlage für die aufgabenbasierte Mashup-Komposition vorgestellt.

6.2 Universeller Kompositionsansatz als Grundlage

Wichtige Konzepte für das in den Anforderungen geforderte Kompositionsmodell, den universellen Kompositionsansatz und die semantische Komponentenbeschreibung liefert bereits CRUISe (Pietschmann, 2012). Darüber hinaus stellt es eine Laufzeitumgebung auf der Grundlage dieser Modelle bereit. Ein Überblick der Gesamtarchitektur von CRUISe wird in Abb. 6.1 dargestellt. Sie besteht aus den vier Bereichen *Modeling, Composition, Services* und *Models and Management*. Letzteres gliedert sich in das CoRe und den Kontextdienst. Das CoRe ermöglicht die Verwaltung von semantisch annotierten Mashup-Komponenten. Der Kontextdienst realisiert die kontextabhängige Anpassung der Komposition zur Laufzeit. In der Modellierungsphase wird ein Kompositionsmodell erstellt, das zur Laufzeit von der *Mashup Runtime Environment* interpretiert wird. Dabei werden die im CoRe registrierten Komponenten integriert und initialisiert.

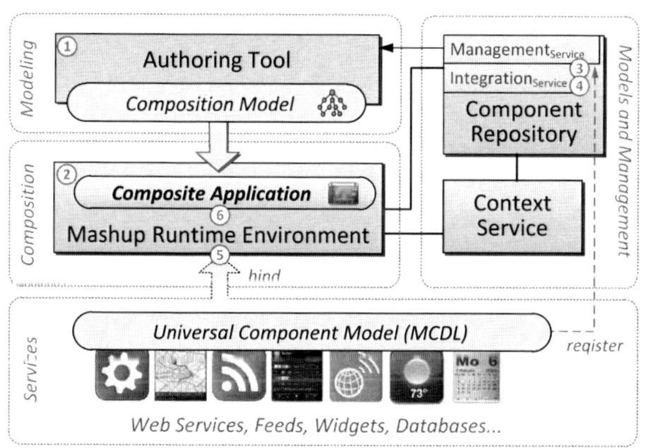

Abb. 6.1: Architekturübersicht von CRUISe (Pietschmann, 2012, S. 79)

Diese Arbeit setzt auf der Ebene der Kompositionsmodellierung auf und befasst sich mit der Modellierung von aufgabenbasierten Anforderungen und Erstellung des Kompositionsmodells. Hierfür sind auch das Komponentenmodell und die Komponentenbeschreibung relevant, um die Kapselung von Datendiensten, Geschäftslogik und UI-Bestandteilen gleichermaßen in Form interoperabler Komponenten zu ermöglichen.

6.2.1 Komponentenmodell

Zur Integration von Komponenten auf allen Anwendungsebenen wird ein universelles Komponentenmodell benötigt, um beispielsweise Web Services und UI-Komponenten einheitlich zu repräsentieren. Aufgrund des Black-Box-Prinzips betrifft dies die Komponentenschnittstellen, also die Beschreibung ihrer Eingaben und Ausgaben. Im Gegensatz zur traditionellen Web-Service-Integration sind bei der Komposition von Benutzeroberflächen auch die Eigenschaften der Komponenten relevant, die ihren internen Zustand repräsentieren. Das Komponentenmodell in CRUISe (Pietschmann, 2012, S. 83 ff) besteht aus Ereignissen *(Events)*, Operationen *(Operations)* und Eigenschaften *(Properties)*. Ereignisse und Operationen verfügen über generische Parameter, deren konkretes Format vom Komponentenmodell nicht vorgegeben ist.

Das Komponentenmodell ermöglicht die einheitliche Repräsentation beliebiger Bestandteile einer Anwendung. UI-Komponenten besitzen eine grafische Oberfläche mit der Nutzer interagieren können. Aus Sicht der Aufgabenmodellierung realisieren diese Komponenten Aufgaben, die mit *Interaction* kategorisiert sind. Komponenten, die nur Geschäftslogik oder Daten bereitstellen, repräsentieren Aufgaben oder Teilaufgaben, die mit *System* gekennzeichnet sind. In der Regel handelt es sich dabei um gekapselte Web Services. Aufgrund des Black-Box-Prinzips kann jedoch nicht ausgeschlossen werden, dass auch UI-Komponenten wiederum Logik und Daten bereitstellen. Aus diesem Grund unterscheidet das universelle Komponentenmodell nicht zwischen den verschiedenen Komponententypen. Im Aufgabenmodell kann durch die Angabe der Kategorie *Abstract* der Komponententyp zur Erfüllung einer Aufgabe ebenfalls offen gelassen werden.

6.2.2 Komponentenbeschreibung

Basierend auf dem Komponentenmodell spezifiziert die Komponentenbeschreibung alle für die Komposition und die Komponentensuche notwendigen Eigenschaften einer Komponente. Neben den Schnittstellen (Eigenschaften, Operationen und Ereignisse) sind dies auch nicht-funktionale Eigenschaften, Metainformationen und Informationen für die Integration zur Laufzeit, dem *Binding*. Metainformationen beinhalten beispielsweise den Autor oder die Version einer Komponente. Binding-Informationen enthalten beispielsweise Referenzen zu spezifischen Bibliotheken, die die Ausführung einer Komponente in einer bestimmten Umgebung ermöglichen. Auch werden hier die abstrakten Methoden des Komponentenmodells an konkrete Methoden der Komponente gebunden.

In CRUISe gibt es vier aufeinander aufbauende Sprachen zur Komponentenbeschreibung (Pietschmann, 2012, S. 86 ff.). Relevant für den hier vorgestellten Kompositionsprozess ist die SMCDL, da sie die Möglichkeit bietet, Komponenten und ihre Schnittstellen semantisch zu annotieren. Zur Verdeutlichung der Bestandteile der SMCDL wird in Abb. 6.2 deren Grundstruktur (rechts) mit den Möglichkeiten zur semantischen Annotation (links) dargestellt. Zu erkennen sind die Bereiche für die Metadaten, die Schnittstellenbeschreibung sowie das Binding. Die semantischen Annotationen können die Datensemantik, die funktionale Semantik sowie die nicht-funktionale Semantik näher beschreiben. Diese bilden die Voraussetzung sowohl für dynamische Kompositionsansätze als auch die Suche nach Komponenten anhand von semantisch annotierten Aufgaben.

Relevant für den hier vorgestellten Kompositionsprozess ist die Beschreibung der Komponentenschnittstelle. In Quelltext 6.1 wird ein Auszug anhand der Komponente *MapComponent* gezeigt, welche die Anzeige einer Karte sowie die Auswahl eines Start- und

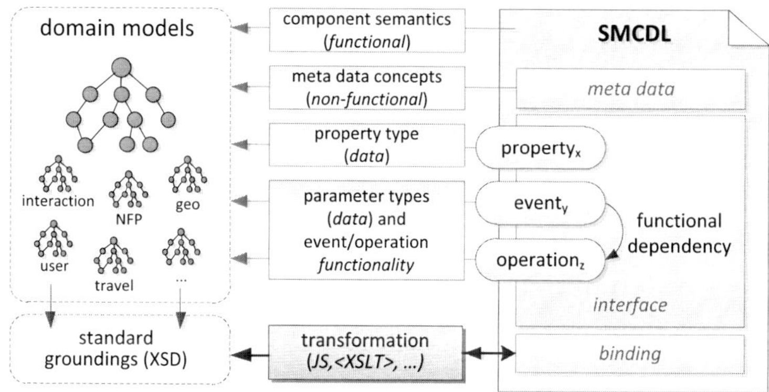

Abb. 6.2: Struktur der SMCDL mit semantischen Annotationen (Pietschmann, 2012, S. 95)

Zielorts ermöglicht. Wie bereits erwähnt, bestehen diese aus den Eigenschaften (<property> ab Zeile 2), Ereignissen (<event> ab Zeile 9) und Operationen (<operation> ab Zeile 13). Für die Eigenschaften werden Bezeichnung (name), Datentyp (type), Optionalität (required) und Standardwerte (<default>) angegeben. Ereignisse und Operationen besitzen eine Bezeichnung (name) und darüber hinaus Parameter (<parameter>), die durch einen Namen und einen Datentyp charakterisiert sind. Neben der Angabe von XSD-Datentypen können auch Referenzen auf Konzepte von Domänenontologien angegeben werden, um die Datensemantik zu definieren.

Quelltext 6.1: Schnittstellenbeschreibung der Komponente *MapComponent*

```
1  <interface>
2    <property type="mcdl:hasTitle" required="true" name="title">
3      <default>Map Component</default>
4    </property>
5    <property name="width" type="mcdl:hasWidth" required="true">
6      <default>400</default>
7    </property>
8    ...
9    <event name="locationSelected" dependsOn="cap02">
10     <parameter name="location" type="travel:Location"/>
11   </event>
12   ...
13   <operation name="showLocation">
14     <capability id="cap04" activity="actions:Display" entity="travel:Location" provider="ui" />
15     <parameter name="location" type="travel:Location"/>
16   </operation>
17   <operation name="showRoutes">
18     <capability id="cap07" activity="actions:Display" entity="travel:Route"/>
19     <parameter name="route" type="travel:Route" isCollection="true" />
20   </operation>
21   ...
22 </interface>
```

Neben der Datensemantik kann auch die funktionale Semantik sowohl von Ereignissen und Operationen als auch der gesamten Komponente beschrieben werden. In der von Pietschmann (2012) vorgestellten Komponentenbeschreibung erfolgt dies durch die Annotation mit Hilfe des Attributs functionality. Da dadurch jedoch die Beziehung zwischen Funktionalität und Entität sowie Operationen und Ereignissen nicht ausreichend abgebildet werden können, wurde von Pietschmann (2012) das Konzept der *Capabilities* eingeführt. Eine *Capability* beinhaltet sowohl eine Referenz zu einer entsprechenden Klassifikation von Funktionalitäten, beispielsweise die in Abschnitt 5.2.6 vorgestellte Action-Klassifikation, als auch eine Referenz zu einem Konzept einer Domänenontologie. Quelltext 6.2 zeigt ein Beispiel, wie die globalen *Capabilities* der Komponenten beschrieben werden. In diesem Fall ermöglicht die Komponente, einen Ort auszuwählen oder diesen in Form eines Kartenausschnitts vergrößert darzustellen.

Quelltext 6.2: *Capabilities* der Komponente *MapComponent*

```
<capability id="cap01" activity="actions:Zoom" entity="travel:Location" />
<capability id="cap02" activity="actions:Select" entity="travel:Location" />
```

Die funktionale Semantik kann sich auf die gesamte Komponente beziehen, aber auch auf die einzelnen Ereignisse und Operationen. Beispielsweise ist dies im Quelltext 6.1 in Zeile 14 zu sehen. Die Operation *showLocation* ermöglicht laut der semantischen Annotation die Darstellung eines Ortes. Wie bereits beschrieben, können Operationen bestimmte Ereignisse auslösen und umgekehrt. Dieser Zusammenhang kann durch das Attribut dependsOn ausgedrückt werden. Ein Beispiel hierzu ist in Zeile 9 zu erkennen. Hier signalisiert das Ereignis »locationSelected«, dass die *Capability* »cap02«, also die Auswahl eines Orts, durchgeführt wurde. Auf die gleiche Art und Weise können Ereignisse und Operationen in Bezug gesetzt werden. Durch das Attribut provider wird angegeben, ob die *Capability* vom System erbracht wird oder eine Benutzerinteraktion erfordert.

6.2.3 Kompositionsmodell

Das Kompositionsmodell beschreibt die Komponenten, deren Kommunikationsbeziehungen, Anordnung auf der Benutzeroberfläche, adaptiven Verhalten der Komposition zur Laufzeit und enthält Informationen über die Navigationsbeziehungen (Pietschmann, 2012, S. 99 ff.). Hierfür unterteilt es sich in die Teilmodelle *Conceptual Model*, *Layout Model*, *Screenflow Model*, *Communication Model* und *Adaptivity Model*. Die Beziehungen der Modelle wird in Abb. 6.3 verdeutlicht. Zur Verknüpfung von Komponenten im *Communication Model* wird beispielsweise auf die entsprechenden Vertreter im *Conceptual Model* verwiesen. Durch die semantische Annotation wird der Bezug zu externen Domänenmodellen bzw. deren Konzepten hergestellt. Im Folgenden werden der Zweck und die Besonderheiten der Teilmodelle zusammengefasst. Eine detaillierte Beschreibung findet sich in Pietschmann (2012).

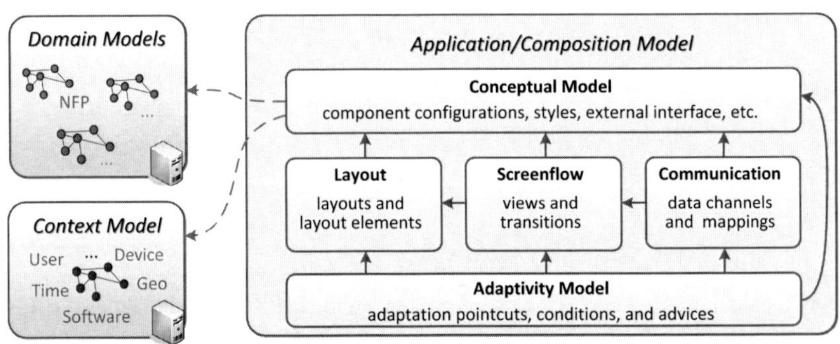

Abb. 6.3: Überblick des Kompositionsmodells (Pietschmann, 2012, S. 100)

Conceptual Model

Das *Conceptual Model* besteht aus Containern für visuelle Stile, Komponenten, Datentypen sowie Informationen zur äußeren Schnittstelle und zur Umgebung, die in Form von Referenzen eine Grundlage für die anderen Teilmodelle bilden. Das Kompositionsmodell bietet spezifische Beschreibungselemente für UI-, Logik- und Service-Komponenten. Beispielsweise können für UI-Komponenten Stile, Layout und Sichten modelliert werden. Logik-Komponenten ermöglichen die Datenmanipulation (z. B. Filterung, Konvertierung und Aggregation), um die Kompabilität zwischen Komponenten zu gewährleisten. Service-Komponenten kapseln externe Dienste, deren Daten durch Logik-Komponenten transformiert und durch UI-Komponenten visualisiert und manipuliert werden können.

Communication Model

Das *Communication Model* beschreibt den Datenfluss zwischen den Komponenten, was hier der Verknüpfung von Ereignissen, Operationen und Eigenschaften der Komponenten entspricht. Nach dem *Publish-Subscriber*-Prinzip können Empfänger an potentiellen Sendern registriert werden und jede Nachricht eines so entstandenen Nachrichtenkanals verfolgen. Kommunikationskanäle werde im Kompositionsmodell durch *Links* repräsentiert, die beliebig viele Ereignisse und Operationen verknüpfen können, sofern ihre Parameter kompatibel sind. Beliebig viele *Publisher* (Ereignisse) können mit beliebig vielen *Subscribern* (Operationen) verknüpft werden. Die Daten eines am Link anliegenden Ereignisses werden durch die Laufzeitumgebung an alle registrierten Operationen publiziert, wobei keinerlei Rückantwort oder Bestätigung erwartet wird.

Layout Model

Das Layout-Modell beschreibt die Anordnung von UI-Komponenten auf der Oberfläche. Das Kompositionsmodell stellt hierfür eine vordefinierte Menge an Layouts zu Verfügung. Dazu gehören *AbsoluteLayout*, *TabLayout*, *GridLayout* und *FillLayout*. Jedes Layout besteht aus Layout-Elementen, die auf UI-Komponenten verweisen oder auf weitere Layouts *(subLayouts)*. Durch die Verschachtelung von Layouts können beliebige Anordnungen realisiert werden. Weiterhin kann jedes Layout Stil-Definitionen zur Vereinheitlichung der visuellen Erscheinung der Komponenten beinhalten.

Screenflow Model

Das *Screenflow*-Modell beschreibt die Navigation innerhalb einer kompositen Anwendung auf Basis der ereignisorientierten Kommunikation. Dabei werden sogenannte Sichten *(Views)* definiert, die nach einem Wechsel des Anwendungszustands, der z. B. durch ein Ereignis repräsentiert sein kann, aktiviert werden.

Adaptivity Model

Das Adaptivitätsmodell erweitert das Kompositionsmodell, um adaptive Verhaltenslogik zu beschreiben und somit kontextsensitive Anwendungen zu modellieren. Es erlaubt die Beschreibung des Kontext, der Verknüpfung des Kontexts mit Komponenten und einer aspektorientierten Definition der Anpassung.

6.2.4 Zusammenfassung

Der Ansatz von CRUISe unterstützt mit dem universellen Komponentenmodell, der semantischen Komponentenbeschreibung und des Kompositionsmodells die zuvor genannten Anforderungen für die aufgabenbasierte Komposition. Insbesondere die in der Komponentenbeschreibung vorhandenen *Capabilities* dienen dazu, das Mapping zwischen Aufgaben und Komponenten zu realisieren. Dies deckt insbesondere die Anforderungen A 6.1, A 6.2 und A 6.3 ab. Das Kompositionsmodell dient als Zielmodell des Kompositionsprozesses und kann direkt von der CRUISe-Runtime ausgeführt werden. Somit deckt es die Anforderung A 6.8 ab. Daher werden auf der Grundlage der zuvor beschriebenen Konzepte von CRUISe im Folgenden Lösungen für die Realisierung der Komposition anhand eines Aufgabenmodells erarbeitet.

6.3 Empfehlung von Mashup-Komponenten

Der erste Schritt der aufgabenbasierten Komposition besteht aus der Bewertung von Komponenten anhand einer vorgegebenen Aufgabenbeschreibung. Die Grundlage für die Suche bilden das in Abschnitt 5.2 beschriebene Aufgabenmodell und die in Abschnitt 6.2.2 vorgestellte Komponentenbeschreibung. Wie bereits die Untersuchung in Kapitel 3 zeigt, wird die computergestützte Suche von Komponenten in den meisten modellgetriebenen Ansätzen nicht unterstützt. Lediglich die Ansätze aus dem SWS-Bereich befassen sich traditionell mit der Suche von Web-Services anhand semantischer Anforderungen, die somit hier als Vorbild herangezogen werden können.

Semantische Matching-Verfahren lassen sich in logik-, nicht-logikbasierte und hybride Verfahren unterteilen (Chabeb u. a., 2010). Logikbasierte Ansätze (z. B. YASA-M (Chabeb u. a., 2010)) berechnen die semantische Ähnlichkeit zweier Konzepte anhand von explizit definierten Beziehungen, z. B. der Vererbung. Nicht-logikbasierte Ansätze (z. B. iMatcher1 (Klusch und Kapahnke, 2008) und DSD Matchmaker (Klein und König-Ries, 2004)) analysieren die Struktur von Konzepten beispielsweise nach struktureller und syntaktischer Ähnlichkeit. Diese werden z. B. beim XML-Schema-Matching (Shvaiko und Euzenat, 2005) eingesetzt. Um eine höhere Präzision zu erreichen, werden beide Verfahren in den sogenannten hybriden Ansätzen miteinander kombiniert (z. B. OWLS-MX und SAWSDL-MX). Auf der Grundlage der genannten Prinzipien wurden auch Ansätze für die Suche nach Web-Ressourcen entwickelt. Beispielsweise beschreiben Ngu u. a. (2010) ein hybrides Verfahren, das semantisch beschriebene Ressourcen, wie z. B. Portlets, Java SWT oder native Widgets sucht und bewertet. Bianchini u. a. (2010) berechnen die semantische Ähnlichkeit von Mashup-Komponenten ebenfalls auf der Grundlage eines hybriden Algorithmus. Das Auffinden, Bewerten und Komponieren von Mashup-Komponenten zur Laufzeit wird in (Pietschmann u. a., 2010b) vorgeschlagen.

Bei den genannten Ansätzen ist es jedoch notwendig, eine möglichst präzise Anfrage in Form von Vorlagen (*Templates*) zu stellen, die syntaktisch der Komponentenbeschreibung ähnelt und neben den Ein- und Ausgabedaten mit konkreten Datentypen auch die Beschreibung von Effekten oder Nachbedingungen erfordert. Die automatische Suche anhand einfacher, nutzerzentrierter Anforderungen, wie z. B. aus einem Aufgabenmodell, ist nicht möglich. Das Auffinden von semantisch annotierten Komponenten auf der Basis von Aufgabenmodellen wird lediglich von Kritikos und Paternò (2010) beschrieben. Auf der Grundlage von OWLS-MX unterstützt dieser Ansatz jedoch nur das Auffinden von rein funktionalen Web-Services. Die Benutzeroberfläche wird weiter nach dem CAMELEON-Rahmenwerk entwickelt. Aus den genannten Gründen wird im Folgenden ein Verfahren vorgestellt, das anhand von Aufgabenmodellen die Bewertung von sowohl UI- als auch Nicht-UI-Komponenten mit Hilfe der zuvor beschriebenen universellen Komponentenbeschreibung ermöglicht.

6.3.1 Semantische Ähnlichkeit

Das hier vorgestellte Verfahren folgt dem logikbasierten Ansatz, um auf der Grundlage der Subsumtion Schlussfolgerungen über die annotierten Konzepte aus dem Aufgabenmodell und der Komponentenbeschreibungen bezüglich der Eignung von Komponenten zu ziehen. Die Bewertung der Subsumtionsbeziehungen zwischen zwei semantischen Konzepten entspricht der Berechnung der semantischen Ähnlichkeit *(semantic similarity)*. In dem hier vorgestellten Ansatz erfolgt die Bewertung ähnlich zu anderen logikbasierten Ansätzen (Chabeb u. a., 2010) nach Gleichung 6.1. Das Resultat des Matchings $CoreMatch(r,a)$ kann dabei äquivalent ($r \equiv a$), eine Verallgemeinerung bzw. ein Plug-In ($r \sqsubseteq a$) oder eine Spezialisierung bzw. Subsumtion ($a \sqsubseteq r$) sein. Sind zwei Konzepte identisch, so repräsentiert dies das bestmögliche Suchergebnis, das mit 5 bewertet wird. Die Plugin-Beziehung wird mit 4 bewertet und die Subsumtionsbeziehung mit 3. Schließlich ist es auch möglich, dass kein Zusammenhang ermittelt werden kann. In diesem Fall ist das Ergebnis 0.

$$CoreMatch(r,a) = \begin{cases} 5 & \Leftrightarrow r \equiv a \quad \text{(Exact)} \\ 4 & \Leftrightarrow r \sqsubseteq a \quad \text{(Plug-In)} \\ 3 & \Leftrightarrow a \sqsubseteq r \quad \text{(Subsume)} \\ 0 & \text{else} \quad \text{(Fail)} \end{cases} \tag{6.1}$$

Die vier Beziehungen werden in Abb. 6.4 anhand eines Beispiels verdeutlicht. Angefragt wird das Konzept *ao:SearchRoute*, das in diesem Fall eine Aktion zur Suche einer Route repräsentiert. Ist das angebotene Konzept ebenfalls *ao:SearchRoute*, so erhält das Matching das bestmögliche Ergebnis für das *Rating*: 5. *ao:Search* repräsentiert hingegen nur ein abstrakteres Konzept von *R* und stellt im Sinne der Action-Klassifikation die Repräsentation einer Teilfunktionalität von *ao:SearchRoute* dar und wird deshalb mit 4 bewertet. *ao:SearchBusRoute* subsumiert *ao:SearchBusRoute* und ist daher eine Spezialisierung. Diese Beziehung wird mit 3 bewertet. Dies bringt zum Ausdruck, dass ein mit *ao:Search* annotierte Komponente potentiell besser zur Realisierung der Aktion *ao:SearchRoute* geeignet ist, als *ao:SearchBusRoute*, die auf Busrouten spezialisiert ist.

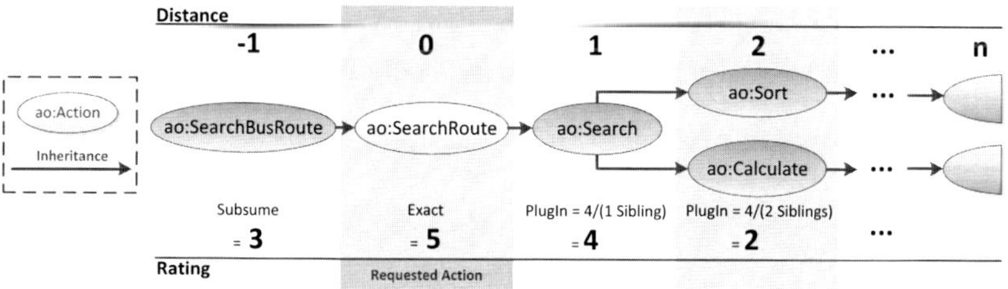

Abb. 6.4: Rating und Abstand für die Anfrage nach *ao:SearchRoute* (Tietz u. a., 2011c)

In Abb. 6.4 ist *ao:Search* eine Verallgemeinerung von *ao:SearchRoute*. Dagegen ist *ao:Search* eine Spezialisierung von sowohl von *ao:Sort* als auch von *ao:Calculate*. Wird nur eines der beiden Konzepte angeboten, so handelt es sich um eine mögliche Teilfunktionalität von *ao:Search*. Um dies beim Matching zu berücksichtigen, wird die Zahl 4 durch die Anzahl der Geschwisterknoten dividiert. Andernfalls wäre das Ergebnis sowohl für *ao:Sort* als auch *ao:Calculate* 4 und würde sich von einem »vollwertigen« Plug-In nicht unterscheiden. Enthält dagegen eine *Capability* beide Konzepte führt dies durch Addition der beiden Matchings wiederum zu dem Wert 4. Die Geschwisterknoten werden mit Hilfe einer einfachen Distanzberechnung identifiziert. Die Distanz *(Distance)* beträgt bei einem exakten Treffer 0. Mit jeder Vererbungsstufe steigt die Distanz, z. B. haben *ao:Sort* als auch *ao:Calculate* die Distanz 2. Alle Subsumtionsbeziehungen haben stets die Distanz -1, da hier keine distanzbezogene Betrachtung notwendig ist.

Da Aufgaben und Komponenten mit mehr als einem Konzept annotiert sein können, wird eine Funktion benötigt, die die semantische Ähnlichkeit zwischen Mengen von semantischen Konzepten berechnet. Hierzu dient die Funktion $SetMatch(R,A)$, wobei R die Menge der angefragten und A die Menge der angebotenen Konzepte repräsentiert. Der zugehörige Algorithmus wurde erstmals von Blichmann (2011) entwickelt und in Tietz u. a. (2011a) veröffentlicht. In 6.1 wird er mit Hilfe von Pseudocode formal definiert und dessen funktionsweise nachfolgend näher erläutert.

Für jedes Element r_i aus R wird ein Rang gegenüber den verbleibenden Elementen aus A berechnet. Zu Beginn erfolgt in Zeile 8 die Berechnung des *CoreMatch*. Im besten Fall sind beide Konzepte identisch, womit das beste Konzept für r_i in A gefunden wurde. Das Ergebnis m_{ij} wird in Zeile 10 $rank_i$ zugewiesen und der Vergleich mit dem nächsten Element aus R fortgesetzt. Am Ende wird mit $rank/|R|$ in Zeile 31 der Durchschnittswert aus allen Ergebnissen gebildet. Falls für jedes r_i eine exakte Übereinstimmung gefunden werden würde, würde das Ergebnis 5.0 betragen. Andere Fälle ergeben sich aus den Vererbungsrelationen sowie den Fall, wenn keine Übereinstimmung gefunden wurde.

Wenn keine Übereinstimmung gefunden wurde ($m_{ij} \equiv FAIL$), wird das Element a_j ignoriert und es wird zum nächsten Element in A übergegangen. Falls eine Subsumtionsbeziehung und kein Element mit der kürzesten Distanz existieren ($m_{ij} \equiv \text{SUBSUME} \wedge M = \emptyset$), wird der Rang des aktuellen Elements gespeichert sowie das Element selbst in die Liste der Elemente mit der kürzesten Distanz M aufgenommen. Die Iteration wird weiter fortgesetzt, um ggf. besser passende Elemente in A zu finden. Dieser Fall kann durch ein exaktes Matching (wie zuvor beschreiben) oder durch eine Plugin-Beziehung eintreten.

Bei einer Plugin-Beziehung wird die Distanz zwischen r_i und a_j sowie die Anzahl der Geschwisterknoten $dist_{ij}$ berechnet. Ist die Distanz geringer als die zuvor ermittelte (initialisiert wird dieser Wert mit DISTANCE_MAX), wurde also ein besseres Match gefunden. In der Folge wird die Menge M zurückgesetzt und die Minimaldistanz neu gesetzt (Zeile 18 bis Zeile 21). Der Rang m_{ij} wird durch die Anzahl der Geschwisterknoten geteilt, da es sich, wie zuvor beschrieben, um eine Teilfunktionalität handelt. Die Menge der Elemente mit der kürzesten Distanz M erhält das aktuelle Element a_i. Nur wenn die aktuelle Distanz gleich der bisherigen ist, wird der Rang an dieser Distanz aufgewertet (Zeile 23) und das Element a_j wird der Menge M hinzugefügt. Falls keine besseren Matchings gefunden werden, entspricht der auf diese Weise ermittelte Rang dem für r_i. Alle Elemente der Menge M werden aus A entfernt. Da alle Elemente von A durchsucht worden sind, folgt eine weitere Iteration für das nächste Element aus R mit r_{i+1}.

Algorithmus 6.1 SetMatch

```
function SetMatch(RequestedSet R, AdvertisedSet A)
    rank ← 0.0
    for i = 1 → |R| ∧ r_i ∈ R do
        rank_i ← 0.0
        dist_min ← DISTANCE_MAX
        M ← ∅
        for j = 1 → |A| ∧ a_j ∈ A do
            m_ij ← coreMatch(r_i, a_j)
            if m_ij = EXACT then
                rank_i ← m_ij
                break
            else if m_ij = SUBSUME ∧ M = ∅ then
                rank_i ← m_ij
                M ← {a_j}
            else if m_ij ≠ FAIL then
                dist_ij ← distance(r_i, a_j)
                siblings_ij ← numberOfSiblings(r_i, dist_ij)
                if dist_ij < dist_min then
                    dist_min ← dist_ij
                    rank_i ← m_ij/siblings_ij
                    M ← {a_j}
                else if dist_ij = dist_min then
                    rank_i ← rank_i + (m_ij/siblings_ij)
                    M ← M ∪ {a_j}
                end if
            end if
        end for
        A ← A \ M
        rank ← rank + rank_i
    end for
    return rank/|R|
end function
```

6.3.2 Matching von Aufgaben und Komponenten

Das Matching von Aufgaben und Komponenten basiert auf dem Vergleich der Funktions- und Datensemantik mit Hilfe der zuvor beschriebenen Funktion *SetMatch*. Auf der einen Seite spezifizieren die Aufgaben die Funktionsemantik durch die Aktionen und die Datensemantik durch die Ein- und Ausgabeobjekte. Auf der anderen Seite werden in der Komponentenbeschreibung die in Quelltext 6.2 vorgestellten *Capabilities* angegeben und entweder auf Komponenten oder Schnittstellenebene annotiert. Somit kann eine Aussage darüber getroffen werden, welche funktionale Semantik durch welche Bestandteile der Schnittstelle erfüllt werden.

Semantische Deskriptoren

Für die Beschreibung des Matching-Verfahrens wird jeweils ein semantischer Deskriptor für Aufgaben T_t und Komponenten C_c eingeführt. Gleichung 6.2 definiert formal die Bestandteile einer Aufgabe. Eine Aufgabe T_t setzt sich zusammen aus Metainformationen M_t, einer Kategorie $c_t \in$ *{interaction, system, user, abstract}*, einer Menge von Aktionen A_t, einer Menge von Ein- und Ausgabeobjekten IN_t und OUT_t sowie Bedingungen CON_t. Die Aktionen sind dabei Bestandteil der Klassifikation von Aktionen AO ($A_t \subseteq AO$) und die Datenobjekte einer Domänenontologie DO ($IN_t, OUT_t \subseteq DO$).

$$T_t = \langle M_t, A_t, c_t, IN_t, OUT_t, CON_t \rangle \tag{6.2}$$

Ein Beispiel für eine Aufgabe T_1 wird in Gleichung 6.3 angegeben. Die Aufgabe »Search Routes« soll die Suche nach Routen anhand eines Start- und Zielorts sowie einer Uhrzeit als Eingaben IN_1 repräsentieren. Somit ist die Aufgabe mit der Aktion $A_1 = ao{:}Search$ annotiert. Die Aufgabenkategorie c_1 lautet *system* und das Ergebnis der Aufgabe OUT_1 ist eine Liste von Routen. Bedingungen werden keine angegeben.

$$\begin{aligned} IN_1 &= \{\text{to:StartLocation, to:DestinationLocation, to:StartTime}\}, \\ OUT_1 &= \{\text{to:RouteList}\} \\ T_1 &= (\{\text{»Search Routes«}\}, \{\text{ao:Search}\}, system, IN_1, OUT_1, \emptyset) \end{aligned} \tag{6.3}$$

Mit Hilfe der *Capabilities* wird die funktionale Semantik einer Aktion bezüglich eines Domänenobjekts definiert. In der Komponentenbeschreibung können sowohl Ereignisse als auch Operationen mit *Capabilities* annotiert werden, um festzulegen, welche funktionale Semantik durch welchen Bestandteil der Schnittstelle erfüllt wird. Das Grundprinzip des Mappings von Aufgaben auf Komponenten besteht darin, die Aktionen sowie Ein- und Ausgabeobjekte im Aufgabenmodell auf die *Capabilities* einer Komponente abzubilden.

Der semantische Deskriptor C_c für Komponenten wird in Gleichung 6.4 definiert. Dieser setzt sich zusammen aus den Metainformationen M_c und der funktionalen Semantik der gesamten Komponente A_c, der Operationen OP_c und der Ereignisse EV_c. Die Eigenschaften *(Properties)* einer Komponenten spielen für das Matching keine Rolle, da sie keine Funktionalität repräsentieren. Die Semantik wird durch eine Abbildung auf eine Menge von *Capabilities* CAP beschrieben. Diese haben wiederum einen Bezug zu einem Domänenobjekt ($e \in DO$) und einer Funktionalität bzw. Aktivität ($a \in AO$). Operationen und Events besitzen zusätzlich eine Menge von Parametern $PAR \subseteq DO$. p beschreibt, ob das UI bei der Erfüllung der *Capability* beteiligt ist oder nicht.

$$\begin{aligned} C_c &= \langle M_c, A_c, OP_c, EV_c \rangle \\ &\qquad \text{mit } A_c \rightarrow CAP;\ OP_c, EV_c = \langle name, CAP, PAR \rangle \\ CAP_i &= \langle a_i, e_i, p_i \rangle \\ &\qquad \text{mit } a_i \in AO;\ e_i \in DO;\ p_i \in \{ui, system\} \end{aligned} \tag{6.4}$$

Ein Beispiel für eine semantische Komponentenbeschreibung wird in Gleichung 6.5 angegeben. Die Komponente C_1 besitzt u. a. die Fähigkeiten, Routen auszuwählen sowie nach Hotels und Routen zu suchen. Dies wird durch die *Capabilities* CAP_2 und CAP_3 ausgedrückt. Die Auswahl der Routen wird nicht explizit durch eine Operation realisiert, weshalb CAP_3 auf Komponentenebene annotiert wird. Zur Realisierung der Fähigkeit CAP_2 besitzt die Komponente diverse Operationen, z. B. »setStart« und »setStartTime«. Das Ereignis »routeSearched« signalisiert, dass die Suche nach Routen beendet wurde und somit die Funktionalität durch die Komponente erbracht wurde.

$$
\begin{aligned}
CAP_1 &= (\text{ao:SearchHotel, do:HotelList, } \textit{system}) \\
CAP_2 &= (\text{ao:SearchRoute, do:RouteList, } \textit{system}) \\
CAP_3 &= (\text{ao:Select, do:Route, } \textit{ui}) \\
OP_1 &= (\text{»setStart«}, CAP_1, \text{ to:Location}) \\
OP_2 &= (\text{»setDestination«}, CAP_1, \text{ to:Location}) \\
OP_3 &= (\text{»setStartTime«}, CAP_1, \text{ to:StartTime}) \\
OP_4 &= (\text{»setDestinationTime«}, CAP_1, \text{ to:DestinationTime}) \\
EV_1 &= (\text{»hotelSearched«}, CAP_2, \text{ to:HotelList}) \\
EV_2 &= (\text{»routeSearched«}, CAP_1, \text{ to:RouteList}) \\
EV_3 &= (\text{»routeSelected«}, CAP_3, \text{ to:Route}) \\
C_1 &= (\{\text{»SearchHotelRoute«}\}, CAP_3, \{OP_1 \ldots OP_4\}, \{EV_1 \ldots EV_3\})
\end{aligned}
\tag{6.5}
$$

Funktions- und Datensemantik

Eine Einschränkung der *Capabilities* ist, dass sie nur über eine Entität verfügen. Das hat zur Folge, dass bei CAP_2 nicht entschieden werden, ob *do : RouteList* bezüglich der Aktion *SearchRoute* das Eingabeobjekt, das Ausgabeobjekt oder beides repräsentiert. Weiterhin können *Capabilities* sowohl an der Komponente als auch an Operationen und Ereignissen annotiert sein. Bei Operationen sind annotierte Datenobjekte eher Eingabedaten, bei Ereignissen eher Ausgabedaten. Um die Repräsentation der Daten- und Funktionssemantik für das Matching von Aufgaben und Komponenten zu vereinheitlichen, werden sogenannte *FunctionalityItems F* eingeführt. In Gleichung 6.6 wird das Tupel angegeben, welches aus der Aktion a_f, den Eingabeobjekten IN_f und den Ausgabeobjekten OUT_f besteht. Das letzte Element CAP_f dient als Referenz zu der definierenden *Capability*.

$$
\begin{aligned}
F_f(act, in, out, cap) &= \langle a_f, IN_f, OUT_f, CAP_f \rangle \\
&\quad \text{mit } a \in AO; CAP_f \subseteq CAP_c;\ IN_f, OUT_f \subseteq DO
\end{aligned}
\tag{6.6}
$$

Die *FunctionalityItems* einer Komponente C werden mit Hilfe des Algorithmus 6.2 ermittelt. Dabei wird durch alle *Capabilities* iteriert und für jeder der darin enthaltenen Aktionen $CAP_i(a)$ maximal ein *FunctionalityItem* gebildet. Anschließend werden die in den *Capabilities* vorhandenen Entitäten $CAP_i(e)$ der Ein- bzw. Ausgabemenge ($f_{act}(in)$ bzw. $f_{act}(out)$) nach folgendem Schema hinzugefügt. Falls die Aktivität eine Eingabe darstellt, wird die *Entity* $CAP_i(e)$ den Eingaben $f_{act}(in)$ hinzugefügt. Handelt es sich um eine Ausgabe, wird die *Entity* als $f_{act}(out)$ hinzugefügt. Bei einer transformierenden Aktivität werden sowohl $f_{act}(in)$ als auch $f_{act}(out)$ mit $CAP_i(e)$ belegt. Schließlich werden die Parameter aller mit CAP_i annotierten Operationen (als $f_{act}(in)$) und Ereignisse (als $f_{act}(out)$) ebenfalls hinzugefügt. Somit ist eine einheitliche Repräsentation der Funktions- und Datensemantik auf Komponentenseite gegeben.

Der Aufruf des Algorithmus 6.2 mit der Komponente C_1 führt demnach zu dem in Tab. 6.1 dargestellten Ergebnis. Die Spalte f^i_{act} enthält jeweils einen Eintrag der funktionalen Semantik, die in der Komponente annotiert wurde. Die Spalten f^i_{in} und f^i_{out} enthalten jeweils die zugehörige Datensemantik. Diese Tabelle bildet die Grundlage für die nachfolgende Berechnung des Rangs der Komponente bezüglich einer Aufgabe.

Algorithmus 6.2 Erzeugung von *FunctionalityItems*

```
function componentFunctionalityItems(Component C)
    F ← ∅
    for i = 1 → |CAP| ∧ CAP_i ∈ C do
        act ← CAP_i(a)
        f_act(act) ← CAP_i(a)
        if act ⊑ ao : Input then
            f_act(in) ← f_act(in) ∪ {CAP_i(e)}
        else if act ⊑ ao : Output then
            f_act(out) ← f_act(out) ∪ {CAP_i(e)}
        else
            f_act(in) ← f_act(in) ∪ {CAP_i(e)}
            f_act(out) ← f_act(out) ∪ {CAP_i(e)}
        end if
        f_act(in) ← f_act(in) ∪ {OP_CAP_i(PAR)}
        f_act(out) ← f_act(out) ∪ {EV_CAP_i(PAR)}
        f_act(cap) ← f_act(cap) ∪ CAP_i
        F ← F ∪ f_act
    end for
    return F
end function
```

i	f^i_{act}	f^i_{in}	f^i_{out}
1	ao:SearchRoute	to:Location to:Location to:StartTime to:DestinationTime	to:RouteList
2	ao:SearchHotel	to:Location	to:HotelList
3	ao:Select	∅	to:Route

Tab. 6.1: Ergebnis von *componentFunctionalityItems*(C_1)

Rang einer Komponente

Anhand der zuvor erzeugten Tabelle können die einzelnen Einträge mit den Anforderungen der Aufgabenbeschreibung verglichen werden. Dabei wird der Rang jeweils bezüglich der geforderten funktionalen Semantik T_a und der Datensemantik T_{in} und T_{out} mit Hilfe der bereits beschriebenen Funktion *SetMatch* berechnet. Der Rang eines *FunctionalityItems* ergibt sich aus dem Schnitt des Rangs der Funktions- (m^i_{act}) und der Datensemantik, wobei die letztere ebenfalls aus dem Durchschnitt des Rangs der Ein- m^i_{in} und Ausgabedaten m^i_{out} berechnet wird. Das Ergebnis dieser Berechnungen wird in Tab. 6.2 dargestellt. Dies entspricht der Formel in Gleichung 6.7.

i	d_i	f^i_{act}	m^i_{act}	f^i_{in}	m^i_{in}	f^i_{out}	m^i_{out}	r_i
1	-1	ao:SearchRoute	3.0	to:Location to:Location to:StartTime to:DestinationTime	4.33	to:RouteList	5.0	**3.83**
2	-1	ao:SearchHotel	3.0	to:Location	1.67	to:HotelList	0.0	**1.92**
3	∞	ao:Select	0.0	∅	0.0	to:Route	0.0	**0.0**
							rank	**3.83**

Tab. 6.2: Ergebnisse des Algorithmus *Match*(T_1, C_1)

$$rank(T,C) = max\left(\frac{1}{2}\left(m^i_{act} + \frac{1}{2}\left(m^i_{in} + m^i_{out}\right)\right)\right) \tag{6.7}$$

Algorithmus 6.3 zeigt schließlich die Vorgehensweise zur Berechnung der Tab. 6.2 und damit des gesamten Rangs einer Komponente. Auch hier bildet die Grundlage des Matchings von *componentFunctionalityItems* und den Anforderungen des Aufgabenmodells die Funktion *SetMatch*. Für jedes *componentFunctionalityItem* F_i wird der Rang der Funktions- und Datensemantik berechnet. Schließlich wird der Rang in die Menge aller Ergebnisse aufgenommen. Der Rang der Komponente ergibt sich schließlich aus dem besten Ergebnis. Aufgrund der gleichen Überlegung bezüglich der Plug-In-Beziehung in *SetMatch* werden auch hier, vor der Rückgabe des Maximalwert, die Ergebnisse aller Plug-In-Beziehungen in f^i_{act} mit der gleichen Distanz d_i mittels *mergePlugInRanks* zusammengefasst, sofern diese größer 0 ist.

Algorithmus 6.3 Match von Task und Komponente

function MATCH(AtomicTask T, Component C)
  $F \leftarrow componentFunctionalityItems(C)$
  $ranks \leftarrow \emptyset$
  for $i = 1 \rightarrow |F| \wedge F_i \in F$ **do**
    $m^i_{act} \leftarrow SetMatch(T_a, F^i_{act})$
    $m^i_{in} \leftarrow SetMatch(T_{in}, F^i_{in})$
    $m^i_{out} \leftarrow SetMatch(T_{out}, F^i_{out})$
    $r_i \leftarrow \frac{1}{2}\left(m^i_{act} + \frac{1}{2}\left(m^i_{in} + m^i_{out}\right)\right)$
    $ranks \leftarrow ranks \cup \{r_i\}$
  end for
  $ranks \leftarrow mergePlugInRanks(ranks)$
  return $max(ranks)$
end function

Für das Matching von mehreren Aufgaben und Komponenten wird der Alg. 6.3 für alle Aufgaben und Komponenten durchgeführt, wobei für jede Aufgabe, die am besten bewerteten Komponenten in einem Tupel zurückgegeben werden. Auf dieser Grundlage wird im Folgenden die Erzeugung des Kompositionsmodells anhand der Ergebnisse des Matching-Verfahrens beschrieben.

6.4 Von Komponentenvorschlägen zum Kompositionsmodell

Das zuvor beschriebene Matching von Aufgaben und Komponenten liefert eine Menge von Kandidaten für die aufgabenbezogene Komposition. Einerseits könnte der Nutzer anhand dieser die Komposition manuell durchführen, andererseits ist es aufgrund des Aufgabenmodells sowie des hergestellten Komponentenbezugs möglich, automatisch einen Vorschlag für eine Komposition zu erzeugen. Die Herausforderung bei der automatischen Erzeugung eines Kompositionsmodells liegt vor allem darin, aus der exponentiell wachsenden Zahl der Kombinationsmöglichkeiten, eine möglichst optimale Variante zu ermitteln. Dies fällt in den Bereich der *Planungsprobleme*, wie sie z. B. bei der automatischen Komposition von Diensten (CoSMoS in Abschnitt 3.3.2) und Mashups (SMASHAKER in Abschnitt 3.3.3) zur Erzeugung eines Kompositionsplans auftreten. In der Regel werden hierfür die Prinzipien aus dem Bereich *künstlichen Intelligenz* (Ghallab u. a., 2004) herangezogen, wobei auch von *AI Planning* gesprochen wird.

Ein Überblick des Ablaufs zur Erzeugung des Kompositionsmodells wird in Abb. 6.5 dargestellt. Dieser beginnt mit dem Aufgabenmodell, hier mit den Aufgaben $T1$ bis $T5$, die das in Abschnitt 6.3 beschriebene Matching-Verfahren durchlaufen. Daraus resultiert eine Liste von Komponenten $C1 \dots Cn$. Sie besitzen eine Rang hinsichtlich der einzelnen Aufgaben des Aufgabenmodells. Die am besten bewerteten Komponenten dienen als Ausgangspunkt für die Komposition, in Abb. 6.5 sind das $C1$, $C3$ und $C4$.

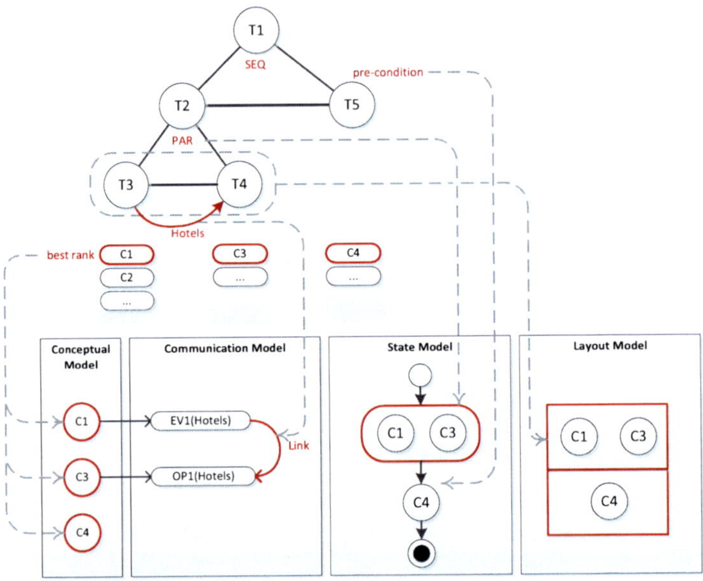

Abb. 6.5: Gesamtkonzept der Generierung des Kompositionsmodells

Der Name und die ID des Kompositionsmodells *mcm* ergeben sich wie in Alg. 6.4 angegeben aus dem Aufgabenmodell *tm* (Zeile 3 und 4). Anschließend werden die gültigen Kommunikationsbeziehungen zwischen den einzelnen Komponenten ermittelt und hinsichtlich des Aufgabenmodells bewertet, wodurch ein Kommunikationsgraph entsteht (Zeile 5). Anhand des Graphen werden nun das *Conceptual Model* sowie das *Communication Model* abgeleitet. Ausgehend von den Bedingungen der Aufgaben sowie der zeitlichen Gruppierung der Aufgaben wird ein Zustandsmodell *(State Model)* abgeleitet (Zeile 8), welches eine Erweiterung des *Screenflow Models* darstellt, und die Sichtbarkeit und Aktivität der Komponenten definiert. Schließlich wird ein *Layout Model* erzeugt (Zeile 9). Im Folgenden werden die einzelnen Schritte genauer beschrieben.

6.4.1 Conceptual Model

Während des Generierungsprozesses wird eine Liste mit Komponenten erstellt, die bei der Gesamtkomposition berücksichtigt werden. Die Liste ist deshalb noch nicht zu Beginn anhand der Komponentenvorschläge vollständig, da z. B. aus Gründen notwendiger Mediationskomponenten, die Anzahl der Komponenten bis zum Ende variieren kann. Die Mediation ist beispielsweise dann notwendig, wenn zwei Parameter miteinander verwandt, aber nicht identisch sind. Weiterhin kann es vorkommen, dass die Parameter nicht miteinander vereinbar sind oder keine ausreichend passenden Komponenten für

Algorithmus 6.4 Generierung des Kompositionsmodells

```
function CREATECOMPOSITIONMODEL(TaskModel tm, MatchingResults mr)
    MashupCompositionModel mcm ← ∅
    mcm.id ← tm.id
    mcm.name ← tm.name
    graph ← createCommunicationGraph(mr, components)
    mcm.conceptualModel ← createConceptualModel(graph)
    mcm.communicationModel ← createCommunicationModel(graph)
    mcm.stateModel ← createStateModel(mcm, mr)
    mcm.layoutModel ← createLayoutModel(mcm, mr)
    return mcm
end function
```

eine Aufgabe gefunden wurden. Hier wird versucht durch einen automatischen Aufruf einer Komponentensuche die fehlenden Komponenten, z. B. aufgrund einer mangelnd detaillierten Aufgabenbeschreibung zu finden und anschließend in das Kompositionsmodell integriert. Algorithmus 6.5 zeigt, wie aus der Liste von Komponentenbeschreibungen *(smcdlComponents)* die Komponenten des Kompositionsmodells erzeugt werden. Es handelt sich dabei um ein einfaches Mapping zwischen den Metainformationen sowie den Ereignissen und Operationen und ihren Parametern.

Algorithmus 6.5 Generierung des Conceptual-Modells

```
function CREATECONCEPTUALMODEL(SMCDLComponents smcdlComponents)
    ConceptualModel cm ← ∅
    for ∀ smcdlComponent ∈ smcdlComponents do
        component.name ← smcdlComponent.name
        component.id ← smcdlComponent.id
        for ∀ smcdlEvent ∈ smcdlComponent.events do
            event.name ← smcdlEvent.name
            for ∀ smcdlParameter ∈ smcdlEvent.parameters do
                event.parameters ← event.parameters ∪ smcdlParameter
            end for
        end for
        for ∀ smcdlOperation ∈ smcdlComponent.operations do
            operation.name ← smcdlOperation.name
            for ∀ smcdlParameter ∈ smcdlEvent.parameters do
                operation.parameters ← operation.parameters ∪ smcdlParameter
            end for
        end for
        cm.components ← cm.components ∪ component
    end for
    return cm
end function
```

6.4.2 Communication Model

Da die Komposition aus der Verknüpfung von Ereignissen und Operationen der Komponenten besteht, müssen die geeigneten Kommunikationswege in Hinblick auf das Aufgabenmodell ermittelt werden. Mit dieser Herausforderung befasste sich zunächst die Arbeit von Wolff (2013), die jedoch nur die exakte Übereinstimmung von Aufgaben und Komponenten berücksichtigt. Der Kern der hier vorgeschlagenen Lösung beinhaltet, ähnlich zu den *FunctionalityItems* aus Abschnitt 6.3.2, eine einheitliche Repräsentation der

Kommunikationsbeziehungen zwischen den Komponenten und den Aufgaben in Form eines jeweiligen Kommunikationsgraphen. Der Vergleich der beiden Graphen ermöglicht anschließend das Finden von möglichst optimalen Verknüpfungen.

Zunächst müssen einige Festlegungen getroffen werden, die mit Hilfe von Abb. 6.6 verdeutlicht werden. Da Datenflüsse im Aufgabenmodell zwischen beliebigen Aufgaben auf jeder Ebene definiert werden können, müssen Eingaben einer Elternaufgabe identisch mit den Eingabeobjekten des ersten Kindelements sein. Weiterhin müssen die Ausgabeobjekte mit denen der letzten Aufgabe übereinstimmen. Beispielsweise ist für $T5$ das Ausgabeobjekt *Hotel* definiert. Daraus kann abgeleitet werden, dass auch $T2$ das Ausgabeobjekt *Hotel* besitzt. Im Falle von parallelen Ausführungszweigen entsprechen die Ein- und Ausgabeobjekte der Elternaufgaben der Summe aller Kindelemente. Beispielsweise gibt $T8$ *Zimmer* zurück und $T9$ *Verpflegung*. Wegen der parallelen Ausführung muss $T6$ die Objekte *Verpflegung* und *Zimmer* bereitstellen. Somit wird auch sichergestellt, dass untergeordnete Aufgaben stets eine ergänzende Funktion hinsichtlich der in den Elternaufgaben definierten Semantik besitzen und die Betrachtung der Blattknoten auch für die Generierung des Kommunikationsmodells ausreicht.

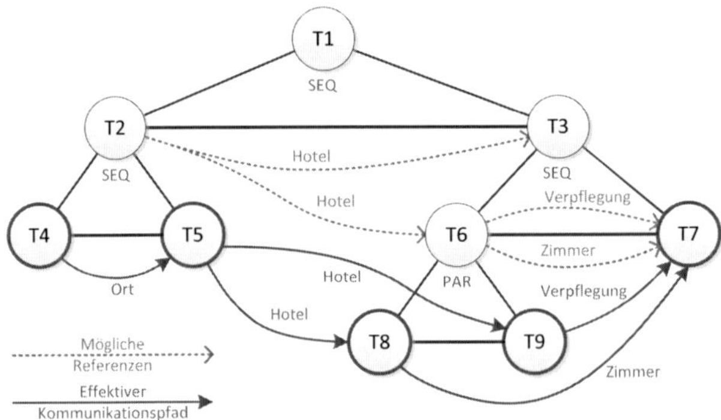

Abb. 6.6: Effektiver Kommunikationsgraph im Aufgabenmodell

Festgehalten wird das Ergebnis dieser Betrachtungen in Form eines gerichteten Graphen $C_T(T,R)$ mit den Aufgaben T als Knoten und den Kommunikationsbeziehungen R, welcher als *effektiver Kommunikationsgraph* bezeichnet wird. Abb. 6.6 hebt diesen besonders hervor. Zwischen $T2$ und $T3$ ist der Datenfluss mit einem Objekt *Hotel* definiert. Wegen der parallelen Ausführung von $T8$ und $T9$ sowie der Kindbeziehung zu $T6$ bedeutet das, dass ein Datenfluss des *Hotel*-Objekts zwischen $T5$ und $T8$ sowie zwischen $T5$ und $T9$ existieren muss.

Das Konzept zur Ermittlung des *Communication Models* des Aufgabenmodells wird in Abb. 6.7 schematisch dargestellt. Abgebildet wird ein effektiver Kommunikationsgraph zwischen den Aufgabe $T1$ und $T4$. Aufgrund des zuvor durchgeführten Matching-Verfahrens, gibt es für jede Aufgabe T_i eine Menge von Komponenten, die mit *Capabilities* CAP_i annotierte Schnittstellen besitzen. Zur Ermittlung des Kommunikationsmodells werden die Ereignisse EV_i mit den Operationen OP_i der Komponenten verglichen und bezüglich ihrer Kompatibilität unter Einbeziehung der Matching-Ergebnisse bewertet. Damit erhalten die Kommunikationsbeziehungen einen vergleichsweise hohen Wert, bei denen die Ereignisse und Operationen möglichst ähnlich sind und die hinsichtlich der geforderten

Aufgabe den besten Wert erzielen, beispielsweise $EV1$ von $C1$ und $OP1$ von $C3$. Die beiden Hilfsmittel zur Berechnung eines optimalen Kommunikationsgraphen bilden die Kommunikationsmatrix und ein graphbasiertes Matching-Verfahren, die in den folgenden Abschnitten erläutert werden.

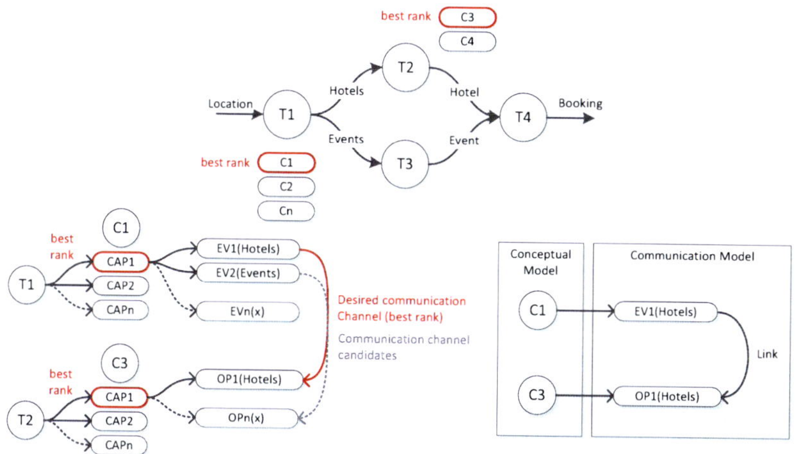

Abb. 6.7: Generierung des Kommunikationsmodells

Bewertung von Kommunikationsbeziehungen

Um den besten Kommunikationskanal zwischen Ereignissen und Operationen von Komponenten zu ermitteln, müssen die möglichen Kommunikationswege zwischen den gefundenen Komponenten abgewogen werden. Dies erfolgt durch eine Kommunikationsmatrix für jede Aufgabe M_C bestehend aus produzierenden Ereignissen EV_i und konsumierenden Operationen OP_j. Die Elemente q_c bilden dabei die Qualität bzw. die Relevanz dieser Beziehung für das Kompositionsmodell ab. Diese ergibt sich in Gleichung 6.8 aus dem Durchschnitt des Rangs des Ereignisses r_{EV}, des Rangs der Operation r_{OP} und der Kompatibilität ihrer Parameter $r_{P(EV,OP)}$. r_{EV} und r_{OP} ergeben sich dabei aus den Zeilen der Matching-Tabelle (z. B. Tab. 6.2) zur Berechnung des Rangs einer Komponente hinsichtlich einer Aufgabe. Denn jede Zeile der Tabelle bezieht sich auf eine Menge von Ereignissen und Operationen und besitzt mit r_i eine Aussage darüber, wie gut dieser Bestandteil der Komponentenschnittstelle eine angefragte Aufgabe erfüllt. $r_{P(EV,OP)}$ ergibt sich aus dem *SetMatch* der Parameter und der *Capability*.

$$q_c(EV, OP) = \frac{r_{EV} + r_{OP} + r_{P(EV,OP)}}{3} \tag{6.8}$$

Um die Funktionsweise der Matrix an einem Beispiel zu verdeutlichen, werden vier Komponenten angenommen, die anhand der Aufgabe T_1 »Search Hotel« (mit A_1 = {ao:Search}, IN_1 = {t:Location} und OUT_1 = {t:Hotel} sowie c_1 = *interaction*) bewertet werden. Das Ergebnis des Matchings ist Tab. 6.4, welche auf vier Komponenten C_1 bis C_4 beruht, die wiederum jeweils nur eine *Capability* besitzen. Da z. B. $C1$ und $C4$ nur die

	OP_1	OP_2	...	OP_m
EV_1	$q_c(EV_1,OP_1)$	$q_c(EV_1,OP_2)$	...	$q_c(EV_1,OP_m)$
EV_2	$q_c(EV_2,OP_1)$	$q_c(EV_2,OP_2)$	...	$q_c(EV_2,OP_m)$
...	...	...	...	...
EV_n	$q_c(EV_n,OP_1)$	$q_c(EV_n,OP_2)$	...	$q_c(EV_n,OP_m)$

Tab. 6.3: Matrix zur Berechnung der Kommunikationsbeziehung

Ein- bzw. Ausgabe realisieren können, erhalten diese den Wert 1,25. $C2$ erhält nur 0,75, da das Ausgabeobjekt nicht ganz dem geforderten entspricht. Die Komponenten und das Ergebnis werden ebenfalls in Abb. 6.8 veranschaulicht.

i	d_i	f^i_{act}	m^i_{act}	f^i_{in}	m^i_{in}	f^i_{out}	m^i_{out}	r_i
C_1	∞	ao:Input	0.00	to:Location	5.00	$\emptyset$	0.00	**1.25**
C_2	∞	ao:Input	0.00	to:EventLocation	3.00	$\emptyset$	0.00	**0.75**
C_3	0	ao:Search	5.00	to:Location	5.00	to:Hotel	5.00	**2.50**
C_4	∞	ao:Output	0.00	$\emptyset$	0.0	to:Hotel	5.00	**1.25**

Tab. 6.4: Ergebnisse des Algorithmus $Match(T_1, \{C_1 \ldots C_4\})$

Um die Interaktionsaufgabe zu erfüllen, wird eine Komponente benötigt, die einen Ort entgegennimmt und ein Hotel ausgibt. In diesem Fall scheint $C3$ am besten geeignet zu sein. Allerdings handelt es sich dabei um eine Systemkomponente und ist deshalb nur bedingt geeignet, T_1 zu erfüllen. Dies kommt auch durch den Rang 2,50 zum Ausdruck, das dem halben Wert eines exakten Matchings entspricht. Da der Matching-Algorithmus noch drei weitere UI-Komponenten liefert, muss versucht werden, die Komponenten im Zusammenspiel hinsichtlich der Aufgabe zu bewerten. Beispielsweise kann $C1$ und $C2$ die eine Eingabe eines Orts seitens des Nutzers ermöglichen und $C4$ kann ein Hotel an den Nutzer ausgeben. Nur in Kombination mit der Komponente $C3$ kommt eine sinnvolle Kombination zustande. Zur Ermittlung dieser dient die Kommunikationsmatrix.

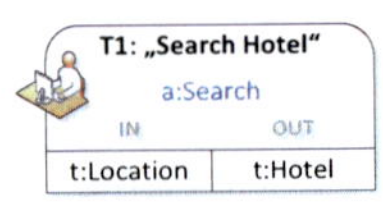

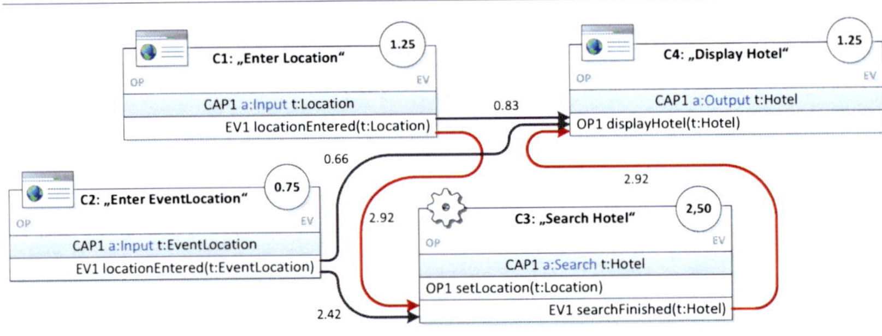

Abb. 6.8: Matchingergebnis und Kommunikationsbeziehungen

Die Kommunikationsmatrix wird aus der Betrachtung aller Kommunikationsbeziehungen zwischen Ereignissen und Operationen der Komponentenkandidaten ermittelt. Beispielsweise beträgt der Wert zwischen $C_1 : EV_1$ und $C_3 : OP_1$ 2.92. Dieser Wert berechnet sich anhand Gleichung 6.8 wie folgt. Für die *Capability* C_1 beträgt das Matching-Ergebnis $r_1 = r_{EV} = 1,25$, für C_3 ist es $r_3 = r_{OP} = 2,50$. Da beide *Capabilities* das gleiche Datenobjekt besitzen, beträgt $r_{P(EV,OP)} = 5.00$. Der Durchschnitt dieser Werte beträgt schließlich 2,92. Nach dieser Berechnung werden ebenfalls die anderen Kommunikationsbeziehungen berechnet. Das Ergebnis wird in Tab. 6.5 dargestellt. Schließlich ist es damit möglich, den optimalen Kommunikationspfad zu ermitteln, welcher der maximalen Summe der möglichen Kommunikationspfade entspricht. In diesem Fall ist es $C_1 \rightarrow C_3 \rightarrow C_4$, wie es in Abb. 6.8 farblich hervorgehoben wird. Dieses Beispiel zeigt, wie anhand einer Aufgabe eine Menge von Komponenten kombiniert werden kann.

	$C_3 : OP_1$	$C_4 : OP_1$
$C_1 : EV_1$	2.92	0.83
$C_2 : EV_1$	2.42	0.67
$C_3 : EV_1$	0.00	2.92

Tab. 6.5: Beispiel einer Kommunikationsmatrix

Matching von Kommunikationsgraphen

Da die Kommunikationsmatrix lediglich die Werte der Kommunikationsbeziehungen zwischen Komponenten abbildet, müssen diese im nächsten Schritt mit dem effektiven Kommunikationsgraphen des Aufgabenmodells in Einklang gebracht werden. Hierzu wird aus allen Matrizen hinsichtlich jeder einzelnen Aufgabe ein gemeinsamer Kommunikationsgraph gebildet, der anschließend mit dem effektiven Kommunikationsgraphen des Aufgabenmodells verglichen wird. Dieses Vorgehen wird wie folgt an einem weiteren Beispiel beschrieben. Angenommen sei ein beliebiger Kommunikationsgraph zwischen den Komponenten $C1 \ldots C8$ wie in Abb. 6.9 dargestellt. Da hier das Matching der Kommunikationsbeziehungen im Mittelpunkt steht, ist für die Erläuterung nicht relevant, welche konkreten Komponenten bzw. Aufgaben sich hinter $C1 \ldots C9$ bzw. $T1 \ldots T7$ verbergen. Die Komponenten selbst wurden mit Hilfe des Komponenten-Matching bewertet und die Werte der Pfade ergibt aus der zuvor beschriebenen Kommunikationsmatrix.

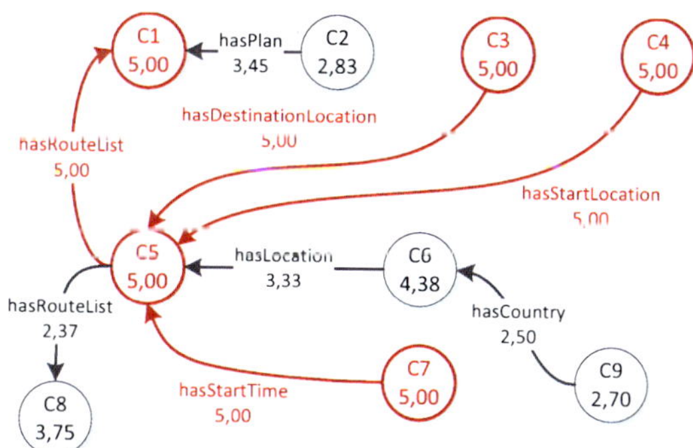

Abb. 6.9: Kommunikationsgraph der Komponentenkandidaten

Dem Kommunikationsgraph steht ein effektiver Kommunikationsgraph eines Aufgabenmodells gegenüber, wie er in Abb. 6.10 dargestellt ist. Dieser beschreibt fünf elementare

Aufgaben mit der Eingabe der Startzeit in $T5$, des Startorts in $T6$ und des Zielorts in $T7$, der Berechnung von Routen in $T3$ sowie deren Darstellung in $T4$.

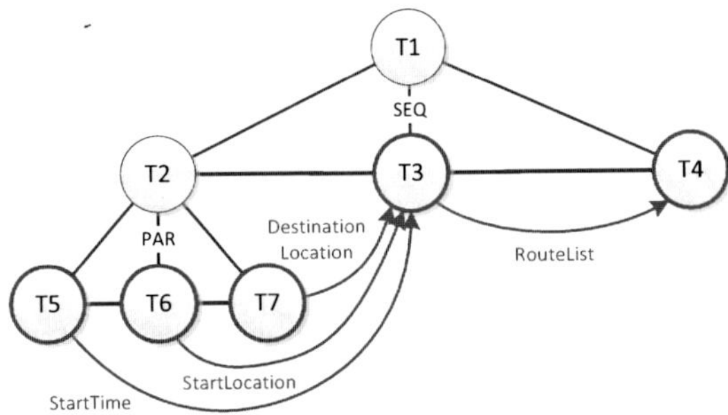

Abb. 6.10: Aufgabenmodell einer Routensuche

Sobald die Graphenbildung abgeschlossen ist, kann mit Hilfe bestehender Verfahren zum Graph-Matching (Diestel, 2006) ein optimaler Kommunikationsgraph ermittelt werden. Dieser zeichnet sich dadurch aus, dass er sowohl topologisch mit dem Graph aus dem Aufgabenmodell übereinstimmt als auch den besten Wert bezüglich der Summe aller Ränge und der Kommunikationsbeziehungen bereithält. In dem hier gezeigten Beispiel besteht der optimale Graph aus $C3, C4, C7 \rightarrow C1$.

Generierung des Kommunikationsmodells

Das Kommunikationsmodell kann anhand des Kommunikationsgraphen relativ leicht mit Hilfe des Alg. 6.6 erzeugt werden. Jeder Knoten entspricht einer Komponente und deren Kanten den Kommunikationskanälen, die in eine Verknüpfung von Ereignissen und Operationen überführt werden, also in einen Kommunikationskanal *(channel)* des Kompositionsmodells. Weiterhin müssen die Elemente der Komponentenbeschreibung in die Parameter, Ereignisse und Operationen des Kompositionsmodells umgewandelt werden. Schließlich werden alle erstellten Kanäle dem Kommunikationsmodell hinzugefügt, womit die Erstellung des Modells abgeschlossen ist.

Algorithmus 6.6 Generierung des Kommunikationsmodells

```
function CREATECOMMUNICATIONMODEL(CommunicationGraph graph, ConceptualModel cm)
    CommunicationModel communicationModel ← ∅
    for ∀ edge ∈ graph.edges do
        channel.name ← edge.event.name
        for ∀ parameter ∈ edge.parameters do
            channel.parameter ← channel.parameter ∪ getParameter(parameter)
        end for
        channel.publisher ← getEvent(cm, edge.event)
        channel.subscriber ← getOperation(cm, edge.operation)
        communicationModel ← communicationModel ∪ channel
    end for
    return communicationModel
end function
```

6.4.3 Layout Model

Bei der Generierung des *Layout Models* kommt ebenfalls die Hierarchie des Aufgabenmodells zum Tragen, indem die *Grouping*-Eigenschaft der Elternknoten *(Composite Task)* bei der Wahl des Layouts berücksichtigt wird. Abb. 6.11 veranschaulicht das Mapping zwischen *Grouping* und Layout. Dabei gilt, dass Komponenten innerhalb einer *Choice*-Aufgabe in einem Tab-Layout platziert werden, damit der Benutzer sich zwischen der Abarbeitung von Aufgaben entscheiden kann. Verknüpft sind die Aktivierungsmöglichkeiten des Layouts mit dem Zustandsmodell, sodass Vorbedingungen berücksichtigt werden können. Zusätzlich wird diese Abbildung durch das Card-Layout ergänzt, in dem immer nur das Layout sichtbar ist, dessen Aufgabengruppe zu einem bestimmten Zeitpunkt bzw. zu einem bestimmten Zustand des Zustandsmodells aktiv ist. Das trifft bei allen sequentiellen Aufgaben zu. Für parallele Aufgaben wird das Absolute-Layout bzw. das Fill-Layout verwendet, wobei die Komponenten den Platz einnehmen, den sie benötigen. Das Fill-Layout ist am einfachsten umzusetzen, da es die Elemente in einer definierten Richtung, entweder vertikal oder horizontal, anordnet.

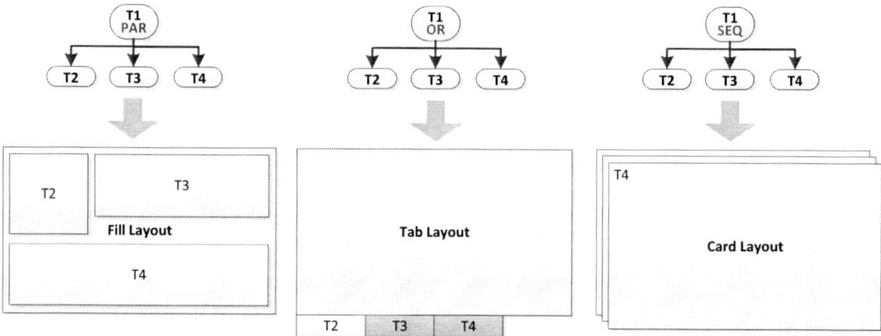

Abb. 6.11: Konzept für das Layout-Mapping

Wie die Aufgaben im Aufgabenbaum können auch die Layouts ineinander verschachtelt werden. Das ist ein zusätzlicher Beleg dafür, dass ein Aufgabenmodell sich besonders gut für die Anforderungsmodellierung von Mashups eignet. In der Folge können die strukturell definierten Aufgaben auch durch die Art der Komposition wiedergegeben werden. Das Layout-Modell erfolgt durch eine Analyse der Komponenten sowie ihrer Zugehörigkeit zu kompositen Aufgaben im Aufgabenbaum. Hierzu wird der Aufgabenbaum beginnend mit dem Wurzelelement, wie in Algorithmus Alg. 6.7 dargestellt, rekursiv durchlaufen und für jeden Knoten ein entsprechendes Layout-Element erzeugt. Anschließend werden aufgrund der Zugehörigkeit der Komponenten zu den jeweiligen Aufgaben, die Komponenten auch dem Layout zugeordnet.

In Abb. 6.12 wird das Layout-Modell für das zuvor genannte Beispiel veranschaulicht. Da $C7$, $C3$ und $C4$ zu Aufgaben gehören, die einer parallelen Aufgabe $T2$ zugeordnet ist, werden diese ein einem Fill-Layout angeordnet. Die Komponente $C5$ wird in kein Layout-Modell eingeordnet, da es sich um eine Systemkomponente handelt. $C1$ erhält ein eigenes Fill-Layout. Beide Fill-Layouts sind jeweils auf einem Card-Layout platziert, da $T1$ sequentielle Aufgaben definiert.

Algorithmus 6.7 Erzeugung des Layout-Modells

```
function CREATELAYOUTMODEL(CompositeTask t, Components C, LayoutModel l)
    if grouping(t) ≡ SEQ then
        l ← addLayout(l, CardLayout())
    else if grouping(t) ≡ OR then
        l ← addLayout(l, TabLayout())
    else
        l ← addLayout(l, FillLayout())
    end if
    D ← getComponentsForTasks(t, C)
    addUIComponents(l, D)
    for ∀t ∈ childtask(t) do
        BuildLayout(t, C, l);
    end for
end function
```

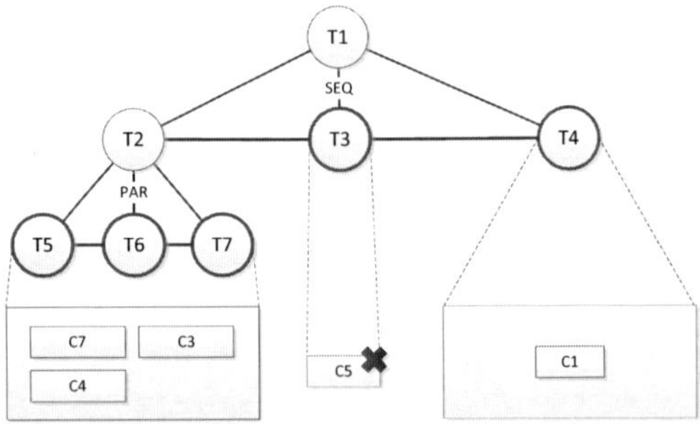

Abb. 6.12: Layout-Mapping am Beispiel

6.4.4 State Model

Die Ausdrucksmittel des in Abschnitt 6.2.3 beschriebenen Kompositionsmodells reichen nicht aus, um funktionale Abhängigkeiten zwischen Komponenten zu beschreiben. Jegliche Zustände einer Komposition müssen durch die Komponenten selbst repräsentiert werden. Das Aufgabenmodell unterstützt jedoch die Angabe von Kontrollflüssen und Bedingungen in Abhängigkeit zum gegebenen Datenmodell. Aus diesem Grund wird in dieser Arbeit ein Zustandsmodell und eine Kontrollflussmodell vorgeschlagen, das die Abläufe, die beispielsweise im Aufgabenmodell definiert sind, repräsentieren kann. Das Modell geht zurück auf die Arbeit von Heyden (2012), welches zum heutigen *State Model* weiterentwickelt wurde und die Zustände *(States)* und deren Übergänge *(Transitions)* beinhaltet. Die Zustände können ineinander verschachtelt werden, wobei das Elternelement, ähnlich zum Aufgabenmodell die Reihenfolge bestimmt. Die Übergänge definieren mit Hilfe von Bedingungen *(Conditions)*, wann sie zwischen welchen Zuständen aktiv werden. Die Bedingungen können ebenfalls ineinander verschachtelt werden und durch boolesche Verknüpfungen kombiniert werden.

Das Zustandsmodell existiert als konzeptionelle Erweiterung zum Kompositionsmodell, wobei dort definierte Zustände mit den Layouts und Komponenten verknüpft werden können. Dies geschieht im Layout-Modell über das Attribut *state*. Da schließlich jedes Layout ausgehend von einer Aufgabe des Aufgabenmodells erzeugt wurde, wird jedes Layout mit dem Zustand aus dem Aufgabenmodell generierten Zuständen verknüpft. Zur

Laufzeit bedeutet das, dass alle Komponenten, die Teil eines Layouts sind, entsprechend des Zustands aktiv oder nicht aktiv sind. Für das Layout selbst wird anhand des Typs entschieden, ob es sichtbar ist oder nicht. Bei einer Sequenz ist immer nur der Teil sichtbar, der auch aktiv ist. Beim Typ *Parallel* werden immer alle Sub-Layouts und Komponenten angezeigt.

Alg. 6.8 zeigt, wie anhand des Aufgaben- und Layout-Modells das Zustandsmodell generiert werden kann. Aus Sicht der Aufgabenbeschreibung beschreibt jede Aufgabe einen Zustand, in der sich die generierte Anwendung befinden kann. Daher beinhaltet das Zustandsmodell einmal eine Auflistung aller Zustände entsprechend des Aufgabenmodells sowie eine Deklaration über die möglichen Zustandsübergänge. Dies wird durch die Methode getStates() erzeugt. Anschließend werden anhand der im Aufgabenmodell definierten *Conditions* die zugehörigen Aufgaben identifiziert und dies in *Transitions* überführt. Hierfür muss entweder bei Vorbedingungen und Kontext-Bedingungen der vorherige Zustand durch getPreviousState() oder bei Nachbedingungen der nächste Zustand durch getNextState() ermittelt werden.

Die *Conditions* des Aufgabenmodells beziehen sich auf die dort definierten Modellreferenzen. Im Kompositionsmodell beziehen sich die *Conditions* auf Ereignisse von Komponenten. Um das Zustandsmodell zu generieren, muss deshalb ein Abbildung zwischen diesen erfolgen. Dies erledigt die Funktion getTransitionCondition(), indem anhand des Kommunikationsgraphen ermittelt wird, welches Ereignis ein in der Bedingung definiertes Datenobjekt erzeugt.

Algorithmus 6.8 Generierung des Kontrollflussmodells

```
function CREATESTATEMODEL(TaskModel tm, CommunicationGraph graph, CompositionModel cm)
    StateModel stateModel ← ∅
    stateModel.states ← getStates(tm)
    for ∀ taskCondition ∈ tm.conditions do
        tasks ← getTasks(tm,condition)
        for ∀ task ∈ tm.tasks do
            Transition transition ← ∅
            if condition.type ≡ PRECONDITION ∨ CONTEXTCONDITION then
                transition.from ← getPreviousState(tm,task)
                transition.to ← getStateByTask(stateModel.states,task)
            else if condition.type ≡ POSTCONDITION then
                transition.from ← getStateByTask(stateModel.states,task)
                transition.to ← getNextState(tm,task)
            end if
            transition.condition ← getTransitionCondition(taskCondition, graph, cm)
            stateModel.transitions ← stateModel.transitions ∪ transition
        end for
    end for
    return stateModel
end function
```

Das resultierende Zustandsmodell für das Beispiel, unter der Annahme, dass für T3 die Vorbedingung not(isNull(startTime)) definiert ist, wird in Abb. 6.13 mit Hilfe eines Zustandsdiagramms veranschaulicht. Die Zustände T1, T3 und T4 bilden die untergeordnete Zustände des Gesamtzustands T1. Der Übergang von T2 nach T3 ist nur möglich, wenn das Ereignis startTimeSelected eintritt und das Datenobjekt nicht leer ist.

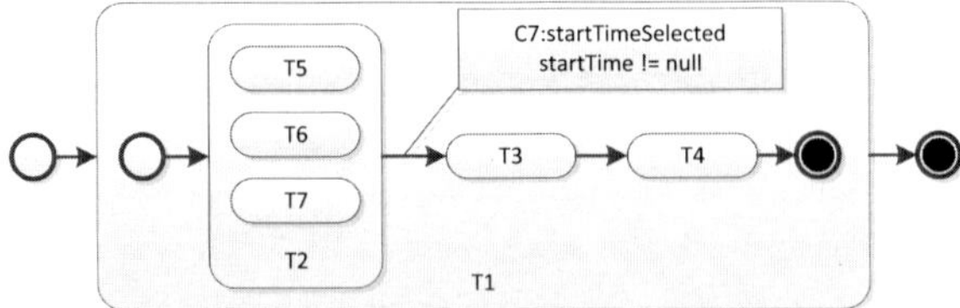

Abb. 6.13: Zustandsmodell am Beispiel

6.5 Zusammenfassung

In diesem Kapitel wurde gezeigt, wie Komponenten bewertet und Kompositionsvorschläge anhand des DEMISA-Aufgabenmodell generiert werden können. Als Grundlage dient ein logik-basiertes Matching-Verfahren, welches die semantischen Konzepte der Aktionen und Daten einer Aufgabe mit den Annotationen in Komponenten vergleicht. Die Erstellung des Kompositionsmodells besteht im Wesentlichen aus der Bewertung der Kommunikationsmoglichkeiten der gefundenen Komponenten und der Auswahl der besten Verknüpfungen, sodass jede der im Aufgabenmodell definierten Aufgaben durch eine oder mehrere Komponenten unterstützt werden. Weiterhin wurde gezeigt, dass eine Ableitung des Zustandsmodells sowie des Layout-Modells anhand der Aufgabenspezifikation möglich ist. Die Konzepte hinsichtlich der unterstellten Komponentenbeschreibung und des Kompositionsmodells basieren auf bereits bewährte Konzepte der CRUISe-Architektur. Das Kompositionsmodell kann schließlich in der dort entwickelten Mashup-Laufzeitumgebung ausgeführt werden. Bevor die Konzepte im Detail in Kapitel 8 validiert und diskutiert werden, wird im folgenden Kapitel 7 das Konzept des DEMISA-Modellierungswerkzeugs für die Aufgabenmodellierung vorgestellt.

7 Werkzeugunterstützung zur Anforderungsmodellierung

Im vorherigen Kapitel wurde ein Konzept zur Suche von Komponenten sowie ihre Komposition anhand eines aufgabenbasierten Anforderungsmodells vorgestellt. Ein Ziel besteht darin, von der technologisch konkreten Modellierung des Kompositionsmodells, die Anforderungen an die Mashup-Komposition mit Hilfe eine abstrakteren, domänenspezifischen Sprache zu beschreiben und diese automatisiert umzusetzen. Neben der technologischen Herausforderung der Anforderungsmodellierung und Auswertung, müssen aufgrund der A 2.14 bis A 2.16 die Nutzer in die Lage versetzt werden, dieses Modell zu erstellen. Hierfür müssen die folgenden Anforderungen berücksichtigt werden.

7.1 Anforderungen an das Werkzeug

In Abschnitt 5.1.2 wurden Anforderungen an das DEMISA-Aufgabemodell gestellt, in Abschnitt 5.1.3 bestehende Aufgabenmodelle vorgestellt und hinsichtlich dieser diskutiert. Daraufhin wurde ein neues Aufgabenmodell konzipiert, mit dessen Hilfe Anforderungen an eine Mashup-Komposition gestellt werden können. Daraus resultieren auch größtenteils die hier folgenden Anforderungen an das Modellierungswerkzeug. Zusätzlich sind hier die Aufgabenvisualisierung, Auswahl von Ressourcen aus semantischen Datensätzen und Unterstützung von Domänenexperten bedeutend.

A 7.1 **Definition von Aufgaben.** Das Werkzeug muss die Modellierung von Aufgaben unterstützen, d. h. das Erstellen und Entfernen von Aufgaben, Beziehungen und ihrer Eigenschaften.

A 7.2 **Aufgabendekomposition.** Das Werkzeug muss die Dekomposition von Aufgaben unterstützen. Abstrakte, grob-granulare Aufgaben müssen in feinere Teilaufgaben unterteilt werden können und ihre Beziehung zu den Elternaufgaben erkennbar sein.

A 7.3 **Datenobjekte.** Es muss möglich sein, Ein- und Ausgabeobjekte für Aufgaben zu definieren. Ebenfalls ist die semantische Annotation dieser Objekte für den DEMISA-Entwicklungsprozess notwendig.

A 7.4 **Aktionen.** Neben den Datenobjekte ist es notwendig, insbesondere den konkreteren Aufgaben formal definierte Aktionen zuweisen zu können. Diese resultieren aus einer Menge der in Abschnitt 5.2.6 vorgestellten Ontologie. Im Gegensatz zu anderen modellbsaierten Entwicklungsmethoden, ermöglicht dies, in Kombination mit den semantisch annotierten Datenobjekte, eine automatisierte Suche und Erzeugung von Mashup-Kompositionen.

A 7.5 **Kontrollfluss und Bedingungen.** Das Werkzeug muss die Erstellung von formalisierten Bedingungen mit Hilfe des Konzepts *Condition* ermöglichen. Die globale Steuerung wird realisiert durch das *Grouping* in kompositen Aufgaben, welche ebenfalls unterstützt werden muss.

A 7.6 **Datenfluss.** Der Datenfluss bestimmt den Fluss der Datenobjekte zwischen den Aufgaben. Im DEMISA-Aufgabenmodell wird dieser repräsentiert durch *ModelReference*. Der Aufgabeneditor muss die Modellierung des Datenflusses explizit unterstützen.

A 7.7 **Berechtigung und Kollaboration.** Zur Sicherstellung der Berechtigung eines Nutzers zur erlaubten Bearbeitung einer Aufgabe, sieht das Aufgabenmodell eine Referenz auf ein Rollenkonzept vor. Weiterhin ist es erforderlich, in kollaborativen Szenarien die Zuweisung von Aufgaben an bestimmte Nutzer oder Nutzergruppen zu ermöglichen. Das Autorenwerkzeug sollte deshalb auch deren Auswahl unterstützen.

A 7.8 **Suche und Auswahl semantischer Konzepte.** Um Ein- und Ausgabeobjekte, Rollen sowie Aktionen semantisch zu annotieren, muss der Nutzer in die Lage versetzt werden aus einer Menge von semantischen Tripeln, die für sein Aufgabenmodell geeigneten zu suchen und auszuwählen. Da diese Aufgabe insbesondere für Endnutzer sehr frustrierend sein kann, müssen geeignete Visualisierungskonzepte und Interaktionstechniken bereitgestellt werden.

A 7.9 **Aufgabennotation und Interaktion.** Gleiches gilt für die Visualisierung des Aufgabenmodells selbst. Da mit zunehmender Anzahl an Aufgaben die Übersichtlichkeit des Modells gefährdet ist, müssen hierfür geeignete Visualisierungen und Interaktionstechniken zu Verfügung stehen, um die Komplexität des Modells zu verbergen. Die wichtigsten Aspekte, wie die Aufgabenhierarchie, die Aufgabentypen sowie der Daten- und Kontrollfluss sollten auf den ersten Blick erkennbar sein.

A 7.10 **Benutzbarkeit.** Dem vorangegangenen Punkt schließt sich die Benutzbarkeit des Werkzeugs an. Neben den allgemeinen Anforderungen an Lernbarkeit, Effizienz, Merkfähigkeit, Robustheit und Zufriedenheit, ist im Fall der Aufgabenmodellierung die unmittelbare Rückmeldung bezüglich der Komponentenvorschläge erforderlich, um den Nutzer bei Modellierungsentscheidungen zu unterstützen. Schließlich muss auch sichergestellt werden, dass das vom Nutzer erstellte Aufgabenmodell stets konform zum Aufgabenmetamodell ist.

7.2 Werkzeuge zur Aufgabenmodellierung

Um die Notwendigkeit eines Werkzeugs für die Aufgabenmodellierung zu untermauern, wurden bestehende Werkzeuge hinsichtlich der zuvor genannten Anforderungen untersucht (Siekmann, 2012; Tietz u. a., 2013b). Die Auswahl enthält die dedizierten Werkzeuge Euterpe, TAMOT, CTTE, K-MADe und IAWB. Zusätzlich wurden ARIS Express und RSA als repräsentative Vertreter der Geschäftsprozessmodellierung herangezogen. Schließlich wurde der TopBraid Composer als ein Vertreter der Modellierung von RDF-basierten Daten untersucht, da das Aufgabenmodell eine Instanz der in Abschnitt 5.2 beschriebenen Ontologie darstellt und wichtige Konzepte des Aufgabenmodells semantisch annotiert werden.

Die Ergebnisse der Untersuchung werden in Tab. 7.1 zusammengefasst. Die traditionellen und für die Aufgabenmodellierung spezialisisierten Werkzeuge Euterpe, TAMOT, CTTE and K-MADe erlauben nur eine wenig formalisierte Spezifikation von Nutzeranforderungen. Die Werkzeuge sind zwar einfach zu benutzen A 7.10 und für die geforderte Zielgruppe geeignet, doch bieten sie auch nur einen eingeschränkten Funktionsumfang und mangelnde Unterstützung für alle geforderten Metamodellkonzepte. Schließlich stellt der beschränkte Formalisierungsgrad, der auch durch die darunterliegenden Metamodelle begründet ist (vgl. Abschnitt 5.1.3), ein entscheidendes Defizit hinsichtlich der computergestützten Weiterverarbeitung, beispielsweise zur Suche nach Komponenten, dar. K-MADe ermöglicht zwar die Simulation von Aufgabenmodellen, bietet jedoch auch keine Möglichkeit der Einbeziehung semantischer Datensätze (A 7.8).

Anforderung	**Euterpe**	**TAMOT**	**CTTE**	**K-MADe**	**IAWB**	**ARIS Express**	**TopBraid Composer**
Definition von Aufgaben (A 7.1)	●	●	●	●	●	●	◑
Aufgabendekomposition (A 7.2)	●	◑	●	●	●	◑	◑
Datenobjekte (A 7.3)	◑	○	◑	◑	●	◑	◑
Aktionen (A 7.4)	◑	○	◑	◑	◑	◑	◑
Kontrollfluss und Bedingungen (A 7.5)	◑	◑	◑	●	◑	◑	◑
Datenfluss (A 7.6)	◑	○	◑	◑	●	◑	◑
Berechtigung und Kollaboration (A 7.7)	◑	○	◑	◑	◑	○	◑
Suche und Auswahl semantischer Konzepte (A 7.8)	○	○	○	○	○	○	◑
Aufgabennotation und Interaktion (A 7.9)	◑	◑	◑	◑	●	●	○
Benutzbarkeit (A 7.10)	●	●	◑	◑	●	●	○

Tab. 7.1: Bewertung bestehender Editoren für die Aufgabenmodellierung

Im Gegensatz zu den zuvor genannten Werkzeugen machen kommerzielle Vertreter aus dem Bereich der Modellierung nach *__D__arwin __I__nformation __T__yping __A__rchitecture (DITA)* und Geschäftsprozessmodellierung einen ausgereiften Eindruck. Sie sind einfach zu benutzen und bieten zahlreiche Interaktionsmöglichkeiten (A 7.9 und A 7.10), um auch komplexe Modelle besser beherrschen zu können. Ein Nachteil der Werkzeuge zur Geschäftsprozessmodellierung wie *__A__rchitektur __i__ntegrierter __I__nformationssysteme (ARIS)* Express ist ihr Fokus auf den Kontrollfluss. Eine Dekomposition von Aktivitäten (A 7.2) kann nur durch Subprozesse ausgedrückt werden, die meist in einem separaten Fenster modelliert werden müssen. Das gilt zwar nicht für *__I__nformation __A__rchitecture __W__orkbench (IAWB)*, doch kann man für beide festhalten, dass die Integration und Auswahl semantischer Daten in beiden Werkzeugen nicht möglich ist. Werkzeuge wie der *TopBraid Composer* sind zwar spezialisiert auf die Modellierung semantischer Daten, jedoch sind sie eher für Experten bestimmt, die mit diesen Daten umgehen können. Schließlich bieten sie keine abstrakte Sicht auf das Aufgabenmodell und auch hier müssen die semantischen Ressourcen über einfach Mittel gesucht und selektiert werden (A 7.8).

Neben den Defiziten, die für die einzelnen Werkzeugkategorien zutreffen, haben sie jedoch gemeinsam, dass sie keine Web-basierte Lösung zur Spezifikation von Nutzeranforderungen für komposite Mashups auf der Grundlage des in Abschnitt 5.2 beschriebenen Metamodells bieten. Weiterhin unterstützen sie nicht die Integration und intuitive Suche von semantischen Daten. Schließlich ist mit keinem der Werkzeuge die nahtlose Integration in einen Entwicklungsprozess für Mashups möglich. Weder Komponenten noch Kompositionen werden vorgeschlagen. Somit ergibt sich die Notwendigkeit zur Konzeption eines Werkzeugs zur semantischen Aufgabenmodellierung, das im Folgenden vorgestellt wird.

7.3 Der DEMISA Task Model Editor

Ausgehend von den Anforderungen und den Erkenntnissen aus der Nutzerstudie wurde von Siekmann (2012) ein neues Werkzeug zur Unterstützung der semantischen Aufgabenmodellierung konzipiert und implementiert. Im Folgenden wird auf das UI-Konzept und die einzelnen Bestandteile des *DEMISA **T**ask **M**odel **E**ditor (DTME)*s eingegangen. Eine abschließende Nutzerstudie deutet die Nutzbarkeit des Editors als eine wichtige Komponente des in Kapitel 4 vorgestellten Entwicklungsprozesses an.

7.3.1 Nutzeranforderungen

Um die Anforderungen aus Nutzersicht besser kennenzulernen und diese nach *Benutzbarkeit (A 7.10)* zu detaillieren, wurde von Siekmann (2012) eine kleine Nutzerstudie durchgeführt. Dabei wurden 14 Probanden mit einem Fragebogen konfrontiert. Die Aufgabe bestand darin, ein Szenario, ähnlich zu dem in Abschnitt 2.2.1, mit Papier und Bleistift zu skizzieren und ihre Vorgehensweise einzuschätzen. Teilnehmer waren dabei zu gleichen Teilen Personen mit und ohne informationstechnischem Hintergrund. Das Szenario wurde in Textform beschrieben und beinhaltet die Planung einer Reise. Es sollten Start- und Endzeit sowie Zielort angegeben werden, um Bus- oder Zugverbindungen zu finden. Die Probanden wurden ermutigt, eine eigene Notation zu entwickeln, die mindestens den Namen der Aufgabe sowie die Beziehung der Aufgaben untereinander darstellt. Optional konnten die Probanden auch andere Informationen darstellen, wie z. B. Vorbedingungen.

Die Probanden sollten schließlich einschätzen, ob sie das Szenario verstanden haben und ob die Aufgabe schwierig war. Auch sollten sie beurteilen, wie zufrieden sie mit ihrer Darstellung waren und wie sie bei der Erstellung des Modells vorgegangen waren. Schließlich konnten auch Vorschläge zur Unterstützung der Modellierung gemacht werden. Insbesondere die Teilnehmer mit informationstechnischem Hintergrund wählten für die Darstellung gängige Notationen, wie z. B. Zustandsdiagramme, Aufgabenmodelle und Geschäftsprozessmodelle. Andere Teilnehmer wählten freie Darstellungen, verbanden jedoch die Aufgaben so, dass auch hier entweder eine Baumstruktur oder eine Art Flussdiagramm resultierten. Gelegentlich wurde auch eine Kombination aus beiden gewählt. Etwa die Hälfte der Teilnehmer berichteten, dass sie zuerst möglichst alle Aufgaben identifiziert haben, um sie anschließend zu verknüpfen; andere gingen Schritt für Schritt vor und modellierten eine Aufgabe nach der anderen.

Aus dieser Studie lassen sich die folgenden Schlüsse ziehen. Es lässt sich nicht klar identifizieren, ob eine hierarchische oder eine flussorientierte Darstellung bevorzugt wird. Vielmehr sind beide in Ergänzung zu sehen und sollten im Werkzeug gleichermaßen berücksichtigt werden. Weiterhin wurden von etwa einem Drittel der Probanden Möglichkeiten zum Ein- und Ausblenden von Modellteilen gewünscht, um die Komplexität zu reduzieren. Ebenfalls wurde ein automatisches Layout gewünscht. Schließlich sollte es möglich sein, Teile des Aufgabenmodells einfach zu erweitern und zu verändern, z. B., die Reihenfolge oder die Verschachtelung. Nur etwa ein Viertel der Probanden vermissten ein Raster oder Lineale bei der Modellierung.

7.3.2 UI-Konzept

Ausgehend von der Nutzerstudie und den funktionalen Anforderungen wurde das UI-Konzept des Editors wir folgt entwickelt. Insbesondere wurde deutlich, dass bei der Modellierung hauptsächlich drei Aufgaben durchgeführt werden: 1) die Erstellung der Aufgabenstruktur, 2) die Angabe der Aufgabenattribute und 3) die Spezifikation des Datenflusses. Somit besteht das UI-Konzept aus drei Sichten, die diese Aufgaben repräsentieren, welche in Abb. 7.1 schematisch dargestellt wird.

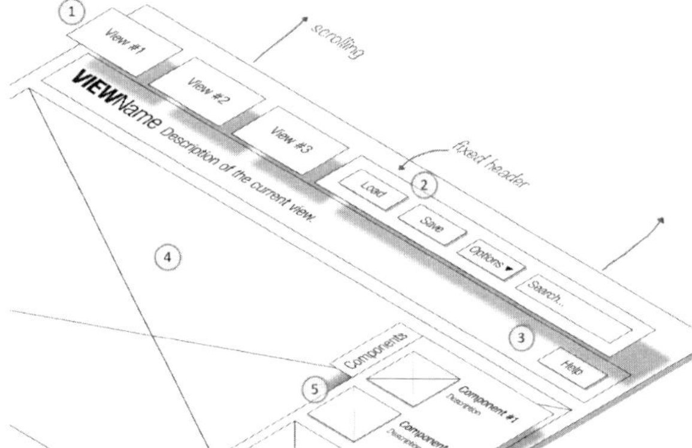

Abb. 7.1: Editor UI Gesamtkonzept (Siekmann, 2012)

Das UI-Konzept besteht aus einer Leiste für das Umschalten der Sichten ①, einer Werkzeugleiste ②, einer Art Kopfleiste ③, der sogenannten *Hero Unit*, und des Arbeitsbereichs ④. Die *Hero Unit* beinhaltet den Namen der aktuellen Sicht, eine Beschreibung sowie den Zugang zur Hilfsfunktionen. Die Schalter für die Sichten und die Werkzeugleiste sind ständig sichtbar, während der Arbeitsbereich und die *Hero Unit* bewegt werden können. Weiterhin ist eine Mashup-Vorschau ⑤ vorgesehen, die eine Liste der gefundenen Komponenten enthält. Dies bietet dem Nutzer ein unmittelbares Feedback bei der Erstellung des Aufgabenmodells.

Die Sicht der Aufgabenstruktur unterstützt die Erstellung der Aufgaben und ihrer hierarchischen Beziehungen. Als Darstellungsform wurde die Baumdarstellung, wie in Abb. 7.2 dargestellt, gewählt, da sie die Beziehungen zwischen abstrakten und konkreteren Aufgaben am besten abbildet Katifori u. a. (2007). Ähnlich zu bestehenden Aufgabeneditoren wird in dieser Darstellung mindestens der Aufgabenname, die Aufgabenkategorie und die Aufgabengruppierung angezeigt, wobei letztere durch Symbole repräsentiert werden. Der Versuch, weitere Informationen unterzubringen, führte jedoch zu einer größeren Verunsicherung bei den Nutzern, sodass schließlich darauf verzichtet wurde.

Das Konzept zur Visualisierung der Aufgabenattribute wird in Abb. 7.3 dargestellt. Ähn-

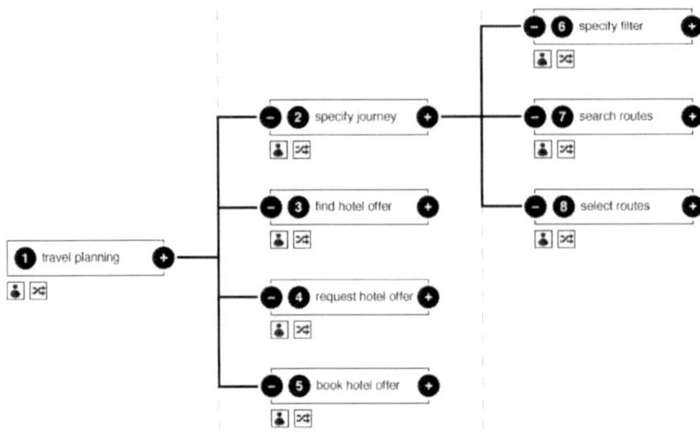

Abb. 7.2: Notationskonzept (Siekmann, 2012)

lich der Strukturansicht erlaubt diese Sicht die direkte Bearbeitung der wichtigsten Attribute, wie z. B. Kategorie und Gruppierung. Darüber hinaus werden Anzahl der Iterationen, Rollen, Bedingungen und Aktionen angezeigt. Um die Nutzer nicht zu sehr zu beanspruchen, werden hier die hierarchischen Beziehungen ausgeblendet. Durch die Anordnung in Spalten ist jedoch nach wie vor erkennbar, welchen Aufgaben von abstrakterer Ausprägung sind.

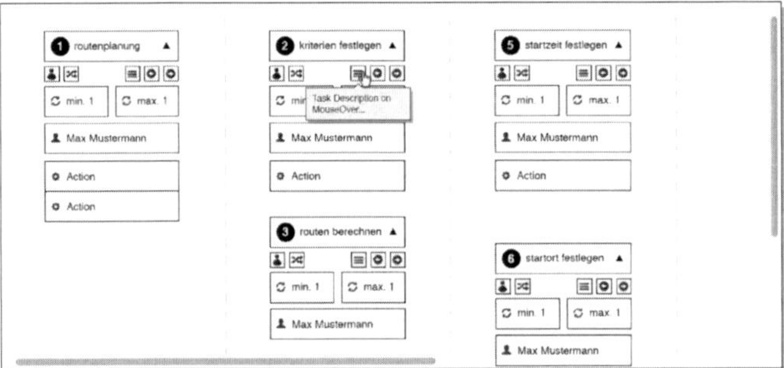

Abb. 7.3: Attributsicht (Siekmann, 2012)

Das Konzept für die Spezifikation des Datenflusses wird in Abb. 7.4 dargestellt. Dabei ist das Layout ähnlich zur Attributsicht, jedoch ist hier der Benutzer in der Lage mit Hilfe von Drag-&-Drop bestehende Datenobjekte in den Aufgaben in andere Aufgaben zu verschieben und dadurch einen Datenfluss zu modellieren. Da das Datenflussmodell umfangreich sein kann, ist es möglich, bestehende Datenobjekte auszuwählen und deren Datenflussbeziehungen hervorzuheben. In der Abbildung wird diese Hervorhebung in grüner Farbe dargestellt.

7.3.3 Der Ontologie-Browser

Neben der Erstellung des Modells selbst, ist die Auswahl von Ressourcen aus semantischen Datensätzen notwendig, um beispielsweise Aktionen und Domänenobjekte im Aufgabenmodell zu annotieren. Technisch versierte Nutzer sowie Experten des semantischen Web profitieren von dieser Datenfülle und nutzen diese beispielsweise mit Hilfe von SPARQL, um interessante Bereiche oder Anomalien in diesen Datensätzen zu finden.

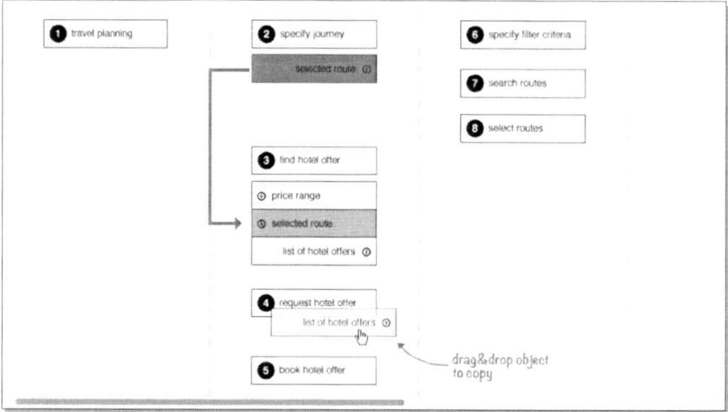

Abb. 7.4: Datenfluss-Sicht (Tietz u. a., 2013b)

Endnutzer können dagegen zwar Informationen mit Hilfe von Webseiten, wie z. B. Wikipedia, leicht finden, jedoch fällt es ihnen eher schwer, die Merkmale von RDF-basierten Datensätzen mit den Relationen und der Tripel-Darstellung zu verstehen (Dadzie und Rowe, 2011). Erschwert wird die Suche durch den Umfang, denn beispielsweise enthält die ***L**inked **O**pen **D**ata (LOD)* Cloud im Jahr 2011[1] ca. 300 Datensätze mit 32 Billiarden Tripeln, also ca. 107 Millionen pro Datensatz. Somit ist es eine Herausforderung, die Auswahl der semantischen Ressourcen auf eine Art und Weise zu gestalten, mit der Endnutzer und Domänenexperten zurechtkommen.

Aus diesem Grund verfügt das Editorkonzept über einen speziellen Ontologie-Browser (Voigt u. a., 2013), dessen UI-Konzept in Abb. 7.5 dargestellt wird. Er besteht aus ① einem Histogramm, welches interessante Ressourcen anhand von Metriken (z. B. Anzahl der Vererbungsbeziehungen) hervorhebt, einer graphenbasierten Visualisierung einer Ontologie ② und einer Darstellung der Interaktionshistorie ③. Letzteres ermöglicht das Zurücksetzen des Browsers in einen vorherigen Zustand, falls der Benutzer die Orientierung verloren hat. Schließlich werden in ④ Vorschläge für zu der aktuellen Auswahl ähnliche Ressourcen angezeigt und in ⑤ können Ressourcen für einen späteren Aufruf gespeichert werden.

Zur Unterstützung des Ontologie-Browsers wird ein Backend zu Verfügung gestellt, welches den Import von Ontologien und verschiedenste Hintergrundberechnungen ermöglicht, z. B. das Ermitteln von Clustern oder Metriken zur Filterung von Datensätzen. Aufgrund der großen Datenmengen werden besonders rechenintensive Verfahren wie das *Pivoting*, die Analyse von *Key Concepts* (die *n* wichtigsten Konzepte in einer Ontologie) oder die Ermittlung ähnlicher Ressourcen innerhalb der Topologie unmittelbar nach dem Import durchgeführt. Für den Ontologie-Browser liefert das ***Data Re**pository (DaRe)* aus dem verwandten Forschungsprojekt *VizBoard* (Voigt u. a., 2012) die entsprechend notwendigen Konzepte.

[1]http://lod-cloud.net/state/

Abb. 7.5: Konzept des Ontologie-Browsers

7.4 Zusammenfassung

In diesem Kapitel wurden die Anforderungen an ein Werkzeug zur semantischen Aufgabenmodellierung ermittelt und ein Konzept vorgestellt, welches diese im Gegensatz zu bestehenden Modellierungswerkzeugen weitgehend erfüllt. Obwohl das Werkzeug sich in einem frühen Stadium der Entwicklung befindet, wird davon ausgegangen, dass Endnutzer und Domänenexperten in die Lage versetzt werden, das in Kapitel 5 vorgestellte Anforderungsmodell zu erstellen und mit den notwendigen semantischen Annotationen zu versehen. Wie in Abschnitt 7.2 deutlich wurde, mangelt es bestehenden Werkzeugen insbesondere an der Integration semantischer Ressourcen und an einer webbasierten Lösung. Die Aufgabeneditoren für TAMOT (Lu u. a., 2002), CTTE (Mori u. a., 2002) und K-MADe (Caffiau u. a., 2010) bieten keine vergleichbare Unterstützung. Weiterhin sind die Werkzeuge losgelöst von einer durchgängigen modellbasierten Entwicklung, während der hier vorgestellte Editor auf die Erstellung von Mashup-Anwendungen spezialisiert ist. Komponentenvorschläge können direkt aus dem Aufgabenmodell abgeleitet und der Kompositionsprozess gestartet werden. Somit bildet der Editor einen weiteren Bestandteil der DEMISA-Entwicklungsmethode.

8 Umsetzung und Validierung

Dieses Kapitel widmet sich der Validierung der in Kapitel 5, Kapitel 6 und Kapitel 7 vorgestellten Konzepte und damit auch des in Kapitel 4 beschriebenen Entwicklungsprozesses. Die hier vorgestellten Prototypen sind hauptsächlich im Rahmen des Forschungsprojekts DEMISA[1] entstanden. Das Kapitel gliedert sich in die Beschreibung der Gesamtarchitektur in Abschnitt 8.1, der umgesetzten Konzepte in Abschnitt 8.2 und abschließend die Bewertung der Umsetzung in Abschnitt 8.3.

8.1 Architektur für die aufgabenbasierte Mashup-Komposition

Abb. 8.1 zeigt einen Überblick über die Gesamtarchitektur, in der das ***Ta**sk **Re**pository (TaRe)* den Kern der Implementierung bildet. Es verwaltet die Aufgabenmodelle, findet Komponenten und generiert das Kompositionsmodell. Auf der linken Seite befindet sich die Import-Komponente für Geschäftsprozessmodelle (Abschnitt 5.3), auf der rechten Seite das CoRe, welches die Komponenten verwaltet und für die Komposition in der *Mashup Runtime* bereitstellt. Die letzten beiden Bestandteile wurden im CRUISe-Projekt entwickelt und spielen deshalb in diesem Kapitel eine eher untergeordnete Rolle. Auf dem TaRe baut schließlich der im Kapitel 7 vorgestellte DTME auf, der die Aufgabenmodelle mit Hilfe des TaRe speichert und Vorschläge für Komponenten und Kompositionen dem Benutzer visualisiert. Die notwendigen Daten für den Ontologie-Browser stellt das DaRe aus dem VizBoard-Projekt zu Verfügung.

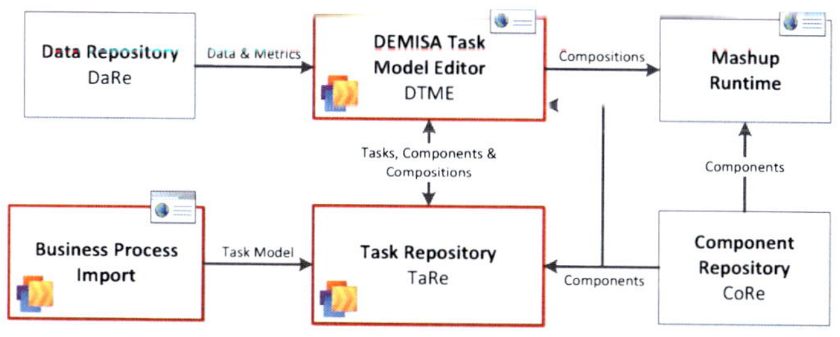

Abb. 8.1: Gesamtarchitektur zur Validierung der Konzepte

Der Geschäftsprozessimport und der Aufgabeneditor sind eigenständige Anwendungen,

[1] http://www.mmt.inf.tu-dresden.de/Forschung/Projekte/DEMISA/index.xhtml

mit denen der Benutzer über eine Web-Browser-Schnittstelle interagiert. Dies gilt auch für die Mashup-Runtime. Die Kommunikation der einzelnen Bestandteile im Rahmen der vorgestellten Architektur erfolgt über REST-Services, wobei für die Kommunikation überwiegend JSON eingesetzt wird. Im folgenden Abschnitt 8.2 wird die Implementierung der einzelnen Bestandteile der Architektur beschrieben.

8.2 Implementierung

Da das TaRe und der *Business Process Import* auf dem DEMISA-Aufgabenmodell aufbauen, wird dessen Umsetzung zu Beginn in Abschnitt 8.2.1 beschrieben. Anschließend wird in Abschnitt 8.2.2 gezeigt, wie Geschäftsprozessmodelle importiert werden können. Der Generierung von Komponentenvorschlägen und Kompositionen widmet sich der Abschnitt 8.2.3. In Abschnitt 8.2.4 wird die Umsetzung des DTME beschrieben. Abschließend wird in Abschnitt 8.3.5 eine Bewertung hinsichtlich des in Kapitel 4 definierten Entwicklungsprozesses getroffen.

8.2.1 Implementierung des Aufgabenmodells

Das DEMISA-Aufgabenmodell wurde als Ecore-Metamodell implementiert, um mit XMI Interoperabilität und Werkzeugunabhängigkeit zu erreichen. Ecore-Metamodelle basieren auf dem EMOF-Standard und sind besonders gut in die Eclipse-Entwicklungsumgebung sowie Werkzeuge zur Modellierung und Transformation integriert. Schließlich kann es als Java-Modell einfach als Bibliothek eingebunden und verwendet werden.

Ecore-Metamodell

Das Ecore-Metamodell wird in Abb. 8.2 dargestellt und repräsentiert vollständig die in Abschnitt 5.2 beschriebene Ontologie. Das Modell besteht aus der Komposition von Aufgaben *(Task)*, Bedingungen *(Conditions)* und semantischen Referenzen *(ModelReferences)*. Mit Hilfe des Metamodells können auf Basis von XMI- beliebige Instanzen gebildet werden. Quelltext 8.1 zeigt z. B. die Serialisierung der Aktivität »Antrag erstellen« als einzelne Aufgabe, die Teil des in Abschnitt 2.2.1 genannten Beispiels ist. Die interaktive Aufgabe besitzt die ID T1 und ein Eingabeobjekt »TravelRequest«.

Quelltext 8.1: Instanz einer AtomicTask in RDF/XML

```
<?xml version="1.0" encoding="ASCII"?>
<dtm:TaskModel xmlns:xsi="http://www.w3.org/2001/XMLSchema-instance" xmlns:dtm="http://inf.tudresden.de/demisa/taskmodel/1.11" id="TM1"
  name="Create a travel request." description ="This task model describes how to create travel request.">
  <rootTask xsi:type="dtm:AtomicTask" id="T1" name="Create a travel request" category="Abstract"
      inputObject="#TravelRequest" action="#Create" />
  <modelReferences>
    <modelReference id="Create"
      URI="http://mmt.inf.tu-dresden.de/demisa/ontologies/actions.owl#Create"/>
    <modelReference id="TravelRequest"
      URI="http://mmt.inf.tu-dresden.de/cruise/travel.owl#TravelRequest"/>
  </modelReferences>
</dtm:TaskModel>
```

Task Modeling DSL

Weiterhin wurde eine DSL auf der Basis des Ecore-Metamodells und EMFText[2] entwickelt. Die zugehörige Syntax wird in Form von Syntaxdiagrammen in Zeile A angegeben.

[2]http://www.emftext.org/index.php/EMFText

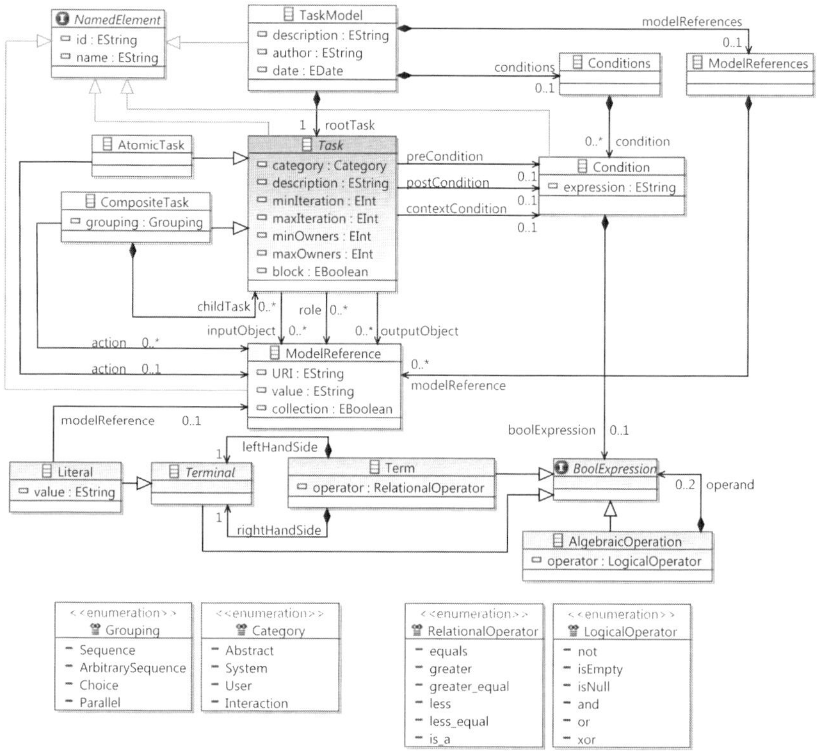

Abb. 8.2: Aufgabenmodell als Ecore-Metamodell

Da diese, im Vergleich zur XMI-Repräsentation, zu einer leicht verständlichen Sprache in einer kompakteren Darstellung bei gleicher Ausdrucksstärke führt, wird im Folgenden mit Hilfe der DSL ein etwas komplexeres Beispiel eines Aufgabenmodells angegeben. Die Sprache beginnt mit einer Präambel (Quelltext 8.2), die eine Beschreibung für das gesamte Aufgabenmodell liefert. Diese beinhaltet wie vom Metamodell vorgesehen, einen Identifikator, eine Beschreibung, einen Autor und ein Datum. Hier soll die Aufgabe »Search Hotels« in drei Teilaufgaben zerlegt werden.

Quelltext 8.2: Präambel

```
TaskModel TM "Search Hotels"
  description "This scenario describes the search of a hotel."
  author "Vincent Tietz"
  date "2012-10-24"
```

Die Aufgabenhierarchie wird durch das Schlüsselwort *Tasks* (Zeile 6) definiert. Die erste Aufgabe »Search Hotels« (Zeile 8) bildet das Wurzelelement des Aufgabenbaumes. Diese wird weiter in die drei Teilaufgaben dekomponiert: die Angabe des Anreisedatums (Zeile 16), die Suche nach Hotels (Zeile 20) sowie die Ausgabe der Hotels (Zeile 26). Sobald eine Aufgabe ein Kindelement besitzt, wird diese zur kompositen Aufgabe *(Com-*

positeTask), die wiederum die Angabe des *Grouping* erfordert. In diesem Fall sollen die Teilaufgaben sequentiell abgearbeitet werden (Zeile 14), weshalb das Schlüsselwort *Sequence* auftaucht.

Quelltext 8.3: Aufgabenhierarchie

```
6  Tasks
7
8    Abstract Task T1 "Search Hotels" {
9
10     input Location
11     output Hotels
12     action Search
13
14     Sequence
15
16     Interaction Task T2 "Specify Location" {
17       action Input
18       input Location
19     }
20     System Task T3 "Search Hotels" {
21       action Search
22       input Location
23       output Hotels
24       preCondition locationEntered
25     }
26     Interaction Task T4 "Display Hotels" {
27       action Visualize
28       output Hotels
29       preCondition hotelsFound
30     }
31   }
```

Die in den Aufgaben referenzierten Datenobjekte werden, wie in Quelltext 8.4 dargestellt, deklariert. Eine Referenz beinhaltet einen Identifikator, einen Namen und entweder einen Wert oder ein ***U**niversal **R**esource **I**dentifier (URI)*. Aktionen und Daten werden auf die gleiche Art und Weise referenziert. Hier verwendete Daten sind Location und Hotels; Aktionen sind Input, Search und Visualize.

Quelltext 8.4: Referenzen

```
References
  Reference Location
    URI "http://mmt.inf.tu-dresden.de/cruise/travel.owl#Location"
  Reference Hotels
    URI "http://mmt.inf.tu-dresden.de/cruise/travel.owl#HotelList"
  Reference Input
    URI "http://mmt.inf.tu-dresden.de/demisa/ontologies/actions.owl#Input"
  Reference Search
    URI "http://mmt.inf.tu-dresden.de/demisa/ontologies/actions.owl#Search"
  Reference Visualize
    URI "http://mmt.inf.tu-dresden.de/demisa/ontologies/actions.owl#Visualize"
```

In diesem Beispiel soll auch die Verwendung von Bedingungen verdeutlicht werden. In der Aufgabe T3 wird mit locationEntered verlangt, dass zuvor ein Ort eingegeben wurde. Diese Bedingung wird in dem Abschnitt *Conditions* in Quelltext 8.5 definiert und ist wahr, wenn das Objekt Location nicht leer ist. Somit kann in jeder anderen Aufgabe auch auf die Bedingung Bezug genommen werden.

Quelltext 8.5: Bedingungen

```
Conditions
  Condition locationEntered (not(isEmpty(Location) and not(isNull(Location)))
  Condition hotelsFound (not(isEmpty(Hotels) and not(isNull(Hotels)))
```

8.2.2 Business Process Import

Der erste Schritt beim Import eines Geschäftsprozessmodells besteht darin, das Modell zu laden und die Aktivitäten auszuwählen, die für die Mashup-Komposition relevant sind. Da für BPMN auch ein Ecore-Metamodell[3] verfügbar ist und das Metamodell des Aufgabenmodells auch in Ecore definiert ist, werden QVTO-Transformationen verwendet, um das Aufgabenmodell in eine XMI-Repräsentation zu überführen. Abb. 8.3 ordnet die Modelltransformation sowie die Metamodelle auf den MOF-Ebenen ein. Die Transformation ermöglicht ein Mapping zwischen den Modellen auf der Ebene *M1*, die jeweils einem eigenen Metamodell der Ebene *M2* entsprechen.

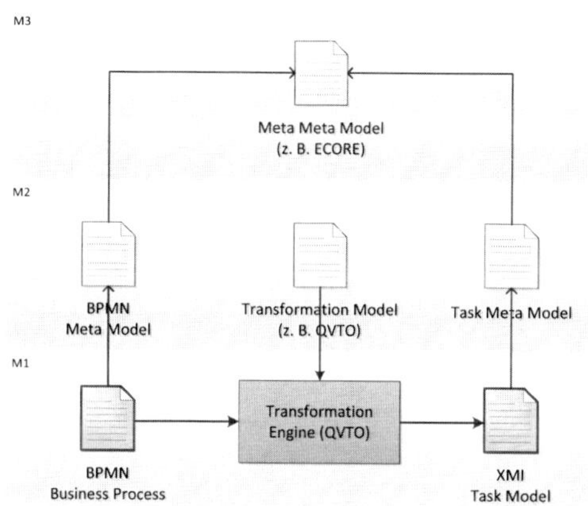

Abb. 8.3: Transformation von Geschäftsprozessmodellen mit Ecore

Die Komponente wurde von Gerhardt (2011) entwickelt und ermöglicht die Transformation von BPMN zu DEMISA-Aufgabenmodell. Mit Hilfe der Benutzeroberfläche (Abb. 8.4) können BPMN-Geschäftsprozesses hochgeladen und Start- und Endaktivität ausgewählt werden, um den zu importierenden Bereich zu markieren. Der Transformationsprozess wurde generisch anhand der Workflow-Patterns (Russell und van der Aalst, 2007) definiert und mit QVTO erfolgreich implementiert. Unterstützt werden die Kontrollflussmuster *Sequence (WCP-1)*, *Split (WCP-2)*, *Synchronization (WCP-3)*, *Choice (WCP-6)* und *Merge (WCP-8)*, die Datenmuster *Task Data (WDP-1)*, *Block Data (WDP-2)*, *Task-to-Task (WDP-9)* und *Task-Condition (WDP-34 bis WDP-36)*, die Ressourcenmuster *Direct Distribution (WRP-1)*, *Role-based Distribution (WRP-2)* und *Separation of Duties (WRP-5)*. Damit werden die nach einer repräsentativen Umfrage (Recker u. a., 2006) am häufigsten verwendeten Konzepte der BPMN unterstützt.

8.2.3 Task-Repository

Das TaRe ist für die Verwaltung der Aufgabenmodelle und die Generierung von Komponenten- und Kompositionsvorschlägen zuständig und bildet das Backend des Aufgabeneditors. In diesem Abschnitt werden zunächst die Bestandteile der Umsetzung der Teilmodule beschrieben und anschließend die Algorithmen für die Komponentensuche und die Komposition bewertet. Das TaRe ist in Java implementiert und untergliedert

[3] http://git.eclipse.org/c/bpmn2/

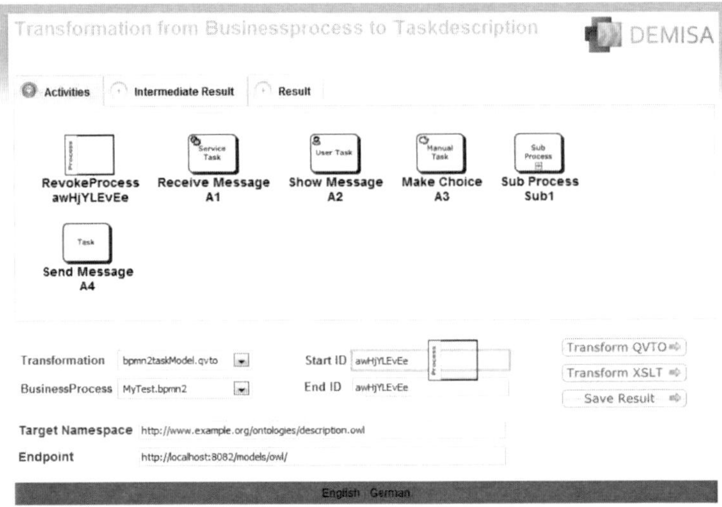

Abb. 8.4: Import eines BPMN -Geschäftsprozessmodells (Gerhardt, 2011)

sich, wie in Abb. 8.5 dargestellt, in sechs Apache Maven-Module[4], die von unten nach oben aufeinander aufbauen: *AOP*, *Utilities*, *Model*, *Persistence*, *Mapping*, *Composition* und *Service*. Im Folgenden wird die Implementierung der einzelnen Module erläutert, wobei besonders auf mapping und composition eingegangen wird.

AOP und DI

Das Modul *AOP und DI* ermöglicht die Anwendung aspektorientierter Programmierung und von *Dependency Injection (DI)*. Eigens definierte Annotationen ermöglichen beispielsweise die Zeitmessung von Methodenaufrufen, um die Algorithmen hinsichtlich ihrer Performanz zu untersuchen. DI wird im gesamten TaRe verwendet, um die Abhängigkeit zwischen den Klassen so gering wie möglich zu halten und den Zugriff auf Testobjekte in JUnit-Tests zu ermöglichen. Für die Realisierung von DI wird *Google Guice*[5] verwendet. Jedes Teilmodul *(Guice Injector Modules)* definiert hierfür die Objekte jeweils für die Test und die Produktionsphase.

Utilities

Das Modul *Utilities* enthält Klassen für den Umgang mit semantischen Daten auf Basis von Apache Jena[6]. Die zentralen Aufgaben sind das Laden von Ontologien und Ressourcen sowie deren Matching. Die wichtigsten Klassen des Modul sind OntologyUtils, OntologyMapper, CoreMatcher und MatchingUtils (vgl. Abb. 8.6).

OntologyUtils kapselt den Zugriff auf die Jena API und bietet eine Schnittstelle für das Laden von Ontologien z. B. mit loadOntology(uri) und Ressourcen mit getResource(uri). Letztere lädt automatisch die entsprechende Ontology, wenn sie noch nicht im

[4]http://maven.apache.org/
[5]http://code.google.com/p/google-guice
[6]http://jena.apache.org/

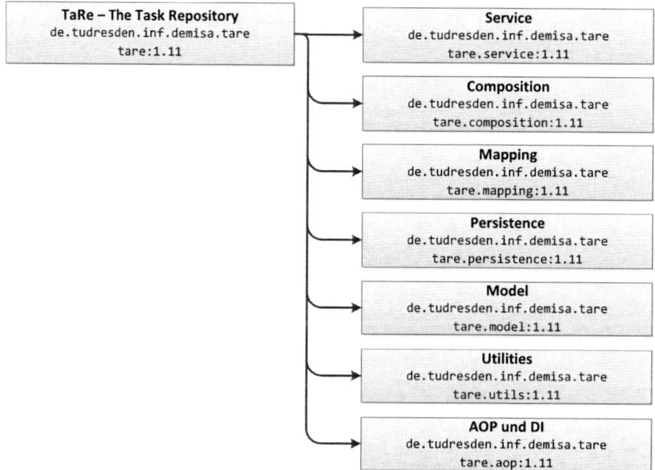

Abb. 8.5: Struktur des **Ta**sk **Re**pository

Arbeitsspeicher vorhanden ist. Der Zugriff auf die Ontologien via URI kann mit Hilfe der Datei ont-policy.rdf[7] konfiguriert werden, wobei die Adressen oder lokale Dateien sowie Namenspräfixe spezifiziert werden können. Um Ressourcen auch von unterschiedlichen Quellen verwenden zu können, kann der Klasse ein OntologyMapper übergeben werden. Weiterhin ermöglicht die Klasse die Validierung des aktuellen Ontologie-Modells.

Der OntologyMapper ist ein Interface, um Ressourcen aus verschiedenen Ontologien in Beziehung zu setzen. Im TaRe ist hier ein einfacher Mapper SimpleOntologyMapper implementiert, der eine Äquivalenzbeziehung zwischen Ressourcen mit gleichen Namen herstellt. So können beispielsweise verschiedene Versionen der Action-Ontologie gleichzeitig verwendet werden. In der Praxis ist dieser Mechanismus vor allem deshalb wichtig, da die Komponenten von Drittanbietern entwickelt und annotiert werden sowie die Aufgabenmodelle von den Nutzern erstellt werden, die wiederum andere Ontologien verwenden können.

Der CoreMatcher implementiert das Matching von Klassen und Properties mit Hilfe mehrerer statischer Methoden entsprechend der Spezifikation in Abschnitt 6.3.1 mit MatchingResult als Ergebnis. MatchingUtils implementiert die Funktion setMatch entsprechend Alg. 6.1 unter Zuhilfenahme von CoreMatch und DistanceCalculator, welcher die Distanz zwischen zwei Ressourcen berechnet. Schließlich definiert das Modul die beiden Exceptions OntologyLoadException (wenn eine Ontologie nicht gefunden werden konnte) und OntologyResourceNotFoundException (wenn eine Ressource nicht gefunden werden konnte).

Model

Das Modul tare.model beinhaltet das Datenmodell des TaRe sowie Hilfsklassen, um das Aufgabenmodell z. B. zwischen der OWL- und Ecore-Repräsentation zu transformieren oder die Modelle zu serialisieren. Ein weiterer Bestandteil ist ein Abstraktionsmodell, wel-

[7] http://jena.apache.org/documentation/ontology/

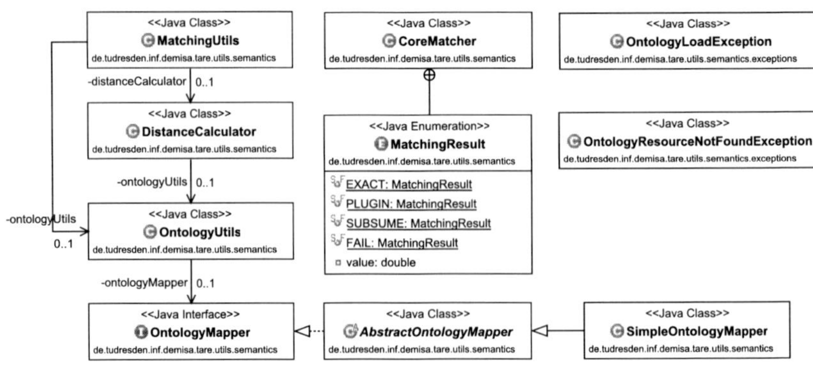

Abb. 8.6: Das Modul tare.utils

ches in einheitlicher Form die Funktionalität des Aufgabenmodells sowie der Bestandteile der Komponenten entsprechend der Daten- und Funktionssemantik nach Abschnitt 6.3.2 beschreibt. Die Klassen hierfür werden in Abb. 8.7 abgebildet. Die Basisklasse AbstractFunctionalityItem beinhaltet hierfür die Ein- und Ausgabobjekte, die Aktionen sowie den Typ FunctionalityType, um zu beschreiben, ob die Funktionalität die Interaktion des Benutzers erfordert. Daraus leiten sich das TaskFunctionalityItem und das ComponentFunctionalityItem ab. Beide enthalten eine Referenz zu ihrem Ursprung, um es anschließend bei der Komposition abrufen zu können. Die Klassen TaskFunctionalityItemBuilder und ComponentFunctionalityItemBuilder erzeugen die FunctionalityItems ausgehend von einer Aufgabe bzw. Komponente.

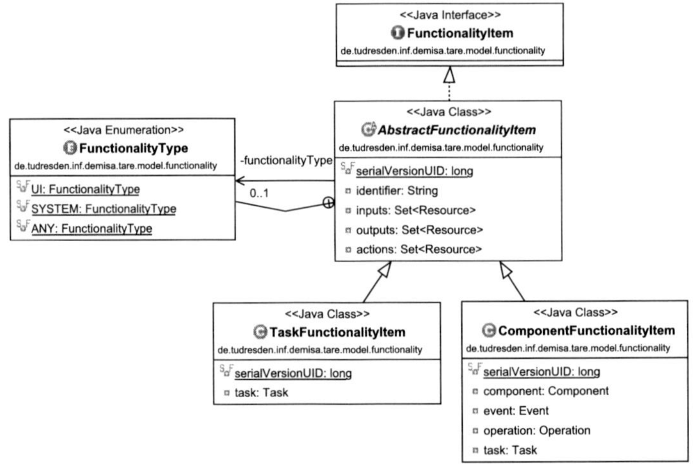

Abb. 8.7: FunctionalityItem im Modul tare.model

Persistence

Das Modul tare.persistence ermöglicht das Speichern und Laden von Aufgabenmodellen sowie anderen Daten, die z. B. vom Editor benötigt werden. Hierfür werden für jede Entität Schnittstellen und zugehörige Datenzugriffsobjekte definiert. Für die prototypische Umsetzung wurde *db4o*[8] verwendet, um ein direktes Mapping zwischen Java-Objekten und der Persistierung zu ermöglichen.

Mapping

Das Modul tare.mapping realisiert die Bewertung von Mashup-Komponenten hinsichtlich von Aufgabenmodellen. Dies ermöglicht die Klasse Task2ComponentMatcher, nach dem in Abschnitt 6.3.2 beschriebenen Verfahren. Wie im Anhang in Abb. A.5 dargestellt wird, bietet die Klasse Matching-Funktionen für FunctionalityItems als elementarstes Matching sowie darauf aufbauend Matchings für Aufgaben und Komponenten an. Das Ergebnis sind Bewertungen je Komponente und Aufgabe. Die hierfür notwendige Tabelle wird durch MatchingTable und ihren zugehörigen Elementen MatchingTableItem repräsentiert. Jedes Item besitzt eine Aktion, die Ein- und Ausgabeobjekte sowie die Ergebnisse der Berechnung. Zusätzlich werden für die spätere Komposition Referenzen zu der Menge der ComponentFunctionalityItem sowie der Aufgabe Task und der Komponente component vorgehalten.

Für die Erstellung von Testfällen wurden 17 Komponenten und neun Aufgaben definiert. Die Ausgangsmenge und das Ergebnis des Matching-Verfahrens werden in Tab. 8.1 dargestellt. Dabei sind auch die in den Komponenten annotierten Aktionen und Datenobjekte angegeben. UI steht für eine UI-Komponente bzw. eine Interaktionsaufgabe. Die Aktion bzw. die Funktionalität der *Capability* befindet sich an zweiter Stelle, z. B. INPUT. An dritter Stelle befindet sich die Entität, z. B. HOTEL.

Beispielsweise ist zu erkennen, dass die Aufgabe T2 am besten mit der Komponente C1 realisiert werden kann. C2 und C3 erhalten zwar auch einen hohen Wert, der jedoch aufgrund des nicht exakten Matchings des Datentyps niedriger ist. T7 wird zwar vollständig von C9 erfüllt, erhält aber nur den halben Wert 2,50, da der Interaktionstyp (UI und SYSTEM) inkompatibel ist. Für T1 gibt es drei Komponenten, die diese Aufgabe lösen können. Dies liegt daran, dass jede Komponente neben anderen *Capabilities* auch Eingabe eines Ortes ermöglichen. Damit entsprechen die Ergebnisse dem im Abschnitt 6.3 beschriebenen Konzept.

Composition

Das Modul tare.composition stellt schließlich die Klassen für die aufgabenbasierte Komposition nach Abschnitt 6.4 bereit, die u. a. in Abb. A.6 dargestellt werden. Die für das Kommunikationsmodell benötigte Matrix wird durch ChannelMatrix definiert, die auf GenericMatrix aufbaut. Weiterhin liefert sie Funktionen zum Hinzufügen von Mapping-Ergebnissen und das Berechnen der Werte der Matrix. Der Kommunikationsgraph wird jeweils durch ComponentChannelGraph für Komponenten und TaskModelGraph für Aufgaben repräsentiert, welche um spezifische Funktionen erweitert wurden, z. B. um Knoten zu finden.

Auf der Grundlage der genannten Datenstrukturen wird die Erzeugung des Kompositions-

[8]http://www.db4o.com/deutsch/

#	Komponente	Action	Input	Output	UIInputLocation T01	UIInputStartLocation T02	UIInputDestLocation T03	UIOutputHotel T04	UIVisualizeRoute T05	UIOutputEvent T06	UISearchHotel T07	UISelectLocation T08	SYSTEMSearchHotel T09	UIInputStartTime T10	SYSTEMSearchRoutes T11	UIDisplayRoutes T12
C1	UI_INPUT_START_LOCATION	Input	StartLocation		4,50	**5,00**	3,75	0,00	0,00	0,00	0,75	0,75	0,38	3,75	0,38	0,00
C2	UI_SELECT_LOCATION	Select	Location		**5,00**	4,75	4,75	0,00	0,00	0,00	1,25	**5,00**	0,63	3,75	0,63	0,00
C3	UI_INPUT_LOCATION	Input	Location		**5,00**	4,75	4,75	0,00	0,00	0,00	1,25	1,25	0,63	3,75	0,63	0,00
C4	UI_INPUT_START_DEST_LOCATIO	Input	StartLocation, DestLocation		4,50	4,38	4,38	0,00	0,00	0,00	0,75	0,75	0,38	3,75	0,38	0,00
C5	UI_INPUT_DEST_LOCATION	Input	DestLocation		4,50	3,75	**5,00**	0,00	0,00	0,00	0,75	0,75	0,38	3,75	0,38	0,00
C6	UI_INPUT_START_TIME	Select	StartTime		3,75	3,75	3,75	0,00	0,00	0,00	0,00	0,00	0,00	**5,00**	0,00	0,00
C7	UI_SELECT_START_TIME	Select	StartTime		0,00	0,00	0,00	1,25	1,25	1,25	1,00	2,50	0,50	0,00	0,50	1,25
C8	UI_INPUT_EVENT_LOCATION	Input	EventLocation		4,50	4,50	4,50	0,00	0,00	0,00	0,75	0,75	0,38	3,75	0,38	0,00
C9	UI_SEARCH_HOTEL	Search	Location	Hotel	1,25	1,00	1,00	0,63	0,00	0,00	**4,38**	3,38	2,19	0,00	1,88	0,00
C10	UI_SEARCH_SELECT_LOCATION	Input, Search, Select	Location		**5,00**	4,75	4,75	0,00	0,00	0,00	3,75	**5,00**	1,88	3,75	1,88	0,00
C11	UI_OUTPUT_HOTEL	Output		Hotel	0,00	0,00	0,00	**5,00**	3,25	3,75	1,25	0,00	0,63	0,00	0,00	3,25
C12	UI_OUTPUT_EVENT	Output		Event	0,00	0,00	0,00	3,75	3,25	**5,00**	0,00	0,00	0,00	0,00	0,00	3,25
C13	UI_OUTPUT_ROUTE	Output		Route	0,00	0,00	0,00	3,75	4,50	3,75	0,00	0,00	0,00	0,00	0,00	3,25
C14	UI_VISUALIZE_ROUTE	Visualize		Route	0,00	0,00	0,00	2,75	**5,00**	2,75	0,00	0,00	0,00	0,00	0,00	1,25
C15	UI_OUTPUT_ROUTE_LIST	Output		RouteList	0,00	0,00	0,00	3,75	3,25	3,75	0,00	0,00	0,00	0,00	0,63	**4,50**
C16	SYSTEM_SEARCH_HOTEL	Search	Location	Hotel	0,63	0,50	0,50	0,31	0,00	0,00	2,19	1,69	**4,38**	0,00	3,75	0,00
C17	SYSTEM_SEARCH_ROUTE	Search	StartLocation, DestLocation	Route	0,25	0,31	0,31	0,00	0,00	0,00	1,50	1,00	3,00	0,31	**4,25**	0,63

Tab. 8.1: Matching-Ergebnisse

modells durch CompositionModelCreator durchgeführt, welcher wiederum den CommunicationModelCreator, den LayoutModelCreator, den StateModelCreator und den ConceptualModelCreator verwendet. Schließlich serialisiert der CompositionModelCreator das erstellte Kompositionsmodell. Zur Erstellung des Kommunikationsgraphen wurde der ChannelGraphMerger implementiert. Für das Matching von Graphen wurde die Implementierung des ***E**xact **S**ubgraph **M**atching (ESM)*[9] von Liu u. a. (2013) verwendet und für das TaRe durch ChannelGraphMatcher angepasst. Als Grundlage für das Graph-Modell dient der DirectedSparseGraph von JUNG[10]. Das Rahmenwerk bietet fundamentale Graph-Operation, Algorithmen und ermöglicht deren direkte Visualisierung.

Um die Erzeugung des Kompositionsmodells zu demonstrieren, wird die Suche nach einer Route anhand von Start-, Zielort und Zeit in Abb. 6.10 in Abschnitt 6.4 aufgegriffen. Das Aufgabenmodell wird demnach entsprechend im Quelltext 8.6 definiert.

Quelltext 8.6: Aufgabenmodell für die Suche nach Routen

```
TaskModel TM "Travel Planning Scenario"

Tasks

  Abstract Task T01 "Search Routes" {

    Sequence

```

[9]http://sourceforge.net/projects/esmalgorithm/
[10]http://jung.sourceforge.net/

```
    Interaction Task T02 "Search Criteria" {
      Parallel
      Interaction Task T10 "Input Start Time" {
        action Input
        input StartTime
      }
      Interaction Task T2 "Input Start Location" {
        action Input
        input StartLocation
      }
      Interaction Task T3 "Input Destination Location" {
        action Input
        input DestinationLocation
      }
    }

    System Task T11 "Search Routes" {
      action Search
      input StartTime
      input StartLocation
      input DestinationLocation
      output RouteList
      preCondition startTimeSelected
    }

    Interaction Task T12 "Display Routes" {
      action Display
      output RouteList
    }
  }

References
  Reference StartTime
    URI "http://mmt.inf.tu-dresden.de/cruise/travel.owl#hasStartTime"
  Reference StartLocation
    URI "http://mmt.inf.tu-dresden.de/cruise/travel.owl#hasStartLocation"
  Reference DestinationLocation
    URI "http://mmt.inf.tu-dresden.de/cruise/travel.owl#hasDestination"
  Reference RouteList
    URI "http://mmt.inf.tu-dresden.de/cruise/travel.owl#RouteList"

  Reference Input
    URI "http://mmt.inf.tu-dresden.de/demisa/ontologies/actions.owl#Input"
  Reference Search
    URI "http://mmt.inf.tu-dresden.de/demisa/ontologies/actions.owl#Search"
  Reference Display
    URI "http://mmt.inf.tu-dresden.de/demisa/ontologies/actions.owl#Display"

Conditions
  Condition startTimeSelected not( isNull (StartTime))
```

Die Komposition erfolgt nun anhand der in Tab. 8.1 aufgelisteten Komponenten. Die ID der dort vorhandenen Aufgaben wurden ebenfalls übernommen. Das Ergebnis des Generierungsprozesses wird im Folgenden durch ein XML-Dokument des Mashup-Kompositionsmodells repräsentiert. In Quelltext 8.7 wird zunächst der Rumpf des Dokuments dargestellt, dessen Parameter name sich direkt aus den gleichnamigen Attributen des Aufgabenmodells *(TaskDescription)* ergibt. Die ID wird generiert. Der komplette Quelltext ist in Quelltext A.5 zu finden.

Quelltext 8.7: Wurzelement des Mashup-Kompositionsmodells

```
<?xml version="1.0" encoding="UTF-8"?>
<mcm:MashupComposition xmlns:xmi="http://www.omg.org/XMI" xmlns:xsi="http://www.w3.org/2001/
    XMLSchema-instance"
  xmlns:mcm="http://inf.tudresden.de/cruise/compositionmodel/1.11" xmlns:xs="http://www.w3.org/2001/
    XMLSchema" name="Travel Planning Scenario"
  id="245077945" version="1.0">
  ...
</mcm:MashupComposition>
```

Wie in Abschnitt 6.4.2 beschrieben, wird zunächst anhand des Aufgabenmodells ein effektiver Kommunikationsgraph erzeugt, welcher in Abb. 8.8 dargestellt wird. Die Abbildungen der Graphen wurden automatisch mit Hilfe des Frameworks JUNG generiert. Zu sehen sind die Aufgaben T3, T2 und T10, welche Daten (Start- und Zielort sowie Startzeit) für T11 erzeugen. T11 führt anhand der Daten die Suche nach Routen durch und gibt die Routeninformation an T12 zur Ausgabe an den Nutzer weiter.

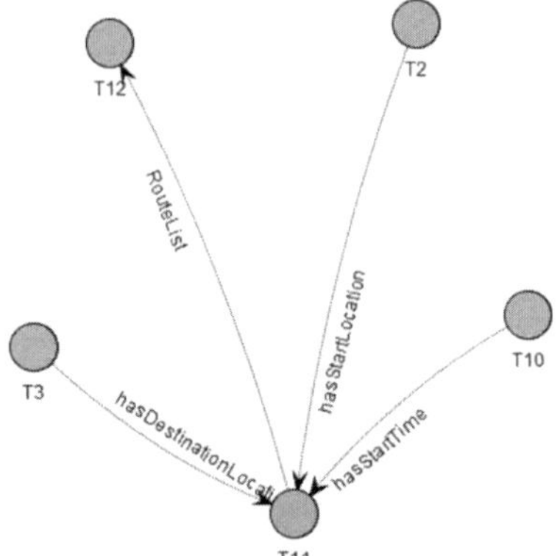

Abb. 8.8: Effektiver Kommunikationsgraphs des Aufgabenmodells

Die Kommunikationsmatrix wird aus den Komponentenkandidaten erstellt, die im Matching-Verfahren eine Grenzwert (Standard ist 1.0) unterschreiten. Diese lässt sich ebenfalls in einen Graphen überführen, der in Abb. 8.9 dargestellt wird. Aus Gründen der Übersichtlichkeit wurden nur die Komponenten C01, C05, C06, C13 und C13 einbezogen. Es ist zu erkennen, dass jede Komponente einer Aufgabe zugeordnet ist und einen Wert hinsichtlich ihrer Eignung bezüglich der Aufgabe besitzt. Beispielsweise kann die Aufgabe T12 sowohl von C13 als auch C15 umgesetzt werden. Allerdings scheint C15 aufgrund der besseren Bewertung besser geeignet zu sein. Weiterhin besitzt jede Komponente eine Kommunikationsbeziehung zu einer anderen. Die Kanten des Graphen besitzen die Bezeichnung des Parameters sowie den Wert ihrer Kompatibilität zwischen Ereignissen und Operationen der Komponenten.

Mit Hilfe des Graph-Matchings werden beide Graphen miteinander verglichen, um den besten Subgraphen aus dem Kommunikationsgraph der Komponenten zu ermitteln. Abb. 8.10 zeigt schließlich den finalen Kommunikationsgraph, der zwischen den Komponenten C01, C05, C06, C15 und C17 besteht. Der Graph ist isomorph zum effektiven Kommunikationsgraphen des Aufgabenmodells sowie haben die Komponenten und Übergänge insgesamt den höchsten Wert im Vergleich zu anderen Möglichkeiten. Der Graph beinhaltet sowohl eine Referenz auf die Komponenten der Komposition als auch die Kommunikationsbeziehung und ist somit die Grundlage für die Bildung des Kompositionsmodells.

Das *Conceptual Model* resultiert aus den identifizierten Komponenten und ihrer SMCDL-Beschreibung. Dabei werden ihre Eigenschaften, Operationen und Ereignisse in das Kompositionsmodell überführt. Hier wird beispielsweise die Komponente C15 mit dem Ereignis *routesUpdated* und der Operation *displayRoutes* verknüpft. Der entsprechende Auszug aus dem *Conceptual Model* wird in Quelltext 8.8 angegeben.

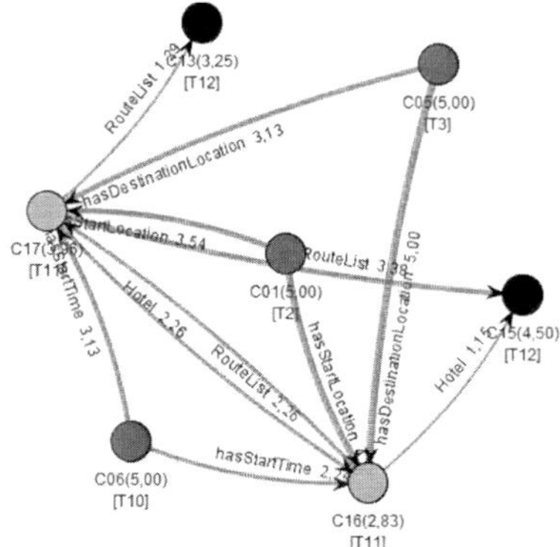

Abb. 8.9: Kandidaten des Kommunikationsgraphs

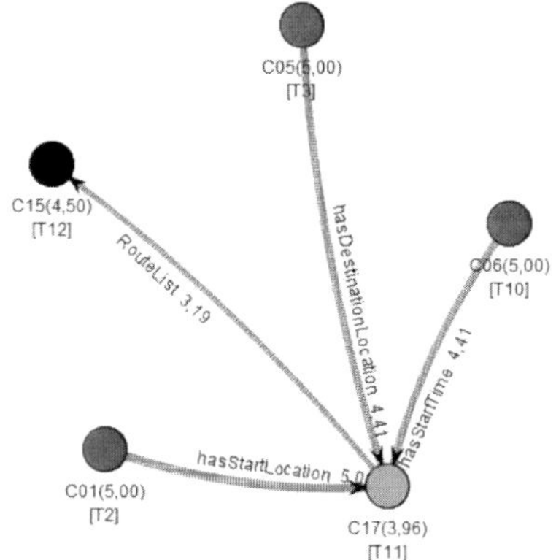

Abb. 8.10: Finaler Kommunikationsgraph

Quelltext 8.8: Datatype Property für externe Konzepte

```
<conceptualModel>
  <components>
    <component xsi:type="mcm:UIComponent" name="uioutputroutelist" id="mc://mmt/demisa/C15">
      <operation name="displayRoutes">
        <parameter name="routes" type="travel:RouteList" />
      </operation>
      <event name="routesUpdated">
        <parameter name="routes" type="travel:RouteList" />
      </event>
      ...
    </component>
    ...
  </components>
</conceptualModel>
```

Mit Hilfe des Kommunikationsgraphen wird das Kommunikationsmodell erzeugt. In dem genannten Beispiel erfolgt eine Verknüpfung von C01, C05, C06 mit C17. Die Namensgebung der Links entspricht dem Namens des Ereignisses, welches ausgelöst wird. Beispielsweise heißt das Ereignis in C06 *startTimeSelected* wodurch der Link in Zeile 2 mit *startTimeSelected-Link* bezeichnet wird. Im CRUISe-Kommunikationsmodell werden Verbindungen durch *Channel* repräsentiert, die jeweils die Parameter, *Publisher* und *Subscriber* definieren. Letztere werden mit Hilfe von XPath-Ausdrücken adressiert.

Quelltext 8.9: Generiertes Kommunikationsmodell

```
<communicationModel>
  <channel xsi:type="ns5:Link" name="hasStartTimeSelected–Link">
    <parameter xmlns:travel="http://mmt.inf.tu–dresden.de/cruise/travel.owl#" name="channel–start–time"
        ns1:type="travel:hasStartTime"/>
    <publisher event="//@conceptualModel/@components/@component[name='C10']/@event[name='
        startTimeSelected']"/>
    <subscriber operation="//@conceptualModel/@components/@component[name='C17']/@operation[name='
        setStartTime']"/>
  </channel>
  <channel xsi:type="ns5:Link" name="hasStartLocationSelected–Link">
    <parameter xmlns:travel="http://mmt.inf.tu–dresden.de/cruise/travel.owl#" name="channel–has–start–
        location–location" ns1:type="travel:hasStartLocation"/>
    <publisher event="//@conceptualModel/@components/@component[name='C01']/@event[name='
        startLocationSelected']"/>
    <subscriber operation="//@conceptualModel/@components/@component[name='C17']/@operation[name='
        setStartLocation']"/>
  </channel>
  <channel xsi:type="ns5:Link" name="hasDestinationLocationSelected–Link">
    <parameter xmlns:travel="http://mmt.inf.tu–dresden.de/cruise/travel.owl#" name="channel–has–
        destination–location" ns1:type="travel:hasDestinationLocation"/>
    <publisher event="//@conceptualModel/@components/@component[name='C05']/@event[name='
        startDestinationLocationSelected']"/>
    <subscriber operation="//@conceptualModel/@components/@component[name='C17']/@operation[name='
        setDestinationLocation']"/>
  </channel>
  <channel xsi:type="ns5:Link" name="routesFound–Link">
    <parameter xmlns:travel="http://mmt.inf.tu–dresden.de/cruise/travel.owl#" name="channel–route–list"
        ns1:type="travel:hasRouteList"/>
    <publisher event="//@conceptualModel/@components/@component[name='C17']/@event[name='
        routesFound']"/>
    <subscriber operation="//@conceptualModel/@components/@component[name='C15']/@operation[name='
        displayRoutes']"/>
  </channel>
</communicationModel>
```

Das Layout-Modell resultiert aus dem Mapping des Aufgabenmodells laut Abschnitt 6.4.3 und führt zu dem Quelltext 8.10. In dem hier betrachteten Beispiel entsteht für T01 ein Kartenstapel mit zwei Karten, die jeweils ein FillLayout für T02 und T11 enthalten.

Quelltext 8.10: Layoutmodell

```
<layoutModel>
    <layout xmlns:xsi="http://www.w3.org/2001/XMLSchema–instance" xmlns:ns5="http://mmt.inf.tu–
        dresden.de/mcm/1.11" xsi:type="ns5:CardLayout" state="T01" name="Search Routes">
        <bounds height="800" width="800" unit="pixel"/>
        <card>
          <layout xsi:type="ns5:FillLayout" sate="T02" name="Specify Criteria" fillStyle="horizontal">
              <bounds height="800" width="800" unit="pixel"/>
              <fillElement locate="C01"/>
              <fillElement locate="C05"/>
              <fillElement locate="C06"/>
          </layout>
        </card>
        <card>
          <layout xsi:type="ns5:FillLayout" state="T11" name="Display Routes" fillStyle="horizontal">
              <bounds height="800" width="800" unit="pixel"/>
              <fillElement locate="C17"/>
          </layout>
        </card>
    </layout>
</layoutModel>
```

Schließlich wird das *StateModel* generiert, dessen XML-Quelltext in Quelltext 8.11 dargestellt. Dieser besteht aus den Zuständen (Zeile 2), die aus dem Aufgabenmodell abgeleitet wurden und den Übergängen und deren Bedingungen (Zeile 13). Die Bedingungen im Kompositionsmodell verweisen auf Ereignisse von Komponenten. In dem hier gezeigten Beispiel muss das Ereignis startTimeSelected ausgelöst worden sein und das daraus resultierende Datum darf nicht null sein.

Quelltext 8.11: Generiertes StateModel

```
1 <stateModel>
2   <states>
3     <state id="T01" name="Search Routes" type="SEQ">
4       <state id="T02" name="Search Criteria" type="PAR">
5         <state id="T10" name="Input Start Time" />
6         <state id="T2" name="Input Start Location" />
7         <state id="T3" name="Input Destination Location" />
8       </state>
9       <state id="T11" name="Search Routes" />
10      <state id="T12" name="Display Routes" />
11    </state>
12  </states>
13  <transitions>
14    <transition fromState="T02" toState="T11">
15      <condition>
16        <boolExpression xsi:type="ns5:AlgebraicOperation">
17          <operand xsi:type="ns5:AlgebraicOperation" operator="not">
18            <operand xsi:type="ns5:AlgebraicOperation" operator="isNull">
19              <operand xsi:type="ns5:Literal" event="//@conceptualModel/@components/@component[name
                ='C7']/@event[name='startTimeSelected']"/>
20            </operand>
21          </operand>
22        </boolExpression>
23      </conditions>
24    </transition>
25  </transitions>
26 </stateModel>
```

Service

Das Module tare.service stellt schließlich eine REST-Schnittstelle mit Hilfe von Jersey[11] zu Verfügung mit Hilfe dessen die Funktionen des TaRe abgerufen werden können. Hierbei wird in TaskModelService, MappingService und CompositionService unterschieden, die wahlweise XML oder JSON entgegennehmen oder zurückgeben. Ein UserService ermöglicht die Registrierung und Authentifizierung von Nutzern.

8.2.4 Der DEMISA Task Model Editor

Der DTME ist konzeptionell entsprechend Abb. 8.1 in die Architektur von DEMISA und CRUISe integriert und über eine dienstbasierte Schnittstelle mit dem TaRe verbunden, um auf Aufgabenmodelle zuzugreifen und Kompositionsvorschläge anhand dieser zu erhalten. Hierfür greift das TaRe auf einen Katalog von Komponenten zurück, die im CoRe hinterlegt sind. Die Hauptaufgabe des Editors besteht in der Visualisierung und Erstellung von Aufgaben durch Dekomposition, das Finden von geeigneten semantischen Ressourcen und die Darstellung von Komponentenvorschlägen. Ein Prototyp des Editors wurde von Siekmann (2012) entwickelt, der im Folgenden kurz beschrieben wird.

Visualisierung und Notation

Einen Überblick über den gesamten Editor in der Sicht der Aufgabenstruktur *(Relation-View)* wird in Abb. 8.11 abgebildet, der die zuvor beschriebenen Konzepte enthält: die Schalter für die Sichten, die *Hero Bar*, die Werkzeugleiste sowie die Komponentenvor-

[11] https://jersey.java.net/

schau. Da eine Web-basierte Lösung eine wichtige Anforderung war, wurde die Benutzeroberfläche mit Hilfe von Twitter Bootstrap[12] implementiert. Es stellt Vorlagen und Komponenten zu Verfügung, um ein einheitliches UI-Design zu schaffen. Bootstrap basiert auf HTML5, CSS3, LESS[13] und jQuery[14] Die Visualisierung der Aufgaben wurde mit Paper.js[15] umgesetzt, das es den HTML5-Canvas benutzt und Maus- sowie Touch-Interaktionen ermöglicht.

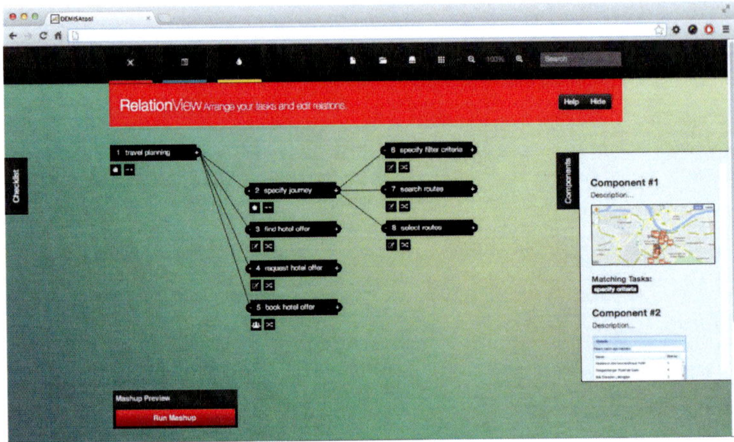

Abb. 8.11: Der **DEMISA** **T**ask **M**odel Editor (Tietz u. a., 2013b)

Während der Entwicklung des Editors wurden stichprobenartig potentielle Nutzer mit dem Prototypen konfrontiert. Basierend auf dem Feedback wurden die konzeptionellen Ideen schrittweise verfeinert. Beispielsweise stellte sich die Möglichkeit der direkten Manipulation der Aufgaben als wichtig heraus. Mit Hilfe von kleinen Buttons an bestehenden Aufgaben kann man diese löschen oder ihnen neue Kindelemente hinzufügen. Die Aufgabenkategorie und das Grouping können mit einem Klick verändert werden. Für die Eingabe des Aufgabennamens wurde das *Inline Editing* ermöglicht. Schließlich sind auch Standard-Interaktionen (z. B. Pan-&-Zoom) möglich. Mit zunehmender Komplexität der Modelle forderten einige Nutzer einen schnelleren Zugriff auf die Aufgaben und deren Attribute. Somit wurde eine textbasierte Suche integriert und ein Checklist-Komponente geschaffen, die in Form einer Liste alle Aufgaben und ihre Attributbelegung mit Hilfe kleiner Symbole verdeutlicht. Ein Klick auf das Symbol oder ein Doppelklick auf eine Aufgabe öffnet den Attribut-Dialog, der in Abb. 8.12 dargestellt wird.

Ebenfalls wurde die Attribut- und die Datenflusssicht implementiert. Letztere ist in Abb. 8.13 zu sehen. Hier können neue Datenobjekte eingefügt und per Drag-&-Drop mit einander verknüpft werden. Um eine Objektreferenz zu entfernen, kann es in den Papierkorb verschoben werden. Die Verknüpfung zwischen Ein- und Ausgaben wird, wie konzeptionell vorgesehen, farblich hervorgehoben. Die Datenflussmodellierung ist ein

[12]http://twitter.github.com/bootstrap/
[13]http://lesscss.org/
[14]http://jquery.com/
[15]http://paperjs.org/

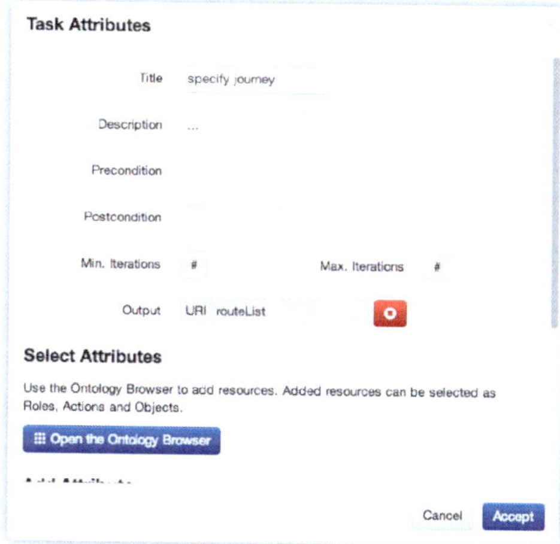

Abb. 8.12: Attribut-Dialog (Tietz u. a., 2013b)

wichtiger Aspekt in der Aufgabenmodellierung, die jedoch in anderen Editoren bisher vernachlässigt wurde. Schließlich kann aus Gründen der Übersichtlichkeit die Datenobjekte einzelner Aufgaben ein- und ausblenden.

Ontologie-Browser

Um den Nutzern die Auswahl von semantischen Ressourcen zu ermöglichen wurde in Zusammenarbeit mit dem Projekt VizBoard (Voigt u. a., 2012) ein Ontologie-Browser speziell für Endnutzer und Domänenexperten iterativ entwickelt. Das Frontend des Ontologie-Browser wird in Abb. 8.14 dargestellt und besteht aus den folgenden Komponenten. Um leichter interessante Ressourcen zu identifizieren, stellt ein Histogramm ① die Verteilung von verschiedenen Metriken (z. B. Anzahl von Subklassen) dar. Die Art der Metrik kann auf der Leiste unter dem Histogramm ausgewählt werden. Unter dieser Leiste befindet sich eine visuelle Darstellung ② der Ontologie bzw. Teile davon. Dies ist z. B. abhängig von der aktuellen ausgewählten Säule des Histogramms. Mit Pan-&-Zoom kann in der visuellen Darstellung navigiert werden, Konzepte können bewegt werden und detaillierte Informationen, z. B. verknüpfte *Data Properties* angezeigt werden. Mit Hilfe einer Zeitleiste ③ ist es möglich vorgenommene Filtereinstellungen zurückzusetzen, in ④ werden weitere, für den Nutzer eventuell interessante, Ressourcen angezeigt. Lesezeichen zu gefundenen Ressourcen können unter ⑤ abgelegt werden.

Aufgrund der Anforderungen aus dem Projekt VizBoard wurde das Frontend des Ontologie-Browsers mit ExtJS[16] implementiert und ist somit eine vollwertige CRUISe-Komponente. Für die Visualisierung des Graphen, des Histogramms und der Zeitleiste wurde D3[17] verwendet. Der Ontologie-Browser wird durch das DaRe unterstützt, das automatisch Datenreduktion und Metrik-Analysen bei besonders großen Datensätzen vornimmt.

[16]http://www.sencha.com/products/extjs/
[17]http://d3js.org/

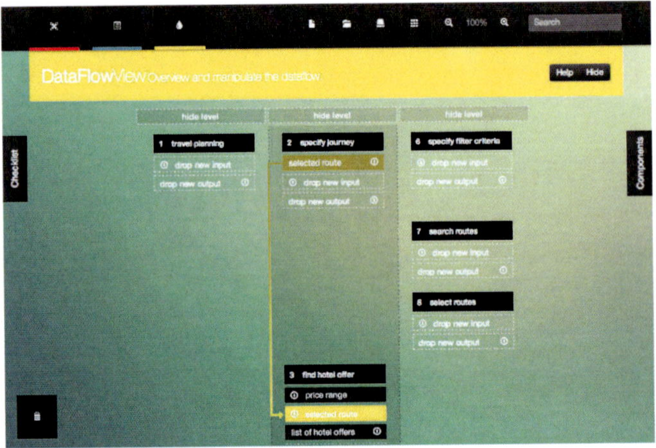

Abb. 8.13: Data Flow View (Tietz u. a., 2013b)

Um die Daten für das Frontend aufzubereiten, nutzt das Backen Metrik-Analysen, Pivoting und Key-Extraction. Hierzu kommen z. B. die Jena API[18], RapidMiner[19], und RMOnto[20] und KCE API[21] zum Einsatz.

8.3 Bewertung

Dieses Kapitel widmete sich bisher der Umsetzung und Validierung der in er in Kapitel 5, Kapitel 6 und Kapitel 7 vorgestellten Konzepte. Dies beinhaltet ein semantisches Aufgabenmodell, die Komponentensuche, die Komposition und ein Editor zur Erstellung von Aufgabenmodellen für Domänenexperten. Im Folgenden wird die Umsetzung der Konzepte im Einzelnen diskutiert.

8.3.1 Bewertung des Aufgabenmodells

Das hier vorgestellte Anforderungsmodell erfüllt alle in Abschnitt 5.1.2 definierten Anforderungen. Aufgrund der Reduktion auf Ein- und Ausgaben sowie der Dekomposition bis hin zu den Aktionen nach der Aktivitätstheorie beschränkt sich das Aufgabenmodell auf drei wesentliche Konzepte: Aufgabendekomposition, Bedingungen und Modellreferenzen. Im Vergleich zum *ReTaMetamodel* beinhaltet das Aufgabenmodell weniger Entitäten und Relationen. Weiterhin zeigen die Beispiele auf der Grundlage des DSL eine auf das Wesentliche reduzierte Aufgabenbeschreibung, weshalb die Anforderung nach *Einfachheit (A 2.1)* erfüllt ist. Die Komplexität wird auch dadurch reduziert, dass externe Klassifikationen zur Spezifikation des Domänenmodells einbezogen werden. Dies unterstützt auch die Forderung nach *Separation of Concerns (A 2.9)*. In den meisten Aufgabenmodellen werden weder externe Klassifikationen einbezogen noch können im Modell selbst

[18] http://incubator.apache.org/jena/
[19] http://rapid-i.com/content/view/181/190/lang,en/
[20] http://semantic.cs.put.poznan.pl/RMonto
[21] http://sourceforge.net/projects/kce/

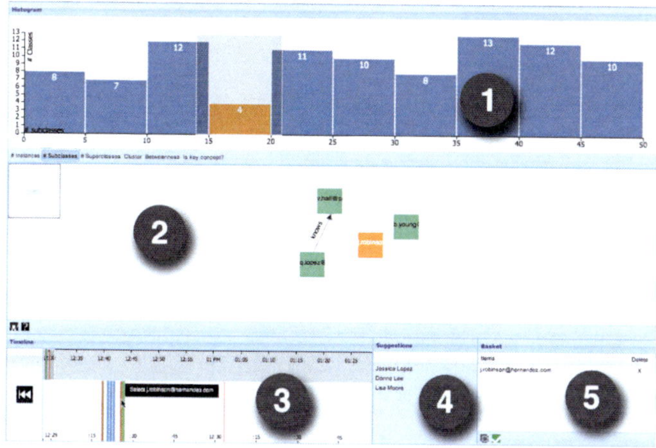

Abb. 8.14: Ontology Browser (Tietz u. a., 2013b)

Domänenmodelle spezifiziert werden. Somit grenzt sich das DEMISA-Aufgabenmodell auch bei der Unterstützung eines komplexen *Domänenmodells (A 5.8)* von den anderen Aufgabenmodellen ab.

Weiterhin bietet das Aufgabenmodell im Gegensatz zu anderen Ansätzen einen hohen *Formalisierungsgrad (A 5.9)*. Die Semantik der Aufgabenparameter sowie der Aktionen ist durch externe Klassifikationen eindeutig definiert. Auch die Bedingungen lassen sich formal beschreiben. Somit hebt sich das Aufgabenmodell von bestehenden Ansätzen insbesondere durch die Unterstützung der Anforderung *Modellgetriebener Ansatz (A 2.8)* ab. Der Komposition von Mashup-Anwendungen auf der Grundlage des Aufgabenmodells widmet sich insbesondere das folgende Kapitel 6. Prinzipiell erfüllen, bis auf GOMS, alle Aufgabenmodelle die Anforderung nach *Plattform-, Geräte- und Technologieunabhängigkeit (A 2.6)*. Durch die Umsetzung des DEMISA-Aufgabenmodells mit OWL DL und als Ecore-Metamodell (vgl. Abschnitt 8.2.3) wird auch diese Anforderung erfüllt.

Durch die Integration externer Klassifikationen ist auch die *Erweiterbarkeit und Anpassbarkeit (A 2.2)* gegeben, da diese unabhängig vom Aufgabenmodell erweitert und verändert werden können. Sofern die semantischen Relationen zwischen den Konzepten beschrieben sind, können Schlussfolgerungen über ihre Semantik gezogen werden. Aufgrund der gezeigten Beispiele ist davon auszugehen, dass mit Hilfe des Modells die meisten Szenarien so beschrieben werden können, um automatisiert Mashups zu generieren. Es ist davon auszugehen, dass *Korrektheit (A 2.3)* und *Allgemeingültigkeit und Wiederverwendbarkeit (A 2.5)* erfüllt sind. Letztere lässt sich jedoch nur durch langfristige Anwendung und Studien in verschiedenen Anwendungsszenarien abschließend bewerten. Aus diesem Grund wird diese Anforderung als nur teilweise erfüllt angesehen. Das gilt jedoch auch für alle anderen Aufgabenmodelle.

Das *Mapping von Geschäftsprozessmodellen (A 5.10)* konnte ebenfalls gezeigt werden. Lediglich für CTT gibt es Arbeiten, die explizit Regeln definieren, um Aufgabenmodelle ausgehend von Geschäftsprozessen zu erzeugen (Sousa u. a., 2010). Allerdings basieren diese nicht wie hier vorgeschlagen, auf der Grundlage von Metamodelltransformationen, sondern anhand von Regeln, die direkt Aufgaben und Geschäftsprozessmodelle miteinander synchronisieren. In den Arbeiten zu OWL-T werden zwar auch Geschäftsprozessmodelle als möglicher Ausgangspunkt genannt, jedoch werden hierfür keine konkreten Mappings vorgegeben.

Die funktionalen Anforderungen werden schließlich komplett erfüllt. Dazu zählen die *Aufgaben (A 5.1)*, *Ein- und Ausgaben (A 5.2)*, *Aufgabendekomposition (A 5.3)*, *Kontrollfluss (A 5.4)* und *Datenfluss (A 5.5)*. Nicht alle Aufgabenmodelle unterscheiden explizit zwischen Ein- und Ausgabedaten. Die Anforderung zur *Rollenbeschreibung (A 5.6)* wird durch die Formulierung einer Kontextbedingung und die Integration eines externen Rollenmodells ermöglicht. Aufgrund der Nutzung externer Klassifikationen lassen sich hierbei auch komplexere Rollenhierarchien einbeziehen. *Nicht-funktionale Anforderungen (A 5.7)* können in Form von Bedingungen beschrieben werden. In den meisten anderen Aufgabenmodellen kann lediglich ein Name der ausführenden Rolle angegeben werden.

8.3.2 Bewertung der Komponentensuche

Die in Abschnitt 6.1.2 definierten Anforderungen für die Komponentensuche wurden vollständig erfüllt. Sie beinhalten die *Semantische Suche (A 6.5)*, die *Aufgabenbasierte Suche (A 6.6)* und die *Kompositionsbasierte Suche (A 6.7)*. Die Anwendung der semantikbasierten Suche ermöglicht, anhand eines abstrakten Aufgabenmodells nach konkreten Komponenten bezüglich ihrer Aktivität und Datenstruktur zu suchen. Schließlich ist es auch möglich, ähnliche Komponenten zu finden, auch wenn sie nicht exakt den Anforderungen entsprechen. Eine Einschränkung ergibt sich jedoch aus der Qualität der Annotation der Komponenten. Je detaillierter diese sind, um so aussagekräftiger können die Komponentenempfehlungen sein. Beispielsweise sollten statt Output eher Annotation wie Display oder Visualize sowie konkrete Datentypen verwendet werden. Auch hier bieten die vorgestellten Ontologien noch Erweiterungspotential.

Um die Qualität der Ergebnisse des Matchings von Aufgaben und Komponenten zu bewerten, wurde mit einer Auswahl an Komponenten und Aufgaben ein kleiner Fragebogen entworfen. Zehn Probanden sollten anhand von Abbildungen von Komponenten entscheiden, wie gut sie zu einer Aufgabe passen. Die Formulare der Umfrage sind im Anhang ab Abb. A.7 zu finden. Systemaufgaben und -komponenten wurden nicht berücksichtigt, da deren Funktion den Probanden erst hätte erläutert werden müssen. Das Ergebnis wird in Tab. 8.2 angegeben. Die besten Werte werden zeilenweise hervorgehoben. Dabei zeigt sich, dass die Ergebnisse der Probanden meist mit den Ergebnissen des Matching-Verfahrens sehr gut übereinstimmen. Die maximale durchschnittliche Abweichung beträgt 1,53 bei dem Matching der Komponente C9. Dies ist dadurch zu erklären, dass einige Probanden die Komponente als nützlich für die Ausgabe eines Hotels (T4) einstuften. Tatsächlich wird in der Komponente eine Liste von Hotels angezeigt. Allerdings wurde diese Funktionalität in der Komponente nicht annotiert, da hier die Suche im Fokus stand. Da die Aktivität *Search* und *Output* nicht direkt vereinbar ist, hat hier der Algorithmus den schlechtesten Wert 0,00 vergeben.

Zur Messung der Leistungsfähigkeit der Komponentensuche wurde der Algorithmus mit der Aufgabe T1 einer steigenden Zahl von je 100 Komponenteninstanzen der Komponenten C5 gegenübergestellt. Für jede Messung wurden die Instanzen automatisch erzeugt und ein jeweils eigener Thread initialisiert. Jeder Thread wurde anschließend einzeln ab-

#	Komponente	UIInputLocation T1	UIInputStartLocation T2	UIInputDestLocation T3	UIOutputHotel T4	UIVisualizeRoute T5	UIOutputEvent T6	UISearchHotel T7	UISelectLocation T8	Ø Abweichung
C1	UI_INPUT_START_LOCATION	4,50	**5,00**	3,75	0,00	0,00	0,00	0,75	0,75	0,76
		3,39	**5,00**	1,79	0,36	0,89	0,36	0,54	1,96	
C2	UI_INPUT_AND_SELECT_LOCATION	**5,00**	4,75	4,75	0,00	0,00	0,00	1,25	**5,00**	1,12
		3,57	3,39	2,50	1,07	0,71	1,25	1,96	**4,82**	
C3	UI_INPUT_LOCATION	**5,00**	4,75	4,75	0,00	0,00	0,00	1,25	1,25	0,96
		4,46	3,75	3,04	1,07	1,07	0,89	1,43	2,50	
C4	UI_INPUT_START_DEST_LOCATION	**4,50**	4,38	4,38	0,00	0,00	0,00	0,75	0,75	0,87
		3,39	**4,64**	**4,64**	0,54	1,96	0,18	0,54	3,21	
C5	UI_INPUT_DEST_LOCATION	4,50	3,75	**5,00**	0,00	0,00	0,00	0,75	0,75	0,96
		3,93	2,32	**5,00**	0,89	1,25	0,54	1,43	3,04	
C6	UI_INPUT_START_TIME	**3,75**	**3,75**	**3,75**	0,00	0,00	0,00	0,00	0,00	1,72
		0,00	0,00	0,00	0,36	0,36	**1,43**	0,36	0,00	
C7	UI_SELECT_START_TIME	0,00	0,00	0,00	1,25	1,25	1,25	1,00	**2,50**	0,64
		0,00	0,00	0,00	0,36	0,36	**1,43**	0,36	0,00	
C8	UI_INPUT_EVENT_LOCATION	**4,50**	**4,50**	**4,50**	0,00	0,00	0,00	0,75	0,75	1,61
		3,57	2,14	2,32	0,71	0,71	3,39	1,43	2,68	
C9	UI_SEARCH_HOTEL	1,25	1,00	1,00	0,63	0,00	0,00	**4,38**	3,38	1,04
		2,68	1,96	1,79	4,11	0,18	0,18	**4,29**	2,14	
C10	UI_SEARCH_SELECT_LOCATION	**5,00**	4,75	4,75	0,00	0,00	0,00	3,75	**5,00**	1,41
		4,11	2,68	2,86	1,79	1,79	0,54	1,96	**4,46**	
C11	UI_OUTPUT_HOTEL	0,00	0,00	0,00	**5,00**	3,25	3,75	1,25	0,00	1,12
		0,71	0,18	0,54	**4,82**	0,89	0,54	2,32	0,71	
C12	UI_OUTPUT_EVENT	0,00	0,00	0,00	3,75	3,25	**5,00**	0,00	0,00	0,96
		0,36	0,00	0,18	0,18	0,18	**4,82**	0,00	0,36	
C13	UI_OUTPUT_ROUTE	0,00	0,00	0,00	3,75	**4,50**	3,75	0,00	0,00	1,54
		0,71	1,25	0,89	0,00	**3,21**	0,36	0,36	0,71	
C14	UI_VISUALIZE_ROUTE	0,00	0,00	0,00	2,75	**5,00**	2,75	0,00	0,00	1,27
		1,07	1,43	1,61	0,89	**5,00**	0,71	1,07	1,07	
C15	UI_OUTPUT_ROUTE_LIST	0,00	0,00	0,00	**3,75**	3,25	**3,75**	0,00	0,00	1,40
		0,71	1,07	1,43	0,36	**3,93**	0,54	0,36	0,36	
										1,16

Tab. 8.2: Gegenüberstellung von Matching-Ergebnis und Nutzerstudie

gearbeitet und dabei jeweils die Methode match(AtomicTask, Collection<Component>) aufgerufen.[22] Der Vorgang wurde dreimal wiederholt und die Durchschnittswerte in die Abb. 8.15 dargestellt. Für die ersten 100 Komponenten benötigte der Algorithmus im Schnitt 0,48 Sekunden, für 200 dagegen nur 0,24 Sekunden. Dies ist mit dem möglichen Initialisierungsaufwand zu erklären. Für 10.000 Komponenten benötigt der Algorithmus 1,15 Sekunden. Dies entspricht einem linearen Wachstum im Verhältnis zu der Anzahl der Komponenten $O(|C|)$, welches anhand der roten Trendlinie in Abb. 8.15 deutlich wird.

Um den Einfluss der Aufgaben- und Komponentenkomplexität zu untersuchen, wurde der Test mit einer komplexeren Aufgabe T7 und einer komplexeren Komponente C11 durchgeführt. T7 besitzt jeweils ein Ein- und Ausgabeobjekt (Ort und Hotels), C11 besitzt drei Eingabeobjekte (Startort, Zielort und Zeit) und ein Ausgabeobjekt (Hotel). Die Aktion SEARCH ist identisch. Im Schnitt bedeutete diese Versuchsanordnung einen Mehraufwand von etwa 60 %. Dies wird ebenfalls in Abb. 8.15 deutlich und lässt durch den dreifach notwendigen Vergleich semantischer Ressourcen erklären. In einer weiteren Versuchsanordnung wurde die Aufgabe T1 mit der Komponente C5 untersucht, wobei nur die Anzahl der Operationen erhöht wurde. Die Messergebnisse werden in Abb. 8.16 abgebildet. Wie erwartet ist auch hier der Anstieg linear (OP). Erhöht man die Zahl der

[22]Die Ergebnisse wurden auf einem PC mit Intel i5 (3,30 GHz) Prozessor und 8 GB RAM erzielt. Als Betriebssystem diente Windows 7 mit Java(TM) SE Runtime Environment (build 1.7.0_01-b08).

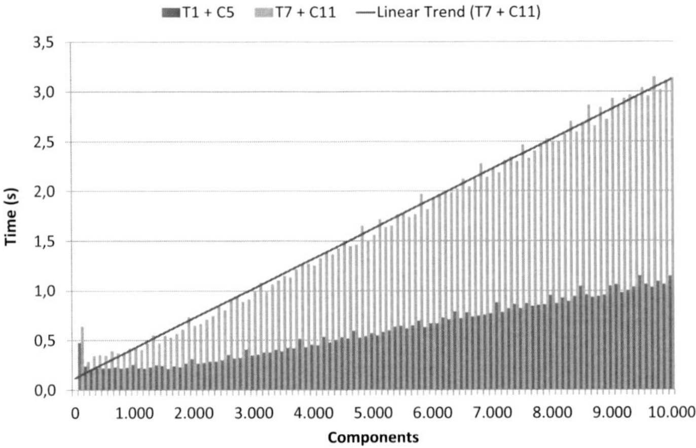

Abb. 8.15: Zeitmessung mit steigender Komponentenanzahl

Ereignisse gleichermaßen, wobei das Ereignis mit *dependsOn* eine Referenz auf die *Capability* der Operation enthält, so ist der Aufwand etwa doppelt so groß (OP+EV).

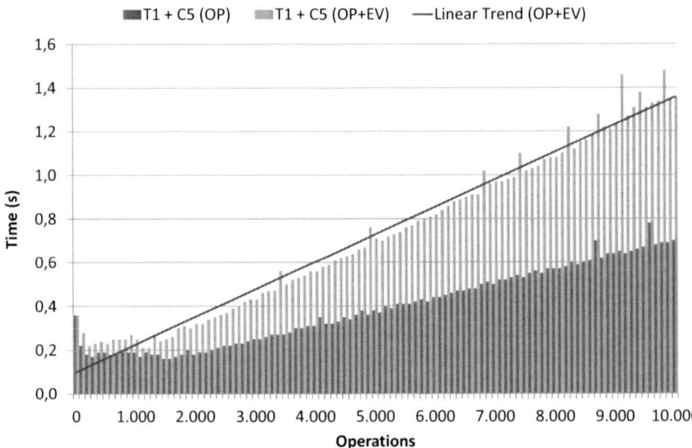

Abb. 8.16: Zeitmessung mit steigender Anzahl an Operationen und Ereignissen in einer Komponente

Mit den Messungen wird bestätigt, dass der Algorithmus für die Komponentenempfehlung eine lineare Komplexität besitzt und damit in endlicher Zeit gelöst werden. Der Aufwand ist dabei abhängig von der Zahl der Komponenten $|C|$, der Zahl der Aufgaben $|T|$ sowie deren innerer Aufbau, wobei letzteres ebenfalls nur einen weiteren linearen Faktor darstellt. Damit beträgt die Komplexität des Algorithmus $O(|C| * |T|)$. Damit gilt das hier vorgestellte Mapping-Verfahren für Aufgabenmodelle als eine brauchbare und effiziente Lösung zum Finden von Komponenten. Die Nutzerstudie zeigt, dass die Ergebnisse der automatischen Suche weitgehend identisch mit den Ergebnissen der Nutzerbefragung sind, die überwiegend mit Nicht-Experten durchgeführt wurde. Einschränkend ist zu erwähnen, dass die Studie aufgrund der geringen Teilnehmerzahl nicht repräsentativ ist. Allerdings ist die Tendenz vielversprechend.

8.3.3 Bewertung der Komposition

Das in dieser Arbeit beschriebene Verfahren liefert eine Lösung für ein zuvor definiertes Aufgabenmodell. Damit ist der Bruch zwischen einem eher abstrakten Anforderungsmodell – welches auch aus einem Geschäftsprozessmodell generiert werden kann – und einer konkreten Komposition reduziert worden. Die in einem Aufgabenmodell hinterlegten Informationen werden automatisiert in einen Kompositionsvorschlag überführt; von der Komponentensuche bis hin zum Layout der Anwendung. Damit wurde gezeigt, dass eine semi-automatische Transformation möglich ist. In Abschnitt 6.1 wurden die Anforderungen an die Komposition gestellt, die mit der hier vorgeschlagen Lösung ebenfalls vollständig umgesetzt werden konnten. Es konnte gezeigt werden, dass die Erzeugung eines CRUISe-Kompositionsmodells (A 6.8) anhand eines Aufgabenmodells möglich ist. Dazu gehört auch die Anforderung *Funktionale Abhängigkeiten (A 6.9)*, die sich in der Komposition aufgrund der Abbildung des Kommunikationsgraphen widerspiegeln. Diese Anforderung wird ergänzt durch ein explizites Zustandsmodell (A 6.10), wodurch die Zustände und Bedingungen im Aufgabenmodells mit Hilfe des Kompositionsmodells abgebildet werden können. Schließlich liefert der hier vorgestellte Ansatz eine Möglichkeit der *Kompositionsplanung (A 6.11)*, um automatisch einen Vorschlag für ein Kompositionsmodell zu generieren. Allerdings hat der Ansatz die folgenden Grenzen.

Auf die Auflösung möglicher Inkompatibilitäten zwischen den Signaturen der Ereignisse und Operationen wurde nicht explizit eingegangen, da hierfür die CRUISe-Laufzeitumgebung bereits Lösungen bereitstellt. Weiterhin ist die automatische Erzeugung eines Kompositionsvorschlags anhand eines Aufgabenmodells ein komplexer Vorgang, der mit der Menge an Komponentenkandidaten und Aufgaben zunimmt. Die hier beschriebenen Beispiele zeigen, dass die aufgabenbasierte Komposition prinzipiell möglich ist. Allerdings stellt die beschriebene Lösung einen ersten Ansatz dar, der weiterentwickelt werden sollte. Einschränkungen ergeben sich bezüglich der praktischen Erprobung sowie der Komplexität des angewandten Graph-Matchings. Für das hier gezeigte Beispiel mit sieben Komponenten benötigte der Algorithmus (mit Komponentenmatching) nur 60 ms. Mit allen 17 Komponenten sind es jedoch bereits 420 ms. Durch die Vorauswahl der Komponenten kann durch das Matching zwar die Menge der Graph-Vergleiche minimiert werden, jedoch gehört Graph-Matching allgemein zu den NP-Hard-Problemen. Im schlechtesten Fall besitzt er eine Komplexität von $O(n^2 * k^n)$ mit n Knoten und k der Grad der Knoten. Durch die Anwendung anderer Algorithmen könnte möglicherweise die Performanz verbessert werden. Eine weitere Möglichkeit die Komplexität zu reduzieren, liegt in der Berechnung einer erstbesten zum Aufgabengraph isomorphen Lösung, anstatt alle Lösungen zu probieren und die beste auszuwählen. Eine weitere Einschränkung dieses Verfahrens ist, dass Kompositionen nur vorgeschlagen werden können, die dem Datenfluss im Aufgabenmodell entsprechen. Überlappungen von Aufgaben und Komponenten werden demnach nicht berücksichtigt.

8.3.4 Bewertung des Aufgabeneditors

Maßgeblich für die Entwicklung des Editors waren die Anforderungen aus Abschnitt 7.1. In den meisten Punkten erfüllt der DTME die Anforderungen. Mit der Einbeziehung semantischer Konzeote in die Aufgabenmodellierung, der spezifischen Aufgabennotation sowie der Interaktionsmöglichkeiten mit dem Ontologie-Browser übertrifft die Konzepte der anderen in Abschnitt 7.2 genannten Werkzeuge. Damit verbunden ist auch die Formalität des Modells, die bereits in Kapitel 5 diskutiert wurde und durch die anderen Werkzeuge allein schon durch das zugrunde liegende Metamodell nicht gewährleistet werden kann. Im Vergleich zum DTME wird K-MADe bezüglich der Unterstützung von *Kontrollfluss und Bedingungen (A 7.5)* als mächtiger eingeschätzt, da für die Spezifikation von Bedingungen ein Editor zu Verfügung gestellt wird und die Aufgabendefinition simuliert werden kann. Für den DTME ist ein solches Feature vorgesehen, aber noch nicht umgesetzt. Was *Berechtigung und Kollaboration (A 7.7)* betrifft, so scheinen auch hier CTTE und K-MADe eine bessere Unterstützung zu bieten, da im DTME zurzeit nur Rollenkonzepte über Ontologiereferenzen angegeben werden können.

Neben der Sicherstellung der funktionalen Anforderungen wurde auch eine kleine Nutzerstudie durchgeführt, um die Eignung für die genannte Zielgruppe zu überprüfen. Hierzu wurden noch einmal fünf Probanden gebeten, den Editor für die Modellierung des in Abschnitt 2.2.1 zu benutzen. Die Nutzer sollten die Aufgabenhierarchie anlegen, Aufgaben hinzufügen, entfernen und bearbeiten sowie den Datenfluss abbilden. Um die Benutzererfahrung auf eine einfache Art und Weise zu quantifizieren wurde die ***S**ystem **U**sability **S**cale (SUS)* nach Brooke (1996) herangezogen. Die SUS besteht aus einem Dezimalwert zwischen 0 und 100 und wird mit einem Fragebogen (??) mit zehn Fragen ermittelt, die mit einer Likertskala von fünf Stufen (von »stimme klar nicht zu« bis »stimme klar zu«) beantwortet werden. Ermittelt werden soll eine globale Sicht auf die subjektive Erfahrung eines Nutzers hinsichtlich der Usability. Dabei steht nicht die Bewertung der einzelnen Features im Vordergrund, sonder eher die allgemeine Komplexität, die Art der Lernkurve und die Konsistenz der Anwendung. Demnach wird gefragt, ob die Probanden das System häufiger benutzen würden und ob leicht zu erlernen war.

Bei der von Siekmann (2012) durchgeführten Nutzerstudie erreichte der beste Wert 92,5 und der schlechteste bei 75,0. Das bedeutet einen Durchschnitt von 84,0, was einen allgemein guten Wert darstellt. Allerdings ist dieser Wert bei der geringen Anzahl von Nutzern kaum repräsentativ. Weiterhin offenbarte die Studie eine Reihe von Fehlern im Programm, die behoben werden sollten, bevor weitere Probanden mit dem Werkzeug konfrontiert werden. Dennoch haben sich die Probanden zuversichtlich geäußert, dass das Werkzeug durchaus hilfreich bei der Modellierung von Aufgabenmodellen, die auch noch semantisch annotiert werden.

8.3.5 Unterstützung des DEMISA-Entwicklungsprozesses

Neben den Teilkonzepten ist es ebenfalls notwendig, deren Eignung für den in Kapitel 4 definierten Entwicklungsprozesses zu bewerten. Insgesamt betrachtet, kann davon ausgegangen werden, dass die wichtigsten Aktivitäten und Rollen direkt unterstützt werden. Die *Anforderungsanalyse* und im Speziellen die *Identifikation der Anforderungen* wird durch die Importmöglichkeit von Geschäftsprozessmodellen gewährleistet. Damit wird auch der *Business Analyst* einbezogen. Mit Hilfe des Aufgabenmodells werden die Anforderungen bei Bedarf pro Geschäftsprozessaktivität verfeinert. Der Domänenexperte wird ebenfalls einbezogen, indem er Aufgabenmodelle modellieren und mit Konzepten aus seiner Anwendungsdomäne annotieren kann. Einen Beitrag leistet hierzu auch der vorgestellte Aufgabeneditor mit dem zielgruppengerechten Ontologie-Browser.

Die automatische *Suche und Komposition* von Mashup-Komponenten ermöglicht, die identifizierten Probleme bei der manuellen Komposition zu reduzieren. Dies macht auch den Kern der vorgestellten Entwicklungsmethode aus und ließ sich durch die hier umgesetzten Konzepte lösen. Damit lässt sich auch der Teil der *Generierung und Installation* abdecken. Allerdings wurden bisher noch keine Mechanismen implementiert, um das Kompositionsmodell automatisch in der Laufzeitumgebung zu installieren. Dies muss der Mashup-Entwickler nach wie vor manuell erledigen. Die *Benutzung und Wartung* erfordert keine explizite Unterstützung, sondern wird vom Mashup-Nutzer durchgeführt, um seine Aufgaben mit dem Mashup effizienter zu erledigen. Verändern sich seine Anforderungen, so kann er den Entwicklungsprozess erneut durchlaufen. Eine Einschränkung hierbei gibt es in der mangelnden Umsetzung des Round-Trip-Engineering. Etwaige Verfeinerungen zur Laufzeit bzw. nach der Generierung des Modells gehen bisher verloren. Auch wird das generierte Kompositionsmodell von der CRUISe-Laufzeitumgebung noch nicht vollständig unterstützt. Die *Komponentenentwicklung* selbst steht nicht im Fokus der hier vorgestellten Konzepte, da sie in den Bereich des CRUISe-Projekts fallen, welche hierfür Richtlinien bietet. Jedenfalls kann ein Aufgabenmodell hierfür optional als Hilfestellung – gerade auch zur korrekten Annotation der Komponenten – dienen. Diese ist nicht nur eine Voraussetzung für den DEMISA-Prozess sondern auch für die CRUISe-Laufzeitumgebung selbst.

Weiterhin gelten die folgenden Einschränkungen hinsichtlich des definierten Entwicklungsprozesses. Die *Validierung von Anforderungen* wird nicht explizit unterstützt. Implizit ergibt sich ein valides Aufgabenmodell durch der Nutzung des Editors, der nur syntaktisch gültige Modelle erzeugen kann. Weiterhin soll der Entwicklungszyklus möglichst schnell und häufig durchlaufen werden können. Damit erhält der Mashup-Entwickler ein direktes Feedback über seine Anforderungen, die er hiernach selbst validieren kann. Ebenfalls wurde noch nicht die Erstellung von Anforderungen an die Komponentenentwicklung explizit umgesetzt. Allerdings kann das Aufgabenmodell hier als Grundlage dienen und als Anforderungsspezifikation an Komponentenentwickler weitergeleitet werden. Eine entsprechende Unterstützung aus dem Aufgabeneditor wäre wünschenswert.

8.4 Zusammenfassung

In diesem Kapitel wurden die in der Arbeit entwickelten Konzepte mit Hilfe von Prototypen und Beispielen validiert. Zu den wichtigsten Ergebnissen zählt das DEMISA Aufgabenmodell, die Komponentensuche und die Komposition. Weiterhin konnte erfolgreich ein Editor für die Modellierung von Anforderungen implementiert werden. Die Lösungen sind eingebettet in eine Gesamtarchitektur zur aufgabenbasierten Entwicklung von Mashups, in der das TaRe die zentrale Rolle der Verwaltung von Aufgaben und der Geneierung von Komponentenvorschlägen und Kompositionen zukommt. Trotz der genannten Einschränkungen stellen die hier benannten Ansätze eine richtungsweisende Grundlage für weitere Arbeiten dar. Die Bewertung der vorgeschlagenen Konzepte insgesamt hinsichtlich der in Kapitel 1 beschriebenen Probleme und Thesen widmet sich das folgende und damit letzte Kapitel dieser Arbeit.

9 Zusammenfassung, Diskussion und Ausblick

In dieser Arbeit wurde eine Entwicklungsmethode vorgestellt, die eine Komposition von Mashup-Anwendungen auf der Grundlage einer abstrakten Aufgabenbeschreibung ermöglicht. Damit adressiert sie ein im Rahmen der Untersuchung des aktuellen Standes der Forschung und Technik identifiziertes Problem, welches insbesondere bei der bisher manuellen Suche und Komposition auftritt. Darauf aufbauend wurden die Ziele der Arbeit definiert, die ein Vorgehensmodell, welches die anforderungsbasierte Komposition in den Fokus stellt, ein aufgabenbasiertes Anforderungsmodell, ein Verfahren zur aufgabenbasierten Komposition und schließlich ein Werkzeug zur Modellierung der Anforderung an komposite Mashups beinhalten. In diesem Kapitel werden zunächst die wissenschaftlichen Beiträge dieser Arbeit kapitelweise zusammengefasst. Anschließend werden die erreichten Ziele hinsichtlich der aufgestellten Thesen diskutiert. Schließlich wird ein Ausblick auf weitere Arbeiten gegeben.

9.1 Zusammenfassung und Beiträge

Kapitel 1 – Einleitung

Im ersten Kapitel wurden die Probleme identifiziert, die in heute verfügbaren Entwicklungsmethoden für komponentenbasierte Web-Anwendungen und insbesondere für Web-Mashups auftreten. Als erstes Problem wurde erkannt, dass die Erstellung von Mashup-Anwendungen fehleranfällig und zeitaufwändig ist. Als Ursache wurde insbesondere das manuelle Vorgehen bei der Suche und der Komposition benannt. Das zweite Problem besteht in der mangelnden Integration von Anforderungsmodellen in den Mashup-Entwicklungsprozess. Als Zielgruppe wurde der Domänenexperte konkretisiert, der meist dem System oder der Plattform nicht mitteilen kann, was eine Mashup-Anwendung leisten soll und aufgrund der zunehmenden Anzahl von Komponenten und ihrer Kombinationsmöglichkeiten häufig überfordert ist. Das dritte Problem besteht darin, dass bisherige Verfahren den Domänenexperten bei der Suche nicht ausreichend unterstützen, da sie meist nur auf der Grundlage von Stichworten oder Katalogen erfolgt. Das vierte Problem ist, dass der Domänenexperte bei der Formulierung seiner Anforderungen nicht unterstützt wird und die Systeme diese nicht verarbeiten können. Schließlich besteht das letzte Problem darin, dass der Domänenexperte bei der Verwaltung seiner Anforderungen nicht unterstützt wird und ein Bruch zwischen der Durchführung der Anforderungsanalyse und der Umsetzung existiert.

Auf der Grundlage der Probleme wurden vier Thesen postuliert, die zu den folgenden Zielen der Arbeit führten. Erstens, dass ein Konzept für einen anforderungsorientierten Entwicklungsprozess für Mashups definiert und umgesetzt, zweitens, dass ein Anforderungsmodell für Mashups erarbeitet, drittens die anforderungsbasierte Komposition ermöglicht und viertens, dass dabei der Domänenexperte mit Werkzeugen angemessen unterstützt werden muss. Schließlich wurde im ersten Kapitel eine Abgrenzung zu anderen Forschungsarbeiten vorgenommen, die nicht im Fokus dieser Arbeit liegen. Hierzu zählen das End-User-Development, die Mediation zwischen Komponenten, das Kompositionsmodell und die Mashup-Laufzeitumgebung, die nicht-funktionalen Anforderungen und schließlich die Verteilung bzw. Kollaboration.

Kapitel 2 – Grundlagen und Anforderungen

Das zweite Kapitel diente der begrifflichen und fachlichen Einordnung der Arbeit in den Forschungskontext. Dazu wurden zunächst zentrale Begriffe sowie konzeptionelle Grundlagen der Arbeit geklärt. Hierzu zählten das Software-, Web- und Mashup-Engineering, die Grundlagen von Entwicklungsprozessen und -methoden sowie die Merkmale der komponentenbasierten und dienstorientierten Entwicklung. Schließlich wurden auch die geschäftsorientierten Anwendungstypen sowie Mashups eingeführt, die den Fokus und die Anwendungsdomäne dieser Arbeit bilden. Im zweiten Teil des Kapitels wurden die Herausforderungen bei der Entwicklung kompositer Mashup-Anwendungen herausgearbeitet. Hierfür wurde der Domänenexperte als Zielgruppe näher spezifiziert und ein Referenzbeispiel eingeführt, um auch die Herausforderungen bei der Entwicklung einer solchen Anwendung abzuleiten. Diese bestehen aus der Ermittlung von Anforderungen an die Mashup-Komposition sowie dem Suchen und Integrieren von Komponenten. Darauf aufbauend wurden die wesentlichen Anforderungen an eine Entwicklungsmethode für komposite Mashups identifiziert.

Forschungsbeitrag 1: Das Kapitel bietet eine kompakte Einordnung der angestrebten Ziele in den Forschungskontext und die Ableitung konkreter Anforderungen an eine anforderungsorientierte Entwicklungsmethode für komposite Mashups.

Kapitel 3 – Entwicklungsmethoden für komponentenbasierte Web-Anwendungen

Im dritten Kapitel wurde ausgehend von den zuvor identifizierten Anforderungen Kriterien abgeleitet, die eine systematische Untersuchung des Standes der Forschung und Technik ermöglichen. Dieses Kapitel diente nicht nur dazu, einen Überblick zu erhalten, sondern auch um Ansätze hinsichtlich ihrer Übertragbarkeit auf die Mashup-Entwicklung sowie der bereits identifizierten Probleme zu bewerten oder ihre Defizite aufzuzeigen. Aus diesem Grund behandelt das Kapitel dieses Thema systematisch und in angemessenem Umfang hinsichtlich traditioneller und dienstbasierter Entwicklungsmethoden sowie der Ansätze aus der Mashup-Entwicklung. Das Ergebnis bestätigt nicht nur die im Vorgriff definierten Probleme aus Kapitel 1, sondern zeigt, dass eine Lücke zwischen den anforderungsorientierten und traditionellen Entwicklungsmethoden und den dienstbasierten Ansätzen existiert. Da Mashups noch ein recht junges Forschungsgebiet sind, fokussierten sich bisherige Arbeiten auf den Laufzeitaspekt und die Entwicklung nützlicher Kompositionswerkzeuge. Es mangelt jedoch an der systematischen Komposition ausgehend von Anforderungen, wofür diese Arbeit neue Lösungsansätze bereitstellt.

Forschungsbeitrag 2: Die Beiträge dieses Kapitels liegen in der Herleitung eines Bewertungsschemas anhand zuvor definierter Anforderungen für die komponentenorientierte Entwicklung von Web-Anwendungen sowie einen Überblick über aktuelle Ansätze und ihre Defizite. Dieser Beitrag wurde international publiziert (Tietz u. a., 2012). Ebenfalls eine Untersuchung über Cloud-Entwicklungsmethoden mit ähnlichen Erkenntnissen wurde in einem Journal veröffentlicht (Tietz u. a., 2011a).

Kapitel 4 – Anforderungsbasierter Entwicklungsprozess für UI-Mashups

Im vierten Kapitel wurde auf der Grundlage der identifizierten Probleme und Anforderungen ein Überblick über die Aktivitäten, Artefakte und Rollen der Entwicklungsmethode DEMISA für komposite und geschäftsorientierte Mashups gegeben. Weiterhin wurden diese mit Hilfe von EPF und der SPEM-Notation näher spezifiziert. Damit liefert dieses Kapitel nicht nur einen Überblick und eine Einordnung der in dieser Arbeit entwickelten Konzepte, sondern auch ein Vorgehensmodell für die anforderungsorientierte Mashup-Entwicklung.

Forschungsbeitrag 3: Die hier vorgestellte Entwicklungsmethode trägt einen Beitrag dazu bei, die Anforderungsanalyse in die Mashups zu integrieren sowie die systematische und zielgerichtete Entwicklung von Mashups im Geschäftsumfeld zu ermöglichen. Es bildet ebenfalls einen Referenzprozess und Anforderungen für die Ausgestaltung einer entsprechenden Entwicklungsmethode. Durch die Nutzung von EPF ist die Wiederverwendbarkeit, Anpassbarkeit und Erweiterbarkeit der hier definierten Entwicklungsmethode gewährleistet. Dieser Beitrag wurde auf einer internationalen Konferenz publiziert (Tietz u. a., 2011b) und es wurde die Spezifikation im Web[1] zu Verfügung gestellt.

Kapitel 5 – Aufgabenbasiertes Anforderungsmodell

Im fünften Kapitel wurde ein Aufgabenmodell als Anforderungsmodell für Mashup-Anwendungen unter Abwägung bestehender Modelle (Anwendungsfälle, Geschäftsprozessmodelle und Aufgabenmodelle) beschrieben. Es wurde gezeigt, dass ein Aufgabenmodell besonders als Anforderungsmodell geeignet ist. Daraufhin wurde eine Ontologie definiert, die eine formale Grundlage für den zuvor definierten Entwicklungsprozess bietet. Kernstück bilden die Annotation von Aktionen und Datenobjekten mit semantischen Ressourcen sowie die Möglichkeit, Bedingungen formal zu definieren.

Forschungsbeitrag 4: Der Beitrag dieses Kapitels liegt in der Herleitung von Anforderungen sowie eines Konzepts für ein semantisches Aufgabenmodell, welches als formale Grundlage für Anforderungsspezifikation für Mashups dienen kann. Weiterhin wurde gezeigt, wie aus einem Geschäftsprozessmodell ein Aufgabenmodell abgeleitet werden kann. Dieser Beitrag wurde auf einer internationalen Konferenz publiziert (Tietz u. a., 2013a). Die OWL-Spezifikation der Aufgabenontologie wurde für die Forschergemeinschaft im Web[2] zu Verfügung gestellt.

[1] http://www.mmt.inf.tu-dresden.de/Forschung/Projekte/DEMISA/epf/index.htm
[2] http://mmt.inf.tu-dresden.de/Forschung/Projekte/CRUISe/models/1.11/requirements-model.owl

Kapitel 6 – Aufgabenbasierte Mashup-Komposition

Das sechste Kapitel bildet den Kern dieser Arbeit und beschreibt, wie ausgehend von dem DEMISA-Aufgabenmodell eine Mashup-Anwendung generiert werden kann. Dieser Prozess gliedert sich in die zwei Phasen der Komponentensuche und der Komposition. Als Grundprinzipien dienen semantisches Matching und die Erstellung von Kompositionsgraphen. Als Zielmodell wurde das CRUISe-Kompositionsmodell beschrieben, welches um ein Zustandsmodell erweitert wurde, um insbesondere Abläufe und Zustände ausdrücken zu können.

Forschungsbeitrag 5: Der wissenschaftliche Beitrag dieses Kapitels liegt einerseits in der Beschreibung der Anforderungen an die aufgabenbasierte Komposition und andererseits in der Vorstellung eines Verfahrens, um Komponenten anhand von Aufgaben zu bewerten und zu komponieren. Damit schließt dieses Kapitel die zuvor identifizierte Lücke der anforderungsbasierten Mashup-Komposition. Die Konzepte dieser Beiträge wurden auf einem internationalen Workshop (Tietz u. a., 2011b) und auf einer internationalen Konferenz (Tietz u. a., 2013a) veröffentlicht.

Kapitel 7 – Werkzeugunterstützung zur Anforderungsmodellierung

Im siebten Kapitel wurden die Defizite bestehender Werkzeuge zur Aufgabenmodellierung aufgezeigt sowie Konzepte für ein neues Werkzeug zur semantischen Aufgabenmodellierung vorgestellt. Dies rundet die Gesamtkonzeption der Arbeit ab, um den zuvor beschriebenen Entwicklungsprozess möglichst vollständig zu unterstützen.

Forschungsbeitrag 6: Der Beitrag dieses Kapitels liegt in der Formulierung von Anforderungen an eine Werkzeug zur Aufgabenmodellierung und der Abgrenzung zu bestehenden Ansätzen. Weiterhin wurde eine Studie vorgestellt, die dazu genutzt wird, um die Nutzeranforderungen zu identifizieren. Schließlich beschreibt das Kapitel grundlegende Konzepte, die Domänenexperten die Erstellung und semantische Annotation von Aufgabenmodellen ermöglichen. Dieser Beitrag wurde ebenfalls auf einem internationalen Workshop (Tietz u. a., 2013b) publiziert.

Kapitel 8 – Umsetzung und Validierung

Das letzte Kapitel gab einen Überblick über die technische Realisierung der zuvor entwickelten Konzepte. Insbesondere gilt das für die Implementierung des Aufgabenmodells, des Geschäftsprozessimports, der Komponentensuche und der Komposition. Den Kern bildet das TaRe welches für die letzten beiden Punkte zuständig ist und als Backend für den Aufgabeneditor dient. Ebenfalls wurden Performanzanalysen und Nutzerstudien durchgeführt, um schließlich in eine kritische Auseinandersetzung mit den Ergebnissen zu führen.

Forschungsbeitrag 7: Der bedeutendste Beitrag dieses Kapitels ist die Beschreibung der Umsetzung und damit die Validierung der zuvor erarbeiteten Konzepte. Damit wird deren prinzipielle Machbarkeit belegt und die Implementierungen bieten eine Grundlage für die Evaluation in Form weiterer Szenarien, weiterer Arbeiten sowie einer weiteren Auseinandersetzung in der Forschergemeinschaft.

9.2 Diskussion, Beiträge und Grenzen

Ausgehend von den Problemen und Thesen wurden in Kapitel 1 vier Ziele für diese Arbeit formuliert. Durch die Erreichung der Ziele konnten alle Thesen ansatzweise belegt werden. Der vollständige Beweis kann nur durch eine langfristige Anwendung und umfassende Studien der hier vorgeschlagenen Ansätze erbracht werden. In diesem Kontext wird der Grad der Erfüllung der Ziele sowie die Aussagekraft der postulierten Thesen im Folgenden diskutiert.

9.2.1 Diskussion

Ziel 1 – Entwicklungsprozess für komposite UI-Mashups

Das in dieser Arbeit vorgestellte Vorgehensmodell liefert den Rahmen für die strukturierte und anforderungsorientierte Entwicklung von Web-Mashups. Darüber hinaus definiert es die Aktivitäten, Artefakte und Rollen, die dabei beteiligt sind. Somit dient es als Referenzmodell für weitere Methoden und bietet Möglichkeiten zur Erweiterung und Anpassung mit Hilfe von EPF. Das Alleinstellungsmerkmal des Ansatzes besteht darin, dass es mit einem Aufgabenmodell und eines semantischen Matching-Verfahrens möglich ist, eine Benutzeroberfläche, in diesem Fall eine Mashup-Anwendung, zu erzeugen. Damit können Anforderungen an Mashups definiert und systematisch in eine Komposition überführt werden.

Die mit diesem Ziel verbundene These 1 behauptet, dass die Definition und Implementierung eines solchen Entwicklungsprozesses, dem Domänenexperten eine effizientere Erstellung von Kompositionen ermöglicht. Aufgrund der in dieser Arbeit entwickelten Konzepte und der Automatisierung von Teilschritten kann von der Machbarkeit des Entwicklungsprozesses ausgegangen und damit die These als im Ansatz bewiesen betrachtet werden. Besonders wird dies im Vergleich mit dem in Abschnitt 2.2.1 genannten Beispielszenario deutlich, in dem ein Mitarbeiter versucht, ein Mashup für eine Reiseplanung manuell zu erstellen. Aufgrund der im Nachgang beschriebenen Grenzen und der eingeschränkten Evaluation des kompletten Ansatzes, konnte die Gültigkeit dieser These für alle Entwicklungsszenarien nicht abschließend geklärt werden.

Ziel 2 – Anforderungsmodell für UI-Mashups

Das in dieser Arbeit entwickelte Aufgabenmodell liefert ein auf das Wesentliche reduzierte Modell zur Beschreibung von Anforderungen an eine Mashup-Komposition. Im Gegensatz zu bisherigen Aufgabenmodellen besitzt es einen höheren Formalitätsgrad und ermöglicht durch die semantische Annotation von Aktionen und Daten das direkte Abbilden von Komponenten und Kompositionen. Damit geht der hier vorgestellte Ansatz über die Methoden des MBUID hinaus, welche eine manuelle Auswahl der UI-Bestandteile erfordern. Aufgrund der verwendeten Beispiele ist davon auszugehen, dass mit Hilfe des Modells alle Szenarien korrekt abgebildet werden können und so beschrieben werden können, dass damit auch Kompositionen erstellt werden können. Ebenfalls wurde mit dem Import von Geschäftsprozessmodellen gezeigt, dass sich auch prozessorientierte Anforderungen mit Hilfe des Aufgabenmodells beschreiben lassen. Eine Einschränkung besteht darin, dass Verzweigungen und Vereinigungen ausgeglichen sein müssen, um Geschäftsprozesse in ein Aufgabenmodell umzuwandeln. Weiterhin wird zurzeit nur eine begrenzte Anzahl an Workflow-Patterns unterstützt, die jedoch in Zukunft ergänzt werden können.

Die mit diesem Ziel verbundenen These 2 gilt damit als erfüllt, das sich mit Hilfe des semantischen Aufgabenmodells die Anforderungen an ein Mashup formal beschreiben lassen und es als Grundlage für eine modellgetriebene und zielgerichtete Überführung von Anforderungen in eine Mashup-Anwendung dient. Weiterhin konnte anhand der Evaluation des Aufgabeneditors gezeigt werden, dass Nutzer und Domänenexperten Aufgabenmodelle verstehen. Der Import von Geschäftsprozessmodellen zeigt, dass sie auch aus bestehenden Geschäftsprozessen stammen können. Die Überführung des Anforderungsmodells in ein Mashup-Kompositionsmodell konnte anhand eines einfachen Beispiels belegt werden.

Ziel 3 – Anforderungsbasierte Mashup-Komposition

Das in dieser Arbeit entwickelte Verfahren zur Bildung eines Kompositionsmodells ist neu auf dem Gebiet der Mashup-Entwicklung und zeigt, wie aufgrund einer aufgabenbasierten Anforderung, eine komplette Anwendung erzeugt werden kann. Dieser Prozess gliedert sich in die beiden Phasen der Komponentensuche und der Komposition. Die Eignung der Komponentensuche konnte sowohl durch einen effizienten Algorithmus als auch durch eine kleine Nutzerstudie ansatzweise belegt werden. Die Erzeugung des Kompositionsmodells greift die Ergebnisse der Suche auf und ist in der Lage alle relevanten Teilmodelle des CRUISe-Kompositionsmodells abzubilden.

Die damit verbundene These 3 konnte anhand eines Beispiels belegt werden, welche unterstellt, dass mit Hilfe semantischer Technologien bestehende Mashup-Komponenten anhand fachlicher Anforderungen bewertet werden können und diese in eine Mashup-Komposition überführt werden können. Ebenfalls wurde damit gezeigt, dass durch die automatische Suche und Komposition ein Anforderungsmodells effizient in ein Kompositionsmodell überführt werden kann. Ein fundierter Beleg dieser Thesen und Ziele bedingt jedoch die Evaluation der entwickelten Konzepte anhand weiterer praxisrelevanter und komplexer Anwendungen und eine aussagekräftige Studie mit repräsentativen Endnutzern. Die Komplexität der Beispiele sowie die durchgeführten Nutzerstudien können nur als Ausgangspunkt für weitere Arbeiten dienen.

Ziel 4 – Werkzeugunterstützung für Domänenexperten

Aufgrund der zu Beginn definierten Zielgruppe der Domänenexperten kann nicht erwartet werden, dass die Nutzer der Entwicklungsmethode das Anforderungsmodell mit Hilfe eines Quelltexts erstellen. Aus diesem Grund wurde schließlich auch ein Modellierungswerkzeug entwickelt, welches insbesondere die semantische Annotation mit Hilfe eines Ontology-Browsers ermöglicht. Beides ist in dieser Kombination bisher neu. Die Nutzbarkeit des Werkzeugs und damit die Verständlichkeit eines Aufgabenmodells konnte durch eine kleine Nutzerstudie ansatzweise gezeigt werden.

Somit gilt auch die mit diesem Ziel verbundenen These 4 als im Ansatz bewiesen, welche unterstellt, dass ein Autorenwerkzeug die Aufgabenmodellierung für Domänenexperten ermöglicht und die Effizienz der Anforderungsmodellierung erhöht. Die Studie zeigte jedoch auch einigen Bedarf zur Verbesserung auf, da das Werkzeug bisher nur eine prototypische Umsetzung darstellt. Weiterhin wurde bisher kein Vergleich mit der hier entwickelten *Domain-specific Language (DSL)* des Aufgabenmodells durchgeführt, welche möglicherweise für Experten eine weitere effiziente Möglichkeit darstellt, Aufgabenmodell zu erstellen.

Zusammenfassend lässt sich feststellen, dass alle Ziele der Arbeit mit den genannten Einschränkungen erreicht wurden. Im Folgenden werden die wissenschaftlichen Beiträge noch einmal zusammengefasst und anschließend die bereits angedeuteten Grenzen näher beleuchtet.

9.2.2 Wissenschaftliche Beiträge

Die wesentlichen wissenschaftlichen Ergebnisse dieser Dissertation wurden wie bereits erwähnt in verschiedenen internationalen Veröffentlichungen vorgestellt. Die Beiträge können wie folgt zusammengefasst werden:

- Konzeption eines Vorgehensmodells und einer Entwicklungsmethode für die anforderungsorientierte Entwicklung von kompositen Web-Mashups, um damit die Defizite bisheriger Entwicklungsmethoden zu beseitigen.
- Entwicklung einer Ontologie zur Beschreibung von aufgabenbasierten Anforderungen an eine Mashup-Komposition, welche die computergestützte Komponentensuche und Komposition – im Gegensatz zu bestehenden Aufgabenmodellen – ermöglicht.
- Konzeption und Entwicklung eines automatisierten Verfahrens zur Komponentensuche und Komposition anhand von aufgabenbasierten Anforderungen.
- Konzeption und Entwicklung eines Werkzeugs zur Aufgabenmodellierung, um die angesprochene Zielgruppe bei der Definition der Anforderungen an eine Mashup-Komposition sowie der Annotation mit Hilfe von semantischen Ressourcen zu unterstützen.

9.2.3 Einschränkungen des Ansatzes

Die Ergebnisse der vorliegenden Arbeit beinhalten einige Einschränkungen, die nicht grundsätzlicher Natur sind, deren Behebung jedoch im zeitlichen Rahmen dieser Dissertation nicht möglich war. In der Bewertung der Implementierungen in Abschnitt 8.3 wurden bereits einige Defizite erkannt, die im Folgenden noch einmal zusammengefasst werden. Sie bieten allerdings Ansatzpunkte für zukünftige Arbeiten, welche in Abschnitt 9.3 näher beschrieben werden.

Qualität der Komponentenannotation

Wie in Abschnitt 8.3.2 gezeigt werden konnte, liefert der Algorithmus zur Komponentensuche zuverlässige Ergebnisse. Sowohl die Qualität der Ergebnisse als die Performanz der Implementierung sind zufriedenstellend. Allerdings besteht, wie in allen semantikbasierten Ansätzen, auch hier die Einschränkung, dass die Komponentensuche nur so gut funktioniert, wie die Komponenten beschrieben sind. Hierzu mangelt es bisher an Konzepten zur Sicherstellung einer möglichst umfassenden und korrekten Beschreibung. Die in dieser Arbeit vorgestellten Aufgabenmodelle können hierzu einen Beitrag leisten, indem der Komponentenentwickler überprüft, welche Aufgaben eine Komponente erledigen könnte und dies in deren Beschreibung überträgt. Ebenfalls wäre hierfür eine angemessene Werkzeugunterstützung sinnvoll.

Qualität der Komposition

Während die Komponentensuche ausreichend validiert werden konnte, mangelt es an einer ausführlichen Evaluation des gesamten Kompositionsprozesses. Zwar konnte gezeigt werden, dass die Generierung eines Kompositionsmodells möglich ist, jedoch muss die Laufzeitumgebung von CRUISe so erweitert werden, dass auch das Zustandsmodell zuverlässig interpretiert wird. Darauf aufbauend wäre es wünschenswert weitere Szenarien von Nutzern umsetzen zu lassen und deren Zufriedenheit mit der gegebenen Komposition zu überprüfen. Gegebenenfalls sind Anpassungen bei der Komponentensuche oder der Komposition notwendig. Weiterhin sollte ein Vielfaches an Komponenten herangezogen werden, um die Qualität mit Hilfe einer groß angelegten Nutzerstudie zu belegen. Schließlich ist davon auszugehen, dass nicht immer eine Komposition erzeugt werden kann, wie der Benutzer es sich wünscht. Somit sind weitere Konzepte erforderlich, die den Nutzer mit einbeziehen. Dem schließt sich der folgende Punkt an.

Fehlende Einflussmöglichkeiten des Nutzers

Der hier vorgestellte Kompositionsprozess unterstellt die automatische Erzeugung eine Kompositionsmodells. Allerdings wäre es wünschenswert, den Nutzer, beispielsweise durch die aktive Auswahl von erwünschten Komponenten, zu unterstützten. Weiterhin könnte ein System entwickelt werden, welches eine Bewertung der Komposition durch den Nutzer ermöglicht. Die Menge aller Bewertungen könnte schließlich bei der Erzeugung neuer Kompositionen mit einbezogen werden. Nicht zuletzt ist die fehlende Unterstützung des Round-Trip-Engineerings ein Problem, da jegliche Verfeinerung des Benutzers durch den Generierungsprozess verloren gehen. Auch hierfür wären weitere Ansätze wünschenswert.

9.3 Weiterführende Forschungsarbeiten

In Anknüpfung an die genannten Einschränkungen und hinsichtlich der bisher unbeantworteten Forschungsfragen lassen sich mögliche weiterführende Arbeiten feststellen.

Abdeckung aller Aktivitäten des vorgestellten Entwicklungsprozesses

In dieser Arbeit werden Konzepte für die Abdeckung der wichtigsten Aktivitäten und Rollen des DEMISA-Entwicklungsprozesses vorgeschlagen. Wie in Abschnitt 8.3.5 erwähnt wurde, wäre es auch wünschenswert, alle hier vorgestellten Teile, vom Geschäftsprozessimport bis hin zur Ausführung in der Mashup-Laufzeitumgebung zu automatisieren. Die bisherige Implementierung erfordert das manuelle Kopieren der Modelle. Ein weiterer Punkt ist der Teil des Entwicklungsprozesses, welcher den Komponentenentwickler betrifft. Mit Hilfe des Aufgabenmodells könnten Konzepte und Werkzeuge entworfen werden, die den direkten Austausch zwischen Nutzer und Entwickler ermöglichen. Die Schaffung eines Marktplatzes für Komponenten und Einreichung von Anforderungen mit Hilfe von Aufgabenmodellen würde den hier vorgestellten Entwicklungsprozess abrunden.

Ausführliche Evaluation und Erweiterung der Prototypen

Die bisher umgesetzten Prototypen liefern nur einen kleinen Ausschnitt der möglichen Werkzeuge. Eine Mashup-Laufzeitumgebung mit integriertem Aufgabeneditor und Geschäftsprozessimport wären beispielsweise ebenfalls wünschenswert, um einen Bruch zwischen den Werkzeugen zu vermeiden. Die Implementierung eines entsprechenden ausgereiften Produkts erfordert jedoch wesentlich mehr Ressourcen, um die Menge an Features zu implementieren und deren Qualität sicherzustellen. Auch wäre anschließend eine nach wissenschaftlichen Maßstäben und breit angelegte Untersuchung der bisher produzierten Prototypen und die Ableitung von neuen Anforderungen und Konzepte eine weitere herausfordernde Aufgabe.

Erweiterung des Kompositionsansatzes

Der in dieser Arbeit vorgestellte Kompositionsansatz liefert nicht auf alle Fragestellungen eine Antwort. Beispielsweise gibt es hinsichtlich der Auflösung von Konflikten, Zyklen und fehlender Komponenten zusätzliche Herausforderungen für weitere Arbeiten. Ebenfalls gilt dies für verteilte und kollaborative Mashup-Anwendungen sowie die Integration nicht-funktionaler Anforderungen sowohl in die Aufgabenmodellierung als in die Mashup-Komposition. Schließlich muss dabei auch die Komplexität der Algorithmen untersucht werden, wenn all die zuvor genannten Aspekte berücksichtigt werden sollen. Hierzu kann der folgende Punkt, die stärkere Integration des Nutzers, ebenfalls beitragen.

Integration des Nutzers in den Generierungsprozess

Schließlich könnten Konzepte erarbeitet werden, die dem Nutzer die Bewertung einer generierten Komposition sowie deren Komponenten hinsichtlich der definierten Aufgaben ermöglicht. Der hier vorgestellte Kompositionsprozess enthält bereits konfigurierbare Einstellungen, die allerdings aufgrund der Implementierung dem Nutzer nicht zugänglich sind. Die Untersuchung weiterer Einstellungsmöglichkeiten und die Konzeption der Interaktion des Nutzers mit den damit verbunden Werkzeugen stellt somit eine abschließende wissenschaftliche Herausforderung dar.

Literaturverzeichnis

[OMG-UML 2007] Object Management Group (OMG) (Veranst.): *Unified Modeling Language (OMG UML), Superstructure.* http://www.omg.org/spec/UML/2.1.2/Superstructure/PDF. 2007. – V2.1.2

[Abrahamsson u. a. 2002] ABRAHAMSSON, Pekka ; SALO, Outi ; RONKAINEN, Jussi ; WARSTA, Juhani: *Agile software development methods. Review and analysis.* VTT Publications, 2002

[Acker u. a. 2004] ACKER, Hilmar ; ATKINSON, Colin ; DADAM, Peter ; RINDERLE, Stefanie ; REICHERT, Manfred: Aspekte der komponentenorientierten Entwicklung adaptiver prozessorientierter Unternehmenssoftware. In: *Architekturen, Komponenten, Anwendungen - Proc. 1. Verbundtagung AKA 2004*, 2004, S. 7–24

[Amar u. a. 2005] AMAR, Robert ; EAGAN, James ; STASKO, John: Low-Level Components of Analytic Activity in Information Visualization. In: *Information Visualization, IEEE Symposium on* 0 (2005), S. 15. – ISSN 1522-404x

[Annett und Duncan 1967] ANNETT, J. ; DUNCAN, K.D.: *Task Analysis and Training Design.* Hull Univ. (England). Dept. of Psychology. 1967

[Aversano u. a. 2005] AVERSANO, Lerina ; BODHUIN, Thierry ; TORTORELLA, Maria: Assessment and impact analysis for aligning business processes and software systems. In: *SAC '05: Proceedings of the 2005 ACM symposium on Applied computing.* New York, NY, USA : ACM, 2005, S. 1338–1343. – ISBN 1-58113-964-0

[Avouris u. a. 2004] AVOURIS, N. ; KOMIS, V. ; FIOTAKIS, G. ; DIMITRACOPOULOU, A. ; MARGARITIS, M.: Method and Tools for analysis of collaborative problem-solving activities. In: *First International Workshop on Activity Theory Based Practical Methods for IT Design, Copenhagen*, 2004, S. 5–16

[Balzert 2000] BALZERT, Helmut: *Lehrbuch der Software-Technik.* Spektrum-Akademischer Verlag, 2000

[Balzert 2009] BALZERT, Helmut: *Lehrbuch der Softwaretechnik: Basiskonzepte und Requirements Engineering.* Spektrum Akademischer Verlag, 2009

[Baron und Scapin 2006] BARON, Mickaël ; SCAPIN, Dominique: *K-MADe User Manual.* http://ignum.dl.sourceforge.net/project/kmade/User%20Manual%20%28English%29/User%20Manual%20EN%200.1.1/KMADeUserManualEN-v011.pdf. October 2006

[Bianchini u. a. 2010] BIANCHINI, Devis ; ANTONELLIS, Valeria D. ; MELCHIORI, Michele: Semantic-driven Mashup Design. In: *iiWAS2010 Proceedings*, 2010, S. 245–253

[Blichmann 2011] BLICHMANN, Gregor: *Entwicklung eines Verfahrens für das Auffinden von UI-Mashup-Komponenten anhand aufgabenspezifischer Merkmale.* Fakultät Informatik, Lehrstuhl für Multimediatechnik, TU Dresden, Diplomarbeit, 2011

[Bomsdorf 2007] BOMSDORF, Birgit: The WebTaskModel Approach to Web Process Modelling. In: *Task Models and Diagrams for User Interface Design* Bd. 4849, Springer Berlin / Heidelberg, 2007, S. 240–253. – URL http://www.springerlink.com/content/t023mv388303k7w4/. – ISBN 978-3-540-77221-7

[Bomsdorf und Reitschuster 2009] BOMSDORF, Birgit ; REITSCHUSTER, Andreas: Integrative

Gruppen-, Rollen- und Aufgabenmodellierung. In: WANDKE, H. (Hrsg.) ; KAIN, S. (Hrsg.) ; STRUVE, D. (Hrsg.): *Mensch & Computer 2009: Grenzenlos frei!?* München : Oldenbourg Verlag, 2009, S. 183–192

[Bomsdorf und Sinnig 2009] BOMSDORF, Birgit ; SINNIG, Daniel: Model-Based Specification and Validation of User Interface Requirements. In: *Human-Computer Interaction. New Trends* Bd. 5610, Springer Berlin / Heidelberg, 2009, S. 587–596. – URL http://www.springerlink.com/content/u513786343976u34/. – ISBN 978-3-642-02573-0

[Bradley 2009] BRADLEY, Anthony: Addressing the Seven Primary Challenges to Enterprise Adoption of Mashups / Gartner, Inc. Februar 2009. – Forschungsbericht.

[Brambilla u. a. 2006] BRAMBILLA, Marco ; CERI, Stefano ; FRATERNALI, Piero ; MANOLESCU, Ioana: Process modeling in Web applications. In: *ACM Transactions on Software Engineering and Methodology* 15 (2006), Nr. 4, S. 360–409. – ISSN 1049-331X

[Brambilla u. a. 2008] BRAMBILLA, Marco ; COMAI, Sara ; FRATERNALI, Piero ; MATERA, Maristella: Designing Web Applications with WebML and WebRatio. In: *Web Engineering: Modelling and Implementing Web Applications*. Springer London, 2008 (Humann Computer Interaction Series), Kap. 9, S. 221–261. – URL http://www.springerlink.com/content/qg20459702j55414/. – ISBN 978-1-84628-922-4 (Print) 978-1-84628-923-1 (Online)

[Breivold und Larsson 2007] BREIVOLD, H.P. ; LARSSON, M.: Component-Based and Service-Oriented Software Engineering: Key Concepts and Principles. In: *Software Engineering and Advanced Applications, 2007. 33rd EUROMICRO Conference on*, Aug. 2007, S. 13–20. – ISSN 1089-6503

[Brooke 1996] BROOKE, John: SUS: a "quick and dirty" usability scale. In: *Usability Evaluation in Industry*, 1996, S. 189–194

[Caffiau u. a. 2010] CAFFIAU, Sybille ; SCAPIN, Dominique ; GIRARD, Patrick ; BARON, Mickaël ; JAMBON, Francis: Increasing the expressive power of task analysis: Systematic comparison and empirical assessment of tool-supported task models. In: *Interacting with Computers* In Press, Corrected Proof (2010), S. –. – URL http://www.sciencedirect.com/science/article/B6V0D-50BJNJY-1/2/0fa087b76c24d22fddca4ce76ef79c64. – to be published. – ISSN 0953-5438

[Calvary u. a. 2003] CALVARY, Gaëlle ; COUTAZ, Joëlle ; THEVENIN, David ; LIMBOURG, Quentin ; BOUILLON, Laurent ; VANDERDONCKT, Jean: A Unifying Reference Framework for Multi-Target User Interfaces. In: *Interacting with Computers 15*, 2003, S. 289–308

[Cappiello u. a. 2009] CAPPIELLO, Cinzia ; DANIEL, Florian ; MATERA, Maristella: A Quality Model for Mashup Components. In: *Web Engineering* Bd. 5648, Springer Berlin / Heidelberg, 2009, S. 236–250. – URL http://www.springerlink.com/content/f7w4244803074u76/. – ISBN 978-3-642-02817-5

[Card u. a. 1983] CARD, S.K. ; MORAN, T.P. ; NEWELL, A.: *The Psychology of Human-Computer Interaction*. Hillsdale : Lawrence Erlbaum, 1983

[Carlsen 1998] CARLSEN, S.: Action Port Model: A Mixed Paradigm Conceptual Workflow Modeling Language. In: *COOPIS '98: Proceedings of the 3rd IFCIS International Conference on Cooperative Information Systems*. Washington, DC, USA : IEEE Computer Society, 1998, S. 300–309. – ISBN 0-8186-8380-5

[Ceri u. a. 2003] CERI, Stefano ; FRATERNALI, Piero ; BONGIO, Aldo ; BRAMBILLA, Marco ; COMAI, Sara ; MATERA, Maristella: *Designing Data-Intensive Web Applications*. Morgan Kaufman, 2003

[Chabeb u. a. 2010] CHABEB, Yassin ; TATA, Samir ; OZANNE, Alain: YASA-M: A Semantic Web Service Matchmaker. In: *24th IEEE International Conference on Advanced Information Networking and Applications (AINA'10)*, 2010, S. 966–973

[Cockburn 2008] COCKBURN, Alistair: Using Both Incremental and Iterative Development. In: *CROSSTALK - The Journal of Defense Software Engineering* 21 (2008), May, Nr. 5, S. 27–30

[Costabile u. a. 2003] COSTABILE, M.F. ; FOGLI, D. ; LETONDAL, C. ; MUSSIO, P. ; PICCINNO, A:

Domain-Expert Users and their Needs of Software Development. In: ASSOCIATES, Lawrence E. (Hrsg.): *Proc. HCII 2003 (Crete, Greece, June 22-27, 2003)*, URL http://citeseerx.ist.psu.edu/viewdoc/download?doi=10.1.1.105.55&rep=rep1&type=pdf, 2003, S. 532–536

[Crnkovic u. a. 2005] CRNKOVIC, Ivica ; CHAUDRON, Michel ; LARSSON, Stig: Component-based Development Process and Component Lifecycle. In: *Journal of Computing and Information Technology* 13 (2005), November, Nr. 4, S. 321–327. – URL http://www.mrtc.mdh.se/index.php?choice=publications&id=1202

[Dadzie und Rowe 2011] DADZIE, Aba-Sah ; ROWE, Matthew: Approaches to visualising Linked Data: A survey. In: *Semantic Web* 2 (2011), Juni, Nr. 1. – URL http://iospress.metapress.com/content/2822p340453463g1/

[Dahl 1968] DAHL, Ole-Johan: *SIMULA 67 common base language*. Norwegian Computing Center, 1968. – ISBN B0007JZ9J6

[Daniel u. a. 2011] DANIEL, F. ; MATERA, M. ; WEISS, M.: Next in Mashup Development: User-Created Apps on the Web. In: *IT Professional* 13 (2011), sept.-oct., Nr. 5, S. 22 –29. – ISSN 1520-9202

[Daniel u. a. 2007] DANIEL, F. ; MATERA, M. ; YU, J. ; BENATALLAH, B. ; SAINT-PAUL, R. ; CASATI, F.: Understanding UI Integration: A Survey of Problems, Technologies, and Opportunities. In: *Internet Computing, IEEE* 11 (2007), May-June, Nr. 3, S. 59–66. – ISSN 1089-7801

[Daniel u. a. 2009] DANIEL, Florian ; CASATI, Fabio ; BENATALLAH, Boualem ; SHAN, Ming-Chien: Hosted Universal Composition Models, Languages and Infrastructure in mashArt. In: *Proceedings of ER'09*, November 2009

[Daniel u. a. 2010] DANIEL, Florian ; SOI, Stefano ; TRANQUILLINI, Stefano ; CASATI, Fabio ; HENG, Chang ; YAN, Li: From People to Services to UI: Distributed Orchestration of User Interfaces. In: HULL, Richard (Hrsg.) ; MENDLING, Jan (Hrsg.) ; TAI, Stefan (Hrsg.): *Business Process Management* Bd. 6336. Springer Berlin / Heidelberg, 2010, S. 310–326. – URL http://dx.doi.org/10.1007/978-3-642-15618-2_22

[DeRemer und Kron 1975] DEREMER, Frank ; KRON, Hans: Programming-in-the large versus programming-in-the-small. In: *Proceedings of the international conference on Reliable software*. New York, NY, USA : ACM, 1975, S. 114–121

[Diestel 2006] DIESTEL, Reinhard: *Graphentheorie*. 3., neu bearb. und erw. A. Springer, 2006. – ISBN 3-540-21391-0

[Dörner u. a. 2008] DÖRNER, Christian ; PIPEK, Volkmar ; WEBER, Moritz ; WULF, Volker: End-user development: new challenges for service oriented architectures. In: *WEUSE '08: Proceedings of the 4th international workshop on End-user software engineering*. New York, NY, USA : ACM, 2008, S. 71–75. – ISBN 978-1-60558-034-0

[Elmeleegy u. a. 2008] ELMELEEGY, H. ; IVAN, A. ; AKKIRAJU, R. ; GOODWIN, R.: Mashup Advisor: A Recommendation Tool for Mashup Development. In: *Web Services, 2008. ICWS '08. IEEE International Conference on*, sept. 2008, S. 337 –344

[Emig u. a. 2006] EMIG, C. ; WEISSER, J. ; ABECK, S.: Development of SOA-Based Software Systems - an Evolutionary Programming Approach. In: *Telecommunications, 2006. AICT-ICIW '06. International Conference on Internet and Web Applications and Services/Advanced International Conference on*, Feb. 2006, S. 182–182

[Escalona und Koch 2004] ESCALONA, M. J. ; KOCH, Nora: Requirements Engineering for Web Applications – A Comparative Study. In: *Journal of Web Engineering* 2 (2004), S. 193–212

[Escalona und Koch 2007] ESCALONA, Maria J. ; KOCH, Nora: Metamodeling the Requirements of Web Systems. In: FILIPE, Joaquim (Hrsg.) ; CORDEIRO, José (Hrsg.) ; PEDROSA, Vitor (Hrsg.) ; AALST, Wil (Hrsg.) ; MYLOPOULOS, John (Hrsg.) ; ROSEMANN, Michael (Hrsg.) ; SHAW, Michael J. (Hrsg.) ; SZYPERSKI, Clemens (Hrsg.): *Web Information Systems and Technologies* Bd. 1. Springer Berlin Heidelberg, 2007, S. 267–280. – URL http://dx.doi.org/10.1007/978-3-540-74063-6_21. – ISBN 978-3-540-74063-6

[Feldmann u. a. 2009] FELDMANN, M. ; NESTLER, T. ; MUTHMANN, K. ; JUGEL, U. ; HÜBSCH, G. ; SCHILL, A.: Overview of an end-user enabled model-driven development approach for interactive applications based on annotated services. In: *WEWST '09: Proceedings of the 4th Workshop on Emerging Web Services Technology*. New York, NY, USA : ACM, 2009, S. 19–28. – ISBN 978-1-60558-776-9

[Fernández 2008] FERNÁNDEZ, Irene G.: *A-OOH: Extending Web Application Design with Dynamic Personalization*, University of Alicante, Dissertation, 2008

[Fettke u. a. 2002] FETTKE, Peter ; INTORSUREANU, Iulian ; LOOS, Peter: Komponentenorientierte Vorgehensmodelle im Vergleich. In: TUROWSKI, Klaus (Hrsg.): *4. Workshop Komponentenorientierte betriebliche Anwendungssysteme* Bd. Tagungsband. Augsburg, 2002, S. 19–43

[Fischer u. a. 2009] FISCHER, Thomas ; BAKALOV, Fedor ; NAUERZ, Andreas: An Overview of Current Approaches to Mashup Generation. In: *Proceedings of the International Workshop on Knowledge Services and Mashups (KSM09)*, March 2009

[Foster u. a. 2010] FOSTER, Howard ; GÖNCZY, László ; KOCH, Nora ; MAYER, Philip ; MONTANGERO, Carlo ; VARRÓ, Dániel: D1.4.b: UML for Service-Oriented Systems (second version). Deliverable for the EU project SENSORIA, Reporting period October 2008-February 2010 / Ludwig-Maximilians-Universität München. 2010. – Forschungsbericht

[Fowler und Parsons 2010] FOWLER, Martin ; PARSONS, Rebecca: *Domain-specific languages*. Add, 2010. – ISBN 0-321-71294-3

[Freudenstein 2009] FREUDENSTEIN, Patrick: *Web Engineering for Workflow-based Applications: Models, Systems and Methodologies*. Universität Karlsruhe Universitätsbibliothek, 2009. – Dissertation

[Fujii und Suda 2004] FUJII, Keita ; SUDA, Tatsuya: Dynamic service composition using semantic information. In: *Proceedings of the 2nd international conference on Service oriented computing*. New York, NY, USA : ACM, 2004 (ICSOC '04), S. 39–48. – URL http://doi.acm.org/10.1145/1035167.1035174. – ISBN 1-58113-871-7

[Fujii und Suda 2009] FUJII, Keita ; SUDA, Tatsuya: Semantics-based context-aware dynamic service composition. In: *ACM Trans. Auton. Adapt. Syst.* 4 (2009), Mai, Nr. 2, S. 12:1–12:31. – URL http://doi.acm.org/10.1145/1516533.1516536. – ISSN 1556-4665

[Garrigós u. a. 2009] GARRIGÓS, Irene ; MAZÓN, Jose-Norberto ; TRUJILLO, Juan: A Requirement Analysis Approach for Using i* in Web Engineering. In: *Web Engineering* Bd. 5648, Springer Berlin / Heidelberg, 2009, S. 151–165. – URL http://www.springerlink.com/content/jt6lh465413410k4. – ISBN 978-3-642-02817-5

[Gerhardt 2011] GERHARDT, Thomas: *Entwicklung eines Transformationsprozesses von einem Geschäftsprozessmodell zu einem Aufgabenmodell*. Fakultät Informatik, Institut für Software- und Multimediatechnik, Professur für Multimediatechnik, Technische Universität Dresden, Diplomarbeit, Oktober 2011. – Diplomarbeit

[Ghallab u. a. 2004] GHALLAB, Malik ; NAU, Dana ; TRAVERSO, Paolo: *Automated Planning: Theory and Practice*. Elsevier, 2004

[Gómez u. a. 2001] GÓMEZ, Jaime ; CACHERO, Cristina ; PASTOR, Oscar: Conceptual Modeling of Device-Independent Web Applications. In: *IEEE MultiMedia* 8 (2001), Nr. 2, S. 26–39. – ISSN 1070-986X

[Génova u. a. 2005] GÉNOVA, Gonzalo ; LLORENS, Juan ; METZ, Pierre ; PRIETO-DÍAZ, Rubén ; ASTUDILLO, Hernán: Open Issues in Industrial Use Case Modeling. In: JARDIM NUNES, Nuno (Hrsg.) ; SELIC, Bran (Hrsg.) ; SILVA, Alberto Rodrigues da (Hrsg.) ; TOVAL ALVAREZ, Ambrosio (Hrsg.): *UML Modeling Languages and Applications* Bd. 3297. Springer Berlin / Heidelberg, 2005, S. 52–61. – URL http://dx.doi.org/10.1007/978-3-540-31797-5_6. – ISBN 978-3-540-25081-4

[Goschnick u. a. 2010] GOSCHNICK, Steve ; SONENBERG, Liz ; BALBO, Sandrine: A Composite Task Meta-model as a Reference Model. In: FORBRIG, Peter (Hrsg.) ; PATERNÓ, Fabio (Hrsg.) ;

MARK PEJTERSEN, Annelise (Hrsg.): *Human-Computer Interaction* Bd. 332. Springer Boston, 2010, S. 26–38. – URL http://dx.doi.org/10.1007/978-3-642-15231-3_4

[Gotz und Zhou 2009] GOTZ, David ; ZHOU, Michelle X.: Characterizing users' visual analytic activity for insight provenance. In: *Information Visualization* 8 (2009), S. 42–55

[Gruhn und Thiel 2000] GRUHN, Volker ; THIEL, Andreas: *Komponentenmodelle. DCOM, Javabeans, Enterprise Java Beans, CORBA.* Addison-Wesley, 2000. – ISBN 382731724X

[Heineman und Councill 2001] HEINEMAN, George T. ; COUNCILL, William T. ; HEINEMAN, George T. (Hrsg.) ; COUNCILL, William T. (Hrsg.): *Component-Based Software Engineering: Putting the Pieces Together.* Addison-Wesley, 2001

[Helmschrott 2007] HELMSCHROTT, Frank: *Yahoo Pipes: aggregieren in 3.0.* http://helmschrott.de/blog/yahoo-pipes-aggregieren-in-30. 2007. – Stand: 27.07.2014

[Henderson und Venkatraman 1993] HENDERSON, J. C. ; VENKATRAMAN, N.: Strategic alignment: leveraging information technology for transforming organizations. In: *IBM Systems Journal* 32 (1993), Nr. 1, S. 4–16. – ISSN 0018-8670

[Heyden 2012] HEYDEN, Sebastian: *Modellierung von Interaktions- und Navigationsbeziehungen in Mashups.* Fakultät Informatik, Institut für Software- und Multimediatechnik, Professur für Multimediatechnik, Technische Universität Dresden, Diplomarbeit, 2012. – Diplomarbeit

[Hoare 1972] HOARE, Charles A. R.: *Structured programming.* Kap. Notes on Data Structuring, S. 83–174. London : Academic Press, 1972. – ISBN 0-12-200550-3

[Hoyer und Fischer 2008] HOYER, Volker ; FISCHER, Marco: Market Overview of Enterprise Mashup Tools. In: *Service-Oriented Computing - ICSOC 2008* Bd. 5364, Springer Berlin / Heidelberg, 2008, S. 708–721. – ISBN 978-3-540-89647-0

[Hoyer u. a. 2008] HOYER, Volker ; STANOESVKA-SLABEVA, Katarina ; JANNER, Till ; SCHROTH, Christoph: Enterprise Mashups: Design Principles towards the Long Tail of User Needs. In: *SCC '08: Proceedings of the 2008 IEEE International Conference on Services Computing.* Washington, DC, USA : IEEE Computer Society, 2008, S. 601–602. – ISBN 978-0-7695-3283-7-02

[Huhns und Singh 2005] HUHNS, M.N. ; SINGH, M.P.: Service-oriented computing: key concepts and principles. In: *Internet Computing, IEEE* 9 (2005), Jan-Feb, Nr. 1, S. 75–81. – ISSN 1089-7801

[IBM Corporation 2005] IBM CORPORATION: *Service Component Architecture.* http://publib.boulder.ibm.com/infocenter/dmndhelp/v6rxmx/index.jsp?topic=/com.ibm.wbit.help.prodovr.doc/topics/csrvcomparch.html. 2005

[Interntational Institute of Business Analysis 2012] INTERNTATIONAL INSTITUTE OF BUSINESS ANALYSIS: *Business Analysis Body of Knowledge – BABOK 2.0® – Leitfaden zur Business Analysis.* Verlag Dr. Götz Schmidt, 2012. – ISBN 978-3-921313-81-7

[Jablonski u. a. 1997] JABLONSKI, Stefan ; BÖHM, Markus ; SCHULZE, Wolfgang: *Workflow-Management - Entwicklung von Anwendungen und Systemen.* dpunkt, 1997

[Jacobson u. a. 1992] JACOBSON, Ivar ; CHRISTERSON, Magnus ; JONSSON, Patrik. *Object-Oriented Software Engineering: A Use Case Driven Approach.* ACM Press (Addison-Wesley Pub), 1992. – 552 S. – URL http://www.mendeley.com/research/objectoriented-software-engineering-a-use-case-driven-approach/

[John 2011] JOHN, Hannes: *Identifikation von Aktionsmustern in User-Interface-Mashups.* Fakultät Informatik, Institut für Software- und Multimediatechnik, Professur für Multimediatechnik, Technische Universität Dresden, Diplomarbeit, 2011. – Diplomarbeit

[Jordan u. a. 2007] JORDAN, Diane ; EVDEMON, John ; ALVES, Alexandre ; ARKIN, Assaf ; ASKARY, Sid ; BARRETO, Charlton ; BLOCH, Ben ; CURBERA, Francisco ; FORD, Mark ; GOLAND, Yaron ; GUÍZAR, Alejandro ; KARTHA, Neelakantan ; LIU, Canyang K. ; KHALAF, Rania ; KÖNIG, Dieter ; MARIN, Mike ; MEHTA, Vinkesh ; THATTE, Satish ; RIJN, Danny van der ; YENDLURI, Prasad ; YIU, Alex: *Web Services Business Process Execution Language Version 2.0.* http://docs.oasis-open.org/wsbpel/2.0/OS/wsbpel-v2.0-OS.pdf. 2007

[Kamthan 2008] KAMTHAN, Pankaj: *Software Engineering for Modern Web Applications: Methodologies and Technologies*. Kap. Using Patterns for Engineering High-Quality Web Applications, S. 100–122, Information Science Reference, 2008

[Kappel u. a. 2004] KAPPEL, Gerti ; PRÖLL, Birgit ; REICH, Siegfried ; RETSCHITZEGGER, Werner: *Web Engineering – Systematische Entwicklung von Web-Anwendungen*. dpunkt, 2004

[Kaptelinin 1996] KAPTELININ, Victor: *Context and Consciousness: Activity Theory and Human-Computer Interaction*. Kap. Activity Theory: Implications for Human-Computer Interaction, S. 103–116, The MIT Press, 1996

[Katifori u. a. 2007] KATIFORI, Akrivi ; HALATSIS, Constantin ; LEPOURAS, George ; VASSILAKIS, Costas ; GIANNOPOULOU, Eugenia: Ontology visualization methods—a survey. In: *ACM Comput. Surv.* 39 (2007), Nr. 4, S. 10. – ISSN 0360-0300

[Klein und König-Ries 2004] KLEIN, Michael ; KÖNIG-RIES, Birgitta: Coupled Signature and Specification Matching for Automatic Service Binding. In: *Proc. of the European Conference on Web Services (ECOWS'04)*, Springer, 2004

[Kleppe u. a. 2003] KLEPPE, Anneke G. ; WARMER, Jos ; BAST, Wim: *MDA Explained: The Model Driven Architecture: Practice and Promise*. Boston, MA, USA : Addison-Wesley Longman Publishing Co., Inc., 2003. – ISBN 032119442X

[Klusch und Kapahnke 2008] KLUSCH, Matthias ; KAPAHNKE, Patrick: Semantic Web Service Selection with SAWSDL-MX. In: *2nd International Workshop on Service Matchmaking and Resource Retrieval in the Semantic Web*, 2008

[Koch u. a. 2004] KOCH, Nora ; KRAUS, Andreas ; CACHERO, Cristina ; MELIÁ, Santiago: Integration of business processes in web application models. In: *Journal of Web Engineering* 3 (2004), Nr. 1, S. 022–049

[Koch u. a. 2001] KOCH, Nora ; KRAUS, Andreas ; HENNICKER, Rolf: The Authoring Process of the UML-based Web Engineering Approach. In: *First International Workshop on Web-Oriented Software Technology IWWOST'2001*, 2001

[Koch u. a. 2008] KOCH, Nora ; MELIÁ-BEIGBEDER, Santiago ; MORENO-VERGARA, Nathalie ; PELECHANO-FERRAGUD, Vicente ; SÁNCHEZ-FIGUEROA, Fernando ; VARA-MESA, Juan-Manuel: Model-Driven Web Engineering. In: *European Journal for the Informatics Professional* IX (2008), April, Nr. 2, S. 40–46

[Koch u. a. 2006] KOCH, Nora ; ZHANG, Gefei ; ESCALONA, María J.: Model transformations from requirements to web system design. In: *Proceedings of the 6th international conference on Web engineering*. New York, NY, USA : ACM, 2006 (ICWE '06), S. 281–288. – URL http://doi.acm.org/10.1145/1145581.1145637. – ISBN 1-59593-352-2

[Kristiansen und Trætteberg 2007] KRISTIANSEN, Renate ; TRÆTTEBERG, Hallvard: Model-Based User Interface Design in the Context of Workflow Models. In: *Task Models and Diagrams for User Interface Design* Bd. 4849, Springer Berlin / Heidelberg, 2007, S. 227–239. – URL http://www.springerlink.com/content/348354740m67071v/. – ISBN 978-3-540-77221-7

[Kritikos und Paternò 2010] KRITIKOS, Kyriakos ; PATERNÒ, Fabio: Service discovery supported by task models. In: *2nd ACM SIGCHI Symposium on Engineering Interactive Computing Systems*, 2010, S. 261–266

[Kruchten 2004] KRUCHTEN, Philippe: *The rational unified process: An introduction*. Pearson Education Limited, 2004

[Kulkarni und Reddy 2003] KULKARNI, V. ; REDDY, S.: Separation of concerns in model-driven development. In: *Software, IEEE* 20 (2003), Nr. 5, S. 64 – 69. – ISSN 0740-7459

[Kuutti 1995] KUUTTI, Kari: *Context and Consciousness: Activity Theory and Human Computer Interaction*. Kap. Activity Theory as a potential framework for humancomputer interaction research, S. 17–44. Cambridge : MIT Press, 1995

[Leontiev 1978] LEONTIEV, A. N.: *Activity, Consciousness and Personality*. Prentice Hall, 1978

[Lewis und Fonseca 2008] LEWIS, Rhys ; FONSECA, José Manuel C.: *Delivery Context Ontology*.

World Wide Web Consortium, Working Draft WD-dcontology-20080415. April 2008

[Limbourg und Vanderdonckt 2003] LIMBOURG, Q. ; VANDERDONCKT, J.: Comparing Task Models for User Interface Design. In: DIAPER, Dan (Hrsg.) ; STANTON, Neville (Hrsg.): *The handbook of task analysis for human-computer interaction*. Lawrence Erlbaum Associates, 2003, S. 135–154

[Limbourg u. a. 2001] LIMBOURG, Quentin ; PRIBEANU, Costin ; VANDERDONCKT, Jean: Towards Uniformed Task Models in a Model-Based Approach. In: *Interactive Systems: Design, Specification, and Verification* Bd. 2220, Springer Berlin / Heidelberg, 2001, S. 164–182. – URL http://www.springerlink.com/content/m5gglqgfpy436k0n/. – ISBN 978-3-540-42807-7

[Limbourg u. a. 2005] LIMBOURG, Quentin ; VANDERDONCKT, Jean ; MICHOTTE, Benjamin ; BOUILLON, Laurent ; LÓPEZ-JAQUERO, Víctor: USIXML: A Language Supporting Multi-path Development of User Interfaces. In: BASTIDE, Rémi (Hrsg.) ; PALANQUE, Philippe (Hrsg.) ; ROTH, Jörg (Hrsg.): *Engineering Human Computer Interaction and Interactive Systems* Bd. 3425. Springer Berlin / Heidelberg, 2005, S. 200–220. – URL http://dx.doi.org/10.1007/11431879_12

[Liu u. a. 2013] LIU, Haibin ; KESELJ, Vlado ; BLOUIN, Christian: Exploring a Subgraph Matching Approach for Extracting Biological Events from Literature. In: *Computational Intelligence*, 2013

[López u. a. 2009] LÓPEZ, Javier ; BELLAS, Fernando ; PAN, Alberto ; MONTOTO, Paula: A Component-Based Approach for Engineering Enterprise Mashups. In: *Web Engineering* Bd. 5648, Springer Berlin / Heidelberg, 2009, S. 30–44. – URL http://www.springerlink.com/content/f80457360312v811/. – ISBN 978-3-642-02817-5

[Lu u. a. 2002] LU, Shijian ; PARIS, Cécile ; LINDEN, Keith V.: Tamot: Towards a Flexible Task Modeling Tool. In: *Proceedings of Human Factors* (2002), November. – URL http://citeseerx.ist.psu.edu/viewdoc/summary?doi=10.1.1.87.22. – Melbourne

[Luhmann 1984] LUHMANN, Niklas: *Soziale Systeme. Grundriß einer allgemeinen Theorie*. Suhrkamp, 1984

[Marcos u. a. 2002] MARCOS, E. ; CÁCERES, P. ; VELA, B. ; CAVERO, J.: MIDAS/BD: A Methodological Framework for Web Database Design. In: ARISAWA, Hiroshi (Hrsg.) ; KAMBAYASHI, Yahiko (Hrsg.) ; KUMAR, Vijay (Hrsg.) ; MAYR, Heinrich (Hrsg.) ; HUNT, Ingrid (Hrsg.): *Conceptual Modeling for New Information Systems Technologies* Bd. 2465. Springer Berlin / Heidelberg, 2002, S. 227–238. – ISBN 978-3-540-44122-9

[Marcos u. a. 2004] MARCOS, Esperanza ; CÁCERES, Paloma ; CASTRO, Valeria de: An Approach for Navigation Model Construction from the Use Case Model. In: *The 16th Conference on Advanced Information Systems Engineering (CAiSE'04 Forum)*, 2004

[Mayer u. a. 2008] MAYER, Philip ; SCHROEDER, Andreas ; KOCH, Nora: MDD4SOA: Model-Driven Service Orchestration. In: *Enterprise Distributed Object Computing Conference, 2008. EDOC '08. 12th International IEEE*, sept. 2008, S. 203 –212. – ISSN 1541-7719

[McIlroy 1968] MCILROY, M. D.: Mass-Produced Software Components. In: BUXTON, J. M. (Hrsg.) ; NAUR, Peter (Hrsg.) ; RANDELL, Brian (Hrsg.): *Software Engineering Concepts and Techniques (1968 NATO Conference of Software Engineering)*, NATO Science Committee, Oktober 1968, S. 88–98

[Meixner und Görlich 2008] MEIXNER, Gerrit ; GÖRLICH, Daniel: Aufgabenmodellierung als Kernelement eines nutzerzentrierten Entwicklungsprozesses für Bedienoberflächen, 2008

[Meixner und Görlich 2009] MEIXNER, Gerrit ; GÖRLICH, Daniel: Eine Taxonomie für Aufgabenmodelle. In: RIEGEL, Peter L. (Hrsg.) ; ENGELS, Gregor (Hrsg.) ; MÜNCH, Jürgen (Hrsg.) ; DÖRR, Jörg (Hrsg.) ; NORMAN (Hrsg.): *Proceedings of Software Engineering 2009. Software Engineering Conference (SE-09)*. Kaiserslautern, Germany : Gesellschaft für Informatik (GI), 2009

[Meixner u. a. 2011a] MEIXNER, Gerrit ; PATERNÒ, Fabio ; VANDERDONCKT, Jean: Past, Present, and Future of Model-Based User Interface Development. In: *i-com* 10 (2011), Nr. 3, S. 2–11

[Meixner u. a. 2009] MEIXNER, Gerrit ; SEISSLER, Marc ; NAHLER, M.: Udit: A Graphical Editor For Task Models. In: MEIXNER, Gerrit (Hrsg.) ; GÖRLICH, Daniel (Hrsg.) ; BREINER, K. (Hrsg.) ;

HUSSMANN, H. (Hrsg.) ; PLEUSS, A. (Hrsg.) ; SAUER, S. (Hrsg.) ; BERGH, J. V. den (Hrsg.): *4th International Workshop on Model Driven Development of Advanced User Interfaces* Bd. 439, CEUR Workshop Proceedings (Online), 2 2009

[Meixner u. a. 2011b] MEIXNER, Gerrit ; SEISSLER, Marc ; BREINER, Kai: Model-Driven Useware Engineering. In: HUSSMANN, Heinrich (Hrsg.) ; MEIXNER, Gerrit (Hrsg.) ; ZUEHLKE, Detlef (Hrsg.): *Model-Driven Development of Advanced User Interfaces* Bd. 340. Springer Berlin / Heidelberg, 2011, S. 1–26. – URL http://dx.doi.org/10.1007/978-3-642-14562-9_1. – ISBN 978-3-642-14561-2

[Mentzas u. a. 2001] MENTZAS, Gregory ; HALARIS, Christos ; KAVADIAS, Stylianos: Modelling business processes with workflow systems: an evaluation of alternative approaches. In: *International Journal of Information Management* 21 (2001), S. 123–135

[Mori u. a. 2002] MORI, G. ; PATERNO, F. ; SANTORO, C.: CTTE: support for developing and analyzing task models for interactive system design. In: *Software Engineering, IEEE Transactions on* 28 (2002), Aug, Nr. 8, S. 797–813. – ISSN 0098-5589

[Mori u. a. 2003] MORI, Giulio ; PATERNÓ, Fabio ; SANTORO, Carmen: Tool support for designing nomadic applications. In: *Proceedings of the 8th international conference on Intelligent user interfaces*. New York, NY, USA : ACM, 2003 (IUI '03), S. 141–148. – URL http://doi.acm.org/10.1145/604045.604069. – ISBN 1-58113-586-6

[Murugesan u. a. 2001] MURUGESAN, San ; DESHPANDE, Yogesh ; HANSEN, Steve ; GINIGE, Athula: Web Engineering: A New Discipline for Development of Web-Based Systems. In: *Web Engineering* Bd. 2016, Springer Berlin / Heidelberg, 2001, S. 3–13. – ISBN 978-3-540-42130-6

[Namoune und Angeli 2009] NAMOUNE, Abdallah ; ANGELI, Antonella D.: User and Technological Requirements and Evaluation Plan (Final Version) / The University of Manchester. URL http://141.76.40.158/Servface/index.php?option=com_docman&task=doc_download&gid=4&Itemid=61, 2009. – Forschungsbericht

[Nestler u. a. 2010] NESTLER, Tobias ; FELDMANN, Marius ; HÜBSCH, Gerald ; PREUSSNER, André ; JUGEL, Uwe: The ServFace Builder - A WYSIWYG Approach for Building Service-Based Applications. In: BENATALLAH, Boualem (Hrsg.) ; CASATI, Fabio (Hrsg.) ; KAPPEL, Gerti (Hrsg.) ; ROSSI, Gustavo (Hrsg.): *Web Engineering* Bd. 6189. Springer Berlin / Heidelberg, 2010, S. 498–501. – URL http://dx.doi.org/10.1007/978-3-642-13911-6_37. – ISBN 978-3-642-13910-9

[Nestler u. a. 2009] NESTLER, Tobias ; FELDMANN, Marius ; PREUŸNER, Andre ; SCHILL, Alexander: Service Composition at the Presentation Layer using Web Service Annotations. In: *Proc. of the 1st Intl. Workshop on Lightweight Integration on the Web (ComposableWeb'09)*, June 2009

[Ngu u. a. 2010] NGU, A.H.H. ; CARLSON, M.P. ; SHENG, Q.Z. ; PAIK, Hye young: Semantic-Based Mashup of Composite Applications. In: *Services Computing, IEEE Transactions on* 3 (2010), jan., Nr. 1, S. 2 -15. – ISSN 1939-1374

[Nuseibeh und Easterbrook 2000] NUSEIBEH, Bashar ; EASTERBROOK, Steve: Requirements engineering: a roadmap. In: *Proceedings of the Conference on The Future of Software Engineering*. New York, NY, USA : ACM, 2000 (ICSE '00), S. 35–46. – URL http://doi.acm.org/10.1145/336512.336523. – ISBN 1-58113-253-0

[Ould 1995] OULD, Martyn A.: *Business Processes: Modelling and Analysis for Re-Engineering and Improvement*. John Wiley and Sons, 1995

[Paternò 2000] PATERNÒ, Fabio: Model-based design of interactive applications. In: *Intelligence* 11 (2000), Nr. 4, S. 26–38. – ISSN 1523-8822

[Paternò u. a. 2008] PATERNÒ, Fabio ; SANTORO, Carmen ; MANTYJARVI, Jani ; MORI, Giulio ; SANSONE, Sandro: Authoring pervasive multimodal user interfaces. In: *International Journal of Web Engineering and Technology* 4 (2008), Nr. 2/2008, S. 235–261

[Paternò u. a. 2009] PATERNÒ, Fabio ; SANTORO, Carmen ; SPANO, Lucio D.: MARIA: A universal, declarative, multiple abstraction-level language for service-oriented applications in ubiquitous environments. In: *ACM Trans. Comput.-Hum. Interact.* 16 (2009), Nr. 4, S. 1–30. – ISSN

1073-0516

[Paterno u. a. 1997] PATERNO, F. ; MANCINI, C. ; MENICONI, S.: ConcurTaskTrees: A Diagrammatic Notation for Specifying Task Models, Chapman & Hall, 1997, S. 362–369

[Paternó 2003] PATERNÓ, Fabio: ConcurTaskTrees: An Engineered Approach to Model-based Design of Interactive Systems. In: *The Handbook of Task Analysis for Human-Computer Interaction*. Mahwah: Lawrence Erlbaum Associates, 2003, S. 483 – 503

[Paternò u. a. 2010] PATERNÒ, Fabio ; SANTORO, Carmen ; SPANO, Lucio D.: Exploiting web service annotations in model-based user interface development. In: *EICS*, 2010, S. 219–224

[Phifer u. a. 2009] PHIFER, G. ; PEZZINI, M. ; NATIS, Y. V. ; SHOLLER, D. ; CLARK, W. ; LHEUREUX, B. J. ; KENNEY, L. F. ; SMITH, D. S. ; VALDES, R. ; PRENTICE, S. ; MANN, J. ; HARRIS, K. ; GOOTZIT, D. ; LAPKIN, A. ; KNIPP, E. ; GASSMAN, B. ; CEARLEY, D. W. ; KNOX, R. E. ; BRADLEY, A. ; MAOZ, M. ; SCHULTE, W. ; HART, T.J. ; PATRICK, C. ; FORSMAN, J. ; BASSO, M. ; SIMPSON, R. ; ADACHI, Y. ; DRAKOS, N. ; GALL, N.: Hype Cycle for Web and User Interaction Technologies, 2009 / Gartner, Inc. URL http://www.gartner.com/DisplayDocument?id=1080412#browse_topics, Jul. 2009. – Forschungsbericht

[Pietschmann u. a. 2009a] PIETSCHMANN, S. ; VOIGT, M. ; RÜMPEL ; A., K.: CRUISe: Composition of Rich User Interface Services. In: GAEDKE, M. (Hrsg.) ; GROSSNIKLAUS, M. (Hrsg.) ; DÍAZ, O. (Hrsg.): *Proceedings of the 9th International Conference on Web Engineering (ICWE 2009)*. San Sebastian, Spain : Springer-Verlag Berlin Heidelberg, 2009, S. 473–476

[Pietschmann 2010] PIETSCHMANN, Stefan: A Model-Driven Development Process and Runtime Platform for Adaptive Composite Web Applications. In: *International Journal On Advances in Internet Technology* 4 (2010)

[Pietschmann 2012] PIETSCHMANN, Stefan: *Modellgetriebene Entwicklung adaptiver, komponentenbasierter Mashup-Anwendungen*, Technischen Universität Dresden, Dissertation, 2012

[Pietschmann u. a. 2010a] PIETSCHMANN, Stefan ; NESTLER, Tobias ; DANIEL, Florian: Application Composition at the Presentation Layer: Alternatives and Open Issues. In: *Proc. of the 12th International Conference on Information Integration and Web-based Applications & Services (iiWAS 2010)*, 2010, S. 459–466

[Pietschmann u. a. 2011] PIETSCHMANN, Stefan ; RADECK, Carsten ; MEISSNER, Klaus: Semantics-Based Discovery, Selection and Mediation for Presentation-Oriented Mashups. In: *Proceedings of the 5th International Workshop on Web APIs and Service Mashups (Mashups 2011)*, ACM, 2011

[Pietschmann u. a. 2010b] PIETSCHMANN, Stefan ; TIETZ, Vincent ; REIMANN, Jan ; LIEBING, Christian ; POHLE, Michèl ; MEISSNER, Klaus: A Metamodel for Context-Aware Component-Based Mashup Applications. In: *Proc. of the 12th International Conference on Information Integration and Web-based Applications & Services (iiWAS 2010)*, 2010

[Pietschmann u. a. 2009b] PIETSCHMANN, Stefan ; VOIGT, Martin ; MEISSNER, Klaus: Adaptive Rich User Interfaces for Human Interaction in Business Processes. In: *Proceedings of the 10th International Conference on Web Information Systems Engineering (WISE 2009)*, Springer, 2009

[Plessers u. a. 2005] PLESSERS, Peter ; CASTELEYN, Sven ; TROYER, Olga D.: Semantic web development with WSDM. In: *Proceedings of the 5th International Workshop on Knowledge Markup and Semantic Annotation (SemAnnot2005)*, 2005

[Recker u. a. 2006] RECKER, Jan C. ; INDULSKA, Marta ; ROSEMANN, Michael ; GREEN, Peter: How Good is BPMN Really? Insights from Theory and Practice. In: *14th European Conference on Information Systems*. Goeteborg, Sweden, June 12-14 2006

[Reichart u. a. 2004] REICHART, Daniel ; FORBRIG, Peter ; DITTMAR, Anke: Task models as basis for requirements engineering and software execution. In: *Proceedings of the 3rd annual conference on Task models and diagrams*. New York, NY, USA : ACM, 2004 (TAMODIA '04), S. 51–58. – URL http://doi.acm.org/10.1145/1045446.1045457. – ISBN 1-59593-000-0

[Reimann 2009] REIMANN, Jan: *Generisches Kompositionsmodell für UI-Mashups*. October 2009.

– TU Dresden, Lehrstuhl für Multimediatechnik

[Rich 2009] RICH, Charles: Building Task-Based User Interfaces with ANSI/CEA-2018. In: *Computer* 42 (2009), August, S. 20–27. – URL http://portal.acm.org/citation.cfm?id=1608565.1608612. – ISSN 0018-9162

[Rümpel und Meißner 2012] RÜMPEL, Andreas ; MEISSNER, Klaus: Requirements-Driven Quality Modeling and Evaluation in Web Mashups. In: *Proceedings of the 8th International Conference on the Quality of Information and Communications Technology (QUATIC 2012)*, September 2012

[Rümpel u. a. 2013] RÜMPEL, Andreas ; TIETZ, Vincent ; WAGNER, Anika ; MEISSNER, Klaus: Modeling and Utilizing Quality Properties in the Development of Composite Web Mashups. In: *Current Trends in Web Engineering, ICWE 2013 Workshops*, Springer, 2013 (LNCS)

[Roth und Mattis 1991] ROTH, S.F. ; MATTIS, J.: Automating the presentation of information. In: *Artificial Intelligence Applications, 1991. Proceedings., Seventh IEEE Conference on* Bd. i, feb 1991, S. 90 –97

[Russell und van der Aalst 2007] RUSSELL, Nick ; AALST, Wil M. van der: Evaluation of the BPEL4People and WS-HumanTask Extensions to WS-BPEL 2.0 using the Workflow Resource Patterns / Eindhoven University of Technology. 2007. – Forschungsbericht

[Russell u. a. 2006] RUSSELL, Nick ; HOFSTEDE, Arthur H. M. T. ; MULYAR, Nataliya: Workflow ControlFlow Patterns: A Revised View / BPMcenter.org. 2006. – Forschungsbericht. BPM Center Report BPM-06-22

[Schlegel 2009] SCHLEGEL, Thomas: *Laufzeit-Modellierung objektorientierter interaktiver Prozesse in der Produktion*, Fakultät für Konstruktions-, Produktions- und Fahrzeugtechnik, Universität Stuttgart, Dissertation, 2009

[Schmidt 2006] SCHMIDT, Douglas C.: Guest Editor's Introduction: Model-Driven Engineering. In: *Computer* 39 (2006), Nr. 2, S. 25. – ISSN 0018-9162

[Schwinger und Koch 2004] SCHWINGER, Wieland ; KOCH, Nora: *Modellierung von Web-Anwendungen*. Kap. 3, S. 49–75. Siehe (Kappel u. a., 2004)

[Schwinger u. a. 2008] SCHWINGER, Wieland ; RETSCHITZEGGER, Werner ; ANDREA SCHAUERHUBER, Gerti K. ; WIMMER, Manuel ; PRÖLL, Birgit ; CRISTINA CACHERO CASTRO, Sven C. ; TROYER, Olga D. ; FRATERNALI, Piero ; IRENE GARRIGOS, Franca G. ; GINIGE, Athula ; HOUBEN, Geert-Jan ; NORA KOCH, Nathalie M. ; PASTOR, Oscar ; PAOLO PAOLINI, Vicente Pelechano F. ; ROSSI, Gustavo ; DANIEL SCHWABE, Massimo T. ; VALLECILLO, Antonio ; SLUIJS, Kees van der ; ZHANG, Gefei: A survey on web modeling approaches for ubiquitous web applications. In: *International Journal of web Information Systems* 4 (2008), Nr. 3, S. 234–305

[Selic 2003] SELIC, Bran: The Pragmatics of Model-Driven Development. In: *IEEE Softw.* 20 (2003), Nr. 5, S. 19–25. – ISSN 0740-7459

[Shvaiko und Euzenat 2005] SHVAIKO, Pavel ; EUZENAT, Jérôme: A Survey of Schema-Based Matching Approaches. In: SPACCAPIETRA, Stefano (Hrsg.): *Journal on Data Semantics IV* Bd. 3730. Springer Berlin / Heidelberg, 2005, S. 146–171. – ISBN 978-3-540-31001-3

[Siekmann 2012] SIEKMANN, Philipp: *Autorenwerkzeug zur semantischen Aufgabenmodellierung*. 2012. – Bachelorarbeit

[Sinnig u. a. 2010] SINNIG, Daniel ; WURDEL, Maik ; FORBRIG, Peter ; CHALIN, Patrice ; KHENDEK, Ferhat: Practical Extensions for Task Models. In: WINCKLER, Marco (Hrsg.) ; JOHNSON, Hilary (Hrsg.) ; PALANQUE, Philippe (Hrsg.): *Task Models and Diagrams for User Interface Design* Bd. 4849. Springer Berlin / Heidelberg, 2010, S. 42–55. – URL http://dx.doi.org/10.1007/978-3-540-77222-4_5

[Sommerville 2007] SOMMERVILLE, Ian: *Software Engineering*. Pearson Education Limited, 2007

[Sottet u. a. 2007] SOTTET, Jean-Sebastien ; CALVARY, Gaëlle ; COUTAZ, Joëlle ; FAVRE, Jean-Marie ; VANDERDONCKT, Jean ; STANCIULESCU, Adrian ; LEPREUX, Sophie: A Language Perspective on the Development of Plastic Multimodal User Interfaces. In: *Journal of Multimodal User*

Interfaces 1 (2007), Nr. 2

[Sousa 2009] SOUSA, Kênia: Model-driven approach for user interface: business alignment. In: *EICS '09: Proceedings of the 1st ACM SIGCHI symposium on Engineering interactive computing systems*. New York, NY, USA : ACM, 2009, S. 325–328. – ISBN 978-1-60558-600-7

[Sousa u. a. 2010] SOUSA, Kenia ; MENDONÇA, Hildeberto ; VANDERDONCKT, Jean: A Rule-Based Approach for Model Management in a User Interface – Business Alignment Framework. In: ENGLAND, David (Hrsg.) ; PALANQUE, Philippe (Hrsg.) ; VANDERDONCKT, Jean (Hrsg.) ; WILD, Peter (Hrsg.): *Task Models and Diagrams for User Interface Design* Bd. 5963. Springer Berlin / Heidelberg, 2010, S. 1–14

[Springmeyer u. a. 1992] SPRINGMEYER, R.R. ; BLATTNER, M.M. ; MAX, N.L.: A characterization of the scientific data analysis process. In: *Proceedings of the 3rd conference on Visualization'92* IEEE Computer Society Press (Veranst.), 1992, S. 235–242

[Stanciulescu u. a. 2005] STANCIULESCU, Adrian ; LIMBOURG, Quentin ; VANDERDONCKT, Jean ; MICHOTTE, Benjamin ; MONTERO, Francisco: A transformational approach for multimodal web user interfaces based on UsiXML. In: *Proceedings of the 7th international conference on Multimodal interfaces*. New York, NY, USA : ACM, 2005 (ICMI '05), S. 259–266. – URL http://doi.acm.org/10.1145/1088463.1088508. – ISBN 1-59593-028-0

[Swierstra 2005] SWIERSTRA, Wouter: Why Attribute Grammars Matter. In: *The Monad* Reader Issue Four (2005). – URL http://www.haskell.org/haskellwiki/The_Monad.Reader/Issue4/Why_Attribute_Grammars_Matter

[Szyperski 2002] SZYPERSKI, Clemens: *Component Software – Beyond Object-Oriented Programming*. Addison-Wesley, 2002

[Tapia u. a. 2011] TAPIA, Boris ; TORRES, Romina ; ASTUDILLO, Hernán: Simplifying mashup component selection with a combined similarity- and social-based technique. In: *Proceedings of the 5th International Workshop on Web APIs and Service Mashups*. New York, NY, USA : ACM, 2011 (Mashups '11), S. 8:1–8:8. – URL http://doi.acm.org/10.1145/2076006.2076015. – ISBN 978-1-4503-0823-6

[Tarţa 2006] TARŢA, Adriana-Mihaela: Developing dialog models from task models using GTA-Tool. In: *Proceedings of ICMI 45*, URL http://citeseerx.ist.psu.edu/viewdoc/summary?doi=10.1.1.104.9249, September 2006, S. 589–600

[Teschke 2003] TESCHKE, Thorsten: *Semantische Komponentensuche auf Basis von Geschäftsprozessmodellen*, Universität Oldenburg, Department für Informatik, Dissertation, 2003

[Thomas u. a. 2010] THOMAS, Oliver ; LEYKING, Katrina ; SCHEID, Michael: Serviceorientierte Vorgehensmodelle: Überblick, Klassifikation und Vergleich. In: *Informatik Spektrum* 33 (2010), Nr. 4, S. 363–379

[Tietz u. a. 2011a] TIETZ, Vincent ; BLICHMANN, Gregor ; HÜBSCH, Gerald: Cloud-Entwicklungsmethoden. In: *Informatik-Spektrum* 34 (2011), Nr. 4

[Tietz u. a. 2011b] TIETZ, Vincent ; BLICHMANN, Gregor ; PIETSCHMANN, Stefan ; MEISSNER, Klaus: Task-Based Recommendation of Mashup Components. In: *Current Trends in Web Engineering* Bd. 7059, Springer, Jun 2011, S. 25–35

[Tietz u. a. 2013a] TIETZ, Vincent ; MROSS, Oliver ; RÜMPEL, Andreas ; RADECK, Carsten ; MEISSNER, Klaus: A Requirements Model for Composite and Distributed Web Mashups. In: *Proceedings of the The Eighth International Conference on Internet and Web Applications and Services (ICIW 2013)*, Xpert Publishing Services, 2013

[Tietz u. a. 2011c] TIETZ, Vincent ; PIETSCHMANN, Stefan ; BLICHMANN, Gregor ; MEISSNER, Klaus ; CASALL, Alexander ; GRAMS, Bernd: Towards Task-Based Development of Enterprise Mashups. In: *Proceedings of the 13th International Conference on Information Integration and Web-based Applications & Services (iiWAS2011)*, ACM, Dezember 2011

[Tietz u. a. 2012] TIETZ, Vincent ; RÜMPEL, Andreas ; LIEBING, Christian ; MEISSNER, Klaus: Towards Requirements Engineering for Mashups: State of the Art and Research Challenges. In:

Proceedings of the 7th International Conference on Internet and Web Applications and Services (ICIW2012). Stuttgart, Germany : Xpert Publishing Services, May 2012

[Tietz u. a. 2013b] TIETZ, Vincent ; VOIGT, Martin ; RÜMPEL, Andreas ; SIEKMANN, Philipp ; MEISSNER, Klaus: Tool Support for Semantic Task Modeling. In: *Proceedings of the 3rd International Conference on Web Intelligence, Mining and Semantics (WIMS'13)*, ACM, 2013

[Trætteberg 2002] TRÆTTEBERG, Hallvard: *Model-based User Interface Design*, Norwegian University of Science and Technology, Dissertation, 2002

[Tran und Tsuji 2007] TRAN, Vuong X. ; TSUJI, H.: OWL-T: An Ontology-based Task Template Language for Modeling Business Processes. In: *Software Engineering Research, Management Applications, 2007. SERA 2007. 5th ACIS International Conference on*, 2007, S. 101 –108

[Tran und Tsuji 2009] TRAN, Vuong X. ; TSUJI, Hidekazu: A Task-Oriented Framework for Automatic Service Composition. In: *SERVICES I*, 2009, S. 615–620

[Troyer und Leune 1998] TROYER, O. M. F. D. ; LEUNE, C. J.: WSDM: a user centered design method for Web sites. In: *Computer Networks and ISDN Systems* 30 (1998), Nr. 1-7, S. 85 – 94. – URL http://www.sciencedirect.com/science/article/B6TYT-3WRC342-2R/2/db309e119f681f1d1aee4914280370f8. – Proceedings of the Seventh International World Wide Web Conference. – ISSN 0169-7552

[Troyera und Casteleyn 2003] TROYERA, Olga D. ; CASTELEYN, Sven: Modeling complex processes for Web-based applications using WSDM. In: *Third International Workshop on Web Oriented Software Technology*, 2003

[Tsai u. a. 2008] TSAI, Wei-Tek ; HUANG, Qian ; ELSTON, J. ; CHEN, Yinong: Service-Oriented User Interface Modeling and Composition. In: *e-Business Engineering, 2008. ICEBE '08. IEEE International Conference on*, oct. 2008, S. 21 –28

[Umbach und Metz 2006] UMBACH, Hartmut ; METZ, Pierre: Use Cases vs. Geschäftsprozesse Das Requirements Engineering als Gewinner klarer Abgrenzung. In: *Informatik-Spektrum* 29 (2006), S. 424–432. – URL http://dx.doi.org/10.1007/s00287-006-0106-8. – 10.1007/s00287-006-0106-8. – ISSN 0170-6012

[Valderas und Pelechano 2011] VALDERAS, Pedro ; PELECHANO, Vicente: A Survey of Requirements Specification in Model-Driven Development of Web Applications. In: *ACM Trans. on the Web* 5 (2011),

[Valiati u. a. 2006] VALIATI, Eliane R. A. ; PIMENTA, Marcelo S. ; FREITAS, Carla M. D. S.: A taxonomy of tasks for guiding the evaluation of multidimensional visualizations. In: *Proceedings of the 2006 AVI workshop on BEyond time and errors: novel evaluation methods for information visualization*. New York, NY, USA : ACM, 2006 (BELIV '06), S. 1–6. – URL http://doi.acm.org/10.1145/1168149.1168169. – ISBN 1-59593-562-2

[Vanderdonckt 2005] VANDERDONCKT, Jean: A MDA-Compliant Environment for Developing User Interfaces of Information Systems. In: *Advanced Information Systems Engineering* Bd. 3520, Springer Berlin / Heidelberg, 2005, S. 16–31. – URL http://www.springerlink.com/content/xf005tul3xyqhab3/. – ISBN 978-3-540-26095-0

[van der Veer u. a. 1996] VEER, Gerrit C. van der ; LENTING, Bert F. ; BERGEVOET, Bas A. J.: GTA: Groupware Task Analysis – Modeling Complexity. In: *Acta Psychologica* 91 (1996), Nr. 3, S. 297–322. – URL http://www.sciencedirect.com/science/article/B6V5T-3VV58JB-4/2/8137972e79b7b6857ce75def0efb488b. – Usage of Modern Technology by Experts and Non-professionals. – ISSN 0001-6918

[Voigt u. a. 2012] VOIGT, Martin ; PIETSCHMANN, Stefan ; MEISSNER, Klaus: Towards a Semantics-Based, End-User-Centered Information Visualization Process. In: *Proc. of the 3rd International Workshop on Semantic Models for Adaptive Interacive Systems (SEMAIS 2012)*, Februar 2012

[Voigt und Polowinski 2011] VOIGT, Martin ; POLOWINSKI, Jan: Towards a Unifying Visualization Ontology / Technische Universität Dresden. URL http://nbn-resolving.de/urn:nbn:de:

bsz:14-qucosa-67559, 2011. – Forschungsbericht

[Voigt u. a. 2013] VOIGT, Martin ; TIETZ, Vincent ; PICCOLOTTO, Nikolaus ; MEISSNER, Klaus: Attract Me! How Could End-Users Identify Interesting Resources? In: *Proceedings of the 3rd International Conference on Web Intelligence, Mining and Semantics (WIMS'13)*, ACM, 2013

[Vredenburg u. a. 2002] VREDENBURG, Karel ; MAO, Ji-Ye ; SMITH, Paul W. ; CAREY, Tom: A survey of user-centered design practice. In: *CHI '02: Proceedings of the SIGCHI conference on Human factors in computing systems*. New York, NY, USA : ACM, 2002, S. 471–478. – ISBN 1-58113-453-3

[Wehrend und Lewis 1990] WEHREND, S. ; LEWIS, C.: A problem-oriented classification of visualization techniques. In: *Proceedings of the 1st Conference on Visualization'90* IEEE Computer Society Press (Veranst.), 1990, S. 139–143

[van Welie u. a. 1998] WELIE, Martijn van ; VEER, Gerrit C. van der ; ELIËNS, Anton: An ontology for task world models. In: *Fifth International Workshop on Design, Specification, and Verification of Interactive Systems (DSV-IS '98)*, 1998

[Weske u. a. 2006] WESKE, Mathias ; VOSSEN, Gottfried ; PUHLMANN, Frank: Workflow and Service Composition Languages. In: BERNUS, Peter (Hrsg.) ; MERTINS, Kai (Hrsg.) ; SCHMIDT, Günter (Hrsg.): *Handbook on Architectures of Information Systems*. Springer Berlin Heidelberg, 2006 (International Handbooks on Information Systems), S. 369–390. – ISBN 978-3-540-26661-7

[Wolff 2013] WOLFF, Mirko: *Aufgabenbasierte Komposition von UI-Mashups*. Fakultät Informatik, Institut für Software- und Multimediatechnik, Professur für Multimediatechnik, Technische Universität Dresden, Diplomarbeit, 2013. – Belegarbeit

[Workflow Management Coalition 1999] WORKFLOW MANAGEMENT COALITION: Terminology & Glossary / Workflow Management Coalition. 1999. – Forschungsbericht

[Yee 2008] YEE, Raymond: *Pro Web 2.0 Mashups: Remixing Data and Web Services*. 2008. – URL http://mashupguide.net/1.0/html/ch01s02.xhtml

[Young u. a. 2008] YOUNG, G. ; DALEY, E. ; GUALTIERI, M. ; LO, H. ; ASHOUR, M.: The Mashup Opportunity / Forrester. URL http://www.forrester.com/Research/Document/Excerpt/0,7211,44213,00.html, 2008. – Forschungsbericht

[Yu 1997] YU, E.S.K.: Towards modelling and reasoning support for early-phase requirements engineering. In: *Requirements Engineering, 1997., Proceedings of the Third IEEE International Symposium on*, jan 1997, S. 226 –235

[Zhao u. a. 2010] ZHAO, Chenting ; MA, Chun'e ; ZHANG, Jing ; ZHANG, Jun ; YI, Li ; MAO, Xinsheng: HyperService: Linking and Exploring Services on the Web. In: *Web Services (ICWS), 2010 IEEE International Conference on*, july 2010, S. 17 –24

[Zühlke 2004] ZÜHLKE, Detlef: *Useware-Engineering für technische Systeme*. Berlin, Heidelberg, New York : Springer, 2004

[Zhou und Feiner 1998] ZHOU, Michelle X. ; FEINER, Steven K.: Visual task characterization for automated visual discourse synthesis. In: *Proceedings of the SIGCHI conference on Human factors in computing systems*. New York, NY, USA : ACM Press/Addison-Wesley Publishing Co., 1998 (CHI '98), S. 392–399. – URL http://dx.doi.org/10.1145/274644.274698. – ISBN 0-201-30987-4

A
Anhang

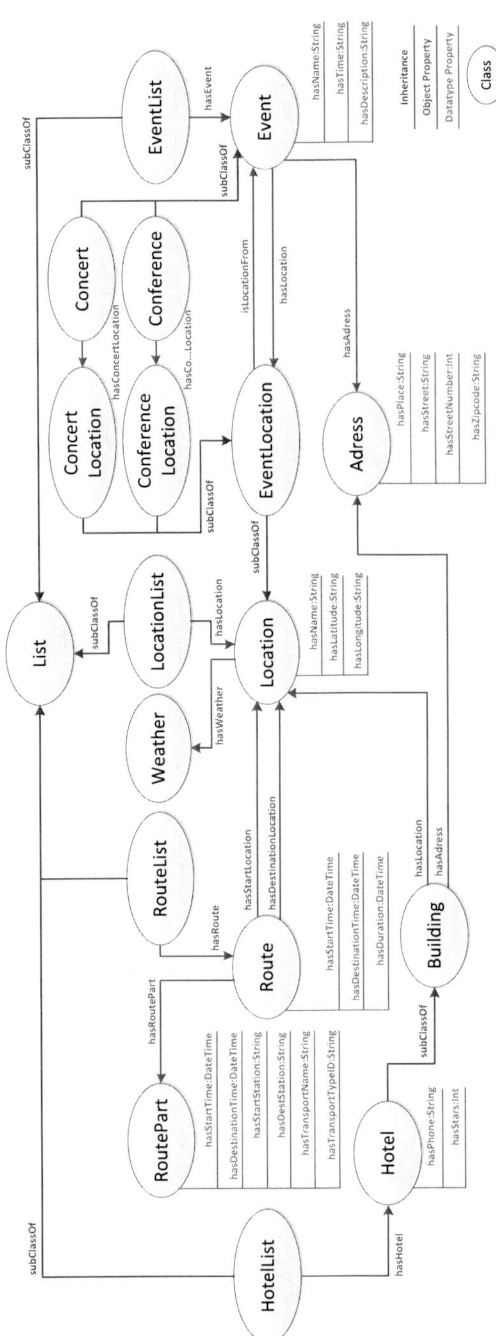

Abb. A.1: Auszug aus einer Domänenontologie nach Blichmann (2011)

Aktion	Bedeutung	Quelle
Accurate Value Lookup	Genaues Abfragen eines Wertes	Roth und Mattis (1991)
Activate	Aktivieren	Avouris u. a. (2004)
Add	Hinzufügen eines Objekts zu einem Datensatz	Baron und Scapin (2006)
Annotate	Annotieren von angezeigten Objekten mit Metadaten	Gotz und Zhou (2009)
Associate	Variablen mit einem Wert belegen	Wehrend und Lewis (1990)
Associate	Assoziation von Daten mit einer Eigenschaft	Zhou und Feiner (1998)
Background	Zusammenfassung von Daten, indem deren Hintergrund beleuchtet wird	Zhou und Feiner (1998)
Bookmark	Ablage der aktuellen Visualisierung als Lesezeichen	Gotz und Zhou (2009)
Brush	Hervorheben einer Teilmenge der angezeigten Objekte	Gotz und Zhou (2009)
Brush	Anzeige ändern	Voigt und Polowinski (2011)
Calculate	Berechnung	Springmeyer u. a. (1992)
Categorize	Kategorisieren von Daten	Wehrend und Lewis (1990)
Categorize	Kategorisieren von Daten	Zhou und Feiner (1998)
Change	Ändern eines Datensatzes	Meixner u. a. (2011b)
Change Metaphor	Anforderung, die aktuelle Visualisierungstechnik zu ändern	Gotz und Zhou (2009)
Change Range	Anforderung, den angezeigten Ausschnitt der Visualisierung zu ändern	Gotz und Zhou (2009)
ChangeMetaphor	Anzeigematapher ändern	Voigt und Polowinski (2011)
ChangeRange	Angezeigter Wertebereich ändern	Voigt und Polowinski (2011)
Characterize	Distribution Charakterisierung der Verteilung von Daten	Amar u. a. (2005)
Classify	Klassifizieren von Daten	Springmeyer u. a. (1992)
Cluster	Finden von zusammengehörigen Daten in einer Menge von Datensätzen	Amar u. a. (2005)
Cluster	Gruppieren von Daten	Wehrend und Lewis (1990)
Cluster	Gruppierung von Daten	Zhou und Feiner (1998)
Compare	Vergleich von Daten	Springmeyer u. a. (1992)
Compare	Vergleichen von Daten	Valiati u. a. (2006)
Compare	Vergleich von Daten	Wehrend und Lewis (1990)
Compare	Vergleichen von Daten	Zhou und Feiner (1998)
Compare Within	Vergleichen mehrerer Werte miteinander in einem bestimmten Bereich	Roth und Mattis (1991)
Comparison	Vergleichen von Daten	Mori u. a. (2002)
Compute Derived Value	Ermittlung eines Stellvertreterwertes für eine Menge von Datensätzen	Amar u. a. (2005)
Configure	Anpassung des Visualisierungsraumes	Valiati u. a. (2006)
Control	Aufruf einer Funktion (durch den Nutzer)	Mori u. a. (2002)
Copy	Kopieren	Tarţa (2006)
Correlate	Herstellen einer Beziehung zwischen Daten	Amar u. a. (2005)
Correlate	In Bezug Setzen von Werten zueinander	Roth und Mattis (1991)
Correlate	Daten in Beziehung setzen	Wehrend und Lewis (1990)
Correlate	Gegenseitiges In-Beziehung-Setzen von Daten	Zhou und Feiner (1998)
Create	Erstellung eines Objekts	Baron und Scapin (2006)
Create	Erstellung einer neuen Notiz oder eines Eintrages in einer Wissensdatenbank	Gotz und Zhou (2009)
Create	Daten erstellen	Voigt und Polowinski (2011)
Data Culling	Entnahme einer Stichprobe	Springmeyer u. a. (1992)
Data Management	Verwaltung komplexer Daten	Springmeyer u. a. (1992)
Delete	Löschen	Avouris u. a. (2004)
Delete	Löschen einer Action aus der Action-Historie	Gotz und Zhou (2009)

Aktion	Bedeutung	Quelle
Delete	Daten entfernen	Voigt und Polowinski (2011)
Derive new conditions	Ableiten von Bedingungen	Springmeyer u. a. (1992)
Describe	Beschreiben von Daten	Springmeyer u. a. (1992)
Determine Range	Ermittlung der Werte, die zwischen zwei Datensätzen liegen	Amar u. a. (2005)
Determine	Bestimmen oder ermittln	Valiati u. a. (2006)
Determine	Daten bestimmen oder ermitteln	Wehrend und Lewis (1990)
Distinguish	Unterscheidung zwischen Daten	Wehrend und Lewis (1990)
Distinguish	Unterscheidung von Daten	Zhou und Feiner (1998)
Distribution	Eine Datenverteilung charakterisieren	Roth und Mattis (1991)
Distribution	Verteilung von Daten	Wehrend und Lewis (1990)
Edit	Bearbeiten einer Action in der Historie	Gotz und Zhou (2009)
Edit	Eingeben und Bearbeiten von Daten	Mori u. a. (2002)
Emphasize	Suchen von Daten, indem sie hervorgehoben werden	Zhou und Feiner (1998)
Encode	Kodierung von Daten	Zhou und Feiner (1998)
Enter	Einen Datensatz eingeben	Meixner u. a. (2011b)
Estimate	Schätzen	Springmeyer u. a. (1992)
Examine	Untersuchung von Daten	Springmeyer u. a. (1992)
Feedback	Rückgabe von Daten (durch das System)	Mori u. a. (2002)
Filter	Abfrage von Werten bzgl. bestimmter Kriterien	Amar u. a. (2005)
Filter	Reduzierung der angezeigten Datensatzmenge	Gotz und Zhou (2009)
Filter	Datensatz filtern bzw. suchen	Voigt und Polowinski (2011)
Find Extremum	Ermitteln eines Extremums in einer Menge von Datensätzen	Amar u. a. (2005)
Find Anomalies	Finden von Anomalien (Unregelmäßigkeiten) in Datensätzen	Amar u. a. (2005)
Generalize	Vereinfachung von Daten, indem sie verallgemeinert werden	Zhou und Feiner (1998)
Generate	Generierung von Daten	Springmeyer u. a. (1992)
Generate Statistics	Statistiken generieren	Springmeyer u. a. (1992)
Grouping	Visualisierung und Gruppieren (durch das System)	Mori u. a. (2002)
Identify	Identifikation	Valiati u. a. (2006)
Identify	Identifikation von Daten	Wehrend und Lewis (1990)
Identify	Identifikation	Zhou und Feiner (1998)
Infer	Herleiten von Wissen aus vorhandenen Daten	Valiati u. a. (2006)
Inform	Einen Datensatz darstelle	Meixner u. a. (2011b)
Insert	Einfügen	Avouris u. a. (2004)
Inspect	Anforderung der Details zu einem Objekt	Gotz und Zhou (2009)
Keyword-based Search	Stichwortbasiert suchen	Tarţa (2006)
Locate	Visualisierung und Lokalisieren (durch das System	Mori u. a. (2002)
Locate	Lokalisieren bereits visualisierter Daten	Valiati u. a. (2006)
Locate	Auswahl von Daten	Wehrend und Lewis (1990)
Locate	Auffinden von Orten	Zhou und Feiner (1998)
Log in	Anmelden, Einloggen	Tarţa (2006)
Lookup Value	Abfrage von Dateneigenschaften	Wehrend und Lewis (1990)
Merge	Zusammenführen zwei oder mehrerer angezeigter Objekte zu einem Objekt	Gotz und Zhou (2009)
Merge	Ansicht kombinieren	Voigt und Polowinski (2011)
Modify	Verändern, modifizieren	Avouris u. a. (2004)
Modify	Änderung einer Notiz	Gotz und Zhou (2009)
Monitoring	Überwachung der Systemfunktionen	Mori u. a. (2002)
Navigate	Navigation in Daten	Springmeyer u. a. (1992)

Aktion	Bedeutung	Quelle
N-wise Comparison	Vergleich von n Werten miteinander	Roth und Mattis (1991)
Orient	Orientieren	Springmeyer u. a. (1992)
Overview	Visualisierung und Überblick (durch das System	Mori u. a. (2002)
Pairwise Comparison	Vergleich zweier Werte miteinander	Roth und Mattis (1991)
Pan	Änderung des angezeigten Ausschnitts durch Scrollen an eine neue Position	Gotz und Zhou (2009)
Pan	Ansicht verschieben	Voigt und Polowinski (2011)
Planning	Problemlösung durch den Nutzer	Mori u. a. (2002)
Query	Anforderung, zusätzliche Daten auf der Oberfläche anzuzeigen	Gotz und Zhou (2009)
Rank	Zuordnen eines Rangs von Daten	Wehrend und Lewis (1990)
Rank	Annotation eines Wertes	Zhou und Feiner (1998)
Record	Aufzeichnen von Daten	Springmeyer u. a. (1992)
Redo	Wiederholen einer Action in der Historie	Gotz und Zhou (2009)
Remove	Löschen eines Objekts von einem Datensatz	Baron und Scapin (2006)
Remove	Entfernen einer Notiz	Gotz und Zhou (2009)
Replace	Verschieben eines Objekts zwischen Datensätzen	Baron und Scapin (2006)
Respond	Reaktion auf eine Nachricht vom System	Mori u. a. (2002)
Restore	Ein vorher abgelegtes Lesezeichen wieder aufrufen	Gotz und Zhou (2009)
Retrieve	Value Abfrage eines Wertes	Amar u. a. (2005)
Reveal	Aufdecken vorher verdeckter Daten	Zhou und Feiner (1998)
Revisit	Wiederholen oder Rückgängig-Machen mehrerer Actions in der Historie	Gotz und Zhou (2009)
Save	Speichern	Tarţa (2006)
Save as	Speichern als	Tarţa (2006)
Search	Suchen	Tarţa (2006)
Select	Einen Datensatz auswählen	Meixner u. a. (2011b)
Selection	Auswahl eines Datensatzes	Mori u. a. (2002)
Set	Ändern eines Objekts	Baron und Scapin (2006)
Sort	Sortierung von Datensätzen	Amar u. a. (2005)
Sort	Neuanordnung der angezeigten Datenmenge bzgl. einer bestimmten Datendimension	Gotz und Zhou (2009)
Sort	Ansicht sortieren	Voigt und Polowinski (2011)
Split	Zerlegung eines Objekts in mehrere, getrennte Objekte	Gotz und Zhou (2009)
Split	Ansicht teilen	Voigt und Polowinski (2011)
Submit	Einen Vorgang abschließen	Tarţa (2006)
Switch	Repräsentationswechsel auf Daten	Zhou und Feiner (1998)
Transform	Umwandlung von Daten	Springmeyer u. a. (1992)
Trigger	Auslösen einer Funktion	Meixner u. a. (2011b)
Undo	Rückgängig-Machen einer Action in der Historie	Gotz und Zhou (2009)
Update	Datensatz aktualisieren	Voigt und Polowinski (2011)
Visualize	Visualisierung (durch das System)	Mori u. a. (2002)
Visualize	Grafische Repräsentation von Daten	Valiati u. a. (2006)
Zoom	Änderung der Skalierung der Visualisierung (Entfernung zum Betrachter)	Gotz und Zhou (2009)
Zoom	Ausschnitt einer Ansicht wählen	Voigt und Polowinski (2011)

Tab. A.1: Aktionen in bestehenden Klassifikationen

Quelltext A.1: Klassifikation von Aktionen

```
@prefix : <#> .
@prefix owl: <http://www.w3.org/2002/07/owl#> .
@prefix rdf: <http://www.w3.org/1999/02/22-rdf-syntax-ns#> .
@prefix rdfs: <http://www.w3.org/2000/01/rdf-schema#> .
@prefix xsd: <http://www.w3.org/2001/XMLSchema#> .

:Add    a owl:Class;
        rdfs:subClassOf :Manipulate;
        owl:inverseOf :Delete .

:Archive    a owl:Class;
        rdfs:subClassOf :Save .

:Calculate    a owl:Class;
        rdfs:comment "Represents a non-invasive calvulation of data."^^xsd:string;
        rdfs:subClassOf :Transform .

:Cluster    a owl:Class;
        rdfs:subClassOf :Calculate .

:Compare    a owl:Class;
        rdfs:subClassOf :Calculate .

:Control    a owl:Class;
        rdfs:comment "Same as Trigger."^^xsd:string;
        rdfs:subClassOf :Transform .

:Copy    a owl:Class;
        rdfs:comment "Similiar to assign."^^xsd:string;
        rdfs:subClassOf :Manipulate .

:Correlate    a owl:Class;
        rdfs:subClassOf :Calculate .

:Create    a owl:Class;
        rdfs:subClassOf :Input .

:Delete    a owl:Class;
        rdfs:subClassOf :Manipulate;
        owl:inverseOf :Add .

:Distribute    a owl:Class;
        rdfs:subClassOf :Save .

:Download    a owl:Class;
        rdfs:subClassOf :Import .

:Export    a owl:Class;
        rdfs:subClassOf :Output .

:Express    a owl:Class;
        rdfs:subClassOf :Output .

:Extract    a owl:Class;
        rdfs:subClassOf :Manipulate .

:Filter    a owl:Class;
        rdfs:subClassOf :Select .

:Hear    a owl:Class;
        rdfs:subClassOf :Perceive .

:Import    a owl:Class;
        rdfs:subClassOf :Input .

:Input    a owl:Class;
        rdfs:subClassOf owl:Thing .

:Manipulate    a owl:Class;
        rdfs:comment "Represents an invasive change of data."^^xsd:string;
        rdfs:subClassOf :Transform .

:Merge    a owl:Class;
        rdfs:subClassOf :Manipulate;
        owl:inverseOf :Split .

:Move    a owl:Class;
        rdfs:subClassOf :Manipulate .

:Output    a owl:Class;
        rdfs:subClassOf owl:Thing .

:Perceive    a owl:Class;
        rdfs:subClassOf :Input .

:Persist    a owl:Class;
        rdfs:subClassOf :Save .

:Print    a owl:Class;
        rdfs:subClassOf :Export .

:Rank    a owl:Class;
        rdfs:subClassOf :Calculate .

:Read    a owl:Class;
        rdfs:subClassOf :Perceive .

:Restore    a owl:Class;
        rdfs:subClassOf :Input .

:Retrieve    a owl:Class;
        rdfs:subClassOf :Import .

:Save    a owl:Class;
        rdfs:subClassOf :Output .

:Scan    a owl:Class;
        rdfs:subClassOf :Import .

:Search    a owl:Class;
        rdfs:comment "Same as Query."^^xsd:string;
        rdfs:subClassOf :Select .

:Select    a owl:Class;
        rdfs:subClassOf :Calculate .

:Send    a owl:Class;
        rdfs:subClassOf :Export .

:Sort    a owl:Class;
        rdfs:subClassOf :Calculate .

:Speak    a owl:Class;
        rdfs:subClassOf :Express .

:Split    a owl:Class;
        rdfs:subClassOf :Manipulate;
        owl:inverseOf :Merge .

:Submit    a owl:Class;
        rdfs:comment "Same as Enter."^^xsd:string;
        rdfs:subClassOf :Input .

:Transform    a owl:Class;
        rdfs:subClassOf owl:Thing .
```

```
:Update a owl:Class ;
    rdfs:subClassOf :Manipulate .

:Upload a owl:Class ;
    rdfs:subClassOf :Export .

:Visualize a owl:Class ;
    rdfs:subClassOf :Output .

:VisualizeBrush a owl:Class ;
    rdfs:subClassOf :Visualize .

:VisualizeCompare a owl:Class ;
    rdfs:subClassOf :Visualize .

:VisualizeGroup a owl:Class ;
    rdfs:subClassOf :Visualize .

:VisualizeMerge a owl:Class ;
    rdfs:subClassOf :Visualize .

:VisualizeNavigate a owl:Class ;
    rdfs:subClassOf :Visualize .

:VisualizeOverview a owl:Class ;
    rdfs:subClassOf :Visualize .

:VisualizePan a owl:Class ;
    rdfs:subClassOf :Visualize .

:VisualizeRank a owl:Class ;
    rdfs:subClassOf :Visualize .

:VisualizeSplit a owl:Class ;
    rdfs:subClassOf :Visualize .

:VisualizeZoom a owl:Class ;
    rdfs:subClassOf :Visualize .

:Write a owl:Class ;
    rdfs:subClassOf :Express .
```

Quelltext A.2: Beispielszenario in XMI

```
<dtm:TaskModel xmi:version="2.0" xmlns:xmi="http://www.omg.org/XMI" xmlns:xsi="http://www.w3.org/2001/XMLSchema-instance" xmlns:dtm="http://inf.tudresden.de/demisa/taskmodel/1.10" id="TM" name="name">
  <rootTask xsi:type="dtm:CompositeTask" id="T1" name="Trip Planning" inputObject="StartTime StartLocation DestinationLocation" outputObject="RouteList" action="aInput aSearch aOutput">
    <childTask xsi:type="dtm:CompositeTask" id="T2" name="Specify Criteria" category="Interaction" inputObject="StartTime StartLocation DestinationLocation" outputObject="RouteList" contextCondition="isUser" grouping="ArbitrarySequence">
      <childTask xsi:type="dtm:AtomicTask" id="T5" name="Specify Start Date" category="Interaction" inputObject="StartTime" contextCondition="isUser" action="aInput"/>
      <childTask xsi:type="dtm:AtomicTask" id="T6" name="Specify Start Location" category="Interaction" inputObject="StartLocation" contextCondition="isUser" action="aInput"/>
      <childTask xsi:type="dtm:AtomicTask" id="T7" name="Specify Destination Location" category="Interaction" inputObject="DestinationLocation" contextCondition="isUser" action="aInput"/>
    </childTask>
    <childTask xsi:type="dtm:AtomicTask" id="T3" name="Calculate Routes" category="System" inputObject="StartTime StartLocation DestinationLocation" outputObject="RouteList" contextCondition="isUser" action="aSearch"/>
    <childTask xsi:type="dtm:AtomicTask" id="T4" name="Display Routes" category="Interaction" outputObject="RouteList" preCondition="RouteListNotNull" contextCondition="isUser" action="aOutput"/>
  </rootTask>
  <modelReferences>
    <modelReference id="StartTime" URI="http://mmt.inf.tu-dresden.de/cruise/travel.owl#StartTime"/>
    <modelReference id="StartLocation" URI="http://mmt.inf.tu-dresden.de/cruise/travel.owl#StartLocation"/>
    <modelReference id="DestinationLocation" URI="http://mmt.inf.tu-dresden.de/cruise/travel.owl#Destination"/>
    <modelReference id="RouteList" URI="http://mmt.inf.tu-dresden.de/cruise/travel.owl#RouteList"/>
    <modelReference id="aInput" URI="http://mmt.inf.tu-dresden.de/demisa/ontologies/actions.owl#Input"/>
    <modelReference id="aSearch" URI="http://mmt.inf.tu-dresden.de/demisa/ontologies/actions.owl#Search"/>
    <modelReference id="aOutput" URI="http://mmt.inf.tu-dresden.de/demisa/ontologies/actions.owl#Output"/>
    <modelReference id="rUser" URI="http://mmt.inf.tu-dresden.de/demisa/ontologies/roles.owl#User"/>
  </modelReferences>
  <conditions>
    <condition id="isUser">
      <boolExpression xsi:type="dtm:Term" operator="is_a">
        <rightHandSide xsi:type="dtm:Literal" modelReference="rUser"/>
        <leftHandSide xsi:type="dtm:Literal" value="$currentUser"/>
      </boolExpression>
    </condition>
    <condition id="RouteListNotNull">
      <boolExpression xsi:type="dtm:AlgebraicOperation">
        <operand xsi:type="dtm:AlgebraicOperation" operator="isNull">
          <operand xsi:type="dtm:Literal" modelReference="RouteList"/>
        </operand>
      </boolExpression>
    </condition>
  </conditions>
</dtm:TaskModel>
```

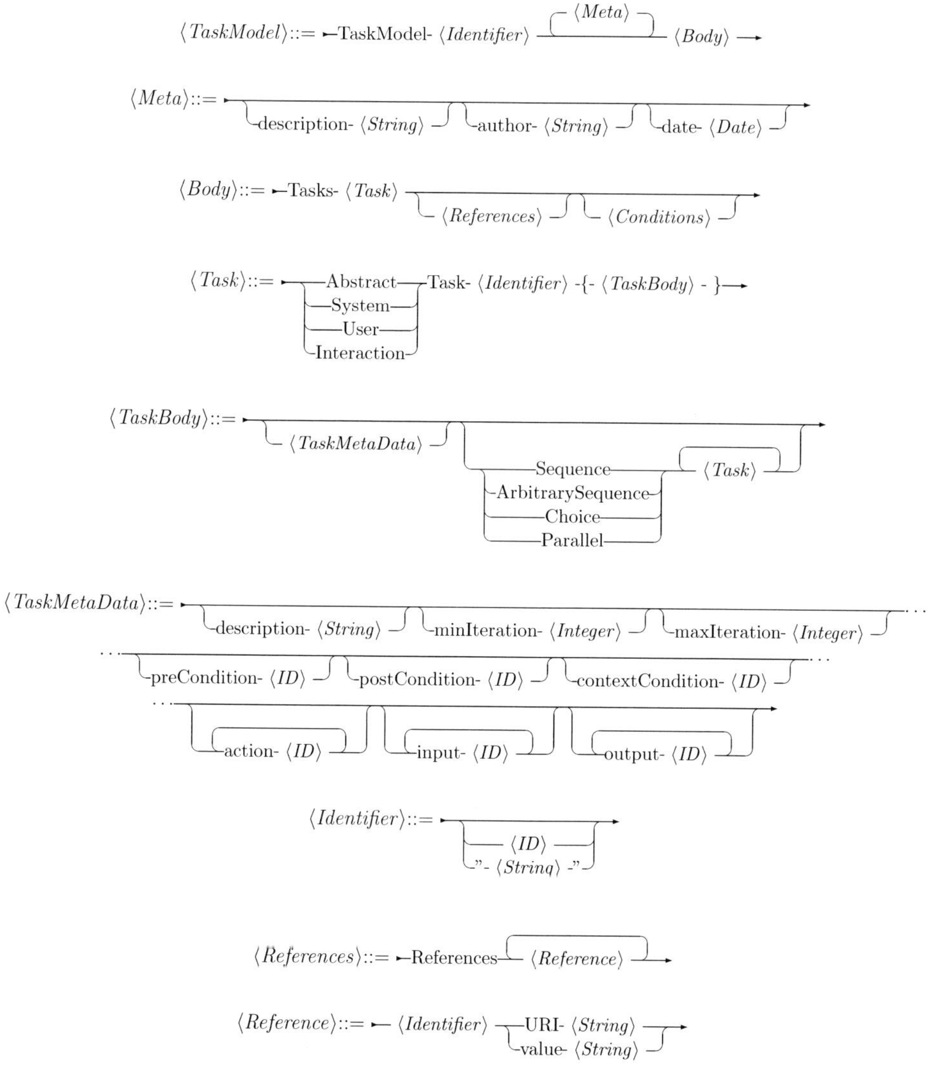

⟨*TaskModel*⟩::= TaskModel- ⟨*Identifier*⟩ ⟨*Meta*⟩ ⟨*Body*⟩

⟨*Meta*⟩::= description- ⟨*String*⟩ author- ⟨*String*⟩ date- ⟨*Date*⟩

⟨*Body*⟩::= Tasks- ⟨*Task*⟩ ⟨*References*⟩ ⟨*Conditions*⟩

⟨*Task*⟩::= Abstract Task- ⟨*Identifier*⟩ -{- ⟨*TaskBody*⟩ - }
System
User
Interaction

⟨*TaskBody*⟩::= ⟨*TaskMetaData*⟩ Sequence ⟨*Task*⟩
ArbitrarySequence
Choice
Parallel

⟨*TaskMetaData*⟩::= description- ⟨*String*⟩ minIteration- ⟨*Integer*⟩ maxIteration- ⟨*Integer*⟩ ...
... preCondition- ⟨*ID*⟩ postCondition- ⟨*ID*⟩ contextCondition- ⟨*ID*⟩ ...
... action- ⟨*ID*⟩ input- ⟨*ID*⟩ output- ⟨*ID*⟩

⟨*Identifier*⟩::= ⟨*ID*⟩
"- ⟨*String*⟩ -"

⟨*References*⟩::= References ⟨*Reference*⟩

⟨*Reference*⟩::= ⟨*Identifier*⟩ URI- ⟨*String*⟩
value- ⟨*String*⟩

Abb. A.2: Grammatik der Task Modeling DSL (1)

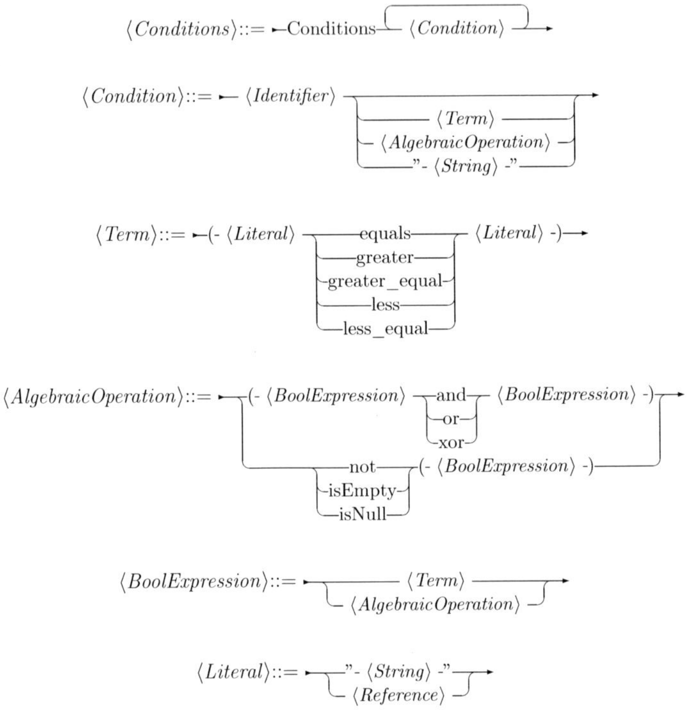

⟨*Conditions*⟩::= Conditions ⟨*Condition*⟩

⟨*Condition*⟩::= ⟨*Identifier*⟩ ⟨*Term*⟩ ⟨*AlgebraicOperation*⟩ "- ⟨*String*⟩ -"

⟨*Term*⟩::= (- ⟨*Literal*⟩ equals greater greater_equal less less_equal ⟨*Literal*⟩ -)

⟨*AlgebraicOperation*⟩::= (- ⟨*BoolExpression*⟩ and or xor ⟨*BoolExpression*⟩ -) not isEmpty isNull (- ⟨*BoolExpression*⟩ -)

⟨*BoolExpression*⟩::= ⟨*Term*⟩ ⟨*AlgebraicOperation*⟩

⟨*Literal*⟩::= "- ⟨*String*⟩ -" ⟨*Reference*⟩

Abb. A.3: Grammatik der Task Modeling DSL (2)

Quelltext A.3: Aufgabenmodell Minimalbeispiel

```
TaskModel TM "Search Hotels"
 description "This scenario describes the search of a hotel."
 author "Vincent Tietz"
 date "2012-10-24"

Tasks

 Abstract Task T1 "Search Hotels" {

   input Location
   output Hotels
   action Search

   Sequence

    Interaction Task T2 "Specify Location" {
     action Input
     input Location
   }
   System Task T3 "Search Hotels" {
     action Search
     input Location
     output Hotels
     preCondition locationEntered
   }
    Interaction Task T4 "Display Hotels" {
     action Visualize
     output Hotels
     preCondition hotelsFound
   }
 }

References
 Reference Location
   URI "http://mmt.inf.tu-dresden.de/cruise/travel.owl#Location"
 Reference Hotels
   URI "http://mmt.inf.tu-dresden.de/cruise/travel.owl#HotelList"
 Reference Input
   URI "http://mmt.inf.tu-dresden.de/demisa/ontologies/actions.owl#Input"
 Reference Search
   URI "http://mmt.inf.tu-dresden.de/demisa/ontologies/actions.owl#Search"
 Reference Visualize
   URI "http://mmt.inf.tu-dresden.de/demisa/ontologies/actions.owl#Visualize"

Conditions
 Condition locationEntered (not(isEmpty(Location) and not(isNull(Location))
 Condition hotelsFound (not(isEmpty(Hotels) and not(isNull(Hotels))
```

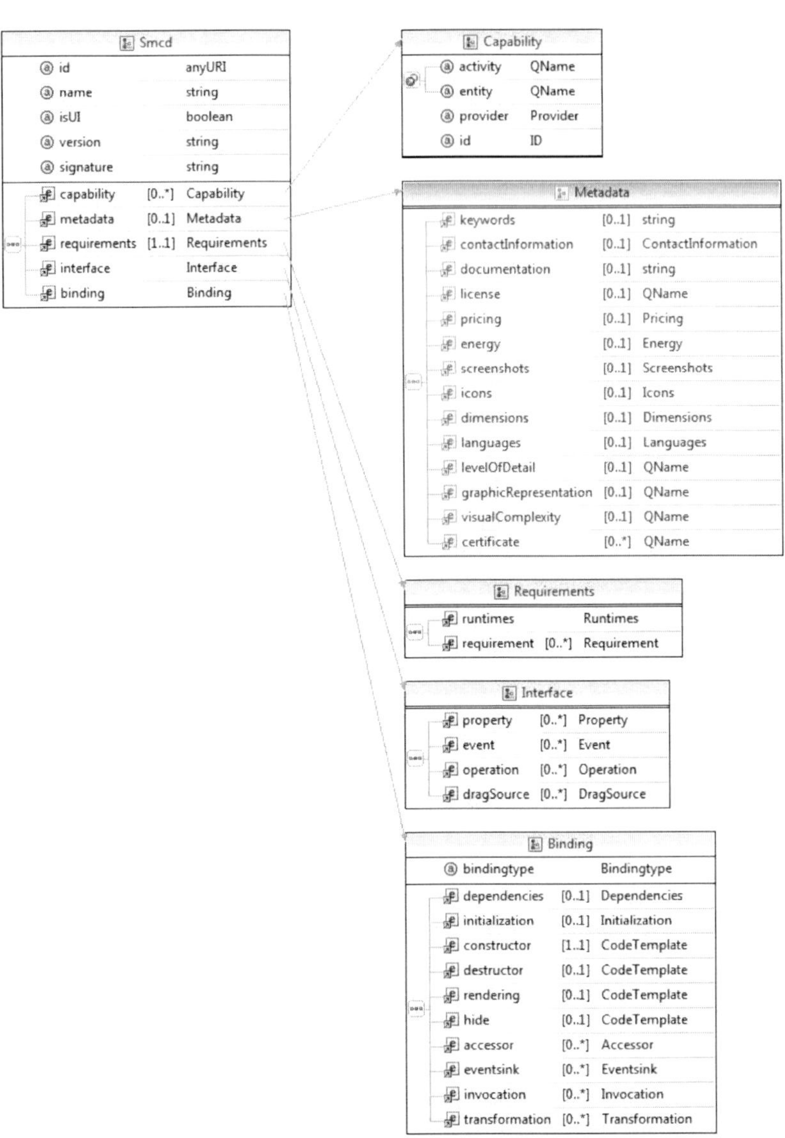
Smcd
id anyURI
name string
isUI boolean
version string
signature string
capability [0..*] Capability
metadata [0..1] Metadata
requirements [1..1] Requirements
interface Interface
binding Binding
Capability
activity QName
entity QName
provider Provider
id ID
Metadata
keywords [0..1] string
contactInformation [0..1] ContactInformation
documentation [0..1] string
license [0..1] QName
pricing [0..1] Pricing
energy [0..1] Energy
screenshots [0..1] Screenshots
icons [0..1] Icons
dimensions [0..1] Dimensions
languages [0..1] Languages
levelOfDetail [0..1] QName
graphicRepresentation [0..1] QName
visualComplexity [0..1] QName
certificate [0..*] QName
Requirements
runtimes Runtimes
requirement [0..*] Requirement
Interface
property [0..*] Property
event [0..*] Event
operation [0..*] Operation
dragSource [0..*] DragSource
Binding
bindingtype Bindingtype
dependencies [0..1] Dependencies
initialization [0..1] Initialization
constructor [1..1] CodeTemplate
destructor [0..1] CodeTemplate
rendering [0..1] CodeTemplate
hide [0..1] CodeTemplate
accessor [0..*] Accessor
eventsink [0..*] Eventsink
invocation [0..*] Invocation
transformation [0..*] Transformation

Abb. A.4: Auszug aus dem XML-Schema der SMCDL

Quelltext A.4: SMCDL der Komponente MapComponent

```
<?xml version="1.0" encoding="UTF-8"?>
<smcd
    xmlns:meta="http://inf.tu-dresden.de/cruise/mcdl/metadata"
    xmlns:nfp="http://mmt.inf.tu-dresden.de/models/nfp.owl#"
    xmlns:mcdl="http://mmt.inf.tu-dresden.de/models/mcdl.owl#"
    xmlns:travel="http://mmt.inf.tu-dresden.de/cruise/travel.owl#"
    xmlns:upperactions="http://mmt.inf.tu-dresden.de/models/activity-actions.owl#"
    xmlns="http://inf.tu-dresden.de/cruise/mcdl"
    xmlns:xsi="http://www.w3.org/2001/XMLSchema-instance"
    xsi:schemaLocation="http://inf.tu-dresden.de/cruise/mcdl ../schema/MCDL.xsd"
    id="http://mmt.inf.tu-dresden.de/EDYRA/prototype/Map"
    name="Map"
    version="1.0"
    isUI="true">
  <capability id="cap01" activity="upperactions:Zoom" entity="travel:Location" />
  <capability id="cap02" activity="upperactions:Select" entity="travel:Location" />
  <meta:metadata>
    <meta:keywords>map google location</meta:keywords>
    <meta:contactInformation>
      <meta:maintainer>
        <meta:name>Gregor Blichmann</meta:name>
        <meta:webURL>http://www.mmt.inf.tu-dresden.de/Team/mitarbeiter.xhtml?id=353</meta:webURL>
        <meta:phone>+49 351 463-38791</meta:phone>
      </meta:maintainer>
    </meta:contactInformation>
    <meta:documentation>A map component utilizing the GoogleMaps API. It features a draggable marker and
        the visualization of routes.</meta:documentation>
    <meta:pricing>
      <meta:absolutePrice currency="nfp:EUR" value="0.49"/>
    </meta:pricing>
    <meta:energy consumption="nfp:Medium"/>
    <meta:screenshots>
      <meta:screenshot url="http://mashup.dyndns.org:7331/res/1.9/edyra/components/MapComponent/
          MapComponent\_Screenshot.png">
        <meta:documentation>screenshot</meta:documentation>
      </meta:screenshot>
    </meta:screenshots>
    <meta:icons>
      <meta:icon url="http://mashup.dyndns.org:7331/res/1.9/edyra/components/MapComponent/
          MapComponent\_Icon.png">
        <meta:documentation>icon</meta:documentation>
      </meta:icon>
    </meta:icons>
    <meta:dimensions>
      <meta:min width="400" height="400" />
    </meta:dimensions>
  </meta:metadata>
  <requirements>
    <runtimes>
      <runtime id="TSR" version=">=1.8" />
    </runtimes>
  </requirements>
  <interface>
    <property type="mcdl:hasTitle" required="true" name="title">
      <default>Map Component</default>
    </property>
    <property name="width" type="mcdl:hasWidth" required="true">
      <default>400</default>
    </property>
    <property name="height" type="mcdl:hasHeight" required="true">
      <default>325</default>
    </property>
    <property name="currentLocation" type="travel:Location" required="false" >
      <default>
        <location>
          <name>Your current location</name>
          <coordinates>
            <latitude>51.031885</latitude>
            <longitude>13.72834</longitude>
          </coordinates>
        </location>
      </default>
```

```
    </property>
    <property name="center" type="travel:Location" required="false" />
    <property name="zoomLevel" type="travel:GoogleZoomLevel" required="false">
      <default>10</default>
    </property>
    <event name="locationSelected" dependsOn="cap02">
      <parameter name="location" type="travel:Location"/>
    </event>
    <operation name="showRadius">
      <capability id="cap03" activity="upperactions:Display" entity="travel:hasRadius"/>
      <parameter name="long" type="travel:hasLongitude"/>
      <parameter name="lat" type="travel:hasLatitude"/>
      <parameter name="radius" type="travel:hasRadius"/>
    </operation>
    <operation name="showLocation">
      <capability id="cap04" activity="upperactions:Display" entity="travel:Location"/>
      <parameter name="location" type="travel:Location"/>
    </operation>
    <operation name="showLocationDetails">
      <capability id="cap05" activity="upperactions:Display" entity="travel:Location"/>
      <parameter name="location" type="travel:Location"/>
      <parameter name="description" type="travel:hasDescription"/>
    </operation>
    <operation name="clear" >
      <capability id="cap06" activity="upperactions:Remove" entity="travel:Location"/>
    </operation>
    <operation name="showRoute">
      <capability id="cap07" activity="upperactions:Display" entity="travel:Route"/>
      <parameter name="route" type="travel:Route"/>
    </operation>
  </interface>
  <binding bindingtype="mapping\_simplewrapper">
    <dependencies>
      <dependency language="css">
        <url>http://extjs-public.googlecode.com/svn/tags/extjs-3.4.0/release/resources/css/ext-all.css</url>
      </dependency>
      <dependency language="javascript">
        <url>http://extjs-public.googlecode.com/svn/tags/extjs-3.4.0/release/adapter/ext/ext-base.js</url>
      </dependency>
      <dependency language="javascript">
        <url>http://extjs-public.googlecode.com/svn/tags/extjs-3.4.0/release/ext-all.js</url>
      </dependency>
      <dependency language="javascript">
        <url>http://maps.google.com/maps/api/js?sensor=false</url>
      </dependency>
      <dependency language="javascript">
        <url>http://mashup.dyndns.org:7331/res/1.9/edyra/components/MapComponent/MapComponent.js</url>
      </dependency>
    </dependencies>
    <constructor>
      <code>new EDYRA.components.MapComponent()</code>
    </constructor>
  </binding>
</smcd>
```

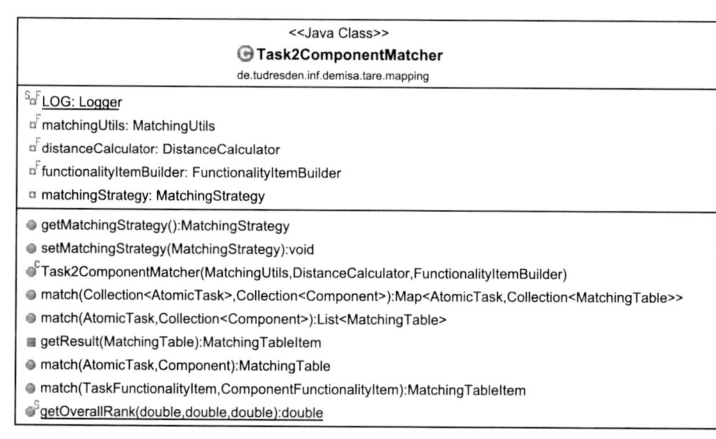

<<Java Class>>
Task2ComponentMatcher
de.tudresden.inf.demisa.tare.mapping
LOG: Logger
matchingUtils: MatchingUtils
distanceCalculator: DistanceCalculator
functionalityItemBuilder: FunctionalityItemBuilder
matchingStrategy: MatchingStrategy
getMatchingStrategy():MatchingStrategy
setMatchingStrategy(MatchingStrategy):void
Task2ComponentMatcher(MatchingUtils,DistanceCalculator,FunctionalityItemBuilder)
match(Collection<AtomicTask>,Collection<Component>):Map<AtomicTask,Collection<MatchingTable>>
match(AtomicTask,Collection<Component>):List<MatchingTable>
getResult(MatchingTable):MatchingTableItem
match(AtomicTask,Component):MatchingTable
match(TaskFunctionalityItem,ComponentFunctionalityItem):MatchingTableItem
getOverallRank(double,double,double):double

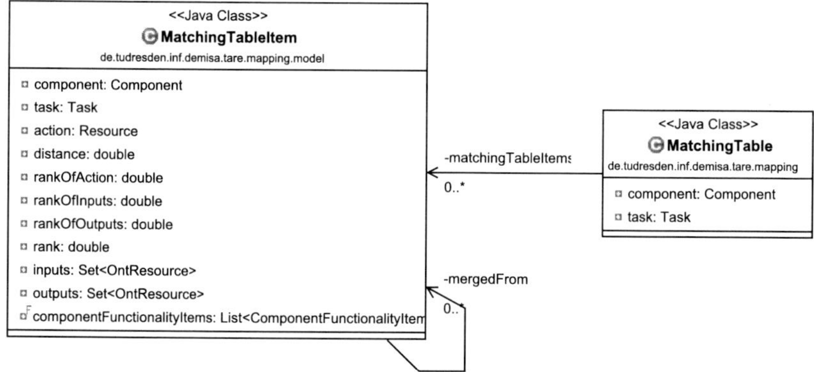

Abb. A.5: Wichtige Klassen im Modul tare.mapping

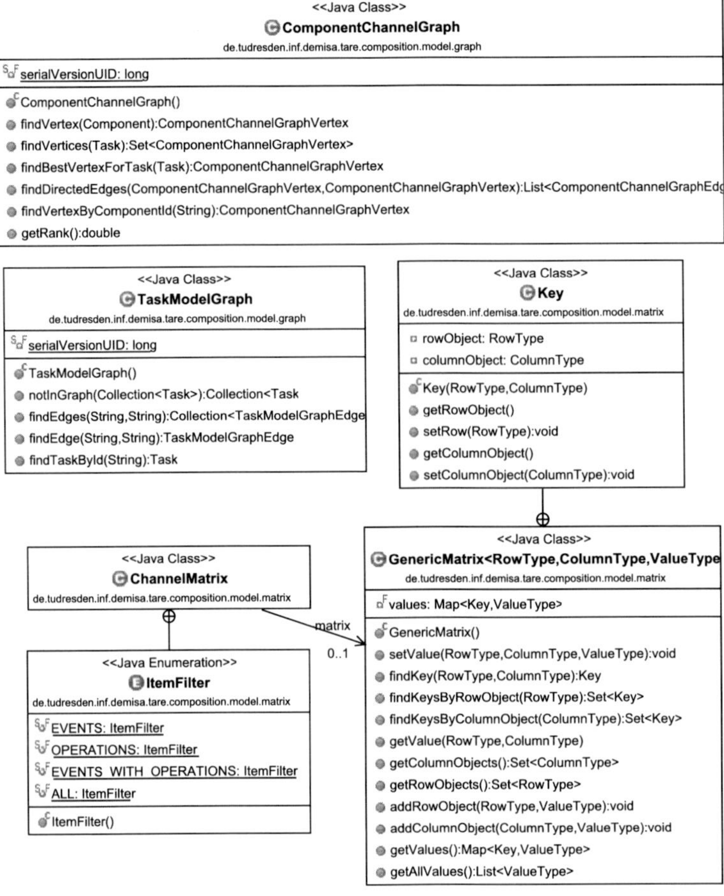

Abb. A.6: Graphen und Matrizen in tare.composition

Quelltext A.5: Generiertes Kompositionsmodell

```
<?xml version="1.0" encoding="UTF-8"?>
<mcm:MashupComposition xmlns:xmi="http://www.omg.org/XMI" xmlns:xsi="http://www.w3.org/2001/
    XMLSchema-instance"
  xmlns:mcm="http://inf.tudresden.de/cruise/compositionmodel/1.11" xmlns:xs="http://www.w3.org/2001/
    XMLSchema" name="Travel Planning Scenario
  id="245077945" version="1.0">
<conceptualModel>
<components>
  <component xsi:type="mcm:UIComponent" name="UI INPUT START LOCATION" id="mc://mmt/demisa
    /C01">
    <event name="startLocationEntered">
      <parameter name="startLocation" type="travel:hasStartLocation" />
    </event>
  </component>
  <component xsi:type="mcm:UIComponent" name="UI INPUT DEST LOCATION" id="mc://mmt/demisa/
    C05">
    <event name="destinationLocationEntered">
      <parameter name="startTime" type="travel:hasStartLocation" />
    </event>
  </component>
  <component xsi:type="mcm:UIComponent" name="UI SELECT START TIME" id="mc://mmt/demisa/C10
    ">
    <event name="startTimeSelected">
      <parameter name="startTime" type="travel:hasStartTime" />
    </event>
  </component>
  <component xsi:type="mcm:SystemComponent" name="SYSTEM SEARCH ROUTE" id="mc://mmt/
    demisa/C17">
    <operation name="displayRoutes">
      <parameter name="startLocation" type="travel:hasStartLocation" />
      <parameter name="destinationLocation" type="travel:hasDestinationLocation" />
      <parameter name="startTime" type="travel:hasStartTime" />
    </operation>
    <event name="routesFound">
      <parameter name="routeList" type="travel:RouteList" />
    </event>
  </component>
  <component xsi:type="mcm:UIComponent" name="UI OUTPUT ROUTE LIST" id="mc://mmt/demisa/
    C15">
    <operation name="displayRoutes">
      <parameter name="routes" type="travel:RouteList" />
    </operation>
    <event name="routesDisplayed">
      <parameter name="routes" type="travel:RouteList" />
    </event>
  </component>
</components>
</conceptualModel>
<communicationModel>
  <channel xsi:type="ns5:Link" name="startTimeSelected-Link">
    <parameter xmlns:travel="http://mmt.inf.tu-dresden.de/cruise/ travel .owl#" name="channel-start-time
      " ns1:type="travel:hasStartTime"/>
    <publisher event="//@conceptualModel/@components/@component[name='C10']/@event[name='
      startTimeSelected']"/>
    <subscriber operation="//@conceptualModel/@components/@component[name='C17']/@operation[name
      ='setStartTime']"/>
  </channel>
  <channel xsi:type="ns5:Link" name="startLocationEntered-Link">
    <parameter xmlns:travel="http://mmt.inf.tu-dresden.de/cruise/ travel .owl#" name="channel-has-start-
      location-location" ns1:type="travel:hasStartLocation"/>
    <publisher event="//@conceptualModel/@components/@component[name='C01']/@event[name='
      startLocationEntered']"/>
    <subscriber operation="//@conceptualModel/@components/@component[name='C17']/@operation[name
      ='setStartLocation']"/>
  </channel>
  <channel xsi:type="ns5:Link" name="destinationLocationEntered-Link">
    <parameter xmlns:travel="http://mmt.inf.tu-dresden.de/cruise/ travel .owl#" name="channel-has-
      destination-location" ns1:type="travel:hasDestinationLocation"/>
    <publisher event="//@conceptualModel/@components/@component[name='C05']/@event[name='
      destinationLocationEntered']"/>
    <subscriber operation="//@conceptualModel/@components/@component[name='C17']/@operation[name
      ='setDestinationLocation']"/>
```

```
    </channel>
    <channel xsi:type="ns5:Link" name="routesFound-Link">
      <parameter xmlns:travel="http://mmt.inf.tu-dresden.de/cruise/travel.owl#" name="channel-route-list" ns1:type="travel:hasRouteList"/>
      <publisher event="//@conceptualModel/@components/@component[name='C17']/@event[name='routesFound']"/>
      <subscriber operation="//@conceptualModel/@components/@component[name='C15']/@operation[name='displayRoutes']"/>
    </channel>
  </communicationModel>
  <layoutModel>
    <layout xmlns:xsi="http://www.w3.org/2001/XMLSchema-instance" xmlns:ns5="http://mmt.inf.tu-dresden.de/mcm/1.11" xsi:type="ns5:CardLayout" state="T01" name="Search Routes">
      <bounds height="800" width="800" unit="pixel"/>
      <card>
        <layout xsi:type="ns5:FillLayout" sate="T02" name="Specify Criteria" fillStyle="horizontal">
          <bounds height="800" width="800" unit="pixel"/>
          <fillElement locate="C01"/>
          <fillElement locate="C05"/>
          <fillElement locate="C06"/>
        </layout>
      </card>
      <card>
        <layout xsi:type="ns5:FillLayout" state="T11" name="Display Routes" fillStyle="horizontal">
          <bounds height="800" width="800" unit="pixel"/>
          <fillElement locate="C17"/>
        </layout>
      </card>
    </layout>
  </layoutModel>
  <stateModel>
    <states>
      <state id="T01" name="Search Routes" type="SEQ">
        <state id="T02" name="Search Criteria" type="PAR">
          <state id="T10" name="Input Start Time" />
          <state id="T2" name="Input Start Location" />
          <state id="T3" name="Input Destination Location" />
        </state>
        <state id="T11" name="Search Routes" />
        <state id="T12" name="Display Routes" />
      </state>
    </states>
    <transitions>
      <transition fromState="T02" toState="T11">
        <condition>
          <boolExpression xsi:type="ns5:AlgebraicOperation">
            <operand xsi:type="ns5:AlgebraicOperation" operator="not">
              <operand xsi:type="ns5:AlgebraicOperation" operator="isNull">
                <operand xsi:type="ns5:Literal" event="//@conceptualModel/@components/@component[name='C7']/@event[name='startTimeSelected']"/>
              </operand>
            </operand>
          </boolExpression>
        </conditions>
      </transition>
    </transitions>
  </stateModel>
</mcm:MashupComposition>
```

Bewerten Sie die Komponenten bezüglich einer Aufgabe!

Vincent Tietz, vincent.tietz@tu-dresden.de
Seniorprofessur für Multimediatechnik, Fakultät Informatik, TU Dresden

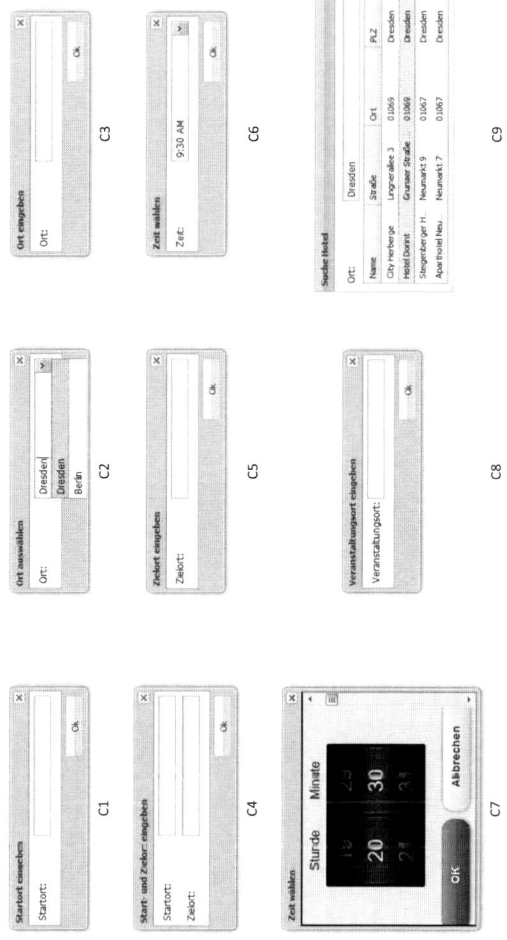

Abb. A.7: Fragebogen zur Evaluation des Matchings

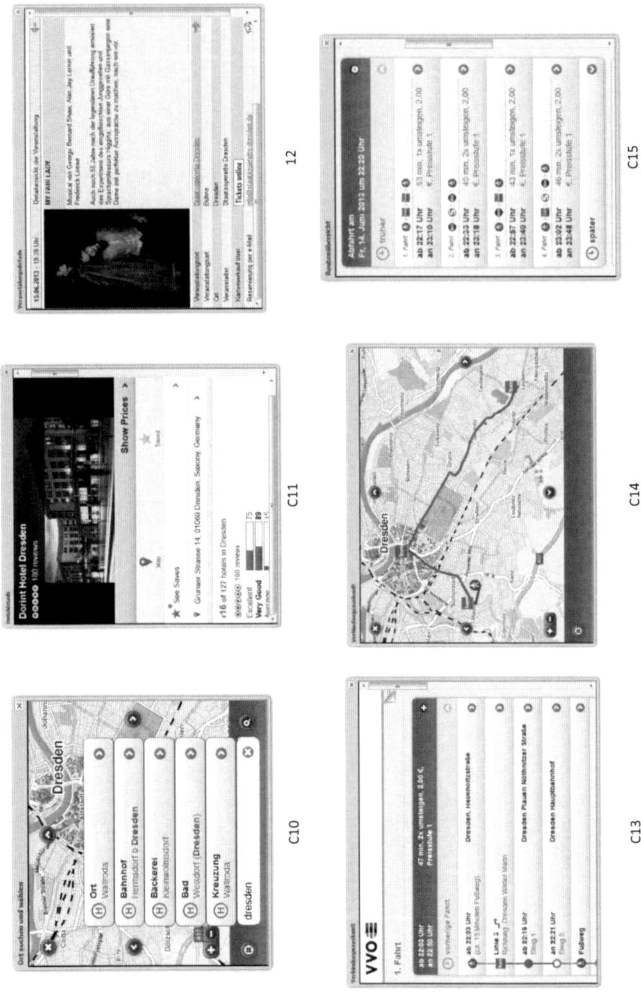
C10
C11
12
C13
C14
C15

Bewerten Sie intuitiv die Komponenten, inwieweit sie geeignet sind, die genannte Aufgabe zu erfüllen.

	T1 Einen Ort eingeben	T2 Einen Startort eingeben	T3 Einen Zielort eingeben.	T4 Ein Hotel anzeigen.	T5 Eine Route visualisieren.	T6 Eine Veranstaltung anzeigen.	T7 Ein Hotel suchen.	T8 Einen Ort auswählen.
	1 2 3 4 5	1 2 3 4 5	1 2 3 4 5	1 2 3 4 5	1 2 3 4 5	1 2 3 4 5	1 2 3 4 5	1 2 3 4 5
C1	☐☐☐☐☐	☐☐☐☐☐	☐☐☐☐☐	☐☐☐☐☐	☐☐☐☐☐	☐☐☐☐☐	☐☐☐☐☐	☐☐☐☐☐
C2	☐☐☐☐☐	☐☐☐☐☐	☐☐☐☐☐	☐☐☐☐☐	☐☐☐☐☐	☐☐☐☐☐	☐☐☐☐☐	☐☐☐☐☐
C3	☐☐☐☐☐	☐☐☐☐☐	☐☐☐☐☐	☐☐☐☐☐	☐☐☐☐☐	☐☐☐☐☐	☐☐☐☐☐	☐☐☐☐☐
C4	☐☐☐☐☐	☐☐☐☐☐	☐☐☐☐☐	☐☐☐☐☐	☐☐☐☐☐	☐☐☐☐☐	☐☐☐☐☐	☐☐☐☐☐
C5	☐☐☐☐☐	☐☐☐☐☐	☐☐☐☐☐	☐☐☐☐☐	☐☐☐☐☐	☐☐☐☐☐	☐☐☐☐☐	☐☐☐☐☐
C6	☐☐☐☐☐	☐☐☐☐☐	☐☐☐☐☐	☐☐☐☐☐	☐☐☐☐☐	☐☐☐☐☐	☐☐☐☐☐	☐☐☐☐☐
C7	☐☐☐☐☐	☐☐☐☐☐	☐☐☐☐☐	☐☐☐☐☐	☐☐☐☐☐	☐☐☐☐☐	☐☐☐☐☐	☐☐☐☐☐
C8	☐☐☐☐☐	☐☐☐☐☐	☐☐☐☐☐	☐☐☐☐☐	☐☐☐☐☐	☐☐☐☐☐	☐☐☐☐☐	☐☐☐☐☐
C9	☐☐☐☐☐	☐☐☐☐☐	☐☐☐☐☐	☐☐☐☐☐	☐☐☐☐☐	☐☐☐☐☐	☐☐☐☐☐	☐☐☐☐☐
C10	☐☐☐☐☐	☐☐☐☐☐	☐☐☐☐☐	☐☐☐☐☐	☐☐☐☐☐	☐☐☐☐☐	☐☐☐☐☐	☐☐☐☐☐
C11	☐☐☐☐☐	☐☐☐☐☐	☐☐☐☐☐	☐☐☐☐☐	☐☐☐☐☐	☐☐☐☐☐	☐☐☐☐☐	☐☐☐☐☐
C12	☐☐☐☐☐	☐☐☐☐☐	☐☐☐☐☐	☐☐☐☐☐	☐☐☐☐☐	☐☐☐☐☐	☐☐☐☐☐	☐☐☐☐☐
C13	☐☐☐☐☐	☐☐☐☐☐	☐☐☐☐☐	☐☐☐☐☐	☐☐☐☐☐	☐☐☐☐☐	☐☐☐☐☐	☐☐☐☐☐
C14	☐☐☐☐☐	☐☐☐☐☐	☐☐☐☐☐	☐☐☐☐☐	☐☐☐☐☐	☐☐☐☐☐	☐☐☐☐☐	☐☐☐☐☐
C15	☐☐☐☐☐	☐☐☐☐☐	☐☐☐☐☐	☐☐☐☐☐	☐☐☐☐☐	☐☐☐☐☐	☐☐☐☐☐	☐☐☐☐☐

1) Die Komponente erfüllt genau die Aufgabe.
2) Die Komponente ist ähnlich zur genannten Aufgabe.
3) Die Komponente könnte hilfreich sein.
4) Die Komponente passt nicht zur Aufgabe.
5) Die Komponente passt überhaupt nicht zur Aufgabe.

Vielen Dank!